CBAC

Astudiaethau Crefyddol UG

Bwdhaeth

Richard Gray

Illuminate
Publishing

CBAC Astudiaethau Crefyddol UG: Bwdhaeth

Addasiad Cymraeg o *WJEC/Eduqas Religious Studies for A Level Year 1 & AS: Buddhism* a gyhoeddwyd yn 2017 gan Illuminate Publishing Ltd, P.O. Box 1160, Cheltenham, Swydd Gaerloyw GL50 9RW.

Archebion: Ewch i www.illuminatepublishing.com neu anfonwch e-bost at sales@illuminatepublishing.com

Ariennir yn Rhannol gan **Lywodraeth Cymru**
Part Funded by **Welsh Government**

Cyhoeddwyd dan nawdd Cynllun Adnoddau Addysgu a Dysgu CBAC

© Richard Gray (Yr argraffiad Saesneg)

Mae'r awdur wedi datgan ei hawliau moesol i gael ei gydnabod yn awdur y gyfrol hon.

© CBAC 2018 (Yr argraffiad Cymraeg hwn)

Data Catalogio Cyhoeddiadau y Llyfrgell Brydeinig

Mae cofnod catalog ar gyfer y llyfr hwn ar gael gan y Llyfrgell Brydeinig.

ISBN 978-1-911208-62-4

Argraffwyd gan Severn, Gloucester

11.19

Polisi'r cyhoeddwr yw defnyddio papurau sy'n gynhyrchion naturiol, adnewyddadwy ac ailgylchadwy o goed a dyfwyd mewn coedwigoedd cynaliadwy. Disgwylir i'r prosesau torri coed a gweithgynhyrchu gydymffurfio â rheoliadau amgylcheddol y wlad y mae'r cynnyrch yn tarddu ohoni.

Gwnaed pob ymdrech i gysylltu â deiliaid hawlfraint y deunydd a atgynhyrchwyd yn y llyfr hwn. Os cânt eu hysbysu, bydd y cyhoeddwyr yn falch o gywiro unrhyw wallau neu hepgoriadau ar y cyfle cyntaf.

Mae'r deunydd hwn wedi'i gymeradwyo gan CBAC, ac mae'n cynnig cefnogaeth o ansawdd uchel ar gyfer cymwysterau CBAC. Er bod y deunydd wedi bod trwy broses sicrhau ansawdd CBAC, mae'r cyhoeddwr yn dal yn llwyr gyfrifol am y cynnwys.

Atgynhyrchir cwestiynau arholiad CBAC drwy ganiatâd CBAC.
Gosodiad y llyfr Cymraeg: Neil Sutton, Cambridge Design Consultants
Dyluniad a gosodiad gwreiddiol: EMC Design Ltd, Bedford

Cynnwys

Ynglŷn â'r llyfr hwn

Yn y Safon Uwch newydd mewn Astudiaethau Crefyddol, mae llawer o waith i'w drafod a'i wneud i baratoi ar gyfer yr arholiadau ar ddiwedd yr UG neu'r Safon Uwch llawn. Nod y llyfrau hyn yw rhoi cefnogaeth i chi a fydd yn arwain at lwyddiant.

Mae'r gyfres hon o lyfrau yn canolbwyntio ar sgiliau wrth ddysgu. Mae hyn yn golygu bod y llyfrau yn trafod cynnwys y fanyleb a pharatoi ar gyfer yr arholiadau o'r dechrau. Mewn geiriau eraill, y nod yw eich helpu i weithio drwy'r cwrs, gan ddatblygu rhai sgiliau pwysig sydd eu hangen ar gyfer yr arholiadau ar yr un pryd.

Er mwyn eich helpu i astudio, mae adrannau sydd wedi'u diffinio'n glir ar gyfer meysydd AA1 ac AA2 y fanyleb. Mae'r rhain wedi eu trefnu yn ôl themâu'r fanyleb ac maen nhw'n defnyddio penawdau'r fanyleb, pan fydd hynny'n bosibl, er mwyn eich helpu i weld bod y cynnwys wedi'i drafod, ar gyfer UG a Safon Uwch.

Mae'r cynnwys AA1 yn fanwl ac yn benodol, gan roi cyfeiriadau defnyddiol at weithiau crefyddol/athronyddol a barn ysgolheigion. Mae'r cynnwys AA2 yn ymateb i'r materion sy'n cael eu codi yn y fanyleb ac yn cynnig syniadau i chi ar gyfer trafodaeth bellach, i'ch helpu i ddatblygu eich sgiliau gwerthuso eich hun.

Sut i ddefnyddio'r llyfr hwn

Wrth ystyried ffyrdd gwahanol o addysgu a dysgu, penderfynwyd bod angen hyblygrwydd yn y llyfrau er mwyn eu haddasu at bwrpasau gwahanol. O ganlyniad, mae'n bosibl eu defnyddio ar gyfer dysgu yn yr ystafell ddosbarth, gwaith annibynnol unigol, gwaith cartref, a 'dysgu fflip' hyd yn oed (os yw eich ysgol neu eich coleg yn defnyddio'r dull hwn).

Fel y byddwch yn gwybod, mae amser dysgu yn werthfawr iawn adeg Safon Uwch. Rydyn ni wedi ystyried hyn drwy greu nodweddion a gweithgareddau hyblyg, er mwyn arbed amser ymchwilio a pharatoi manwl i athrawon a dysgwyr fel ei gilydd.

Nodweddion y llyfrau

Mae pob un o'r llyfrau'n cynnwys y nodweddion canlynol sy'n ymddangos ar ymyl y tudalennau, neu sydd wedi'u hamlygu yn y prif destun, er mwyn cefnogi'r dysgu a'r addysgu.

Termau allweddol – yn esbonio geiriau neu ymadroddion technegol, crefyddol ac athronyddol

> **Termau allweddol**
>
> **Ariaidd:** term a ddefnyddir i ddiffinio goresgynwyr o'r Gorllewin i Ddyffryn Indus

Cwestiynau cyflym – cwestiynau syml, uniongyrchol i helpu i gadarnhau ffeithiau allweddol am yr hyn sy'n cael ei ystyried wrth ddarllen drwy'r wybodaeth

> **cwestiwn cyflym**
>
> 1.1 Pryd cafodd y Bwdha ei eni a phryd bu farw?

Dyfyniadau allweddol – dyfyniadau o weithiau crefyddol ac athronyddol a/neu weithiau ysgolheigion

> **Dyfyniad allweddol**
>
> Daeth y pâr hwn o rolau cyd-ddibynnol, noddwr a swyddog, yn fodel i amrywiaeth eang o drefniadau cymdeithasol yn yr India draddodiadol. (Gombrich)

Awgrymiadau astudio cyngor ar sut i astudio, paratoi ar gyfer yr arholiad ac ateb cwestiynau

Awgrym astudio

Yn unol â Chanllaw Addysgu CBAC sy'n nodi 'mae ymgeiswyr angen rhywfaint o ymwybyddiaeth gyffredinol o'r cyd-destun cymdeithasol a chrefyddol, yn cynnwys ymwybyddiaeth o'r disgwyliad ar gyfer cyflawni dyletswyddau crefyddol sy'n gysylltiedig â statws cymdeithasol', bydd yn ddefnyddiol iddyn nhw gael trosolwg cryno iawn o'r syniadau cymdeithasol a chrefyddol perthnasol ar adeg y Bwdha.

Gweithgareddau AA1 – pwrpas y rhain yw canolbwyntio ar adnabod, cyflwyno ac esbonio, a datblygu'r wybodaeth a'r ddealltwriaeth sydd eu hangen ar gyfer yr arholiad

Gweithgaredd AA1

Ysgrifennwch gofnod dyddiadur sy'n disgrifio sut roedd Gautama yn teimlo ar ôl gweld y Pedair Golygfa a phenderfynu gadael ei deulu a dilyn bywyd crwydryn digartref.

Gweithgareddau AA2 – pwrpas y rhain yw canolbwyntio ar gasgliadau, fel sail ar gyfer meddwl am y materion, gan ddatblygu'r sgiliau gwerthuso sydd eu hangen ar gyfer yr arholiad

AA2 *Dadleuon posibl*

Wedi'u rhestru isod mae rhai casgliadau y byddai'n bosibl dod iddynt ar sail rhesymeg AA2 yn y testun cysylltiedig:

Geirfa o'r holl dermau allweddol er mwyn cyfeirio atyn nhw'n gyflym.

Nodwedd benodol: Datblygu sgiliau

Mae'r adran hon yn canolbwyntio'n fawr ar 'beth i'w wneud' â'r cynnwys a'r materion sy'n cael eu codi. Maen nhw'n digwydd ar ddiwedd pob adran, gan roi 12 enghraifft AA1 a 12 gweithgaredd AA2 sy'n canolbwyntio ar yr arholiad.

Mae'r adrannau Datblygu sgiliau wedi'u trefnu fel eu bod yn cynnig cymorth i chi ar y dechrau, ac yna'n raddol yn eich annog i fod yn fwy annibynnol.

Atebion a sylwadau AA1 ac AA2

Yn yr adran olaf mae detholiad o atebion a sylwadau yn fframwaith ar gyfer barnu beth yw ymateb effeithiol ac aneffeithiol. Mae'r sylwadau yn tynnu sylw at rai camgymeriadau cyffredin a hefyd at enghreifftiau o arfer da fel bod pawb sy'n ymwneud ag addysgu a dysgu yn gallu ystyried sut mae mynd i'r afael ag atebion arholiad.

Richard Gray, Golygydd y Gyfres
2017

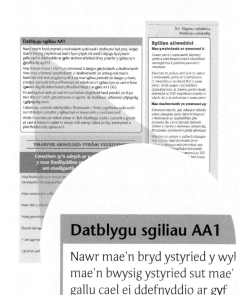

Th1 Ffigyrau crefyddol a thestunau cysegredig

Mae'r adran hon yn cwmpasu cynnwys a sgiliau AA1

Cynnwys y fanyleb

Y ffyrdd y mae Bwdhyddion yn darllen y naratifau hyn.

Termau allweddol

Ariaidd: term a ddefnyddir i ddiffinio goresgynwyr o'r Gorllewin i Ddyffryn Indus

Ashrama: cyfnod mewn bywyd

Bhakti: ymroddiad

Bwdha: Siddhartha Gautama, sylfaenydd crefydd Bwdhaeth

Dyffryn Indus: ardal yng Ngogledd-orllewin India a Pakistan lle mae tystiolaeth archeolegol arwyddocaol wedi dod i'r golwg

Dyfyniadau allweddol

Mae Hindŵaeth yn ffordd o fyw, yn gasgliad o grefyddau, yn ddiwylliant cymhleth, yn un, ac eto'n llawer. (Julius Lipner)

Pan ddefnyddir y termau 'Hindŵ' a 'Hindŵaeth' ... mae'n cael ei gymryd bod hyn yn cynnwys y Jainiaid, ynghyd â'r Sikhiaid a'r Bwdhyddion. (Erthygl 25 o Gyfansoddiad India)

Oherwydd bod y term 'Hindŵaidd' yn cwmpasu amrywiaeth eang o draddodiadau a syniadau, mae dod at ddiffiniad yn broblem ... Mae braidd yn annelwig. Mae rhai ffurfiau ar grefydd yn greiddiol i Hindŵaeth, tra bod eraill yn llai amlwg yn ganolog, ond maen nhw'n dal i fod yn y categori. (Gavin Flood)

Mae Hindŵaeth yn bob peth i bob dyn. (Jawaharlal Nehru, Prif Weinidog Cyntaf India)

A: Yr adroddiadau am enedigaeth y Bwdha a'r Pedair Golygfa

Y Bwdha hanesyddol: lleoliad cymdeithasol a chrefyddol Bwdhaeth

Gogledd India yng nghyfnod y Bwdha

Yn y cyfnod yr ymddangosodd Bwdhaeth, roedd gan India gymaint o amrywiaeth grefyddol ag sydd ganddi heddiw, er nad oedd y cymysgedd crefyddol yr un fath. Mae gan India fodern gymysgedd cymhleth o draddodiadau crefyddol, sydd weithiau'n cyflwyno sawl math o fydolwg. O fewn y bydolygon hyn mae amrywiaeth eang o wahaniaethau diwylliannol a rhanbarthol, a chanlyniad hyn yw mynegiant crefyddol ar ffurfiau amrywiol. Yng nghyfnod y Bwdha (ganwyd rhwng 490 a 450 CCC a bu farw rhwng 410 a 370 CCC), roedd y syniadau crefyddol ac athronyddol yr un mor gymhleth. Er nad oedd Cristnogaeth, Islam a Sikhiaeth wedi'u sefydlu eto, roedd traddodiadau ac athrawiaethau crefyddol eraill. Dydy rhai o'r rhain ddim yn bodoli ar eu ffurfiau gwreiddiol heddiw. Yn fyr, roedd herio bywiog iawn ar waith, roedd cwestiynau newydd yn cael eu codi ac roedd dadleuon athronyddol a chrefyddol allweddol o fewn y grwpiau hyn a rhyngddyn nhw.

Cafodd y Bwdha ei eni i'r diwylliant Hindŵaidd. Yn wreiddiol, roedd y term Hindŵaeth yn cyfeirio at bobl Dyffryn Indus. Yn yr ystyr hwn, doedd y term ddim wir yn disgrifio set o gredoau neu arferion. Ond mae ystyr y term Hindŵaeth wedi datblygu ac mae wedi dod i gynnwys datblygiadau diweddarach ym maes hanes, crefydd, diwylliant ac athroniaeth India. Er enghraifft, mae'r goresgyniad Ariaidd dros Wareiddiad Dyffryn Indus, datblygiad athroniaeth Hindŵaidd, yoga a mudiad bhakti i gyd yn rhan o hanes Hindŵaidd. Felly, mae sawl ymdrech wedi cael ei gwneud i ddiffinio beth yw Hindŵaeth heddiw wrth geisio gwerthfawrogi beth allai fod wedi bod yn wreiddiol a sut mae wedi esblygu.

Yng nghyfnod y Bwdha, mae'n ymddangos bod y diwylliant Hindŵaidd yn cynnwys elfennau o Hindŵaeth sy'n dal i fodoli heddiw, fel strwythuro cymdeithasol, gwerthoedd crefyddol craidd, y disgwyliadau sy'n dod gyda phob un o gamau (ashrama) bywyd, a, phedwar nod bywyd. Yn benodol, rydyn ni'n gweld rolau'r rhai sy'n cael eu galw heddiw yn sadhus neu'n sannyasins (dynion duwiol), bodolaeth haen gymdeithasol o offeiriaid, a nod bywyd fel dihangfa (moksha, mukti), fel sy'n cael ei adlewyrchu yng ngham olaf bywyd Hindŵaidd fel y Sannyasin. Dyma'r ffiniau cymdeithasol a chrefyddol y gweithiodd y Bwdha oddi mewn iddyn nhw. Yn arbennig, datblygodd ei brofiad ef o fod yn ddyn duwiol crwydrol yn draddodiad 'mynd ymaith' a 'digartrefedd' mewn Bwdhaeth ddiweddarach.

Awgrym astudio

Yn unol â Chanllaw Addysgu CBAC sy'n nodi 'mae ymgeiswyr angen rhywfaint o ymwybyddiaeth gyffredinol o'r cyd-destun cymdeithasol a chrefyddol, yn cynnwys ymwybyddiaeth o'r disgwyliad ar gyfer cyflawni dyletswyddau crefyddol sy'n gysylltiedig â statws cymdeithasol', bydd yn ddefnyddiol iddyn nhw gael trosolwg cryno iawn o'r syniadau cymdeithasol a chrefyddol perthnasol ar adeg y Bwdha.

Lleoliad cymdeithasol

Yng ngogledd-ddwyrain India, yn yr ardal o amgylch Basn Afon Ganga, mae'r ardal lle'r oedd y Bwdha ar waith. Yn y cyfnod yr ymddangosodd Bwdhaeth roedd llawer o newidiadau cymdeithasol mawr yn digwydd hefyd. Un o'r newidiadau mwyaf arwyddocaol oedd y gwrthwynebiad cynyddol i'r system gast draddodiadol yn India. Er mwyn edrych ar y system gast draddodiadol, mae'n bwysig cofio ei tharddiad posibl yng Ngwareiddiad Dyffryn Indus a dylanwad y Goresgyniad Ariaidd a ddaeth wedyn.

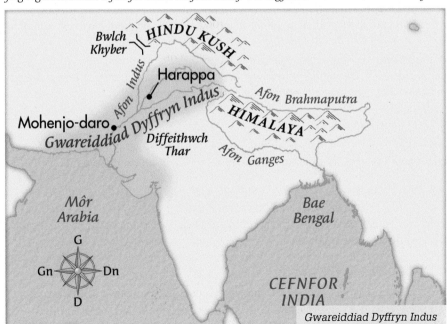

Gwareiddiad Dyffryn Indus

Mae tystiolaeth o wareiddiad datblygedig yn Nyffryn Indus a Basn y Ganga a ddaeth i'w lawn dwf tua 2000 o flynyddoedd cyn i Fwdhaeth ddatblygu. Mae dwy ddinas fawr, Mohenjo-Daro a Harappa, sy'n ddarganfyddiadau archeolegol enwog o'r ganrif ddiwethaf, yn rhoi digon o dystiolaeth i awgrymu bod yno system ddŵr gyntefig, o bosibl yn cynnwys draenio a charthffosiaeth, a hefyd baddonau, adeiladau cerrig ac arteffactau o arwyddocâd crefyddol. Awgrymwyd bod modd olrhain addoli mewn temlau a myfyrdod yn ôl i Ddyffryn Indus. Ond, daeth goresgyniad o'r Gorllewin tua

Termau allweddol

Harappa: hen ddinas yn Nyffryn Indus

Mohenjo-Daro: hen ddinas yn Nyffryn Indus

Moksha: dianc neu ryddhau o gylch genedigaeth, marwolaeth ac ailymgnawdoliad

Mukti: dianc neu ryddhau o gylch genedigaeth, marwolaeth ac ailymgnawdoliad

Sadhu: dyn duwiol, fel arfer crwydryn asgetig digartref ac athro

Sannyasin: dyn duwiol, fel arfer crwydryn asgetig digartref ac athro

cwestiwn cyflym

1.1 Pryd cafodd y Bwdha ei eni a phryd bu farw?

Dyfyniad allweddol

Mae'r gwareiddiad fel petai wedi dod i ben gryn amser cyn y goresgyniad Ariaidd; serch hynny, mae posibilrwydd o leiaf fod rhai o gredoau'r bobl wedi parhau mewn ffordd boblogaidd, gydag elfennau'n treiddio i Hindŵaeth yn y pen draw ochr yn ochr â'r rhai a gafodd eu hetifeddu gan y Vedas. (Brockington)

Termau allweddol

Brahmin: grŵp cymdeithasol offeiriadol

Dharma: deddf dragwyddol mewn Hindŵaeth, neu ddyletswydd gymdeithasol

Jati: isadran o varna, wedi'i seilio ar 'enedigaeth' i grŵp penodol

Kshatriya: grŵp cymdeithasol o ryfelwyr

Samana: athronwyr ac athrawon crefyddol crwydrol, weithiau rhai asgetig ac weithiau mewn grwpiau

Varna: system grwpiau cymdeithasol Hindŵaidd

Vedas: yr ysgrythurau Hindŵaidd cynharaf

Dyfyniad allweddol

Wrth graidd y gwladwriaethau hyn, ymddangosodd canolfannau trefol go iawn lle na fu rhai o'r blaen. Yn y dinasoedd hyn a oedd ar gynnydd, roedd llysoedd y brenhinoedd, a chafodd y math o bobl sy'n gwneud bywyd trefol eu denu i'r llysoedd a'r dinasoedd: masnachwyr a chrefftwyr â sgiliau newydd, milwyr a labrwyr, arglwyddi wedi'u concro i dalu teyrnged, ceiswyr lloches, y tramorwyr, a'r rhai a oedd yn trio'u lwc. (Michael Carrithers)

---

cwestiwn cyflym

1.2 Pa ddwy ddinas sy'n rhoi tystiolaeth archeolegol am Wareiddiad Dyffryn Indus?

1500 CCC, wrth i Wareiddiad Dyffryn Indus edwino. Daeth y goresgynwyr Ariaidd, fel roedden nhw'n cael eu galw, â chymdeithas gyda nhw a oedd wedi'i seilio'n drwm ar strwythurau crefyddol caeth yn cael eu rheoli gan grŵp offeiriadol.

Mae ysgrifeniadau crefyddol y goresgynwyr hyn yn cynnwys y **Vedas**, yr ysgrythurau Hindŵaidd cynharaf. Mae'r rhain yn aml yn gysylltiedig â system ddosbarth sydd, dros y blynyddoedd, wedi mynd yn fwy cymhleth; datblygodd i fod yr hyn sy'n cael ei alw'n system gast (**varna**), gan isrannu wedyn yn system enedigaeth (**jati**) yn India. Er bod gwahaniaethu ar sail cast neu enedigaeth yn anghyfreithlon bellach, ar yr adeg pan ddatblygodd Bwdhaeth, roedd system gast sylfaenol yn ei lle. Mewn Hindŵaeth, mae gan y gair **dharma** ystyr ar sawl lefel. Gall gynrychioli'r gyfraith grefyddol a thragwyddol; fel arfer ei ystyr yw dyletswydd gymdeithasol, ond hefyd gall gael ei ddefnyddio'n gyffredinol i olygu addysgu. Dyletswydd bersonol unigolyn yw dilyn cod arferion crefyddol a chymdeithasol y teulu. Mae'r cod yn cael ei bennu gan eu dosbarthiad cymdeithasol a hefyd eu genedigaeth neu'r cast y mae'r teulu'n perthyn iddo. Roedd y Bwdha'n rhan o'r system gymdeithasol hon.

Yn yr ysgrythur Hindŵaidd o'r enw'r Rig-Veda y mae manylion y system gast. Yn y bôn, mae'r system yn cynnwys pedwar categori cymdeithasol:

- **Brahmin** neu offeiriad
- **Kshatriya** neu ryfelwr
- Vaisya neu fasnachwr, gweithiwr proffesiynol neu weithiwr â chrefft
- Sudra neu lafurwr, di-grefft.

Credir bod y tri cyntaf wedi'u geni ddwywaith oherwydd eu bod yn mynd drwy ailenedigaeth ysbrydol wrth gymryd seremoni'r edau sanctaidd, un o'r defodau newid byd allweddol i Hindŵ. Fodd bynnag, dydy'r rhai di-grefft yn y gymdeithas ddim wedi'u geni ddwywaith ac felly does dim hawl ganddyn nhw i astudio'r Vedas. Ar yr adeg y datblygodd Bwdhaeth, byddai'r system hon wedi bod yn ynysig ac yn ecsgliwsif, a byddai hi wedi bod yn anodd iawn i bobl newid amgylchiadau eu bywyd. Roedd gan y ddau gategori uchaf rolau a oedd yn dibynnu ar ei gilydd. Y rheolwyr oedd y rhyfelwyr, roedden nhw'n gyfrifol am drefn dda yn y gymdeithas. Er mwyn cynnal y drefn hon, roedd angen aberthau. Yr offeiriaid oedd yn perfformio'r aberthau ond y rhyfelwyr oedd yn talu amdanyn nhw. Hefyd roedd yr offeiriaid yn dibynnu ar y rheolwyr i'w cynnal yn faterol.

Dyfyniad allweddol

Daeth y pâr hwn o rolau cyd-ddibynnol, noddwr a swyddog, yn fodel i amrywiaeth eang o drefniadau cymdeithasol yn yr India draddodiadol. (Gombrich)

Credir bod y Bwdha ei hun wedi bod yn aelod o'r dosbarth o ryfelwyr (Kshatriya) a oedd yn rheoli. Roedd yn dod o blith pobl y Shakya, a oedd yn byw o gwmpas ardal Kapilavatthu yn Nepal heddiw.

Dyfyniad allweddol

Yn ôl ideoleg, wrth gwrs, mae'r Kshatriya yn dod yn ail, o dan y Brahmin. Eto ef yw'r dyn sydd â'r pŵer corfforol go iawn, y mae hyd yn oed y Brahmin yn dibynnu arno ar gyfer ei ddiogelwch a'i les corfforol. Mae'r berthynas rhwng Brahmin a Kshatriya wedi bod braidd yn amwys erioed. (Gombrich)

Roedd y Brahmins (offeiriaid) ar frig y system ddosbarth hon. Nhw oedd yn arwain y bobl yn yr arferion addoli a'r drefn gymdeithasol. Ond, dyletswydd dosbarth y Kshatriya (rhyfelwr) bob amser oedd ymladd dros gyfiawnder a gwarchod y bobl mewn ffyrdd ymarferol. Dros gyfnod o amser, ac yn wyneb tlodi, clefyd ac esgeulustod, heriodd y Kshatriyas awdurdod a dylanwad y Brahmins. Yn ystod y cyfnod y datblygodd Bwdhaeth, roedd llawer o densiwn rhwng Brahmins a Kshatriyas. Ar yr adeg hon mae tystiolaeth fod mudiad **Samana** (Shramana *Sansgrit*) wedi datblygu. Roedd hwn yn gwrthod ffurfioldeb addoli mewn temlau er mwyn dilyn ffordd fwy asgetig o fyw. Daeth hyn â her newydd i'r Brahmins; mae tystiolaeth o ysgrifeniadau Hindŵaidd fod y brenhinoedd hyd yn oed yn ceisio cyflwyno'r Brahmins i syniadau crefyddol newydd a heriol. Roedd y tensiwn hwn yn adlewyrchu brwydr feddyliol rhwng y carfanau, ac nid cyd-ddigwyddiad yw bod y Bwdha, fel Kshatriya, yn gwrthod y system ddosbarth ac awdurdod crefyddol y Brahmins.

Rhyfelwr Kshatriya

Dyfyniad allweddol

Roedd y Sakyas yn eu hystyried eu hunain i fod ar yr un lefel â brenhinoedd, pendefigion a rhyfelwyr o ran y gwareiddiad ehangach. Yn wir, mae'n debygol nad oedden nhw'n cydnabod blaenoriaeth seremonïol Brahmins, uchel offeiriaid, fel roedd eraill yn ei wneud. **(Carrithers)**

Yn ogystal â'r drefniadaeth gymdeithasol, roedd pawb yn gyffredinol yn cydnabod gwerthoedd neu ddisgwyliadau bywyd. Yn ogystal â gwneud eich dyletswydd yn ôl eich safle cymdeithasol, roedd cydnabyddiaeth yn gyffredinol fod camau nodedig penodol yn ystod eich bywyd. Yn draddodiadol, y tri cham cyntaf yw myfyriwr, penteulu a phreswylydd coedwig (neu ymddeoliad). Roedd y tri cham hyn yn ymgorffori'r darlun delfrydol o fywyd Indiaidd fel dysgu, magu teulu ac yna symud i hanner ymddeol o fywyd y teulu er mwyn rhoi sylw i faterion ysbrydol.

I rai, dyhead oedd y pedwerydd cam ond roedd yn cynnwys torri'n llwyr oddi wrth y teulu, ac ailenedigaeth ysbrydol newydd i fyw fel person digartref. Roedd y pedwerydd cam yn newid sylweddol o strwythur cymdeithasol a chrefyddol y tri cham cyntaf. Mae pobl wedi dadlau bod pedwerydd cam bywyd i'w gael yn barod yn yr oes Vedaidd (1500–500 CCC) er bod y term **muni** (dyn duwiol, gŵr doeth) yn cael ei ddefnyddio'n fwy na sannyasin neu sadhu. Weithiau gwelir bod cysylltiad rhyngddo a hen gysyniad Hindŵaidd **rishi** (gweledydd crefyddol) sy'n gysylltiedig â llenyddiaeth Vedaidd. Mae'n ddiddorol bod y Bwdha hefyd yn cael ei alw'n **Shakayamuni** (y gŵr doeth o Shakya; Shakyamuni *Pali*). Byddwn ni'n gweld yn nes ymlaen yn y naratifau am enedigaeth y Bwdha, y **Pedair Golygfa** a'i brofiad o **Oleuedigaeth**, pa mor arwyddocaol oedd y syniadau hyn.

Lleoliad crefyddol

Mae prif fynegiant Hindŵaeth o gyfnod y Bwdha'n aml yn cael ei alw'n Brahminiaeth, hynny yw, y grefydd y mae cast y Brahmin yn ei gweinyddu. Fel plentyn i arweinydd lleol (Kshatriya), byddai'r Bwdha wedi bod yn gyfarwydd iawn â syniadau crefyddol Brahminiaeth. Roedd Brahminiaeth wedi'i seilio ar lyfrau sanctaidd ysgrifenedig a defodau cymhleth. Roedd y llyfrau sanctaidd hyn (Vedas) yn cael eu defnyddio i arwain ac i roi cyfarwyddiadau ynglŷn â chynnal defodau aberthu a oedd yn cynnwys anifeiliaid, a lle'r oedd rôl y Brahmin neu'r offeiriad yn hanfodol. Y gred oedd bod y gweddïau a fyddai'n cael eu hoffrymu wrth berfformio'r aberth yn bodloni'r duwiau. Felly byddai'r pwrpas sylfaenol, sef cynnal trefn yn y Bydysawd, yn cael ei gyflawni.

Roedd myfyrdod yn nodwedd ar Frahminiaeth hefyd. Ar y dechrau, ffordd o baratoi at yr aberth oedd myfyrdod. Wrth i Frahminiaeth ddatblygu, daeth myfyrdod i gymryd lle'r aberth, a chafodd ei ddefnyddio fel ffordd o ganolbwyntio neu fewnoli meddyliol. Daeth y syniad o'r **Brahman**, yr ysbryd cyffredinol, a'r **atman** (atta *Pali*) yr enaid unigol, yn flaenllaw mewn syniadau Indiaidd diweddarach, a hefyd y cysyniad o gylch parhaus **ailymgnawdoliad**, o'r enw **samsara**. Nod ymarfer crefydd oedd symud ymlaen drwy ddefodau cymhleth a thrwy fyfyrdod i gael eich rhyddhau o'r cylch hwn o ailymgnawdoliad. Y gred oedd bod yr enaid yn uno â Brahman wedyn.

Termau allweddol

Ailymgnawdoliad: yr enaid yn trawsfudo i ffurf bywyd newydd ar ôl marwolaeth

Atman: enaid

Brahman: ysbryd cyffredinol neu ysbryd eithaf mewn Hindŵaeth

Goleuedigaeth: mae hefyd yn cael ei alw'n Ddeffroad, nibbana neu nirvana. Mae'n cyfeirio at yr eiliad pan gyrhaeddodd y Bwdha y gwirionedd

Muni: dyn crefyddol / duwiol

Pedair Golygfa: y pedwar peth a ysgogodd ymchwil Siddhartha am Oleuedigaeth

Rishi: gweledydd crefyddol sy'n gysylltiedig â'r Vedas

Samsara: cylch bywyd, marwolaeth ac ailymgnawdoliad

Shakayamuni: term am y Bwdha, ei ystyr yw 'y dyn doeth o Shakya'

Termau allweddol

Ahimsa: dim trais

Ajivakas: grŵp Samana cynnar, sydd ddim yn bodoli heddiw – tynged oedd y syniad allweddol

Jainiaid: grŵp Samana cynnar; mae'n dal i fod yn grefydd heddiw – roedd dim trais yn syniad allweddol

Jiva: egwyddor bywyd sy'n cael ei haddysgu gan y Jainiaid

Karma: 'gweithred' sydd â chanlyniad; mae'n cael ei hadnabod fel 'cyfraith karma' weithiau

Materolwyr: grŵp Samana cynnar a oedd yn gwrthod y goruwchnaturiol

Sgeptigiaid: grŵp Samana cynnar a oedd yn amau popeth

Yoga: o'r Sansgrit 'yukta' sy'n golygu 'wedi'i gysylltu' ac mae'n cyfeirio at ffurf ar fyfyrdod mewn Hindŵaeth sy'n ceisio bod yn un â'r ysbryd cyffredinol

Dyfyniad allweddol

Roedd y Bwdha yn aelod o grŵp cymdeithasol neilltuol yng nghyd-destun crefyddol India. Roedd yn ymwadwr, yn un a oedd wedi 'mynd ymaith o gartref i ddigartrefedd' wrth geisio dod i wybod y gwirionedd sy'n rhyddhau. Roedd ei fywyd y tu allan i fywyd penteulu priod, gyda'i ddyletswyddau cymdeithasol yn y pentref neu'r dref. Felly, roedd ef ei hun yn aelod o'r grŵp o'r enw'r *sramanas*, y gwrthgilwyr. (**Williams**)

cwestiwn cyflym

1.3 Pam roedd gweddïau'r Brahminiaid yn hanfodol i Hindŵiaid adeg y Bwdha?

cwestiwn cyflym

1.4 Beth oedd nod Hindŵaeth adeg y Bwdha?

Yn olaf, mewn Brahminiaeth mae'r syniad sylfaenol o **karma** (kamma *Pali*) fel a ddatblygodd mewn syniadau Indiaidd diweddarach. Er bod Brahminiaeth gynnar yn dysgu bod pob dylanwad ysbrydol wedi'i gyfyngu i'r ddefod grefyddol, yn ddiweddarach derbyniodd y syniad fod gweithredoedd neu karma y tu hwnt i'r aberth yn effeithio ar ailymgnawdoliad yr enaid unigol.

Fel rydyn ni wedi gweld, o densiynau crefyddol y cyfnod, datblygodd nifer o grwpiau crefyddol cyfoes o'r enw Samanas a oedd yn gwrthod crefydd y Brahmins. Ffurfion nhw grwpiau o ddynion duwiol neu athronwyr crwydrol a oedd yn ceisio dod o hyd i atebion i'r cwestiynau eithaf. Mae sawl enghraifft o wahanol fathau o Samanas, gan gynnwys **Jainiaid, Ajivakas, Materolwyr** a **Sgeptigiaid**. Bydd crynodeb o'u credoau a'u harferion yn eich helpu i ddeall amgylchedd diwylliannol a chrefyddol y Bwdha.

Roedd Samanas yn gwrthod crefydd y Brahmins oherwydd nad oedden nhw'n hoffi'r elitaeth gymdeithasol a'r syniad o aberthu defodol. Fel y sannyasin neu'r sadhu Hindŵaidd cyfoes, roedden nhw'n torri pob cysylltiad â'r teulu ac yn dibynnu ar y cyhoedd am eu bwyd. Fel arfer roedd Samanas yn asgetig ac yn myfyrio mewn ffyrdd datblygedig iawn, heb lawer o gwsg a heb lawer iawn o fwyd. Dywedir yn aml mai mudiad Samana oedd Bwdhaeth yn wreiddiol.

Awgrym astudio

Mae'r derminoleg sy'n cael ei defnyddio wrth astudio Bwdhaeth yn dod o nifer o ieithoedd, ac oherwydd hyn bydd y sillafu'n amrywio'n aml. Yn gyffredinol mae'n well defnyddio termau Pali yng nghyd-destun Bwdhaeth Theravada, a thermau Sansgrit yng nghyd-destun Bwdhaeth Mahayana. Ond, weithiau mae'r cyd-destun yn amwys neu mae Sansgrit yn cael ei ffafrio; er enghraifft, ar brydiau yn y Fanyleb. Oherwydd hyn, bydd yr arholwr yn derbyn unrhyw sillafiad dilys o'r termau gan fyfyrwyr wrth ateb cwestiwn, a does dim rhaid i fyfyrwyr nodi ai term Sansgrit neu Pali ydy e.

Jainiaeth oedd un grŵp Samana. Vardhamana, fel Mahavira neu'r Arwr Mawr, oedd y person cyntaf i arfer Jainiaeth fel athroniaeth swyddogol. Mae'n aml yn cael ei gydnabod fel sylfaenydd Jainiaeth. Roedd dysgeidiaeth Jain yn derbyn ailymgnawdoliad a'r syniad o samsara ond yn anghytuno â safbwyntiau traddodiadol am ddianc o gylch samsara. Roedd cysyniad y Janiaid o karma yn allweddol i'r gwahaniaeth hwn. Yn lle'r atman neu'r enaid, roedd Jainiaid yn credu yn yr hyn yr oedden nhw'n ei alw yn **jiva**, sef hanfod bywyd. Mae hwn fel gwreichionyn mewnol, egni neu hanfod sy'n rhedeg drwy bob mater byw ac anfyw. Ond mae karma yn amgylchynu'r jiva hwn. Mae'r karma yn cronni ac yn arwain at ailymgnawdoliad arall. Nod ymarferydd Jain yw rhyddhau'r jiva o gylch samsara drwy ddilyn ffordd o fyw asgetig sy'n cynnwys **yoga**, ac sydd wedi'i harwain gan egwyddor o ddim trais (**ahimsa**) tuag at unrhyw beth byw.

Offeiriad Brahmin heddiw

Yn ogystal, eu nod oedd cael gwared ar unrhyw karma newydd posibl drwy bolisi o beidio â gweithredu, ac aros i unrhyw effeithiau yn deillio o karma blaenorol ddilyn eu cwrs a dod i ben.

Jain heddiw

Makkhali Gosala oedd yr arweinydd enwog sy'n gysylltiedig â'r mudiad Samana sy'n cael ei alw'n Ajivakas, er bod arweinwyr eraill wedi'u nodi mewn ysgrifeniadau Bwdhaidd. Y peth mwyaf roedd Gosala yn anghytuno amdano â grwpiau crefyddol eraill y cyfnod oedd y ffaith ei fod yn gwrthod y syniad o karma yn llwyr. Yn ei le, cyflwynodd y syniad o **niyati** neu dynged. Mae gan bob enaid ei lwybr unigryw sydd wedi'i osod yn barod. Mae nifer yr ailymgnawdoliadau wedi'i gyfrifo'n barod hyd yn oed. Felly, mae'r syniad o karma yn mynd yn ddiwerth, wedi'i drawsffurfio'n gysyniad cynnar o benderfyniaeth athronyddol. Yn ymarferol, roedd yr Ajivakas yn debyg i'r Jainiaid o ran eu bod hefyd yn dilyn ffordd o fyw hynod ddisgybledig, gan hunan-niweidio a llwgu hyd yn oed.

Mae ysgrifeniadau Bwdhaidd cynnar yn nodi dau grŵp dylanwadol arall y mae angen rhoi peth sylw iddyn nhw. Y Materolwyr oedd y cyntaf o'r rhain. Roedd y Materolwyr, gyda'r Samanas eraill, yn gwrthod Brahminiaeth. Roedden nhw'n gwneud hyn nid yn unig oherwydd gwahaniaethau dogmatig ond oherwydd eu bod nhw'n meddwl bod defodau crefyddol yn anwyddonol. Yn wir, roedd Materolwyr yn **empirwyr** ac roedden nhw'n gwrthod unrhyw syniadau a oedd wedi'u seilio ar dystiolaeth anempirig a oedd, yn eu barn nhw, yn methu cael ei phrofi. Roedd y syniadau hyn yn cynnwys karma, ailymgnawdoliad a'r syniad o enaid. Prif arfer Materolwr oedd dathlu bywyd, ac, er bod modd gwneud hyn mewn sawl ffordd, yn gyffredinol roedden nhw'n cael eu hannog i ddilyn llwybr anrhydeddus a moesol.

Roedd y Sgeptigiaid neu'r 'gwingwyr llysywod', fel mae Peter Harvey wedi'u disgrifio nhw, yn grŵp arall o Samanas. Doedd gan y Sgeptigiaid ddim unrhyw ddysgeidiaeth neu arferion arbennig. Yn hytrach roedden nhw'n pwyso a mesur pethau o hyd ac yn ymddangos yn gyndyn o ddod i gasgliadau. Er eu bod yn dadlau yn erbyn safbwyntiau a damcaniaethau eraill, roedden nhw o hyd yn ysgogi trafodaeth drwy dynnu blewyn o drwyn, heb ymrwymo i unrhyw safbwynt penodol.

Dyfyniad allweddol

Camsyniad yw meddwl am Fwdhaeth bur, sydd wedi cael ei chymysgu'n syncretyddol â chrefyddau eraill, a hyd yn oed wedi llygru a dirywio ar ffurfiau diweddarach. Does dim Bwdhaeth bur o'r fath wedi bod erioed. Mae Bwdhaeth bob amser wedi cydfodoli â chredoau ac arferion crefyddol eraill. (Cousins)

Dyfyniad allweddol

Roedd ymwadwr, ac yn wir, mae ymwadwr o hyd yn y byd Indiaidd modern, yn 'farw' yn gymdeithasol, yn gelain sy'n cerdded. (Williams)

cwestiwn cyflym

1.5 Enwch unrhyw ddau grŵp Samana.

Dyfyniad allweddol

Rwy'n edmygu'r Bwdha; rwy'n ei ystyried yn un o'r meddylwyr mwyaf – a'r personoliaethau mwyaf – y mae gennym gofnod ohonyn nhw yn hanes bodau dynol. Rhywbeth sy'n addas i gemau parlwr yn unig yw gosod pobl yn nhrefn teilyngdod, ond rwy'n honni bod y Bwdha'n perthyn i'r un dosbarth â Platon ac Aristoteles, y cewri a luniodd draddodiad athroniaeth y Gorllewin. Rwy'n credu y dylai ei syniadau fod yn rhan o addysg pob plentyn, dros y byd i gyd, ac y byddai hyn yn helpu i wneud i'r byd fod yn lle mwy gwâr, yn fwy addfwyn ac yn fwy deallus. (Gombrich)

O ran y cefndir i ddatblygiad Bwdhaeth, roedd meysydd cyffredin yr oedd pob grŵp crefyddol yn eu rhannu, a hefyd meysydd cyffredin yr oedd rhai grwpiau crefyddol yn eu rhannu; cafodd rhai syniadau crefyddol eu gwrthod; a chafodd rhai syniadau crefyddol eu datblygu a'u haddasu. Hefyd roedd syniadau crefyddol newydd, rhai ohonyn nhw'n unigryw i'r Bwdha ac a gyflwynodd ef i India.

Awgrym astudio

Mae'r cynnwys yma'n ddefnyddiol fel gwybodaeth gefndir i roi syniad i chi sut roedd y gymdeithas adeg y Bwdha. Ond, fydd dim disgwyl i chi ganolbwyntio ar hyn mewn ateb; yn hytrach, gallwch wneud cysylltiadau â'r wybodaeth, er enghraifft fod y Bwdha'n dod o gast Kshatriya a bod y ffaith iddo ymwadu a dilyn ffordd o fyw asgetig yn ymateb cymdeithasol a chrefyddol derbyniol ar y pryd.

Gweithgaredd AA1

Lluniwch dabl byr iawn sy'n amlygu'r nodweddion crefyddol a chymdeithasol i'ch atgoffa am gyd-destun bywyd y Bwdha.

Er enghraifft,

Cefndir crefyddol a chymdeithasol

Cymdeithasol	Nodiadau
System gast	
B ...	
K ...	
V ...	
S ...	
Camau bywyd:	
M ...	
P ...	
P ... C ...	
D ... S ...	
Crefyddol	
Dyffryn Indus	
Brahmin	
Samanas	
J ...	
A ...	
M ...	
S ...	

Cofiwch – gwybodaeth gefndir yw hon i'ch helpu i ddeall bywyd y Bwdha'n well, ond mae bob amser yn ddefnyddiol a gallwch gyfeirio ati mewn unrhyw werthusiad AA2.

Y ffyrdd y mae Bwdhyddion yn darllen yr adroddiadau am enedigaeth y Bwdha hanesyddol a'r Pedair Golygfa

Pwy oedd y Bwdha? Ei enw hanesyddol, go iawn oedd Siddhartha Gautama (Siddhatta Gotama *Pali*) a chafodd ei eni mewn ardal sydd nawr yn Ne Nepal yn yr Himalaya. Ychydig iawn rydyn ni'n ei wybod am y manylion hanesyddol heblaw am y rhai y gallwn eu codi'n ofalus o destunau, chwedlau a storïau diweddarach amdano. Roedd o dras fonheddig; mae'n debyg ei fod yn fab i arweinydd rhanbarthol neu leol, ond efallai fod 'tywysog' yn gorliwio pethau. Enw ei dad oedd Suddhodana ac enw ei fam oedd Maya. Roedden nhw'n byw mewn lle o'r enw Kapilavastu yn ardal Shakya, er mai symud yno wnaethon nhw ar ôl i'r Gautama gael ei eni yn Lumbini.

Hagiograffeg a myth

Mewn Bwdhaeth, dydy chwilio am y Bwdha hanesyddol erioed wedi bod yn rhywbeth pwysig. Er enghraifft, yn ôl Paul Williams: 'Mae hi'n amlwg ond yn briodol i ddechrau astudio crefydd gyda hanes bywyd ei sylfaenydd os ydyn ni'n credu bod hanes bywyd y sylfaenydd yn hanfodol mewn rhyw ffordd er mwyn deall yr hyn sy'n dilyn. Hynny yw, yn achos Bwdhaeth, petai hi'n wir na fydden ni'n gallu deall y Dharma heb ddeall hanes bywyd y Bwdha'n gyntaf.'

I Williams, nid person y Bwdha, hynny yw, y Bwdha hanesyddol, sy'n arwyddocaol, ond yn hytrach yr hyn a ddarganfu'r Bwdha. Y sasana (dysgeidiaeth) neu'r Dharma yw'r rheswm y mae gan fywyd y Bwdha unrhyw arwyddocâd o gwbl. Roedd Gautama yn sammasambuddha (Bwdha wedi'i hunanoleuo'n llawn neu Fwdha cyffredinol) ac yn ffurf uchaf ar Fwdhadod. Mae sammasambuddha *yn darganfod* Goleuedigaeth; hynny yw, y Dharma, ac yna mae'n sefydlu'r sasana a'r gymuned yn y byd. Mae hyn yn wahanol i Fwdah pratyeka (pacceka *Pali*) sy'n darganfod y Dharma ond nad yw'n sefydlu'r sasana neu'r gymuned Fwdhaidd yn y byd.

I Williams, mae astudio Bwdhaeth yn golygu astudio syniadau Bwdhaidd yn hytrach nag astudio'r Bwdha hanesyddol; felly, mae hanes bywyd y Bwdha yn dod yn hagiograffeg (bywgraffiad crefyddol). Pwrpas penodol hagiograffeg yw dangos, os fe yw'r sawl rydyn ni'n meddwl oedd y person, yna mae'r hyn oedd e yn darlunio'r hyn y mae e'n ei gynrychioli - 'gwirionedd enghreifftiol' fel y mae Williams yn ei alw. Fel hyn mae'r ysgrythurau'n dod yn ddogfennau sy'n ymhel â delfryd.

Yn ôl Williams: 'Oherwydd nid naratif hanesyddol a gawn ni wrth edrych ar hanes bywyd y Bwdha ond *hagiograffeg,* ac fel hagiograffeg y dylen ni ddarllen hanes bywyd y Bwdha … O fewn y safbwynt hwn, dydy buddiannau naratif hanesyddol gywir ddim bob amser yn cael eu gweld, ac maen nhw bob amser yn llai pwysig.' Y cyfan y mae unrhyw elfennau o fyth (storïau nad ydyn nhw bob amser yn hanesyddol gywir ac sy'n aml yn cynnwys y goruwchnaturiol) yn ei wneud yw cryfhau dadl Williams, ac os yw hyn ar draul ffeithiau hanesyddol, yr ymateb fyddai 'boed felly'. O'i weld fel hyn, nid person yw'r Bwdha o gwbl yn hagiograffig, ond yn hytrach, egwyddor. Fel mae'r *Vakkali Sutta* yn ei ddweud: 'Mae'r sawl sy'n gweld y Dhama yn fy ngweld i, ac mae'r sawl sy'n fy ngweld i, yn gweld y Dhamma.' Hynny yw, mae'r Bwdha a'r Dharma yr un fath.

Dyfyniad allweddol

Er bod yna rywfaint o dystiolaeth hanesyddol am bresenoldeb y Bwdha, mae'r naratif, a luniwyd o ddarnau gwahanol a ganfuwyd mewn testunau niferus, yn un ystyrlon yn hytrach na hanesyddol. (Canllaw Addysgu CBAC)

Cynnwys y fanyleb

Y ffyrdd y mae Bwdhyddion yn darllen y naratifau hyn.

Termau allweddol

Dharma: dysgeidiaeth Fwdhaidd, Dhamma yn yr iaith Pali

Hagiograffeg: bywgraffiad crefyddol, yn hytrach na bywgraffiad hanesyddol

Kapilavastu: y man lle cafodd y Bwdha ei fagu

Lumbini: y man lle ganwyd y Bwdha

Maya: mam y Bwdha

Myth: storïau dychmygol er mwyn mynegi dysgeidiaeth

Shakya: yr ardal lle ganwyd y Bwdha

Sammasambuddha: un sydd wedi'i hunanoleuo

Sasana: dysgeidiaeth

Siddhartha Gautama: enw go iawn y Bwdha, Sansgrit

Siddhatta Gotama: enw go iawn y Bwdha, Pali

Suddhodana: tad y Bwdha

cwestiwn cyflym

1.6 Pam mai hagiograffeg yw'r ffordd orau o ddarllen y naratifau am enedigaeth y Bwdha, yn ôl Paul Williams?

Dyfyniadau allweddol

P'un a yw'r Bwdhau yn codi ai peidio, mae'r Dhama yn bodoli'n dragwyddol. (Narada Thera)

Fel rydyn ni wedi gweld, llwyddodd y Bwdha i'w ryddhau ei hun ac i ailsefydlu'r *sasana*, y Ddysgeidiaeth. Pe bai rhyw ysgolhaig clyfar yn gallu dangos nad oedd y Bwdha'n bodoli erioed, does dim rhaid bod goblygiadau syfrdanol i Fwdhyddion o hynny. Oherwydd mae'n amlwg bod y *sasana* yn bodoli, a'r *sasana* yw'r *sasana*; mae'n mynegi gwirionedd gwrthrychol 'p'un a yw Bwdhau yn digwydd ai peidio'. Dydy effeithiolrwydd y Dharma ynddo'i hun ddim yn dibynnu ar Fwdha yn ei ddarganfod. (Williams)

Gellir gweld y diffyg diddordeb hwn mewn manylion bywgraffiadol yn y ddau ddarn canlynol a ysgrifennodd ysgolheigion wrth ddiffinio'r Bwdha a Bwdhaeth.

Paul Williams (*Buddhist Thought*):

'Mae Bwdhyddion yn credu mai'r Bwdha (Sansgrit/Pali: 'Yr Un sydd wedi Deffro') yw'r un sydd wedi deffro'n llawn i wirionedd terfynol pethau, ac felly mae wedi'i ryddhau ei hun, unwaith ac am byth, oddi wrth bob math o ddioddefaint. Hefyd hwn yw'r un, o'r tosturi goruchaf, sydd wedi addysgu eraill sut mae cyrraedd rhyddid eu hunain. Dydy Bwdhau ddim wedi cael eu geni fel hynny, ac yn sicr does neb yn meddwl eu bod nhw'n dduwiau tragwyddol (neu mai nhw yw Duw). Unwaith (sawl oes yn ôl) roedden nhw'n union fel chi a fi. Ymdrechon nhw'n ddygn, a dod yn Fwdhau. Mae Bwdha yn uwch na'r gweddill ohonon ni oherwydd ei fod yn 'gwybod fel mae hi'. Rydyn ni, ar y llaw arall, yn ymdrybaeddu mewn dryswch, mewn anwybodaeth (Sansgrit: avidya; Pali: avijja). Felly rydyn ni'n anhapus ac yn dioddef.'

Richard Gombrich (*Theravada Buddhism*)

'I Fwdhyddion, mater o ddeall ac ymarfer y Dhamma [Sansgrit: *Dharma*] yn unig yw crefydd, deall ac ymarfer sy'n golygu symud tuag at achubiaeth. Maen nhw'n credu mai achubiaeth – neu ryddhad, a defnyddio term mwy Indiaidd – yw cael gwared yn llwyr ar drachwant, casineb a rhithdyb. Mae pob bod dynol yn gallu ei gyrraedd, ac yn y pen draw dyma'r unig beth y mae'n werth ei gyrraedd, oherwydd dyma'r unig hapusrwydd nad yw'n un dros dro. Bydd person sydd wedi'i gyrraedd yn dal i fyw cyhyd ag y mae ei gorff yn dal i fynd, ond wedi hynny ni chaiff ei aileni. Felly fydd byth rhaid iddo ddioddef neu farw eto. I Fwdhyddion, crefydd yw'r hyn sy'n berthnasol i'r chwilio hwn am achubiaeth, a dim byd arall.'

O ddarllen y dyfyniadau uchod gellir gweld nad yw'r pwyslais ar fanylion personol yr athro hanesyddol Siddhartha Gautama, ond yn hytrach maen nhw'n canolbwyntio ar ei brofiad a'r hyn a gyflawnodd. Hynny yw, nid **pwy** oedd Gautama, ond yn hytrach yr hyn y mae'n ei **gynrychioli**, hynny yw ein potensial ni fel bodau dynol i gyrraedd Goleuedigaeth drwy ddilyn y Dharma. Yn wahanol i'r afatar Hindŵaidd Krishna, neu'r ymgnawdoliad Cristnogol o Iesu mewn Cristnogaeth, dydy 'statws **ontolegol**' y Bwdha ddim yn cyfeirio ato'i hun fel yr ateb ond at rywbeth arall – y Dharma.

Term allweddol

Ontolegol: gair a ddefnyddir i gyfeirio at ddadl ynghylch 'bod'

Dyfyniad allweddol

Mae cysegrau sydd â cherfluniau o'r Bwdha ... ffordd o dalu gwrogaeth er cof am y Meistr a ddangosodd y ffordd. Er nad yw'r defodau traddodiadol hyn yn hanfodol, maen nhw'n werthfawr o ran bodloni emosiynau ac anghenion crefyddol y rhai sy'n llai datblygedig yn ddeallusol ac yn ysbrydol, ac yn eu helpu nhw'n raddol ar hyd y Llwybr. (Walpola Rahula)

Felly, nid rhyw fod dwyfol neu oruchaf i'w addoli yw'r Bwdha. Mae gan statws y Bwdha gysylltiad uniongyrchol â'n potensial mewnol ni ein hunain a'n 'mawredd' ni ein hunain. Mae llawer o Fwdhyddion Theravada yn gweld y Bwdha fel bod dynol yn unig, ond ei fod yn athro crefyddol dawnus a lwyddodd i gyrraedd Goleuedigaeth. Hyd yn oed mewn Bwdhaeth Mahayana ddiweddarach ac ysgol Jodo Shinshu neu yn achos bodhisattvau di-ri Bwdhaeth Mahayana yn gyffredinol, nid y cysyniad o ddwyfoldeb sydd gennym; yn hytrach, dim ond bodau sy'n ddatblygedig iawn yn ysbrydol ydyn nhw sydd eisiau ein helpu i gyrraedd ein gwir botensial. Yn yr un modd hefyd, mae'r Bwdha hanesyddol yn arwyddocaol, nid oherwydd ei fod yn dweud rhywbeth wrthym amdano'i hun ond yn hytrach oherwydd ei fod yn dweud rhywbeth wrthym am y byd o'n cwmpas, ac amdanon ni ein hunain, a fydd yn ein galluogi i gyrraedd ein potensial ysbrydol. Bathodd Richard Gombrich yn y llyfr *Theravada Buddhism* y term soterioleg i ddisgrifio Bwdhaeth; hynny yw, nid ar ymddiriedaeth bersonol mewn rhyw beth neu fod goruchaf y mae'r ffocws ond ar yr hyn sy'n berthnasol i'r chwilio hwn am achubiaeth bersonol.

Dyfyniad allweddol

Felly, nid hanes bywyd y Bwdha yw'r man Bwdhaidd cywir i ddechrau astudio Bwdhaeth o gwbl, ond drwy fynd ati'n syth i nodi'r Dharma a'i ymarfer, a fydd yn arwain at ryddid ar unwaith. Mae hanes bywyd y Bwdha'n dod yn bwysig wedyn fel cymorth addysgu, er mwyn dangos sut mae gan y ddysgeidiaeth y dilysrwydd sydd iddi – hynny yw, er mwyn magu hyder yn effeithiolrwydd y ddysgeidiaeth – ac er mwyn darlunio themâu'r ddysgeidiaeth ei hun. Fel y byddai rhywun yn ei ddisgwyl, mae'r Bwdha'n israddol i'r Dharma, oherwydd nid y Bwdha sy'n dod â goleuedigaeth i'w ddilynwyr, ond y weithred o ddilyn y Dharma. (Williams)

Mae Williams wedi codi mater pwysig iawn i faes astudiaethau Bwdhaidd: pan fydd Bwdhyddion yn darllen hanes bywyd y Bwdha, maen nhw'n gwneud hynny nid er mwyn dysgu am y Bwdha ei hun ond er mwyn ceisio gweld sut gall ei fywyd helpu i ddarlunio'r Dharma.

Yn gysylltiedig â'r mater hwn, mae'n ddiddorol gwerthfawrogi hanes sut daethon ni i ddeall y Bwdha. Mae Donald S. Lopez Jnr wedi edrych ar hyn yn ei lyfr *From Stone to Flesh*. Mae wedi canfod bod y ffordd roedd y Bwdha'n cael ei ddeall yn wreiddiol wedi cael ei gyrru'n sylweddol gan y syniad Gorllewinol o gael eilun i'w addoli, rhywbeth y mae Lopez yn cyfeirio ato fel 'tro sinistr'. Hynny yw, yn wreiddiol roedd y Bwdha'n cael ei ystyried yn rhyw fath o dduwdod ac yn cael ei weld drwy'r chwedlau amlddiwylliannol ac amrywiol a ddatblygodd nifer o flynyddoedd ar ôl marwolaeth Gautama.

Roedd hyn yn wir am Fwdhyddion Asiaidd hyd yn oed. Oherwydd nad oedden nhw'n gallu darllen testunau Bwdhaidd 'roedden nhw'n gwybod am fywyd y Bwdha drwy'r storïau a glywson nhw gan fynachod, a'r paentiadau a'r cerfluniau a welson nhw mewn temlau'. Roedd storïau fel hyn yn amrywio'n fawr ac yn ôl Lopez 'dydy hi ddim bob amser yn hawdd deall y ffynonellau mewn testunau a thraddodiadau Bwdhaidd'. Roedd un traddodiad o Benrhyn Malay yn portreadu'r Bwdha fel Shaka, athro, wedi'i genhedlu'n ysbrydol i addysgu'r ddynoliaeth. Ar ôl gwrthod eithafion y byd, addysgodd Shaka am fywyd o berffeithrwydd ac addoli un Duw a oedd yn Greawdwr a chanddo dri phen. Bu farw Haka ei hun a chafodd ei amlosgi mewn beddrod marmor, gan ailymddangos yn yr awyr, yn hofran uwchben cwmwl, ac esgyn wedyn i'r nefoedd!

Termau allweddol

Bodhisattva: cysyniad Mahayana, sy'n golygu'n llythrennol 'bod a Goleuedigaeth yn hanfod iddo'

Jodo Shinshu: ysgol Bwdhaeth Japan sydd fel arfer yn cael ei galw'n Fwdhaeth y Wlad Bur neu Fwdhaeth Shin

Mahayana: yn llythrennol, 'y cerbyd mawr sy'n cwmpasu ysgolion Gogleddol Bwdhaeth yn Tibet, China a Japan a rhagor o ysgolion a thraddodiadau cysylltiedig

Soterioleg: astudio syniadau crefyddol am achubiaeth bersonol

Theravada: yn llythrennol, 'dysgeidiaeth yr henaduriaid' ac mae'n ffurfio llawer o ysgolion Bwdhaeth De-ddwyrain Asia yn Sri Lanka, Gwlad Thai, Burma a Viet Nam

Delweddau o'r Bwdha mewn celf a cherflunio

Dyfyniadau allweddol

Cyn y bedwaredd ganrif ar bymtheg, roedd Bwdha a oedd yn cael ei addoli yn Asia a Bwdha a oedd yn cael ei gasáu yn y Gorllewin. Heddiw, mae un Bwdha, y mae'r ddau fyd yn ei garu. (Lopez)

Ar ôl canrifoedd o weld y Bwdha fel eilun, dechreuodd rhywbeth hynod ddigwydd yn y bedwaredd ganrif ar bymtheg. Dechreuodd ysgolheigion yn Ewrop allu darllen y testunau Bwdhaidd yn eu hieithoedd gwreiddiol, ac yn gymharol gywir. O'r broses hon cafodd Bwdha newydd ei eni, y Bwdha yr ydym yn ei adnabod heddiw. (Lopez)

Mae'r Bouddhou uwchlaw'r duwiau i gyd; ond dydy e ddim yr hyn rydyn ni'n ei olygu wrth dduw, gan ei fod islaw iddyn nhw mewn rhai pethau, ac uwchlaw iddyn nhw mewn pethau eraill. (De Joinville, 1801)

At y traddodiadau Pali y mae'n rhaid i ni fynd yn hytrach na'r ffynonellau eraill i gyd, os ydyn ni eisiau gwybod a oes unrhyw wybodaeth ar gael am [y] Bwdha a'i fywyd. (Lopez)

cwestiwn cyflym

1.7 Sut daeth yr Asiaid cynnar i wybod am y Bwdha?

Cynnwys y fanyleb

Dehongliadau hagiograffig a mytholegol o'r freuddwyd a gafodd Maya am y cenhedlu, digwyddiadau'n ymwneud â'r enedigaeth, y broffwydoliaeth a bywyd cynnar.

Term allweddol

Alegorïaidd: pan fydd ystyr cudd y tu hwnt i ddealltwriaeth lythrennol o'r testun

Po fwyaf y mae Lopez yn cloddio i storïau a chwedlau'r Bwdha o Asia yn ystod y 16eg a'r 17eg ganrif, hyd yn oed yn Siam (Gwlad Thai), mwyaf y mae hi'n amlwg bod 'fersiynau carbwl am fywyd y Bwdha' ar hyd y lle.

Dim ond yn gymharol ddiweddar mewn hanes, gan ddechrau yn 1837 gyda gwaith arloesol Eugene Burnouf, ysgolhaig Sansgrit, y gwelwn ni'r cyfieithiadau cyntaf o destunau Bwdhaidd a fyddai'n rhoi mwy o fewnwelediad i'r Bwdha hanesyddol a'i ddysgeidiaeth. Cafodd gwaith Burnouf effaith a dylanwad mawr ar eraill, yn enwedig ar Max Muller ei ddisgybl a fyddai'n dod yn ysgolhaig mawr ac yn gyfieithydd testunau Sansgrit Hindŵaidd a Bwdhaidd i'r Almaeneg a'r Saesneg.

Heddiw, mae'r chwedlau carbwl cynnar a ddisgrifiodd Lopez wedi cael eu disodli gan fersiynau mwy 'hanesyddol' y mae'n bosibl eu holrhain yn fwy triw i destunau Bwdhaidd. Cafodd cyfieithiad ei wneud hefyd o destunau Pali o Siam a Ceylon (Sri Lanka) a oedd yn llai mytholegol er mwyn cael hyd yn oed mwy o fewnwelediad gwerthfawr, yn arbennig gan Herman Oldenburg, ysgolhaig Bwdhaidd Almaenig mwyaf dylanwadol y 19eg ganrif. I lawer, y testunau Pali oedd yn rhoi'r portread mwyaf syber a dynol o'r Bwdha.

Heddiw gwelir y Bwdha fel bod dynol yn y bôn ond mae'r traddodiadau Bwdhaidd amrywiol yn ei weld yn wahanol o ran sut maen nhw'n deall yr elfen fytholegol. Ond, un peth sy'n sicr yw bod y flaenoriaeth ym mhob traddodiad Bwdhaidd yn cael ei rhoi ar ddarllen bywyd y Bwdha mewn ffordd hagiograffig sy'n mynegi'r gwirioneddau sy'n cael eu datgelu i bawb.

Adeg genedigaeth y Bwdha: breuddwyd Maya

Dehongliadau hagiograffig a mytholegol o'r freuddwyd a gafodd Maya am y cenhedlu, digwyddiadau'n ymwneud â'r enedigaeth, y broffwydoliaeth a bywyd cynnar

Felly, gallwn ddeall genedigaeth y Bwdha ar ddau lefel: y lefel hagiograffig, sef y portread nodweddiadol mewn testunau, yn aml wedi'i orchuddio ag elfennau mytholegol; a'r darlleniad a'r ddealltwriaeth alegorïaidd sy'n ymwneud â'r hyn y mae'r portread hagiograffig hwn yn ei ddatgelu am hanfod sasana Bwdhaidd.

Yn achos Bwdhaeth, mae'r **hynnyrwydd** (yr hyn y mae naratif bywgraffiadol yn ei ddatgelu) yn elfen allweddol o'r naratifau bywgraffyddol; y ffaith bod y Bwdha wedi'i eni i'r byd, wedi darganfod y Dharma, ac, wedi sefydlu'r sasana a'r gymuned, bod **hynny'n** hanfodol greiddiol i'r holl ddarlleniad hagiograffig sy'n **cynnwys** yr elfennau mytholegol. Felly mae'r elfennau mytholegol yn dod yn hanfodol er mwyn deall y naratifau Bwdhaidd ac mae'n rhaid eu cynnwys wrth chwilio am stori hanesyddol, heb fod ar draul yr hagiograffeg.

Cenhedlu a genedigaeth y Bwdha

Gellir gweld hanes genedigaeth y Bwdha mewn amryw o destunau Bwdhaidd ac mae'r fersiynau mwyaf manwl mewn grŵp o destunau Pali o'r enw'r Jatakas, testun Sansgrit o'r enw'r Mahavastu (sy'n debyg i'r Jatakas Pali) ac yn y gwaith enwog gan Ashvaghosa, y Buddhacarita, cerdd Sansgrit gynnar arall.

Mae'r stori lawn yn rhy fanwl i'w hadrodd yma ond gellir ei hamlinellu fel hyn:

- Pan fydd y byd wedi colli'r Dharma, ar ôl mil o flynyddoedd, mae galw cynyddol ar i Fwdha newydd gael ei aileni.

- Mae'r Bwdha'n penderfynu dod i mewn i deyrnas bodolaeth unwaith eto.

- Dewisodd y Bwdha'r Frenhines Maya oherwydd ei phurdeb.

- Cafodd y Frenhines Maya freuddwyd glir am gael ei chludo i'r Himalaya gan angylion a dyma'r Bwdha, ar ffurf eliffant gwyn yn cario blodyn lotus, neu lili'r dŵr, yn mynd o'i chwmpas ac yn mynd i mewn i'w chroth drwy ei hystlys i genhedlu ac i ddechrau'r beichiogrwydd.

- Adeg y cenhedlu roedd daeargrynfeydd a 32 arwydd gwyrthiol o gwmpas y byd, yn amrywio o afonydd yn atal eu llif i gerddoriaeth nefolaidd i'w chlywed o'r awyr.

- Drwy gydol y beichiogrwydd roedd pedwar angel yn gwarchod y Bwdha.

- Cafodd y Bwdha ei eni'n brydlon ac esgorodd Maya wrth iddi sefyll yn syth.

- Cafodd y Bwdha ei eni'n lân fel gem a llifodd dwy ffrwd o ddŵr o'r awyr.

- Daliodd angylion y Bwdha mewn rhwyd aur ac ar ôl edrych ar bob cornel o'r byd, cymerodd y Bwdha saith cam a siarad.

- Daeth y Bwdha â meddyginiaeth yn ei law i iacháu'r dall a'r cloff.

Dehongli elfennau hagiograffig a mytholegol y naratifau am y cenhedlu a'r enedigaeth

Y ddealltwriaeth gyntaf i'w chodi o'r naratifau yw bod y Bwdha'n arbennig ac yn unigryw. Yn ôl Denise Cush, 'Mae sawl fersiwn o'r digwyddiadau mytholegol sy'n gysylltiedig â genedigaeth y Bwdha. Does dim angen archwilio storïau fel hyn yn fanwl. Digon yw dweud bod pob stori'n dangos bod y Bwdha'n unigryw.' Cofiwch fod Gautama yn sammasambuddha (Bwdha wedi'i hunanoleuo'n llawn neu Fwdha hollgyffredinol) a dyma'r ffurf uchaf ar Fwdhadod. Mae hyn wedi'i gefnogi gan y sylwadau ynghylch breuddwyd Maya am ei chenhedlu anarferol a'r ffaith i'r baban Siddhartha sefyll ar ei draed ar unwaith a chymryd saith cam, troi at bob cornel o'r bydysawd a chyhoeddi mai ef oedd y bod mwyaf goleuedig yn y byd ac na fyddai'n cael rhagor o ailenedigaethau.

Dealltwriaeth arall oedd bod y Bwdha'n bur a heb ei lygru gan bwysau karma a'i fod mewn cytgord llwyr â'i amgylchedd naturiol. Mae'r ffaith fod Siddhartha wedi'i eni o ochr Maya yn dangos hyn, a'i fod wedi digwydd o dan goeden. Yn ôl Peter Harvey, ' … mae geni Gotama o dan goeden yn cyd-fynd â phatrwm digwyddiadau allweddol eraill yn ei fywyd; cael ei oleuo o dan goeden arall, rhoi ei bregeth gyntaf mewn parc anifeiliaid a marw rhwng dwy goeden. Mae hyn yn awgrymu ei hoffter o amgylcheddau naturiol lle gallai fod mewn cytgord â phob ffurf ar fywyd.' Er bod Gautama yn ymddangos fel petai ganddo nodweddion dynol i gyd, mewn gwirionedd roedd yn dod i mewn i gylch bodolaeth dynol o lefel llawer uwch o bara-fodolaeth a oedd wedi meistroli dylanwadau karma y byd yn barod.

Felly gellir gweld bod llawer yn ystyried bod genedigaeth y Bwdha'n llawn elfennau mytholegol ac maen nhw'n deall bod y manylion yn arwyddocaol, nid o ran hanes, ond o ran sut maen nhw'n gysylltiedig ag egwyddorion a dysgeidiaeth Bwdhaeth. Yn yr ystyr hwn, mae anghywirdeb hanesyddol yn llai pwysig nag arwyddocâd ac ystyr y 'storïau' am y Bwdha i Fwdhyddion. Mae pob ysgolhaig yn tueddu i gytuno ar y mater hwn.

Dyfyniadau allweddol

Ar ôl iddo ddod o'r groth yng nghyflawnder amser, disgleiriodd fel petai wedi dod i lawr o'r nefoedd, hwn nad oedd wedi'i eni yn y ffordd naturiol, – hwn oedd wedi'i eni'n llawn doethineb, heb fod yn ffôl, fel petai ei feddwl wedi'i buro gan aeonau di-rif o fyfyrdod.
(Buddhacarita Ashvaghosa)

Pan gafodd ei eni, dyma'r byd, er ei fod wedi'i glymu i lawr gan frenin y mynyddoedd (Himalaya), yn ysgwyd fel llong sy'n cael ei thaflu gan y gwynt; ac o awyr ddigwmwl cwympodd cawod yn llawn o flodau lotus a lilïau'r dŵr, ac wedi'i phersawru â phren sandal.
(Buddhacarita Ashvaghosa)

Mae darogan y dyfodol cyn genedigaeth unigolyn, ar adeg yr enedigaeth neu ar ei hôl, yn rhan o ddiwylliant India ers cannoedd o flynyddoedd.

cwestiwn cyflym

1.8 Am beth roedd breuddwyd y Frenhines Maya cyn y cenhedliad?

Y broffwydoliaeth a bywyd cynnar

Mae tynged y Bwdha hefyd yn thema i'r naratifau am yr enedigaeth ac yn ymwneud â'r berthynas rhwng y dynion duwiol a'r rheolwyr Kshatriya. Fe wnaeth saith dyn duwiol ddarogan y byddai'n rheolwr cryf, fel ei dad. Llefodd un arall, o'r enw Asita (neu Kanhasiri) o lawenydd oherwydd iddo adnabod 32 arwydd Bwdha. Rhagfynegodd y byddai'n cael Goleuedigaeth gyflawn (**sambodhi**). Mewn storïau diweddarach y tu allan i'r **Tripitaka** (Tipitaka *Pali*) mae'n debyg i Asita ddweud y byddai Gautama naill ai'n dod yn **cakravartin** (cakkavatin *Pali*) neu'n Fwdha. Rhagwelodd dyn duwiol arall sy'n gysylltiedig â'r storïau, Kondanna, y byddai'n dod yn ddyn duwiol ac yn ceisio'r gwirionedd.

Dyfyniad allweddol

Dyma'r brenin, ar ôl cael ei gysuro a'i longyfarch fel hyn gan y Brahmans, yr oedd yn ymddiried cymaint ynddyn nhw, yn dileu pob amheuaeth ddigroeso o'i feddwl ac yn codi i lawenydd uwch eto. Ac yn fodlon iawn rhoddodd i'r mwyaf rhagorol o blith y rhai a anwyd ddwywaith drysorau cyfoethog gyda phob anrhydedd ddyledus, – 'Bydded iddo ddod yn rheolwr y ddaear yn ôl eich geiriau, a bydded iddo gilio i'r goedwig pan fydd yn cyrraedd henaint' ... Wedyn ar ôl dod i wybod drwy arwyddion a thrwy bŵer ei benydau am enedigaeth yr hwn a fyddai'n dinistrio pob genedigaeth, daeth y gweledydd mawr Asita, yn ei syched am y Gyfraith ragorol, i balas y brenin Śākya ... (*a chyhoeddi*) 'Ond clywch nawr y rheswm dros fy nyfod a llawenhewch am hynny; clywais lais nefolaidd yn y llwybr nefolaidd, fod dy fab wedi cael ei eni er lles y wybodaeth oruchaf.' (**Buddhacarita Ashvaghosa**)

Er mwyn osgoi hyn, dywed y stori bod rhaid i'r brenin sicrhau bod y tywysog yn byw bywyd o lawenydd a moethusrwydd a oedd yn osgoi unrhyw beth amhleserus. Yn ôl Piyadasi Thera: 'Rhoddodd ei dad y cysuron mwyaf iddo ... Heb fod arno eisiau unrhyw lawenydd bydol bywyd, bu'n byw ynghanol canu a dawnsio, mewn moethusrwydd a phleser, gan wybod dim am dristwch.' Yn benodol, roedd pedwar peth yr oedd angen eu hosgoi. Doedd Siddhartha ddim i fod i ddod ar draws unrhyw un o'r canlynol: henaint, salwch, marwolaeth neu asgetig crwydrol (sannyasin).

Dehongli elfennau hagiograffig a mytholegol y broffwydoliaeth, a bywyd cynnar

Mae'r stori'n nodweddiadol o ddramatig gyda'r arwydd cyntaf o'r canlyniad yn y darn agoriadol, bron fel trasiedi Roegaidd. Fel roedd yn gyffredin, cafodd genedigaeth y Bwdha ei chroesawu gan nifer o gynorthwywyr doeth, crefyddol Suddhodana. Cyhoeddon nhw fod ei fab wedi'i dynghedu i wneud pethau mawr. Mae'r cyfan yn emosiynol iawn. Mae dagrau'n llifo, ac yna mae'r darogan y gallai'r rheolwr ifanc golli ei ffordd o lwybr ei dad a mynd yn asgetig digartref yn y pen draw yn ergyd ofnadwy i Suddhodana. Yn sydyn, mae gobaith wrth i amodau a allai atal hyn gael eu cyflwyno: bydd y rheolwr ifanc yn aros ar lwybr cakravartin ond iddo beidio â phrofi'r Pedair Golygfa. Hyd yn oed ar y pwynt hwn, mae canlyniad y stori'n anochel. Er i Suddhodana wneud ei orau glas, doedd e ddim yn gallu rheoli tynged.

I'r darllenwyr Bwdhaidd, unwaith eto, nid am natur y Bwdha y mae hyn yn sôn, ond am natur Bwdhaeth, y sasana. Oherwydd mae'n ganolog i ddysgeidiaeth Fwdhaidd nad yw rhywun yn gallu osgoi newid, profiadau emosiynol a gofyn cwestiynau mewn bywyd. Er i Suddhodana wneud ei orau glas, allai e ddim atal yr union bethau sydd gan gwrs natur ar gyfer ei fab gydag amser. Mae salwch, henaint a marwolaeth yn ganolog i fod yn ddynol, ac mae'r ffordd y mae'r asgetig crwydrol, digartref yn ceisio'r gwirionedd yn adlewyrchu ein hangen i godi cwestiynau am natur bywyd.

Effaith fywgraffyddol y Pedair Golygfa

Y Pedwar Arwydd neu'r Pedair Golygfa yw'r enw ar y pedwar peth hyn i'w hosgoi, sef:

- Henaint
- Salwch
- Marwolaeth
- Dyn duwiol crwydrol.

Dyma oedd y ddadl: pe bai'r tywysog yn cael ei gadw i ffwrdd o'r pedwar peth hyn, yna ni fyddai'n gwyro oddi ar ei lwybr fel brenin a rheolwr yn y dyfodol. Ond, petai'r tywysog yn dod ar draws y golygfeydd hyn, bydden nhw'n ysgogiad iddo i geisio gwirionedd a fyddai'n mynd â Gautama ar lwybr arall fel dyn duwiol crwydrol. Nes ei fod yn 29 oed, er ei fod wedi'i amgylchynu gan foethusrwydd a diogelwch, doedd bywyd Gautama ddim yn fwy anghyffredin na bywyd unrhyw dywysog arall. Pan oedd yn 16 oed, priododd ag Yasodhara a buon nhw'n byw'n gymharol ddigyffro ar diroedd y palas.

Mae'r digwyddiadau arwyddocaol a ddaeth â newid i Gautama, pan oedd yn 29 oed, yn ymwneud â theithiau i ffwrdd o diroedd y palas gyda'i yrrwr cerbyd. Yr olygfa gyntaf oedd hen ddyn, gwan, a oedd yn grwm gan henaint. Yr ail olygfa oedd dyn arall a oedd wedi cael ei reibio gan glefyd, yn ddim ond croen ac asgwrn, gyda'r ychydig nerth a oedd ar ôl yn ei gorff yn pylu. Y drydedd olygfa oedd perthnasau'n galaru ac yn cario corff eu hanwylyd ar eu hysgwyddau yn barod i'w amlosgi.

Y Pedair Golygfa

Roedd effaith profiadau fel hyn yn amlwg yn mynd i fod yn fwy dwys oherwydd natur gysgodol bywyd y tywysog. Dyma'r tro cyntaf iddo ddeall y ffaith ei fod ef, fel y rhai a welodd, yn ddarostyngedig i'r un rheibio gan amser a natur ac y byddai'n marw yn y pen draw. Roedd hyn yn ei gythryblu ac yn destun pryder mawr iddo. Pam yr holl ddioddefaint hwn?

Yn olaf, yr olygfa a gynhyrfodd y tywysog fwyaf oedd dyn duwiol crwydrol yn cerdded yn ddigyffro ac yn fodlon yn chwilio am y gwirionedd ac am ateb i broblemau bywyd. Roedd y dyn hwn yn byw bywyd o burdeb, ar wahân i'r gymdeithas yn llwyr. O ble roedd ei ymdeimlad o heddwch yn dod?

Yn gryno, roedd Suddhodana a'i fab yn siŵr o fethu. Roedd y dyfodol wedi'i bennu'n barod a doedd hi ddim yn bosibl ei newid, nid oherwydd pŵer rhyw broffwydoliaeth oruwchnaturiol, ond oherwydd bod osgoi tynged yn golygu rhyw fath o wadu realiti ac anwybyddu hanfod bodolaeth.

Yn ôl Paul Williams: 'Wrth gwrs mae hi'n amhosibl peidio byth â gweld henaint, salwch, neu farwolaeth, ac mae'r ffaith ein bod yn cael gwybod i'w dad gadw'r ffeithiau bywyd hyn oddi wrth Gautama tan iddo fod yn oedolyn yn dangos bod darllen y stori hon fel hanes naratif yn absŵrd. Ond hefyd mae'n dangos gwerth ei darllen fel hagiograffeg. Roedd Gautama wedi cael ei fagu'n radical i gamganfod pethau. Roedd yn gweld pethau mewn un ffordd, pan fyddan nhw mewn gwirionedd y ffordd arall. Mae ei stori'n portreadu mewn ffordd eithafol y sefyllfa y mae'r Bwdhydd yn honni y mae pob person heb ei oleuo ynddi, p'un a yw'n sylweddoli hynny ai peidio.' Felly, roedd y Pedair Golygfa i fod yn ysgogiad i'w 'chwilio crefyddol' ac i'w ddysgeidiaeth ddiweddarach am fywyd.

Dyfyniad allweddol

Rhoddodd ei dad y cysuron mwyaf iddo. Roedd ganddo, yn ôl yr hanes, dri phalas, un ar gyfer pob un o dri thymor y flwyddyn Indiaidd. Heb fod yn brin o unrhyw lawenydd bydol, bu'n byw ynghanol canu a dawnsio, mewn moethusrwydd a phleser, gan wybod dim am dristwch. (Piyadassi)

cwestiwn cyflym

1.9 Pa un o'r Pedair Golygfa a gafodd yr effaith fwyaf ar Gautama?

Termau allweddol

Anatta: y sylw a'r ddysgeidiaeth Fwdhaidd nad oes 'unrhyw hunan', hynny yw, dim hanfod sylweddol y tu hwnt i'r hunan empirig

Anicca: y sylw a'r ddysgeidiaeth Fwdhaidd fod pob bodolaeth yn golygu newid

Dukkha: yn llythrennol, 'yr hyn sy'n anodd ei oddef' ac mae'n cyfeirio at ddioddefaint, rhwystredigaeth, anfodlonrwydd mewn bywyd

Dyfyniad allweddol

I'r Bwdhydd, y bwlch hwn rhwng y ffordd rydyn ni'n gweld sut mae pethau a'r ffordd maen nhw mewn gwirionedd sy'n achosi dioddefaint a rhwystredigaeth. Cau'r bwlch hwn yw dod i weld pethau fel maen nhw *mewn gwirionedd*, gweld pethau fel hynny go iawn. Dyna ddiben myfyrdod Bwdhaidd yn y pen draw.
(Williams)

Dehongliadau crefyddol ehangach o'u hystyr o ran dukkha (annigonoldeb), anicca (byrhoedledd), anatta (ansylweddoldeb/di-hunan)

Byddai Bwdhydd yn dweud mai'r natur ddynol yw byw gyda'r gobaith nad yw realiti fel y mae. Hynny yw, na fydd pethau'n newid, na fyddwn ni'n dioddef neu'n heneiddio ac nad yw marwolaeth yn rhywbeth go iawn neu'n derfynol. Fodd bynnag, y gwirionedd yw'r hyn sydd wrth wraidd hanfod dysgeidiaeth Fwdhaidd: **dukkha** (annigonoldeb a dioddefaint), **anicca** (byrhoedledd), **anatta** (ansylweddoldeb/di-hunan). Mae'r mythau am fagwraeth y Bwdha sydd wedi'u seilio ar y broffwydoliaeth a dderbyniwyd yn dangos dysgeidiaeth Fwdhaidd ar waith, ac mae Siddhartha hyd yn oed yn ddarostyngedig i hyn. Dydy bywyd ddim fel rydyn ni'n ei ddisgwyl ac felly rydyn ni'n anfodlon.

Yn ôl Paul Williams, 'Cau'r bwlch hwnnw yw sut mae myfyrdod yn trawsnewid y meddwl. I Gautama roedd cael ei gyflwyno i henaint, salwch, a marwolaeth ac, yn hanfodol, deall y bydden nhw'n digwydd iddo ef o'u gweld yn digwydd i eraill, yn golygu wynebu realiti. Roedd yn ddatguddiad, a achosodd argyfwng. Yr unig ateb oedd ymwadu.'

Newid a dadfeiliad, dioddefaint ac ansylweddoldeb yw sail bodolaeth.

Gellir gweld y berthynas ag arferion Bwdhaidd yn amlwg o hyn. Yn sydyn, cafodd profiad Gautama o un bydolwg ei aflonyddu, ei ddrysu a'i herio gan ymwybyddiaeth o newid, dioddefaint ac ansylweddoldeb yn y byd fel mae'r Pedair Golygfa'n eu dangos nhw. Ar lefel arall, mae hyn yn adlewyrchu taith meddwl sydd heb ei oleuo wrth iddo fyfyrio tuag at Oleuedigaeth. Mae hyn yn ein harwain yn rhesymegol at yr adran nesaf sy'n dangos sut ymatebodd Gautama i ddechrau a beth fyddai ei ymateb tymor hir.

Gweithgaredd AA1

I'ch helpu i esbonio'r digwyddiadau sy'n rhan o enedigaeth y Bwdha, lluniwch gardiau adolygu sydd â digwyddiad pwysig ar y blaen ac esboniad o'r digwyddiad ar y cefn.

Awgrym astudio

Pan fyddwch chi'n ateb cwestiwn ar fywyd y Bwdha, gwnewch yn siŵr eich bod yn esbonio arwyddocâd y digwyddiadau sy'n rhan o'r naratifau am yr enedigaeth yn hytrach na'u disgrifio neu 'adrodd stori' yn unig.

Datblygu sgiliau AA1

Nawr mae'n bryd ystyried y wybodaeth sydd wedi'i chyflwyno hyd yma. Hefyd mae'n bwysig ystyried sut mae'r hyn rydych chi wedi'i ddysgu hyd yma'n gallu cael ei ddefnyddio ar gyfer atebion arholiad drwy ymarfer y sgiliau sy'n gysylltiedig ag AA1.

Mae Amcan Asesu 1 (AA1) yn ymwneud â dangos gwybodaeth a dealltwriaeth. Mae ystyr y termau 'gwybodaeth' a 'dealltwriaeth' yn amlwg ond mae'n hanfodol eich bod yn gyfarwydd â sut mae sgiliau penodol yn dangos y rhain, a hefyd, sut bydd eich perfformiad ym mhob un o'r sgiliau hyn yn cael ei fesur (gweler disgrifyddion band cyffredinol Band 5 ar gyfer AA1 UG).

Yn amlwg mae ateb yn cael ei osod mewn disgrifydd band priodol, yn ôl pa mor dda yw'r ateb, gan amrywio o ragorol, da, boddhaol, sylfaenol/cyfyngedig i gyfyngedig iawn.

I ddechrau, ceisiwch ddefnyddio'r fframwaith / ffrâm ysgrifennu sydd wedi'i roi i'ch helpu i ymarfer y sgiliau hyn er mwyn ateb y cwestiwn isod.

Wrth i'r unedau ym mhob adran o'r llyfr ddatblygu, bydd y cymorth a gewch yn cael ei leihau'n raddol er mwyn eich annog i ddod yn fwy annibynnol a pherffeithio eich sgiliau AA1.

YMARFER ARHOLIAD: FFRÂM YSGRIFENNU

Cwestiwn sy'n edrych ar y gwahanol ffyrdd y mae Bwdhyddion yn darllen y naratifau am enedigaeth y Bwdha hanesyddol

Mae Bwdhyddion yn aml yn darllen y naratifau am enedigaeth y Bwdha hanesyddol fel hagiograffeg. Ystyr y term hagiograffeg yw ...

Mae nodweddion arferol hagiograffeg yn cynnwys ...

Mae nifer o elfennau mytholegol i'r stori. Adeg cenhedlu'r Bwdha ...

Adeg genedigaeth y Bwdha ...

Roedd darogan hefyd ...

Y darogan pwysicaf oedd ...

I grynhoi, gallwn weld bod y naratifau am yr enedigaeth ...

Mae'r adran hon yn cwmpasu
cynnwys a sgiliau AA2

Cynnwys y fanyleb

Pwysigrwydd bywgraffiad y Bwdha
hanesyddol i Fwdhyddion heddiw.

Gweithgaredd AA2
Dadleuon posibl

Wedi'u rhestru isod mae rhai
casgliadau y byddai'n bosibl dod
iddynt ar sail rhesymeg AA2 yn y
testun cysylltiedig:

1. Does dim o'r fath beth â'r Bwdha
   hanesyddol.

2. Nid yw'r bywgraffiad am y Bwdha
   hanesyddol yn ddigon dibynadwy.

3. Mae bywgraffiad cyfan y Bwdha
   hanesyddol yn werthfawr i lawer o
   Fwdhyddion ledled y byd heddiw
   fel ffordd o adnabod potensial bod
   dynol.

4. Mae angen rhesymoli bywgraffiad
   y Bwdha hanesyddol.

5. Dim ond wrth ystyried
   bywgraffiad y Bwdha hanesyddol
   fel hagiograffeg y mae'n
   arwyddocaol.

Ystyriwch bob un o'r casgliadau sy'n
cael eu gwneud uchod a chasglwch
dystiolaeth ac enghreifftiau i gefnogi
pob dadl o'r deunydd AA1 ac AA2 a
astudiwyd yn yr adran hon. Dewiswch
un casgliad sy'n argyhoeddi fwyaf yn
eich barn chi ac esboniwch pam mae
hyn yn wir. Nawr cyferbynnwch hyn
â'r casgliad gwannaf ar y rhestr, gan
gyfiawnhau eich dadl gyda rhesymu
clir a thystiolaeth.

Materion i'w dadansoddi a'u gwerthuso

Pwysigrwydd bywgraffiad y Bwdha hanesyddol i Fwdhyddion heddiw

Does dim dwywaith bod bywgraffiad y Bwdha hanesyddol yn bwysig ar lefel diwylliannol i lawer o Fwdhyddion heddiw ledled y byd ac yn enwedig mewn gwledydd Bwdhaidd fel Sri Lanka, Myanmar, Gwlad Thai, Nepal, Tibet a Japan. Mae hyn yn arbennig o amlwg yn y gelfyddyd a'r eiconograffeg sy'n portreadu Bwdha Gautama mewn amrywiaeth o ffyrdd. Yn ogystal, mae'r llu o destunau Bwdhaidd yn y Canon Pali a'r Canon Mahayana a thu hwnt sy'n adrodd storïau o arwyddocâd mawr yn ymwneud â bywgraffiad y Bwdha hanesyddol. Mae'n ymddangos, felly, nad oes modd dadlau am hyn mewn gwirionedd.

Ond, mae pwysigrwydd bywgraffiad y Bwdha hanesyddol i Fwdhyddion heddiw yn fwy cymhleth nag y mae'n ymddangos i ddechrau. Un ddadl fyddai y dylai Bwdhaeth gael ei darllen ar lefel rhesymegol yn unig gyda'r holl elfennau mytholegol wedi'u dileu. Er enghraifft, dyna a wnaeth Walpola Rahula, ysgolhaig Bwdhaidd uchel ei barch. Cyflwynodd Fwdhaeth mewn ffordd resymegol iawn yn ei lyfr *What the Buddha Taught* lle mae'n rhoi un dudalen yn unig i fywgraffiad y Bwdha, gan ei ddisgrifio fel dyn a 'oedd yn priodoli ei holl sylweddoliadau, cyraeddiadau a chyflawniadau i ymdrech ddynol a deallusrwydd dynol'.

Ffaith sy'n cefnogi'r ddadl hon yw na fu erioed chwilio am y Bwdha hanesyddol mewn ysgolheictod Bwdhaidd fel mae Donald Lopez wedi nodi yn ei lyfr *From Stone to Flesh*. Ffaith arall yw nad yw hi'n bosibl gwybod llawer iawn am Siddhartha Gautama yn hanesyddol.

Serch hynny, mewn Bwdhaeth Theravada a Mahayana, defnyddir storïau am fywyd y Bwdha mewn amrywiaeth o ffyrdd. Casgliad o reolau yw'r Patimokkha sy'n canolbwyntio ar oblygiadau ymarferol dysgeidiaeth Ffordd Ganol y Bwdha. Mae'r Suttas (ysgrifeniadau) yn y Canon Bwdhaidd yn edrych ar y gwahanol storïau am y Bwdha ond maen nhw'n canolbwyntio ar yr hyn a ddysgodd drwy'r genres amrywiol mewn perthynas â sefyllfaoedd bywyd go iawn penodol. Yn yr ystyr hwn, mae bywgraffiad y Bwdha hanesyddol yn werthfawr iawn i Fwdhyddion heddiw o ran parhau i hyrwyddo ei ddysgeidiaeth.

Bu cryn ddadlau fod Bwdhaeth Theravada yn rhoi mwy o bwyslais ar y Bwdha hanesyddol yn yr ystyr ei bod, fel Rahula, yn canolbwyntio ar y Bwdha fel dyn. Ar y llaw arall, mewn Bwdhaeth Mahayana, mae'r Bwdha'n dod yn fwy o fod goruwchnaturiol. Dydy hyn ddim yn hollol gywir, yn ôl rhai, oherwydd, a bod yn fanwl gywir, nid ar y Bwdha hanesyddol y mae Bwdhaeth Theravada yn canolbwyntio; a gellir dadlau ein bod yn gweld dylanwad llawer o elfennau mytholegol o'r naratifau am y cenhedlu, yr enedigaeth a'r Oleuedigaeth arni.

Mae Paul Williams wedi dilyn dadl wahanol arall, a'i chyflwyno'n eglur yn ei lyfr *Buddhist Thought*. Mae Williams yn dadlau bod Bwdhyddion dros y canrifoedd a heddiw wedi ymagweddu'n fwy cyfannol at fywyd y Bwdha ac, yn wahanol i Rahula, nad ydyn nhw wedi cael gwared ar fytholeg er mwyn canolbwyntio'n fwy rhesymegol ar hanfod y Dhamma (Dharma) yn unig. Yn hytrach, mae Bwdhyddion yn gweld y Bwdha hanesyddol drwy lygaid hagiograffeg sy'n cwmpasu natur lawn llenyddiaeth Fwdhaidd, gan gynnwys mytholeg, chwedlau ac elfennau goruwchnaturiol, er mwyn egluro'r Dhamma (Dharma).

Ar ôl ystyried yr holl ddadleuon, gallwn weld nad yw mater y Bwdha hanesyddol mewn perthynas â'r bywgraffiadau amdano'n broblem mewn gwirionedd. Pa ddadl bynnag sy'n cael ei derbyn, does dim llawer o Fwdhyddion heddiw yn chwilio am y Bwdha hanesyddol mewn gwirionedd, na llawer o ysgolheigion heddiw chwaith. Mae'r pwyslais yn fwy ar y Bwdha fel eicon a'r 'pecyn' cyflawn a ddaw gydag ef sy'n helpu i ymhelaethu ar y Dhamma (Dharma) a'i fynegi fel y dywedodd y Bwdha ei hun, 'Mae'r sawl sy'n gweld Dhamma, yn fy ngweld i.'

Arwyddocâd cymharol y ffyrdd gwahanol o ddehongli'r bywgraffiad

Mewn Bwdhaeth, mae pobl yn dadlau nad yw'r chwilio am y Bwdha hanesyddol erioed wedi bod yn rhywbeth pwysig. Er enghraifft, yn ôl Paul Williams: 'Mae hi ond yn briodol i ddechrau astudio crefydd gyda hanes bywyd ei sylfaenydd os ydyn ni'n credu bod hanes bywyd y sylfaenydd yn hanfodol mewn rhyw ffordd er mwyn deall yr hyn sy'n dilyn. Felly, mae dadl yn datblygu'n syth sy'n awgrymu bod arwyddocâd mawr i ddehongli bywgraffiad y Bwdha. Mewn geiriau eraill, os ydyn ni'n mynd at y naratifau Bwdhaidd gan chwilio am gliwiau hanesyddol, yna mae'r ddadl hon yn cynnig ein bod yn annoeth a'n bod yn darllen y naratifau'n anghywir. I Williams, nid y person, hynny yw, y Bwdha hanesyddol, sy'n arwyddocaol, ond yn hytrach yr hyn a ddarganfu'r Bwdha. Y sasana (dysgeidiaeth) neu'r Dharma yw'r rheswm y mae gan fywyd y Bwdha unrhyw arwyddocâd o gwbl.

Er mwyn cefnogi'r rhesymeg hon, mae Williams yn gweld bywgraffiad y Bwdha fel hagiograffeg ac nid fel cofnod hanesyddol. Pwrpas penodol hagiograffeg yw dangos, os y sawl rydyn ni'n meddwl oedd e oedd y person, yna mae'r hyn oedd e yn darlunio'r hyn y mae e'n ei gynrychioli. Er enghraifft, er mwyn cefnogi hyn, gallwn ddehongli bod y naratifau am yr enedigaeth yn dangos gwirioneddau syml iawn sy'n ymwneud â dysgeidiaeth Fwdhaidd: roedd y Bwdha'n unigryw oherwydd iddo ailddarganfod y Dhamma (Dharma). Mae hyn wedi'i gefnogi gan y sylwadau ynghylch breuddwyd Maya am ei chenhedlu anarferol a'r ffaith i'r baban Siddhartha sefyll ar ei draed ar unwaith a chymryd saith cam, troi at bob cornel o'r bydysawd a chyhoeddi mai ef oedd y bod mwyaf goleuedig yn y byd ac na fyddai'n profi mwy o ailenedigaethau. Mae'r elfennau mytholegol hyn yn y stori'n cyfeirio Bwdhyddion, fel mae Williams yn dadlau, tuag at y sasana a'r ffaith bod y Bwdha'n dod ag ef yn ôl i'r byd. Felly o'i ddehongli fel hyn, mae'n arwyddocaol iawn.

Er mwyn cefnogi'r ddadl hon ymhellach, i'r darllenwyr Bwdhaidd, mae'r chwedlau am y Pedair Golygfa yn dweud mwy wrthon ni am ddysgeidiaeth Bwdhaeth na pherson y Bwdha pan fydd yn dangos bod salwch, henaint a marwolaeth yn ganolog i fod yn ddynol.

Felly, byddai'r dadleuon uchod i gyd yn awgrymu nad yw'r stori'n cyflwyno ffeithiau hanesyddol ond yn hytrach rywbeth sydd yn nes at wirionedd athronyddol. Felly, mae'n hanfodol bod y naratifau'n cael eu darllen a'u gwerthfawrogi gan gadw hyn mewn cof.

Fodd bynnag, gellid dadlau nad dyma'r unig ffordd i ddarllen y naratifau Bwdhaidd. Er enghraifft, mae Daniel Lopez wedi nodi bod y safbwyntiau am berson y Bwdha wedi cael eu hystumio mewn sawl ffordd drwy gydol hanes ac mai'n gymharol ddiweddar yn unig y mae ysgolheigion wedi cynhyrchu'r cyfieithiadau cyntaf o destunau Bwdhaidd sy'n rhoi mewnwelediad gwerthfawr i'r Bwdha hanesyddol a'i ddysgeidiaeth. Allwn ni ddim anwybyddu'r ffactor hwn. Heddiw, mae'r chwedlau carbwl cynnar a ddisgrifiodd Lopez wedi cael eu disodli gan fersiynau mwy 'hanesyddol' y mae'n bosibl eu holrhain yn fwy triw i destunau Bwdhaidd. Felly, gellid dadlau mai dim ond wrth geisio dehongli ac astudio'r dogfennau sy'n gysylltiedig â bywgraffiad y Bwdha gan ddefnyddio dadansoddiad hanesyddol rydyn ni wedi dod at y naratifau hynny sy'n mynd ati'n gywir i ddarlunio dysgeidiaeth y Bwdha ac efallai'r portread mwyaf sybr a dynol o'r Bwdha.

Hefyd, mae'r naratifau hyn wedi bod yn ddefnyddiol yn ddiweddar iawn o ran helpu seicoleg a seiciatreg Orllewinol i ddehongli materion iechyd meddwl. Er enghraifft, mae profiadau a dysgeidiaeth y Bwdha wedi dylanwadu ar yr Athro Marsha Linehan a Dr Sheldon Kopp, yn enwedig o ran meddylgarwch (ymwybyddiaeth ofalgar).

Efallai mai un ateb yw dweud bod cryfderau gan bob dehongliad, ond bod cyfyngiadau arnyn nhw fel dehongliadau unigol.

Cynnwys y fanyleb

Arwyddocâd cymharol y ffyrdd gwahanol o ddehongli'r bywgraffiad.

Gweithgaredd AA2
Dadleuon posibl

Wedi'u rhestru isod mae rhai casgliadau y byddai'n bosibl dod iddynt ar sail rhesymeg AA2 yn y testun cysylltiedig:

1. Mae gwerth hanesyddol i fywgraffiad y Bwdha.
2. Hagiograffeg yw bywgraffiad y Bwdha ac mae'n cyfeirio at y Dhamma (Dharma).
3. Mae bywgraffiad y Bwdha yn arwyddocaol oherwydd ei bod hi'n bosibl ei ddarllen mewn gwahanol ffyrdd, gyda gwerth unigol i bob ffordd.
4. Mae bywgraffiad y Bwdha yn arwyddocaol oherwydd ei fod yn llawn mewnwelediadau i ddysgeidiaeth Fwdhaidd.
5. Dydy bywgraffiad y Bwdha ddim wir yn arwyddocaol gan fod y mythau a'r chwedlau carbwl wedi'u hychwanegu'n ddiweddarach gan wahanol bobl a diwylliannau.

Ystyriwch bob un o'r casgliadau sy'n cael eu gwneud uchod a chasglwch dystiolaeth ac enghreifftiau i gefnogi pob dadl o'r deunydd AA1 ac AA2 a astudiwyd yn yr adran hon. Dewiswch un casgliad sy'n argyhoeddi fwyaf yn eich barn chi ac esboniwch pam mae hyn yn wir. Nawr cyferbynnwch hyn â'r casgliad gwannaf ar y rhestr, gan gyfiawnhau eich dadl gyda rhesymu clir a thystiolaeth.

Sgiliau allweddol

Mae dadansoddi'n ymwneud â nodi materion sy'n cael eu codi gan y deunyddiau yn adran AA1, ynghyd â'r rhai a nodwyd yn adran AA2, ac mae'n cyflwyno safbwyntiau cyson a chlir, naill ai gan ysgolheigion neu safbwyntiau personol, yn barod i'w gwerthuso.

Mae hyn yn golygu ei fod yn nodi pethau allweddol i'w trafod a'r dadleuon sy'n cael eu cyflwyno gan eraill neu o safbwynt personol.

Mae gwerthuso'n ymwneud ag ystyried goblygiadau amrywiol y materion sy'n cael eu codi, yn seiliedig ar y dystiolaeth a gafwyd wrth ddadansoddi ac mae'n rhoi dadl fanwl eang gyda chasgliad clir.

Mae hyn yn golygu bod yr ateb yn pwyso a mesur y dadleuon amrywiol a gwahanol a gafodd eu dadansoddi drwy roi sylwadau ac ymateb unigol, gan ddod i gasgliad drwy broses rhesymu clir.

Datblygu sgiliau AA2

Nawr mae'n bryd ystyried y wybodaeth sydd wedi'i chyflwyno hyd yma. Hefyd mae'n bwysig ystyried sut mae'r hyn rydych chi wedi'i ddysgu hyd yma'n gallu cael ei ddefnyddio ar gyfer atebion arholiad drwy ymarfer y sgiliau sy'n gysylltiedig ag AA2.

Mae Amcan Asesu 2 (AA2) yn ymwneud â 'dadansoddi' a 'gwerthuso'. Efallai fod ystyr y termau'n amlwg ond mae'n hanfodol eich bod yn gyfarwydd â sut mae sgiliau penodol yn dangos y rhain, a hefyd, sut bydd eich perfformiad ym mhob un o'r sgiliau hyn yn cael ei fesur (gweler disgrifyddion band cyffredinol Band 5 ar gyfer AA2 UG).

Yn amlwg mae ateb yn cael ei osod mewn disgrifydd band priodol, yn ôl pa mor dda yw'r ateb, gan amrywio o ragorol, da, boddhaol, sylfaenol/cyfyngedig i gyfyngedig iawn.

I ddechrau, ceisiwch ddefnyddio'r fframwaith / ffrâm ysgrifennu sydd wedi'i roi i'ch helpu i ymarfer y sgiliau hyn er mwyn ateb y cwestiwn isod.

Wrth i'r unedau ym mhob adran o'r llyfr ddatblygu, bydd y cymorth a gewch yn cael ei leihau'n raddol er mwyn eich annog i ddod yn fwy annibynnol a pherffeithio eich sgiliau AA2.

Rhowch gynnig ar ateb y cwestiwn hwn drwy ddefnyddio'r ffrâm ysgrifennu isod.

YMARFER ARHOLIAD: FFRÂM YSGRIFENNU

Cwestiwn sy'n ystyried i ba raddau y mae bywgraffiad y Bwdha hanesyddol yn bwysig i Fwdhyddion heddiw.

Y pwnc i'w drafod yma yw ...

Mae gwahanol ffyrdd o edrych ar hyn a llawer o gwestiynau allweddol i'w gofyn fel ...

Dydy Bwdhyddion heddiw ddim yn addoli'r Bwdha er mwyn cyrraedd Goleuedigaeth. Felly, dydy manylion bywgraffyddol y Bwdha hanesyddol ddim yn arwyddocaol iawn oherwydd ...

Ond, dydy hynny ddim yn golygu nad yw'r naratifau'n bwysig. Un ddadl fyddai eu bod nhw'n ...

Dadl arall fyddai bod y naratifau ...

Ond, safbwynt arall yw bod y fytholeg yn rhy gymhleth a manwl i'w deall yn llythrennol. Mae llawer yn credu hyn oherwydd ...

Yng ngoleuni hyn i gyd, gellid dadlau bod ...

Serch hynny, fy marn i yw ... ac rwy'n seilio'r ddadl hon ar y rhesymau canlynol:

B: Deffroad/Goleuedigaeth y Bwdha

Yr ymwadu

Ar ôl dychwelyd i'r palas, a chlywed y newyddion fod Yasodhara newydd esgor ar fab, cafodd Gautama ei lenwi â phryder newydd ynghylch dod â bywyd newydd i'r byd a oedd bellach yn llawn dryswch a dioddefaint. Rhoddodd enw addas i'w fab **Rahula**, sy'n golygu 'hual' neu 'gaethiwed' gan fod Gautama yn teimlo wedi'i rwymo hyd yn oed yn fwy gan gyfrifoldeb newydd a oedd yn ei glymu i'w fywyd fel yr oedd: 'Mae hual (*rahula*) wedi cael ei eni, mae caethiwed wedi cael ei eni,' cyhoeddodd.

Er gwaethaf ei sefyllfa deuluol a'i etifeddiaeth gyfoethog, chwiliodd Gautama am ryddid yn syth. Bu iddo **ymwadu** â'i etifeddiaeth. Cafodd wared ar ei ddillad moethus a'i wallt hir, ac aeth yn ddyn duwiol crwydrol, gyda phowlen syml ar gyfer offrymau bwyd, ac un wisg, gan feddwl, 'Yn wir, mae'r byd hwn wedi taro ar helynt – mae rhywun yn geni, ac yn heneiddio, ac yn marw, ac yn cwympo o un cyflwr, ac yn codi mewn cyflwr arall. A does neb yn gwybod am unrhyw ffordd o ddianc o'r dioddefaint, hyd yn oed o ddihoeni a marwolaeth. O, pryd cawn wybod am ffordd i ddianc o'r dioddefaint hwn – o ddihoeni a marwolaeth?'

Mewn Bwdhaeth Theravada, defnyddir y term **anagarika** (digartrefedd *Pali*) i ddynodi rhywun sydd wedi 'mynd rhagddo' (**pabbajja** *Pali*) i fywyd ymwadwr yn ôl diwylliant Indiaidd traddodiadol. Y traddodiad oedd i'r ymwadwr chwilio am asgetigion eraill y gallai ddysgu oddi wrthyn nhw. Chwiliodd Gautama am ddau athro, y ddau'n enwog am eu ffordd o fyw asgetig lem a'u harferion gwneud yoga.

Dyfyniad allweddol

Felly aeth meddwdod mawr ieuenctid (*yobbanamada*), iechyd (*arog ya-mada*), a bywyd (*jivitamada*) a'i adael. Ar ôl gweld oferedd a pherygl y tri meddwdod, cafodd ei lethu gan awydd cryf i geisio ac ennill yr Anfarwol, i ymdrechu am achubiaeth rhag henaint, salwch, diflastod, a marwolaeth nid yn unig er ei les ei hun ond er lles pob bod dynol (gan gynnwys ei wraig a'i blentyn) sy'n dioddef. (Piyadassi)

Cynnwys y fanyleb

Esboniad o brif nodweddion yr hanesion am yr hyn a arweiniodd at Ddeffroad y Bwdha o dan y Goeden Bodhi.

Termau allweddol

Anagarika: rhywun digartref, ar ôl ymwadu, ac fel arfer mae'n asgetig crwydrol

Pabbajja: un sydd wedi 'mynd ymaith' i fywyd o ddigartrefedd

Rahula: mab y Bwdha

Ymwadu/Ymwadiad: rhoi'r gorau i bopeth sy'n gysylltiedig â'r byd materol

Dyfyniad allweddol

Roedd bod yn ymwadwr yn ddyhead i ddynion ifanc, yn wir i ramantwyr, ac o'r safbwynt hwn, un yn unig oedd y Bwdha o lawer o ddynion ifanc a adawodd cartref, wedi'u denu gan her y bywyd crwydrol. (Carrithers)

Mae yoga, yr arfer hynafol, yn dal i fod yn boblogaidd heddiw.

Termau allweddol

Alara Kalama: yr athro cyntaf y chwiliodd y Bwdha amdano ar ôl iddo ymwadu

Majjhima Patipada: 'Llwybr canol' neu 'Ffordd Ganol' (Pali) rhwng eithafion pleser ac asgetigiaeth

Sujata: y llaethferch a adfywiodd Gautama

Uddaka Ramaputta: yr ail athro y chwiliodd y Bwdha amdano ar ôl iddo ymwadu

Dyfyniadau allweddol

Yn gyntaf, chwiliodd am arweiniad gan ddau ddyn doeth enwog, gan Alara Kalama ac Uddaka Ramaputta, gan obeithio y bydden nhw, fel meistri myfyrdod, yn gallu dysgu popeth roedden nhw'n ei wybod iddo, gan ei arwain i uchelderau meddwl trwy ganolbwyntio. Bu'n ymarfer canolbwyntio a chyrraedd y myfyrdod uchaf posibl wrth wneud hynny, ond nid oedd yn fodlon gydag unrhyw beth llai na Goleuedigaeth Oruchaf. (Piyadassi)

Roedd llawer o asgetigion India yn credu, ac maen nhw'n dal i gredu, ei bod hi'n bosibl cyflawni purdeb ac achubiaeth derfynol drwy hunanboenydio trylwyr, a phenderfynodd Gotama yr asgetig brofi a oedd hynny'n wir. (Piyadassi)

Roedd ei gorff wedi mynd yn sgerbwd, bron. Po fwyaf roedd yn poenydio ei gorff, pellaf roedd ei nod yn cilio oddi wrtho. (Narada Thera)

cwestiwn cyflym

1.10 Pam roedd yr enw Rahula yn arwyddocaol i Siddhartha Gautama?

Yr athro cyntaf oedd Alara Kalama, a roddodd hyfforddiant yoga i Gautama. Cyn hir roedd Gautama wedi cyrraedd yr un lefel o brofiad â'i athro: cyflwr o ddiddymdra. Ond doedd hyn ddim yn ddigon i Gautama. Teimlai nad oedd awydd, angerdd ac ymlyniadau wedi cael eu dileu ac mai'r cyfan yr oedd y dull hwn yn ei wneud oedd eu hanwybyddu drwy ddilyn llwybr arall. Er gwaetha'r ffaith i Kalama ofyn i Gautama ddod yn athro arno, ymlaen yr aeth Gautama i ddod o hyd i ffordd arall.

Uddaka Ramaputta oedd yr ail athro. Felly yma, chafodd Gautama ddim profiad o ddeffroad y gwirionedd nac o Oleuedigaeth ar ôl meistroli yoga Ramaputta, dim ond symud i lefel y tu hwnt i ddiddymdra, sydd ddim yn cael ei alw'n ganfod na chwaith yn ddiffyg canfod. Cafodd cyflyrau myfyrdod fel hyn eu galw'n ddiweddarach yn gyflyrau ffug oherwydd eu bod yn rhoi'r argraff o Ddeffroad neu Oleuedigaeth ond maen nhw'n dal i fod yn bell o hynny.

Ar ôl chwe blynedd yn arbrofi gyda'r ddwy ysgol yoga, dechreuodd y ffordd o fyw asgetig wneud niwed i'w iechyd. Roedd wedi mynd mor wan a thenau fel bod pobl yn honni eu bod yn gallu gweld ei asgwrn cefn drwy ei stumog. Pan oedd yn ddyn ifanc, roedd Gautama yn byw mewn moethusrwydd mawr heb fod arno eisiau dim byd, heb wybod am dristwch na gweld dioddefaint. Yn groes i hyn, fel asgetig roedd yn dilyn asgetigiaeth eithafol. Un pryd y dydd roedd yn ei fwyta, gan leihau hyn yn raddol i un ffrwyth jujube, hedyn sesame a gronyn o reis bob dydd, er bod adroddiadau ysgrifenedig eraill yn dweud mai un gronyn o reis y dydd yn unig yr oedd yn ei fwyta wrth iddo ddirywio'n gorfforol.

Ar yr adeg hon, pan oedd bron ag ymlâdd yn gorfforol, cafodd ei adfywio â llaeth-reis gan ddynes o'r enw Sujata. Yn raddol, ar ôl adfer peth nerth, dechreuodd Gautama ddilyn ffordd o fyw arall a dod o hyd i ryw 'Ffordd Ganol' rhwng dau eithaf moethusrwydd ac asgetigiaeth. Yn ôl Narada Thera: 'Y Ffordd Ganol, Majjhima Patipada, oedd y ffordd newydd y gwnaeth ef ei hun ei darganfod. Wedyn daeth hyn yn un o nodweddion amlwg ei ddysgeidiaeth.'

Dehongli elfennau hagiograffig a mytholegol yr ymwadu

Mae'r syniad Indiaidd traddodiadol o ymwadu'n gysylltiedig â phedwerydd cam bywyd, sannyasin. Mae'n benderfyniad pwyllog ac mae'n cael ei ystyried yn ofalus gan ei fod yn golygu torri pob cysylltiad â'r teulu a gadael pob cyfoeth materol ar ôl er mwyn byw bywyd meudwy crwydrol. Ond i Gautama, mae'n debyg ei fod yn benderfyniad a oedd wedi'i seilio'n fwy ar y ffaith nad oedd yn medru ymdopi'n emosiynol â'i wybodaeth newydd am fywyd. Roedd Gautama wedi drysu, wedi'i gythruddo ac yn anfodlon am nad oedd ganddo ateb i ffeithiau bywyd fel y gwelodd nhw wedi'u dangos yn y tair cyntaf o'r Pedair Golygfa. Er gwaethaf sylw Michael Carrithers yn nodi efallai nad oedd ymwadu Gautama yn unigryw yn India ar y pryd o gofio bod mudiad Samana i'w gael, mae Narada Thera, y mynach a'r ysgolhaig Bwdhaidd yn cynnig ei fod yn unigryw o ystyried ei amgylchiadau: 'Roedd yn ymwadu na welwyd ei debyg yn hanesyddol; oherwydd nid yn ei henaint yr ymwadodd, ond pan oedd ym mlodau ei ddyddiau, nid mewn tlodi ond mewn digonedd.'

Mae penderfyniad Gautama i chwilio am ateb yn unol â'r ddysgeidiaeth Fwdhaidd mai ef oedd y sammasambuddha. Hefyd mae'n adlewyrchu delfryd Bwdhaeth fel y 'Ffordd Ganol' neu'r 'Llwybr Canol' rhwng eithafion asgetigiaeth a moethusrwydd.

Ar lefel dyfnach, mae'r stori hefyd yn rhoi darlun eglur o'r cythrwfl seicolegol ac emosiynol y mae llawer o bobl sy'n penderfynu dilyn Bwdhaeth yn gallu ei wynebu wrth geisio dod i delerau â realiti anodd byrhoedledd bywyd. Dyma pam mai proses raddol sy'n dechrau gyda chanolbwynt syml yw proses dysgu myfyrio, hynny yw, dod mewn gwirionedd i ddeall mai rhywbeth dros dro yw natur bodolaeth. Un o'r ffurfiau uchaf ar fyfyrdod mewn Bwdhaeth Theravada yw myfyrio ar fyrhoedledd drwy ganolbwyntio ar sgerbwd a'r syniad o farwolaeth. Prin y mae rhywbeth mor angladdol yn addas i ddechreuwr!

Felly hefyd roedd ymateb Gautama, am ddyn mor ifanc, yn eithafol a dweud y lleiaf. Roedd ei deimladau mor gythryblus fel y rhoddodd y gorau i gysur a diogelwch ei gartref, ei deulu a'i gyfoeth. Roedd Gautama yn adlewyrchu ymatebion yr hyn y byddai seicoleg fodern yn ei ddisgrifio fel 'rhaniad', lle mae rhywun yn tueddu i brofi a dehongli ei emosiynau mewn eithafion yn unig. Unwaith eto, mae hyn yn cadarnhau'r syniad nad drwy'r naill eithaf na'r llall y mae dod o hyd i ateb i fywyd gan fod y ddau eithaf yn cynnwys elfen o ansefydlogrwydd emosiynol neu feddyliol. Yn amlwg, mae'r Pedair Golygfa wedi corddi rhywbeth yn ddwfn yn ysbryd Gautama i greu'r fath banig emosiynol a meddyliol. Mae hyn yn dangos bod Gautama yn barod wedi gwir ddeall goblygiadau dioddefaint a'r chwilio am ateb iddo.

Yn 1972 cyhoeddodd Sheldon Kopp ei waith *If You Meet Buddha on the Road, Kill Him!* sy'n dangos sut mae seicotherapydd yn deall holl brofiad Bwdah Gautama o fod ag ymlyniad wrth rywbeth ac yna'n dod o hyd i'r ateb yn y diwedd wrth ei ollwng o'r neilltu. Mae'n ysgrifennu: 'Pan fydd Siddhartha, y claf, fi fel therapydd (a chi, hefyd) yn sylweddoli bod athro'n amherthnasol i ddysgu, rhaid i bob un ohonon ni droi ato'i hun ... Felly mae hi wrth i Siddhartha archwilio cyfyngiadau ei hunan asgetig yn gyntaf, ac yna ei hunan cnawdol. Dydy hi ddim yn bosibl gwybod faint sy'n ddigon tan inni brofi faint yw mwy na digon.' Mae hyn hefyd yn cadarnhau'r neges a ddysgwyd o'r blaen am ddehongli stori bywyd Gautama fel hagiograffeg, a'r ffaith bod neges y Bwdha i 'brofi drosoch eich hun' yn dangos nad gydag ef mae'r ateb i fywyd ond gyda'r ddysgeidiaeth y gwnaeth ef ei ddarganfod.

Unwaith rhoddodd Ajahn Chah, y mynach uchel ei barch o Wlad Thai, anerchiad o'r enw *Pam rydyn ni yma?* lle cymharodd fywyd â chiwb iâ sy'n toddi'n raddol. Yn ystod bywyd, fodd bynnag, rydyn ni'n glynu wrth bethau sy'n tynnu ein sylw oddi wrth gwestiynau am fywyd, marwolaeth a chrefydd. Does arnon ni ddim o'u hangen nhw gan ein bod ni'n hapus yn y rhithdyb y bydd pethau'n parhau. Dim ond pan fydd y corff yn dechrau methu y mae llawer yn dod i sylweddoli bod angen ateb arnyn nhw, ond wedyn mae'n rhy hwyr.

Mae'n ysgrifennu:

'Mae'r rhain yn bethau y dylen ni eu hystyried tra bod gyda ni egni o hyd, pethau y dylen ni eu hymarfer tra rydyn ni'n ifanc. Os ydych chi eisiau gwneud teilyngdod, yna brysiwch a gwnewch hynny, peidiwch â'i adael i'r hen bobl yn unig. Mae'r rhan fwyaf o bobl yn aros tan y byddan nhw'n mynd yn hen cyn mynd i fynachlog a cheisio ymarfer Dhamma. Mae menywod a dynion yn dweud yr un peth ... "Arhoswch tan i mi heneiddio'n gyntaf." Dydw i ddim yn gwybod pam maen nhw'n dweud hynny, oes llawer o egni gan hen berson? ... "Hei, Mam-gu! Gad i ni fynd i'r fynachlog!" "Cer di, dydy fy nghlustiau i ddim cystal nawr." Welwch chi beth sydd gen i? Pan oedd ei chlustiau hi'n dda, ar beth roedd hi'n gwrando? "Does gen i ddim syniad!"... O'r diwedd pan fydd ei chlustiau hi wedi methu, mae hi'n mynd i'r deml. Mae'n anobeithiol. Mae hi'n gwrando ar y pregethau ond does ganddi ddim syniad beth maen nhw'n ei ddweud. Mae pobl yn aros tan eu bod wedi ymlâdd cyn meddwl am ymarfer y Dhamma.'

Pwrpas ymwadu a chwilio Gautama pan oedd yn ifanc yw ein hatgoffa efallai ei bod hi'n werth chwilio am yr atebion i fywyd tra bydd cyfle gennym!

Dyfyniadau allweddol

Mae pobl yn anwybodus am y pethau hyn. Mae rhai pobl yn mynd i Wat Pah Pong, i'r brif neuadd, yn gweld y sgerbydau ... ac yna'n dod allan dan redeg unwaith eto! Allan nhw ddim dioddef edrych. Maen nhw'n ofni, yn ofni'r sgerbydau. Rwy'n tybio nad yw'r bobl hyn erioed wedi gweld eu hunain o'r blaen ... Maen nhw wedi'u geni ag ef ac eto dydyn nhw erioed wedi'i weld ... Mae hyn yn dangos cyn lleied o gysylltiad sydd gan bobl â'u hunain. (Ajahn Chah)

Mae Goleuedigaeth a'r rhyddid sy'n dod gyda hi bob amser ar fin digwydd, ond efallai fod ein hymdrechion i gael gafael yn yr hyn rydyn ni'n ei geisio'n ein hatal rhag darganfod beth sydd yno'n barod. (Kopp)

---

cwestiwn cyflym

1.11 At beth mae llyfr Sheldon Kopp *If You Meet Buddha on the Road, Kill Him!* yn cyfeirio?

Gweithgaredd AA1

Ysgrifennwch gofnod dyddiadur sy'n disgrifio sut roedd Gautama yn teimlo ar ôl gweld y Pedair Golygfa a phenderfynu gadael ei deulu a dilyn bywyd crwydryn digartref.

Awgrym astudio

Mae llawer o dermau technegol mewn Bwdhaeth. Syniad da fyddai dechrau llunio eich rhestr eirfa eich hun o dermau allweddol.

Termau allweddol

Bodhi: Goleuedigaeth, Deffroad

Jhana: un o'r pedwar cyflwr myfyrdod Bwdhaidd

Mara: y bod ysbrydol neu'r duwdod a heriodd Oleuedigaeth y Bwdha

Nidanakatha: sylwadau ar hanesion Jataka am fywydau blaenorol y Bwdha sydd hefyd yn cynnwys cyfeiriad at y mudra yn cyffwrdd â'r ddaear

Nirvana: yn llythrennol, 'chwythu allan' neu 'ddiffodd' ac mae'n cyfeirio at brofiad Goleuedigaeth sy'n 'diffodd' y 'fflamau' sy'n halogi

Sutta Pitaka: ail ran ysgrythurau'r Canon Pali sy'n cynnwys storïau a dysgeidiaeth y Bwdha

Suttas: ysgrifeniadau Bwdhaidd

Cynnwys y fanyleb

Ystyron y naratifau am Mara/y temtio, a'r mudra cyffwrdd â'r ddaear.

Dyfyniad allweddol

Â'i goesau wedi'u croesi, eisteddodd o dan goeden, a gafodd ei galw wedyn yn Goeden Bodhi, 'Coeden Goleuedigaeth', neu 'Goeden Doethineb', ar lan afon Nerajarà, yn Gayà (sy'n cael ei alw'n Buddhagayà nawr), gan wneud yr ymdrech derfynol gyda grym penderfyniad anhyblyg:
'Er mai dim ond fy nghroen, fy ngewynnau, a'm hesgyrn sydd ar ôl, ac mae fy ngwaed a'm cnawd yn sychu ac yn nychu, eto symudaf i ddim o'r sedd hon tan imi gyrraedd goleuedigaeth lawn' (*sammà sambodhi*). (**Piyadassi**)

Y Deffroad o dan y Goeden Bodhi: Goleuedigaeth Siddhartha Gautama

Wrth eistedd dan goeden **Bodhi** neu Bo (ffigysbren), mewn cyflwr o fyfyrdod dwys, myfyriodd Gautama drwy gydol y nos ar natur bodolaeth. Mae adroddiadau byw mewn ysgrifeniadau Bwdhaidd traddodiadol o'i brofiad crefyddol y nos honno. Mae'r cyfan yn canolbwyntio ar y broses o fyfyrio drwy lefelau o fewnwelediad a enwir yn **jhanas** (dhyanas *Sansgrit*), cyn esbonio sut daeth Gautama wedyn ar draws y profiad eithaf, sef **nirvana** (nibbana *Pali*).

Ond mae elfennau mytholegol eraill i'w brofiad yn y storïau sy'n canolbwyntio ar Mara, sef deva (bod ysbrydol neu dduwdod) byd bodolaeth y synhwyrau. Mae Mara yn cynrychioli popeth sy'n clymu bodau dynol wrth y byd corfforol.

Y Bwdha o dan y goeden Bodhi

Naratifau mytholegol a seicolegol Mara

Y digwyddiad cyntaf a gododd yn ystod myfyrdodau Gautama oedd cael ei demtio gan **Mara,** y bod (duw neu ddiafol) ysbrydol a heriodd Gautama i roi'r gorau i chwilio am Oleuedigaeth. Prif rôl Mara oedd sicrhau bod pob bodolaeth yn cael ei gyrru gan rithdybiau pleser ac ymlyniad. Felly wrth i Gautama ddod o hyd i ffordd o ddianc rhag y cylch hwn o enedigaeth, marwolaeth ac ailenedigaeth (samsara), roedd bygythiad difrifol y gallai darfu ar hyn.

Mae pob un o'r testunau cynnar yn disgrifio cyfarfyddiad syml, lle mae Mara yn annog Gautama i chwilio am lwybr mwy crefyddol o seremoni a gweithredoedd da er mwyn cryfhau karma. Gwrthod yn unig a wnaeth Gautama a diflannodd Mara. Er enghraifft, Mara yw canolbwynt grŵp o **Suttas** yn y Canon Pali. Mae'r cyfan yn Samyutta Nikaya (Sgyrsiau wedi'u Grwpio) y **Sutta Pitaka**. Mae'n anodd dyddio'r testunau hyn yn gywir, ond yn draddodiadol maen nhw wedi'u dyddio o fewn canrif ar ôl marwolaeth y Bwdha ac mae pob un yn sôn am gyfarfod wyneb yn wyneb gweddol syml.

Mae testunau diweddarach yn rhoi mwy o fanylion, gyda llawer mwy o elfennau mytholegol ynddyn nhw. Er enghraifft, cerdd estynedig yw'r Buddhacarita, yr arwrgerdd gan Ashvagosha, sy'n darlunio dwy brif ran temtio'r Bwdha: y frwydr â byddin Mara, a hanes dod wyneb yn wyneb â thair merch Mara.

Yn elfen olaf temtasiwn Mara, mae Mara yn dweud wrth Gautama na allai neb dystio i'w weithredoedd da yn ei fywydau blaenorol a'r bywyd hwn. Mae'r rhan olaf hon o'r myth yn ymddangos yn y sylwebaeth ar y Jataka, y **Nidanakatha** ac mae wedi bod yn boblogaidd iawn mewn celf a cherflunio. Wrth ymateb i honiad Mara, rhoddodd Gautama ei ddwylo ar y llawr a chyffwrdd â'r ddaear â'i fys canol fel tyst i'w weithredoedd da. Mae hyn yn aml yn cael ei ddarlunio mewn celf a phensaernïaeth fel y Bwdha'n eistedd mewn osgo hanner lotus (wedi croesi ei goesau), gydag un llaw yn ei gôl a'r llall yn estyn allan i gyffwrdd â'r ddaear fel tyst.

Byddin Mara

Gwelodd Mara fod Gautama yn gwbl benderfynol o chwilio am Oleuedigaeth wrth eistedd o dan y goeden Bodhi. Yn syth, galwodd ar ei holl luoedd ac anfon byddin arfog i ymosod ar Gautama. Galwodd Gautama ar ei amddiffyn ei hun yn erbyn pob ton o ymosodiad gan Mara drwy gyflwyno ei ddeg **paramita** (perffeithder): haelioni, rhinwedd, ymwadu, doethineb, egni, amynedd, geirwiredd, penderfyniad, caredigrwydd cariadus ac yn olaf, pwyll. Cafodd pob perffeithder ei ddefnyddio i drechu deg adran byddin Mara a ddihangodd yn y pen draw.

Yna mae Mara yn ceisio temtio Gautama, gan addo clod a phleser, ac mae'n dechrau rhybuddio y bydd canlyniadau wrth dorri i ffwrdd o'i ddyletswyddau crefyddol a seciwlar. Mae Gautama yn gwrthod y rhain yn hawdd, gan wybod eu bod yn ddiystyr. Ond yn syth, mae Mara yn anfon grŵp o greaduriaid atgas ac ofnadwy i ddinistrio ei gorff. Mae'r creaduriaid yn lansio nifer o saethau ond mae'r rhain yn cael eu trawsnewid yn flodau cyn iddyn nhw gyrraedd cnawd Gautama. Maen nhw'n cwympo i'r llawr, heb wneud niwed iddo. Mae Gautama yn gofyn i'r ddaear ymyrryd, ac mae'r dduwies yn golchi'r creaduriaid i ffwrdd drwy anfon llifogydd.

Merched Mara

Yna, anfonir merched Mara i geisio perswadio a denu Gautama wrth iddyn nhw eu trawsnewid eu hunain yn gannoedd o forynion hardd. Ond mae Gautama yn sylweddoli pwy ydyn nhw, a dydy e ddim yn symud o'i nod. Yn ôl y Samyatta Nikaya: '"Mae chwaeth dynion yn amrywio. Beth petaen ni'n dangos ein hunain ar ffurf cannoedd o forynion?" Yna, mae tair merch Mara, pob un yn dangos ei hun ar ffurf cant o forynion, yn mynd at yr Un Gwynfydedig ac yn dweud wrtho: "Rydyn ni'n gweini wrth dy draed, asgetig." Ond ni roddodd yr Un Gwynfydedig unrhyw sylw iddyn nhw, gan ei fod wedi'i ryddhau ar ôl cael gwared yn llwyr ar bopeth oedd ganddo.'

Cyffwrdd â'r ddaear

Rhan olaf y cyfarfyddiad wyneb yn wyneb yw pan fydd anrhydedd Gautama yn cael ei herio. Yn ôl y chwedl, Mara oedd piau'r sedd ac roedd Mara yn honni nad oedd neb i dystio i rinwedd Gautama a'i hawl i eistedd yno. Cofnodir bod y ddaear wedi rhuo wrth ymateb wedyn a datgan, 'Rwy'n dyst iddo'. Yr enw ar y digwyddiad yw **bhumisparsha mudra** (mudra cyffwrdd â'r ddaear) ac fel arfer mae'n cael ei gysylltu mewn celf a cherflunio â Mara yn taflu'r **cakkavudha** (ddisgen) fel her olaf i hawl Gautama i eistedd ar y sedd, ond i'r ddisgen droi'n ymbarél i gysgodi Gautama. Ymatebodd Gautama drwy gyffwrdd â'r ddaear â'i fys canol. Mae rhai fersiynau o'r hanes yn sôn am ddaeargryn neu gryndod wrth ymateb i gyffyrddiad Gautama. Wedyn roedd Mara wedi'i orchfygu'n derfynol a chafodd Gautama ei amgylchynu gan fodau goruwchnaturiol llewyrchus a ddathlodd ei fuddugoliaeth.

Dehongliadau hagiograffig a mytholegol gorchfygu Mara

Mae gwahanol ffyrdd y mae Bwdhyddion wedi deall a defnyddio'r rhannau o hagiograffeg y Bwdha sy'n ymwneud â gorchfygu Mara. Mae rhai o ddehongliadau mwyaf poblogaidd y digwyddiad yn gysylltiedig, unwaith eto, â dysgeidiaeth a chwilio Gautama gan ei fod yn berthnasol i'r unigolyn wrth gymhwyso'r rhain i'w lwybr ysbrydol; dydyn nhw ddim yn gysylltiedig ag unrhyw osodiad ontolegol am Gautama ei hun. Dyma rai o'r dehongliadau o'r naratifau:

- Seicolegol: yn ôl y dehongliad hwn, gwelir bod Mara yn cynrychioli'r meddwl sy'n gwrthdaro ac yn ymladd â'r ego a hunanamheuaeth
- Corfforol: yn ôl y dehongliad hwn, gwelir bod Mara yn cynrychioli'r synhwyrau
- Rhwystrau: yn ôl y dehongliad hwn, gwelir bod Mara yn cynrychioli'r rhwystrau mewn bywyd sy'n dal cynnydd ysbrydol yn ôl, ac yn troi at faterion eraill sy'n creu ymlyniad

Dyfyniad allweddol

Yna daeth merched Mara – Tanha, Arati, a Raga – at yr Un Gwynfydedig a dweud wrtho: 'Rydyn ni'n gweini wrth dy draed, asgetig.' Ond ni roddodd yr Un Gwynfydedig unrhyw sylw iddyn nhw, gan ei fod wedi'i ryddhau ar ôl cael gwared yn llwyr ar bopeth oedd ganddo.
(Samyutta Nikaya)

cwestiwn cyflym

1.12 Sut cafodd y tair her gan Mara i'r Bwdha eu cyflwyno iddo?

Termau allweddol

Bhumisparsha mudra: y bod ysbrydol neu'r duwdod a heriodd Oleuedigaeth y Bwdha

Cakkavudha: y ddisgen a daflodd Mara fel her olaf i hawl y Bwdha i Oleuedigaeth

Paramita/Paramis: rhinweddau perffaith sy'n nodweddu Bwdha

Dyfyniadau allweddol

Pan eisteddodd y dyn doeth mawr, a oedd yn dod o olyniaeth o ddynion doeth brenhinol, yno gyda'i enaid yn benderfynol o gael y wybodaeth uchaf, llawenhaodd y byd i gyd; ond roedd Mara, gelyn y gyfraith dda, yn ofnus. Yr hwn y maen nhw'n ei alw'n Kamadeva yn y byd, perchennog yr arfau amrywiol, yr un â saethau blodau, arglwydd llwybr dyhead, – hwn y maen nhw hefyd yn ei alw'n Mara, gelyn rhyddhad.
(Buddhacarita)

... felly siaradodd Mara â'r gweledydd llonydd wrth iddo eistedd ar ei sedd, yn paratoi i groesi i ochr draw cefnfor bodolaeth:'Cod, cod, Ti Kshatriya, sy'n ofni marwolaeth! dilyn dy ddyletswydd dy hun a rho'r gorau i'r gyfraith ryddhad hon! ac ar ôl concro'r bydoedd isaf â'th saethau [a'th aberthau], dos ymlaen i ennill bydoedd uwch Indra. Mae hwnnw'n llwybr gogoneddus i'w deithio, sydd wedi cael ei ddilyn gan rai a fu'n arwain dynion; dydy'r bywyd hwn fel crwydryn ddim yn addas ei ddilyn i un a anwyd yn nheulu anrhydeddus dyn doeth brenhinol.'
(Buddhacarita)

Does neb ond y Bwdhyddion mwyaf anwybodus yn credu bod yr hanes hwn am frwydr Bwdha â Mara yn llythrennol wir, hyd yn oed heddiw.
(Malalasekera)

Wrth roi'r gorau i bleser a phoen, a chan fod llawenydd a thristwch wedi diflannu o'r blaen, mae'n mynd i mewn i'r pedwerydd jhana ac yn preswylio yno, lle sydd heb boen na phleser ac sydd â phurdeb meddylgarwch oherwydd pwyll.
(Majjhima Nikaya 1:182)

- Merched: yn ôl y dehongliad hwn, gwelir bod merched Mara yn cynrychioli tri pheth sef trachwant/ymlyniad (raga), chwant (tanha) ac anfodlonrwydd (arati)
- Person cyfan: yn ôl y darlleniad hwn, gwelir bod Mara yn cynrychioli ton driphlyg sy'n ymosod ar feddwl, corff a chymeriad unigolyn wrth ddilyn y llwybr Bwdhaidd.

Awgrym astudio

Dylai ymgeiswyr drafod naratifau mytholegol a seicolegol Mara, gyda'i luoedd dieflig a'i ferched hudolus. Gofynnodd Siddhartha i'r ddaear dystio i'w fuddugoliaeth dros Mara (mudra cyffwrdd â'r ddaear). (Canllaw Addysgu CBAC)

Mara

Y pedwar ymgolliad mewn myfyrdod (jhana)

Cyn cyrraedd cyflwr goleuedig, symudodd Gautama drwy'r pedwar jhana, hynny yw, yr oedd wedi ymgolli yn y pedwar cam myfyrdod, neu 'ymgolliad'. Mae gan bob cam brofiad cyfatebol, sef:

- Jhana 1af: sylw llwyr ar wrthrych y myfyrdod, wedi gwahanu oddi wrth y byd ac mewn cyflwr hollol ddigynnwrf.
- 2il jhana: mae meddyliau'n cael eu rhoi o'r neilltu wrth i'r gwahanu ddyfnhau ac mae ymdeimlad o lawenydd, fel y mae Mahathera Nyanatiloka yn ei ddiffinio, 'cyflwr sy'n rhydd o lunio syniadau a meddwl crwydrol ... sydd wedi'i eni o ganolbwyntio'.
- 3ydd jhana: cyflwr o bwyll, wedi ymdawelu'n hollol gyda gallu llwyr i hoelio sylw, ond yn amlwg yn ymwybodol.
- 4ydd jhana: cyflwr yw hwn y tu hwnt i bob gwahaniaethu, y tu hwnt i bleser a phoen, yn wir, y tu hwnt i bob ymdeimlad o lawenydd a llunio syniadau, fel y mae Denise Cush yn ei ddisgrifio, 'gan adael meddwl yn llonydd, yn dawel, yn eglur, yn offeryn miniog sy'n barod i dyllu i mewn i realiti'.

Dyfyniadau allweddol

Wedi'i neilltuo'n hollol o bleserau'r synhwyrau, wedi'i neilltuo o gyflyrau afiach y meddwl, mae'n mynd i mewn i'r jhana cyntaf ac yn aros yno, lle mae'r meddwl cymhwysol a'r meddwl parhaol yng nghwmni llawenydd a hapusrwydd sy'n dod o fod wedi'i neilltuo. (Majjhima Nikaya 1:181)

Wrth i'r meddwl cymhwysol a'r meddwl parhaol gilio, mae'n mynd i mewn i'r ail jhana ac yn aros yno, lle mae hyder mewnol ac undod y meddwl, heb y meddwl cymhwysol a'r meddwl parhaol, ac yn llawn llawenydd a hapusrwydd sy'n dod o ganolbwyntio. (Majjhima Nikaya 1:181)

Wrth i lawenydd gilio, mae'n byw'n bwyllog, yn feddylgar (ymwybyddol ofalgar) ac yn graff; ac mae'n profi yn ei berson ei hun yr hapusrwydd hwnnw y mae'r rhai anrhydeddus yn ei ddisgrifio fel hyn: 'Mae'r sawl sy'n bwyllog ac yn feddylgar yn byw'n hapus' – felly mae'n mynd i mewn i'r trydydd jhana ac yn byw yno. (Majjhima Nikaya 1:182)

Mae pedwar jhana arall, sydd weithiau'n cael eu galw'n rhifau 5 i 8, ond hefyd maen nhw i gyd yn gallu cael eu grwpio o dan y pedwerydd jhana ac maen nhw wedi'u rhestru'n gamau penodol o fewn y cyflwr hwn. Yn gyffredinol, y pedwerydd jhana yw'r un sy'n tueddu i gael ei ystyried fel y cam mwyaf allweddol.

Mae'r pedwar profiad pellach o fewn y pedwerydd jhana yn cynnwys byd y lle gwag heb ffiniau, byd yr ymwybod heb ffiniau, byd y diddymdra, ac yn olaf, y byd lle nad oes canfyddiad na diffyg canfyddiad. Weithiau cyfeiriwyd at y rhain fel y pedwar cyflwr ffug oherwydd bod rhai asgetigion wedi'u cyrraedd yn barod gan gredu eu bod wedi profi'r gwirionedd eithaf; ond mae nirvana (nibbana) y tu hwnt i hyn. Byddai Gautama wedi bod yn gyfarwydd â'r mathau hyn o gamau myfyrdod yn ei arferion asgetig cynharach gan athrawon eraill. Ond dylid nodi bod ysgolheigion yn rhanedig ac yn dadlau ai rhywbeth newydd gan Gautama ai peidio oedd y pedwar jhana mewn Bwdhaeth. Serch hynny, mae'n bwysig deall mai llwybr yn unig at Oleuedigaeth yw'r rhain, a bod yr hyn y mae Bwdhaeth yn ei ddeall wrth Oleuedigaeth y tu hwnt i'r pedwar jhana.

Bydd y pedwar jhana yn cael eu hastudio'n fanylach yn yr adran ar fyfyrdod.

Gwybodaeth am fywydau blaenorol, karma, a darfyddiad dukkha

Fel rydyn ni wedi gweld, roedd y pedwar jhana cyntaf hefyd yn cynnwys mynediad i lefelau myfyrdod sy'n gysylltiedig fel arfer â yoga Hindŵaidd. Roedd Gautama wedi profi'r rhain o dan ei athrawon blaenorol ond doedd e ddim yn fodlon. Teimlai nad dyma'r ateb.

Awgrym astudio

Dylai ymgeiswyr hefyd esbonio dealltwriaeth Siddhartha o gylch geni, marw ac aileni, a swyddogaeth karma yn y troi didrugaredd hwn; tri thân, y tri nod bodolaeth, a'i ffocws ar y profiad o dukkha, achos dukkha a'r llwybr i'w ddarfyddiad. (Canllaw Addysgu CBAC)

Cam olaf profiad Gautama a roddodd fynediad pellach iddo i dri mewnwelediad arwyddocaol a oedd y tu hwnt i unrhyw rai yr oedd wedi'u profi o'r blaen:

1. Y cyntaf oedd y mewnwelediad uwch i'w nifer o fywydau blaenorol drwy gydol amser. Adroddodd y Bwdha yr hanesion hyn am ei fywydau blaenorol er mwyn ei helpu i gyflwyno amrywiaeth o enghreifftiau ymarferol o'i ddysgeidiaeth. Mae'r hanesion hyn yn y Jatakas, y mae tua 550 ohonyn nhw, lle cafodd y Bwdha ei eni fel bod dynol, anifail, aderyn a physgod, gwryw a benyw. Roedd y cymeriadau yn yr hanesion yn cael eu huniaethu ag ef yn ei fywyd presennol. Y brif neges y tu ôl i hanesion Jataka yw'r ymdrech barhaus a phenderfynol i berffeithio'r rhinweddau a arweiniodd Gautama i gyrraedd Goleuedigaeth fel sammasambuddha.

2. Ar ôl hyn, cafodd fewnwelediad pur drwy arsylwi ar dynged bodau eraill sydd ynghlwm wrth fyd ailenedigaeth. Roedd ganddo drosolwg gwrthrychol o sut roedd y byd yn gweithredu o ran genedigaeth, marwolaeth ac ailenedigaeth drwy'r bydysawd i gyd yn ôl cyfreithiau karma. Daeth y Bwdha yn ymwybodol fod ein bwriadau a'n gweithredoedd (karma) yn fodd o bennu union natur ein bodolaeth ac yn yr un ffordd, nhw oedd yr ateb er mwyn newid ein dyfodol. Fel mae Dhammapada 1:1 yn ei ddweud: 'Y cyfan ydym ni yw canlyniad yr hyn rydym wedi'i feddwl: mae'n seiliedig ar ein meddyliau, wedi'i lunio o'n meddyliau. Os yw dyn yn siarad neu'n gweithredu gyda meddwl drygionus, mae poen yn ei ddilyn, fel mae'r olwyn yn dilyn troed yr ych sy'n tynnu'r cerbyd.' Sylweddolodd y Bwdha, er mwyn i newid ddigwydd ac i'r trawsffurfio o anwybodaeth i Oleuedigaeth gael ei wneud, fod rhaid i ni ddechrau gyda tharddiad karma o ran ffurfiannau meddyliol.

Cynnwys y fanyleb

Gwybodaeth am fywydau blaenorol, gwybodaeth am rôl karma ym mywydau pob un, y llwybr at ddarfyddiad dukkha.

Dyfyniad allweddol

Wrth ymroi i 'anadlu i-mewn-ac-allan meddylgar' (*anapana sati*), aeth y Bodhisattva i mewn i gam myfyrdod cyntaf ymgolliad (*jhana*; Sansgrit *dhyàna*) a phreswylio yno. Yn raddol, aeth i mewn i'r ail jhàna, y trydydd a'r pedwerydd jhàna a phreswylio yno. Wrth olchi ei feddwl o amhurdebau fel hyn, a'i feddwl wedi ymbwyllo yn y fath fodd, cyfeiriodd ef at wybodaeth adalw genedigaethau blaenorol (*pubbenivasanussatiaoa*). (Piyadassi)

Dyfyniadau allweddol

Yna cyfeiriodd y Bodhisatta ei feddwl at wybodaeth am fodau yn diflannu ac yn ailymddangos ar ffurfiau amrywiol, mewn cyflyrau o brofiad da, ac mewn cyflyrau o drallod, pob un yn llwyddo yn ôl ei weithredoedd (*cutapapataana*). Dyma'r ail wybodaeth a gafodd yn ystod gwylfa ganol y nos. Nesaf cyfeiriodd ei feddwl at wybodaeth am gael gwared ar y staenau (*asavakkhayaana*). **(Piyadassi)**

Pan oedd yn gwybod y gwirionedd hwn, fel y Bwdha, siglodd y ddaear fel menyw feddw gan win, disgleiriodd y chwarteri'n llachar â chymylau o Siddhas, ac atseiniodd drymiau enfawr yn yr awyr. Chwythodd awelon dymunol yn ysgafn, o awyr ddigwmwl cwympodd cawod o leithder o'r nefoedd, ac o'r coed syrthiodd blodau a ffrwythau allan o'u tymor priodol fel petaen nhw'n ei anrhydeddu. **(Buddhacarita Ashvagosha)**

Deallodd fel mae hi go iawn: 'Dyma ddioddefaint (*dukkha*), dyma ddioddefaint yn codi, dyma ddioddefaint yn dod i ben, dyma'r llwybr sy'n arwain at ddarfyddiad dioddefaint.' Deallodd fel mae hi go iawn: 'Halogiadau yw'r rhain (*asavas*), dyma'r halogiadau'n codi, dyma'r halogiadau'n dod i ben, dyma'r llwybr sy'n arwain at ddarfyddiad halogiadau.' **(Piyadassi)**

3. Yn olaf, aeth drwy brofiad Goleuedigaeth, gan gael mewnwelediad i ddoethineb gwir a pherffaith ynghylch sut mae'r rhwystrau i wirionedd ysbrydol yn gallu cael eu dinistrio gyda darfyddiad dukkha. Dyma'r deffroad olaf a ddatgelodd y mewnwelediad i sut gellid profi'r broses hon o drawsnewid o ddioddefaint ac anwybodaeth i Oleuedigaeth. Gwelodd y Bwdha fod troi di-baid cylch bodolaeth yn ymwneud â dioddefaint ac anwybodaeth. Roedd modd cael gwared ar ddioddefaint drwy ymwybyddiaeth o realiti'r tri nod bodolaeth (dioddefaint, byrhoedledd ac absenoldeb bodolaeth bersonol sylweddol) a thrwy ddileu anwybodaeth. Byddai hyn yn cael ei gyflawni drwy ddinistrio, neu 'ddiffodd' y tri thân sy'n achosi'r fath rithdyb a phoen, sef trachwant, casineb a rhithdyb.

Byddwn yn trafod syniadau cysyniadol am nirvana (nibbana) yn nes ymlaen, ond am y tro gellir ei ddeall fel profiad a roddodd fewnwelediad i'r ffordd y mae pethau mewn bywyd ond, yn bwysicach na hynny, sut mae ymdrin â nhw. Nawr roedd Gautama wedi dod yn Fwdha, yr un goleuedig neu'r un doeth iawn. Yn fwy cywir, roedd wedi cyrraedd sammasambodhi, neu Oleuedigaeth berffaith ac fel y bydd Bwdhyddion yn egluro, roedd olwyn Dhamma wedi dechrau troi yn y byd hwn eto.

Dyfyniad allweddol

Felly cyrhaeddodd y Bodhisatta Gotama, yn dri deg pump oed ar leuad lawn arall ym mis Mai (*vesakha*, *vesak*), Oleuedigaeth Oruchaf drwy ddeall yn eu holl lawnder y Pedwar Gwirionedd Nobl, y Gwirioneddau Tragwyddol. A daeth yn Fwdha, yr Iachawdwr Mawr a'r Prif Feddyg Cyflawn sy'n gallu iacháu afiechydon bodau. Dyma'r fuddugoliaeth gadarn fwyaf. **(Piyadassi)**

Gweithgaredd AA1

Dyluniwch boster addysgol gyda delwedd y Bwdha'n myfyrio. O dair ochr, cyfeiriwch saethau ato sy'n rhoi manylion ymosodiad Mara. Uwch ei ben, rhowch dair swigen meddwl sy'n dangos ei fewnwelediad ar ôl Goleuedigaeth. Oddi tano, cyflwynwch ddiagram llif syml o'r pedwar jhana.

Awgrym astudio

Wrth weithio drwy Thema 2 a Thema 3, gwnewch nodyn eich bod chi'n ceisio cysylltu'r ddysgeidiaeth Fwdhaidd â phrofiadau bywyd y Bwdha.

cwestiwn cyflym

1.14 Pam roedd mewnwelediad y Bwdha i sut roedd karma yn gweithio'n bwysig?

Yr olwyn ag wyth adain, neu Dharmachakra, yw symbol Bwdhaeth ac mae'n cynrychioli dysgeidiaeth y Bwdha.

Datblygu sgiliau AA1

Nawr mae'n bryd ystyried y wybodaeth sydd wedi'i chyflwyno hyd yma. Hefyd mae'n bwysig ystyried sut mae'r hyn rydych chi wedi'i ddysgu hyd yma'n gallu cael ei ddefnyddio ar gyfer atebion arholiad drwy ymarfer y sgiliau sy'n gysylltiedig ag AA1.

Mae Amcan Asesu 1 (AA1) yn ymwneud â dangos gwybodaeth a dealltwriaeth. Mae ystyr y termau 'gwybodaeth' a 'dealltwriaeth' yn amlwg ond mae'n hanfodol eich bod yn gyfarwydd â sut mae sgiliau penodol yn dangos y rhain, a hefyd, sut bydd eich perfformiad ym mhob un o'r sgiliau hyn yn cael ei fesur (gweler disgrifyddion band cyffredinol Band 5 ar gyfer AA1 UG).

Yn amlwg mae ateb yn cael ei osod mewn disgrifydd band priodol, yn ôl pa mor dda yw'r ateb, gan amrywio o ragorol, da, boddhaol, sylfaenol/cyfyngedig i gyfyngedig iawn.

▶ **Dyma eich tasg newydd:** o'r rhestr o ddeg pwynt allweddol isod, dewiswch y chwe phwynt pwysicaf yn eich barn chi wrth ateb y cwestiwn uwchben y rhestr. Rhowch eich pwyntiau yn nhrefn blaenoriaeth, gan esbonio pam mai dyma'r chwe agwedd bwysicaf ar y pwnc hwnnw y dylech sôn amdanyn nhw. Bydd y sgìl hwn, sef blaenoriaethu a dewis deunydd priodol, yn eich helpu wrth ateb cwestiynau arholiad ar gyfer AA1.

Cwestiwn sy'n gofyn am esboniad o'r digwyddiadau a arweiniodd at Ddeffroad y Bwdha o dan y Goeden Bodhi.

1. Dychwelodd y Bwdha i'r palas, a chlywed bod Yasodhara newydd esgor ar fab; yn llawn pryder newydd, galwodd ei fab yn Rahula, sef 'hual'.

2. Chwiliodd Gautama am ryddid yn syth ac ymwadodd â'i etifeddiaeth gyfoethog.

3. Cafodd wared ar ei ddillad moethus a'i wallt hir, ac aeth yn ddyn duwiol crwydrol, gyda phowlen syml ar gyfer offrymau bwyd, ac un wisg.

4. Y traddodiad oedd i'r ymwadwr chwilio am asgetigion eraill y gallai ddysgu oddi wrthyn nhw. Chwiliodd Gautama am ddau athro, y ddau'n enwog am eu ffordd o fyw asgetig eithafol a'u harferion gwneud yoga.

5. Y cyntaf oedd Alara Kalama, a roddodd hyfforddiant yoga i Gautama. Cyn hir roedd Gautama wedi cyrraedd yr un lefel o brofiad â'i athro: cyflwr o ddiddymdra.

6. Uddaka Ramaputta oedd yr ail athro. Felly hefyd, ar ôl meistroli yoga Ramaputta, chafodd Gautama ddim profiad o ddeffroad y gwirionedd neu o Oleuedigaeth.

7. Ar ôl chwe blynedd yn arbrofi gyda'r ddwy ysgol yoga, dechreuodd y ffordd o fyw asgetig wneud niwed i'w iechyd. Roedd wedi mynd mor wan a thenau fel bod pobl yn honni eu bod yn gallu gweld ei asgwrn cefn drwy ei stumog.

8. Fel asgetig, roedd yn dilyn ffurf eithafol ar asgetigiaeth. Un pryd y dydd roedd yn ei fwyta, gan leihau hyn yn raddol i un ffrwyth jujube, hedyn sesame a gronyn o reis bob dydd.

9. Ar yr adeg hon, pan oedd bron ag ymlâdd yn gorfforol, cafodd ei adfywio â llaeth-reis gan ddynes o'r enw Sujata.

10. Yn raddol, ar ôl adfer peth nerth, dechreuodd Gautama ddilyn ffordd o fyw arall a dod o hyd i ryw 'Ffordd Ganol' rhwng dau eithaf moethusrwydd ac asgetigiaeth.

Sgiliau allweddol

Mae gwybodaeth yn ymwneud â:

Dewis ystod o wybodaeth (drylwyr) gywir a pherthnasol sydd â chysylltiad uniongyrchol â gofynion penodol y cwestiwn.

Mae hyn yn golygu eich bod yn dewis y wybodaeth gywir sy'n berthnasol i'r cwestiwn a osodwyd NID y maes pwnc. Bydd angen i chi feddwl a chanolbwyntio ar ddewis gwybodaeth allweddol ac NID ysgrifennu popeth yr ydych chi'n ei wybod am y maes pwnc.

Mae dealltwriaeth yn ymwneud ag:

Esboniad helaeth, gan ddangos dyfnder a/neu ehangder gyda defnydd rhagorol o dystiolaeth ac enghreifftiau gan gynnwys (lle y bo'n briodol) defnydd trylwyr a chywir o destunau cysegredig, ffynonellau doethineb a geirfa arbenigol.

Mae hyn yn golygu y gallwch ddangos eich bod yn deall rhywbeth drwy egluro ac ehangu eich pwyntiau gan ddefnyddio enghreifftiau/tystiolaeth gefnogol mewn ffordd bersonol ac NID ailadrodd darnau o werslyfr (sef dysgu ar y cof).

Cymhwyso sgiliau ymhellach:

Ar ôl i chi wneud eich dewisiadau a dewis eich gwybodaeth, cymharwch nhw â myfyriwr arall. Edrychwch i weld a allwch chi ar y cyd benderfynu ar chwech a'u trefn gywir, y tro hwn, yn ddilyniant ar gyfer ateb cwestiwn.

Cynnwys y fanyleb

Arwyddocâd Deffroad/Goleuedigaeth
y Bwdha mewn Bwdhaeth.

Gweithgaredd AA2
Dadleuon posibl

Wedi'u rhestru isod mae rhai casgliadau y byddai'n bosibl dod iddynt ar sail rhesymeg AA2 yn y testun cysylltiedig:

1. Mae Goleuedigaeth y Bwdha yn arwyddocaol i bob Bwdhydd.

2. Dydy Goleuedigaeth y Bwdha ddim yn arwyddocaol i bob Bwdhydd.

3. Dydy Goleuedigaeth y Bwdha ddim yn arwyddocaol o ran dilyn eich llwybr eich hun mewn Bwdhaeth.

4. Mae Goleuedigaeth y Bwdha yn arwyddocaol fel rhywbeth sy'n ysbrydoli ac sy'n atgoffa am botensial dynol yn unig.

5. Mae Goleuedigaeth y Bwdha yn hynod arwyddocaol i bob bod dynol gan fod hyn wedi agor y llwybr i bawb allu ymgeisio at Oleuedigaeth.

Ystyriwch bob un o'r casgliadau sy'n cael eu gwneud uchod a chasglwch dystiolaeth ac enghreifftiau i gefnogi pob dadl o'r deunydd AA1 ac AA2 a astudiwyd yn yr adran hon. Dewiswch un casgliad sy'n argyhoeddi fwyaf yn eich barn chi ac esboniwch pam mae hyn yn wir. Nawr cyferbynnwch hyn â'r casgliad gwannaf ar y rhestr, gan gyfiawnhau eich dadl gyda rhesymu clir a thystiolaeth.

Materion i'w dadansoddi a'u gwerthuso

Arwyddocâd Deffroad/Goleuedigaeth y Bwdha mewn Bwdhaeth

Dadleuir mai Goleuedigaeth y Bwdha yw nodwedd greiddiol Bwdhaeth gan mai dyma'r canolbwynt i ddyhead pob Bwdhydd. Dyma'r nod eithaf y mae pob Bwdhydd eisiau ei gyrraedd. At hynny, roedd Siddhartha Gautama yn sammasambuddha ac yn ffurf uchaf ar Fwdhadod. Fe lwyddodd i ailddarganfod y Dhamma (Dharma) drwy Oleuedigaeth, ac yna sefydlu'r sasana a'r gymuned yn y byd. O'i ddeall fel hyn, mae'n debyg mai dyma nodwedd fwyaf arwyddocaol Bwdhaeth. Yn wir, mae'r ffaith mai'r Bwdha yw'r gyntaf o'r tair gem mewn Bwdhaeth, a'i fod yn wrthrych llawer o gelf Fwdhaidd, yn tanlinellu'r hyn a gyflawnodd.

I gefnogi'r safbwynt hwn, mae Goleuedigaeth y Bwdha'n ffordd o agor y drws i bob bod dynol gael ei oleuo. Felly mae'n arwyddocaol iawn oherwydd mae'n cynnig y cyfle i ddianc rhag cylch dioddefaint, genedigaeth a marwolaeth nad oedd yn bosibl i eraill ei wneud yn ei gyfnod ef. Nawr mae'r cyfle hwn wedi'i ledaenu drwy gydol hanes i bob bod dynol.

Fodd bynnag, mae'r hyn a gyflawnodd yno fel symbol o botensial dynol, ac nid yw ei arwyddocâd yn deilwng o unrhyw fath o addoli. Nid yw'n gwneud i'r Bwdha fod yn dduwdod eithaf. Mae Bwdhyddion yn defnyddio ei brofiad o Oleuedigaeth i'w hannog, i'w hysbrydoli ac i'w harwain tuag at eu nodau eu hunain.

Yn wir, os yw rhywun yn ceisio canolbwyntio gormod ar brofiad Goleuedigaeth y Bwdha yna mae rhywun yn cael ei dynnu oddi ar y nod. Yn gefn i'r farn hon fyddai'r ddadl ei fod wir yn colli ei arwyddocâd ac yn dod yn ymgais ofer i geisio deall neu egluro nibbana (nirvana). Does dim modd egluro, deall neu rannu'r Oleuedigaeth ei hun ag eraill gan ei bod y tu hwnt i bob dealltwriaeth ddynol ac mae'n golygu chwilio ysbrydol personol.

Pwynt arall yw y byddai canolbwyntio ar brofiad y Bwdha o Oleuedigaeth yn tynnu sylw Bwdhydd oddi ar ei ymdrech ei hun i'w chyrraedd. Drwy ymarfer yn unig y daw dealltwriaeth bersonol, a thrwy'r profiad o ddilyn y Dhamma (Dharma).

Ond ar wahân i hyn, gallai rhywun ddadlau mai ei phwrpas yw cael ei defnyddio fel stori syml eto er mwyn annog Bwdhyddion o bob oed, yn gam datblygiad ysbrydol i ymdrechu at nod y llwybr Bwdhaidd wrth ddilyn eu bywydau pob dydd.

Yn gysylltiedig â hyn mae'r syniad na fydd pawb mewn gwirionedd yn anelu at nod nibbana (nirvana) yn y bywyd hwn ac felly mae arwyddocâd Goleuedigaeth y Bwdha'n bellach i ffwrdd i rai. Er enghraifft, mewn Bwdhaeth Theravada, byddai llawer o Fwdhyddion yn anelu at well ailenedigaeth ac at feithrin hanfodion moesoldeb a myfyrdod Bwdhaidd yn unig. I'r arhat (arahant) mae'n llawer mwy na nod uniongyrchol. Felly, mae ei arwyddocâd yn amrywio i Fwdhyddion hyd yn oed mewn Bwdhaeth Theravada.

Neu, mae Bwdhaeth Mahayana yn dysgu bod pob un yn gallu cyrraedd Goleuedigaeth a'i bod hi'n bosibl gwneud hynny'n syth, yn yr oes hon neu mewn ailenedigaeth arall. I bobl o'r fath, gellid dadlau bod Goleuedigaeth y Bwdha'n llawer mwy arwyddocaol i'w profiad pob dydd o Fwdhaeth.

Ond, dadl yn erbyn hyn yw'r realiti ei bod hi'n dal i fod yn anodd cyrraedd Goleuedigaeth mewn Bwdhaeth Mahayana, ac mae llawer efallai'n ymddiried yn y rhinwedd a oedd yn arllwys allan o'r bodhisattvau, neu, yn fwy uniongyrchol yn achos Bwdhaeth y Wlad Bur, Bwdha Amitabha (Amida). Yn yr achos hwn, mae'r ffocws ar Oleuedigaeth y Bwdha'n dod yn bwysig am reswm gwahanol iawn.

Mewn llawer o ffyrdd, mae Goleuedigaeth y Bwdha'n arwyddocaol i Fwdhyddion ond mae'n ymddangos bod pwysigrwydd yr arwyddocâd hwn yn amrywio yn ôl ffactorau penodol, sef, traddodiad, dehongliad a cham datblygiad ysbrydol.

Yr anhawster a brofir wrth geisio disgrifio Deffroad, fel profiad sydd y tu hwnt i eiriau

Cynnwys y fanyleb

Yr anhawster a brofir wrth geisio
disgrifio Deffroad, fel profiad sydd y
tu hwnt i eiriau.

Cyn ei Oleuedigaeth, profodd y Bwdha gyfres o bedwar jhana (cyflyrau myfyrdod). Roedd y pedwerydd ohonyn nhw'n cynnwys 'cyflwr y tu hwnt i bob gwahaniaethu, y tu hwnt i bleser a phoen, yn wir, y tu hwnt i bob ymdeimlad o lawenydd a llunio meddyliau'. Roedd hyn cyn cyflwr Goleuedigaeth ac felly gellid dadlau hyd yn oed ar y cam hwn, sef, y tu hwnt i bob llunio meddyliau, sut gallai ei brofiad eithaf o nibbana (nirvana) gael ei fynegi gan ddefnyddio iaith?

Dyma'r broblem y mae Bwdhaeth yn ei hwynebu wrth geisio mynegi beth sydd ynghlwm wrth brofiad Deffroad/Goleuedigaeth. Yn wir, oes modd ei alw'n brofiad os yw'r tu hwnt hyd yn oed i gyflwr y byd nad yw'n ganfyddiad, na chwaith ddim yn ganfyddiad? Â beth y gellir ei gysylltu?

Er mwyn cefnogi'r ddadl hon, mae testun Mahayana, y Vimilakirti Nirdesa, yn disgrifio'r hyn sy'n cael ei alw'n 'dawelwch taranllyd y Vimilakirti' wrth ymateb i gais iddo ddisgrifio'r gwirionedd eithaf. Roedd Vimilakirti yn noddwr cyfoethog ac yn ddisgybl i'r Bwdha. Yna mae'r Bwdha'n dweud, 'Gwybod dim un ddysgeidiaeth, mynegi dim, dweud dim, esbonio dim, cyhoeddi dim, dangos dim, a dynodi dim – dyna'r fynedfa i anneuoliaeth'. Tawelwch, felly, i rai Bwdhyddion yw'r ffordd orau o fynegi Goleuedigaeth ac nid defnyddio iaith.

Mae egwyddor Mahayana, sunyata (sunnata *Pali*), hefyd yn cefnogi'r ffaith nad oes gan nirvana (nibbana) unrhyw hanfod sylweddol i'w nodi heb sôn am i'w ddisgrifio. Yn ogystal, bu dadl ers tro mewn Bwdhaeth Theravada am y gwahaniaeth rhwng profiad Goleuedigaeth yn y byd hwn a phrofiad Goleuedigaeth y tu hwnt i farwolaeth, a elwir yn parinibbana (parinirvana). Mae David Kalupahana, yr ysgolhaig Bwdhaidd yn dweud, 'Pan oedd arahant marw yn cael ei gymharu â chefnfor mawr, dwfn, difesur a diwaelod, yr unig ystyr oedd nad oes modd gwybod sut un ydyw'. Mewn geiriau eraill, ofer yw mynegi'r cyflwr anfarwol y tu hwnt i farwolaeth.

Serch hynny, gellid dadlau y gallwn mewn gwirionedd wneud cymariaethau syml a dod o hyd i eiriau sy'n effeithiol wrth ddisgrifio Goleuedigaeth. Er enghraifft, weithiau mae Bwdhyddion wedi cyfeirio at dermau fel yr anfarwol, dedwyddwch, llonyddwch, yr hapusrwydd uchaf, y lle tawel, y diddiwedd, y tragwyddol, yr hyn sydd heb ei greu, ac ati. Mae Walpola Rahula wedi tystio ei bod hi'n haws dweud yr hyn nad yw'n Oleuedigaeth, ac eto mae Cwestiynau'r Brenin Milinda yn defnyddio cymariaethau fel 'lili'r dŵr heb ei gwlychu â dŵr', dŵr sy'n oeri 'twymyn yr halogiadau' a meddyginiaeth sy'n 'gwarchod bodau sydd wedi'u gwenwyno gan yr halogiadau, sy'n iacháu afiechyd dioddefaint'. Felly, mae hi'n bosibl mynegi Goleuedigaeth drwy ddefnyddio iaith.

Byddai rhai'n awgrymu mai defnyddio dulliau medrus a gwirioneddau confensiynol yw hyn, ac felly mae'n gwbl dderbyniol, ond beth am fynegi'r gwirionedd eithaf?

Mewn rhai ffyrdd gellid dadlau nad ydyn ni i fod i allu nodi diffiniad o'r Oleuedigaeth yn gywir gan ei fod yn groes i'r graen i'r hyn 'yw' Goleuedigaeth mewn gwirionedd! Mae'n ymddangos mai'r broblem go iawn yw hyn: os ydyn ni'n holi sut bydd profiad Goleuedigaeth i mi, yna, rydyn ni'n gofyn cwestiwn sydd â chamsyniad ymhlyg ynddo – hynny yw, bod 'fi' a 'fy' yn gysyniadau sy'n ddieithr i'r profiad ei hun oherwydd mai rhan o'r llwybr i Oleuedigaeth yw gadael pob syniad o hunan sylweddol ar eich ôl.

Un ateb posibl i'r holl ddryswch a thrafod fyddai cyfaddef efallai y dylid rhoi'r gorau i fater mynegi Goleuedigaeth, a bod y cysyniad yn parhau fel canolbwynt syml i ddyhead.

Wedi'u rhestru isod mae rhai casgliadau y byddai'n bosibl dod iddynt ar sail rhesymeg AA2 yn y testun cysylltiedig:

1. Dydy Deffroad/Goleuedigaeth y Bwdha ddim i fod i gael ei fynegi.

2. Y ffordd gywiraf o fynegi Deffroad/Goleuedigaeth y Bwdha yw drwy nodi'r hyn nad yw e.

3. Mae'n bosibl mynegi Deffroad/Goleuedigaeth y Bwdha drwy gymariaethau syml.

4. Mae Deffroad/Goleuedigaeth y Bwdha y tu hwnt i bob math o fynegiant.

5. Mae'n rhaid i Ddeffroad/Goleuedigaeth y Bwdha gael rhyw fath o fynegiant er mwyn gwneud synnwyr, drwy ddulliau medrus, i Fwdhydd.

Ystyriwch bob un o'r casgliadau sy'n cael eu gwneud uchod a chasglwch dystiolaeth ac enghreifftiau i gefnogi pob dadl o'r deunydd AA1 ac AA2 a astudiwyd yn yr adran hon. Dewiswch un casgliad sy'n argyhoeddi fwyaf yn eich barn chi ac esboniwch pam mae hyn yn wir. Nawr cyferbynnwch hyn â'r casgliad gwannaf ar y rhestr, gan gyfiawnhau eich dadl gyda rhesymu clir a thystiolaeth.

Sgiliau allweddol

Mae dadansoddi'n ymwneud â nodi materion sy'n cael eu codi gan y deunyddiau yn adran AA1, ynghyd â'r rhai a nodwyd yn adran AA2, ac mae'n cyflwyno safbwyntiau cyson a chlir, naill ai gan ysgolheigion neu safbwyntiau personol, yn barod i'w gwerthuso.

Mae hyn yn golygu ei fod yn nodi pethau allweddol i'w trafod a'r dadleuon sy'n cael eu cyflwyno gan eraill neu o safbwynt personol.

Mae gwerthuso'n ymwneud ag ystyried goblygiadau amrywiol y materion sy'n cael eu codi, yn seiliedig ar y dystiolaeth a gafwyd wrth ddadansoddi ac mae'n rhoi dadl fanwl eang gyda chasgliad clir.

Mae hyn yn golygu bod yr ateb yn pwyso a mesur y dadleuon amrywiol a gwahanol a gafodd eu dadansoddi drwy roi sylwadau ac ymateb unigol, gan ddod i gasgliad drwy broses rhesymu clir.

Datblygu sgiliau AA2

Nawr mae'n bryd ystyried y wybodaeth sydd wedi'i chyflwyno hyd yma. Hefyd mae'n bwysig ystyried sut mae'r hyn rydych chi wedi'i ddysgu hyd yma'n gallu cael ei ddefnyddio ar gyfer atebion arholiad drwy ymarfer y sgiliau sy'n gysylltiedig ag AA2.

Mae Amcan Asesu 2 (AA2) yn ymwneud â 'dadansoddi' a 'gwerthuso'. Efallai fod ystyr y termau'n amlwg ond mae'n hanfodol eich bod yn gyfarwydd â sut mae sgiliau penodol yn dangos y rhain, a hefyd, sut bydd eich perfformiad ym mhob un o'r sgiliau hyn yn cael ei fesur (gweler disgrifyddion band cyffredinol Band 5 ar gyfer AA2 UG).

Yn amlwg mae ateb yn cael ei osod mewn disgrifydd band priodol, yn ôl pa mor dda yw'r ateb, gan amrywio o ragorol, da, boddhaol, sylfaenol/cyfyngedig i gyfyngedig iawn.

▶ **Dyma eich tasg:** o'r rhestr o ddeg pwynt allweddol, dewiswch chwech sy'n berthnasol i'r dasg werthuso isod. Rhowch eich dewis yn y drefn y byddech chi'n ei defnyddio i wneud y dasg sydd wedi'i rhoi. Wrth esbonio pam rydych wedi dewis y chwe phwynt hyn i ateb y dasg, fe welwch eich bod yn datblygu proses rhesymu. Bydd y cam hwn yn eich helpu i ddatblygu dadl o hyn er mwyn penderfynu pa mor arwyddocaol mae Deffroad/Goleuedigaeth y Bwdha mewn Bwdhaeth.

Cwestiwn yn gwerthuso arwyddocâd Deffroad/Goleuedigaeth y Bwdha mewn Bwdhaeth.

1. Byddai rhai'n dadlau mai Goleuedigaeth y Bwdha yw agwedd allweddol dysgeidiaeth Fwdhaidd.

2. Byddai eraill yn dadlau bod Goleuedigaeth y Bwdha yn arwyddocaol gan mai dyma nod pob Bwdhydd yn y pen draw.

3. Ond, yr olwyn yw'r symbol o Fwdhaeth, ac yn greiddiol, mae'n dangos mai ar y llwybr y dylai Bwdhyddion ganolbwyntio ac nid ar y nod yn y pen draw.

4. Delwedd Goleuedigaeth y Bwdha yw'r ddelwedd allweddol sy'n gysylltiedig â'r grefydd mewn llyfrau.

5. Dadl arall yw nad yw'r Oleuedigaeth yn arwyddocaol i bob Bwdhydd gan mai'r cyfan y mae rhai Bwdhyddion eisiau ei wneud yw byw bywyd da, moesol a gobeithio am ailenedigaeth well.

6. I gefnogi'r farn hon, efallai nad yw'r Oleuedigaeth yn arwyddocaol i bob Bwdhydd oherwydd mae'n rhy anodd ei deall. Dydy hi ddim yn bosibl defnyddio geiriau i'w mynegi.

7. Nid Goleuedigaeth y Bwdha sy'n bwysig ond yr hyn y mae'r profiad yn ein cyfeirio ato.

8. Neu, mae Goleuedigaeth y Bwdha yn bwysig oherwydd ei bod yn dynodi troi olwyn Dhamma (Dharma) a oedd ar goll o'r byd.

9. Mae Goleuedigaeth y Bwdha yn wrthrych celf a cherflunio defosiynol.

10. Mae Goleuedigaeth y Bwdha yn bwysig er mwyn ysbrydoli ac ysgogi ond y Dhamma (Dharma) sydd bwysicaf.

C: Testunau Bwdhaeth fel ffynonellau o ddoethineb ac awdurdod – y defnydd a'r driniaeth a wneir ohonynt mewn bywyd pob dydd

Mae'r adran hon yn cwmpasu cynnwys a sgiliau AA1

Cynnwys y fanyleb
Y Patimokkha a'i ddefnydd fel un o'r ffynonellau o ddoethineb ac awdurdod gan Sangha mynachaidd y Theravada.

Y Patimokkha a'i ddefnydd fel un o'r ffynonellau o ddoethineb ac awdurdod gan Sangha mynachaidd y Theravada

Y cyfnod yn union ar ôl marwolaeth y Bwdha

Mae'r hanes enwocaf am farwolaeth y Bwdha yn y Sutta Pitaka, mewn llyfr o'r enw'r Mahaparinibbana Sutta, sy'n perthyn i'r casgliad o ysgrifeniadau o Digha Nikaya 16. Mae'r hanes yn disgrifio dyddiau olaf y Bwdha cyn ei **parinibbana** (trosglwyddo i nibbana), pan aeth draw i nibbana. Bu farw'r Bwdha'n 80 oed. Mae llawer o ddamcaniaethau ynghylch sut yn union y bu farw. Yn gyntaf, mae dadl ei fod wedi darogan ei parinibbana ei hun dri mis yn gynharach. Y consenws yw mai salwch a ddatblygodd ar ôl iddo fwyta cig porc wedi'i halogi a achosodd ei farwolaeth. Mae ysgolheigion heddiw yn dweud bod y Bwdha wedi marw tua 410–370 CCC.

Yn ystod ei oes, sefydlodd y Bwdha rai gweithdrefnau ffurfiol ar gyfer ymarfer y llwybr yr oedd yn ei addysgu. Roedd ei ddilynwyr, a gafodd eu galw wedyn yn **Sangha**, yn dilyn ffordd o fyw sylfaenol iawn, er nad oedd yn rhy galed. Er i'r Bwdha deithio drwy ardal Basn y Ganga yn ystod ei weinidogaeth, roedd cyfnodau o'r flwyddyn pan nad oedd teithio'n ymarferol. Roedd tymor y glawogydd yn gyfnod pan fyddai'r crwydrwyr neu'r Samanas yn gorffwyso fel cymuned, mewn un lle, ac yn canolbwyntio ar fyfyrdod. Roedd llawer o bobl gyfoethog a oedd yn cefnogi'r ddysgeidiaeth Fwdhaidd a oedd yn rhoi tir at y diben hwn.

Yn ystod y cyfnodau hyn datblygodd canolbwynt disgybledig ar y llwybr yr oedd y Bwdha wedi'i ddysgu. Arweiniodd hyn at amgylchedd a oedd yn arbennig o addas i ddatblygiad ysbrydol dwys. Mewn ffordd, cafodd cymuned ddelfrydol ei geni, a daeth y tiroedd a roddwyd yn noddfeydd cyfarwydd i'r gymuned hon, yn

Termau allweddol
Parinibbana: y symud terfynol i nibbana o gylch bywyd, marwolaeth ac ailenedigaeth

Sangha: y gymuned Fwdhaidd o fynachod, lleianod a lleygwyr

Mae Bwdhyddion yn dal i 'grwydro' wrth adfyfyrio a myfyrio, fel arfer drwy ardaloedd tawel, coediog.

Dyfyniadau allweddol

Mae'n bosibl, rwy'n credu, nodi pedwar mater penodol yn y rheolau mynachaidd Bwdhaidd fel maen nhw wedi'u gosod yn y Vinaya: (1) undod a chydlyniad y Sangha, (2) y bywyd ysbrydol, (3) dibyniaeth y Sangha ar y gymuned ehangach, a (4) sut mae'r gymuned honno'n gweld y Sangha. (Gethin)

Mae (y Vinaya) yn cynnig ffordd gyflawn o fyw, rheolau ymddygiad, i fynachod, lleianod, nofisiaid. Dydy'r egwyddorion cyffredinol byth yn cael eu hanghofio, ac maen nhw'n cynnig dull o gynhyrchu llu o gyfarwyddiadau manwl, penodol. (Gombrich)

Termau allweddol

Bhikkhu: mynach

Bhikkhuni: lleian

Vinaya: cod disgyblaeth

Vinaya Pitaka: adran gyntaf y Canon Pali

cwestiwn cyflym

1.15 Pa arferion ffurfiol a sefydlodd y Bwdha yn ystod ei oes ar gyfer ei ddilynwyr?

fodd iddynt allu cadarnhau datblygiadau yn eu ffordd grefyddol o fyw. Mae hanes cynnar Bwdhaeth ar ôl marwolaeth y Bwdha'n aneglur. Ychydig o dystiolaeth sydd o'r cyfnod. Mae'r cofnodion manwl cyntaf yn dod gan ysgolheigion Tsieineaidd a ymwelodd ag India yn y seithfed ganrif. Er bod cyfoeth o ffynonellau testunol am fywyd y Bwdha, ychydig iawn sydd am sut ehangodd Bwdhaeth fel traddodiad yn India. Ond, mae tystiolaeth o wahanol ysgolion o feddwl a rhaniadau a ddigwyddodd ymhlith dilynwyr y Bwdha. Hefyd mae tystiolaeth am lunio'r Canon Pali – yr ysgrythurau Bwdhaidd. Mae'r ffordd y mae hyn i gyd yn cysylltu wedi ysgogi trafodaeth ac ymchwil gan lawer o ysgolheigion Bwdhaidd.

Datblygiad rheolau Vinaya

Rhaid i astudiaeth o gyfnod cynnar y Sangha ddechrau gyda'r dybiaeth eu bod yn dilyn yr egwyddorion a sefydlodd y Bwdha. Mae hi bron yn sicr i'r elfen Samana o grwydro ddiflannu'n gyflym, gan adael cymuned fwy sefydlog a oedd yn cael ei galw'n Sangha. Mae'n bwysig ystyried dwy agwedd wahanol ar ei gwaith.

Yn gyntaf, rhaid i ni ystyried sut dilynodd y Sangha y rheolau a sefydlodd y Bwdha, a'u datblygu. Roedd y rheolau hyn yn cael eu galw'n Vinaya (cod disgyblaeth). Yn y pen draw cafodd y rhain eu hysgrifennu a'u galw'n Vinaya Pitaka ('basged disgyblaeth'), rhan gyntaf yr ysgrythurau Bwdhaidd, yn trafod disgyblaeth fynachaidd.

Yn ail, ac o hyn, mae'n bosibl dirnad ffordd o fyw'r mynachod Bwdhaidd cynnar, y Bhikkus, a'r lleianod, y Bhikkhunis a sut roedden nhw'n defnyddio ac yn trin y gwahanol reolau yn y Vinaya.

Drwy gydol gweinidogaeth y Bwdha, roedd camddeall neu wrthdaro'n aml yn digwydd ymysg ei ddilynwyr. Roedd Devadatta, cefnder y Bwdha, yn beirniadu'r Bwdha o hyd ac yn aml yn arwain grwpiau hollt i ffwrdd oddi wrth ei ddilynwyr. Mae hyn yn arfer cyfarwydd yn y traddodiad Samana. Torrodd hyd yn oed y Bwdha ei hun oddi wrth ei athrawon i ffurfio ei grŵp ei hun. Rhoddodd y Bwdha yn bersonol sylw i'r rhan fwyaf o'r materion a oedd yn gysylltiedig â'r gwrthdaro a'r trafod cynnar.

Felly dydy hi ddim yn syndod gweld bod anghytuno'n syth ar ôl marwolaeth y Bwdha. O'r disgrifiad sydd yn y Mahaparinibbana Sutta, mae cofnod i'r mynach Subhadda ddweud, ar ôl i'r Bwdha fynd: 'nawr byddwn ni'n gallu gwneud fel y mynnwn ni, a'r hyn na fynnwn ni, ni wnawn hynny'.

Y tri chyngor Bwdhaidd

Er mwyn ymateb i agweddau fel hyn roedd llawer o'r mynachod cynnar yn teimlo bod angen cyfarfod, er mwyn atgyfnerthu'r rheolau ar gyfer ymarfer y Ffordd Ganol. Wedyn byddai'n bosibl sefydlu cod ymddygiad penodol i'r Sangha. Y cynghorau yw'r enw ar y cyfarfodydd hyn mewn hanes Bwdhaidd.

Awgrym astudio

Dylai ymgeiswyr fod yn ymwybodol na chafodd dysgeidiaeth y Bwdha, yn cynnwys hanesion am yr hyn a addysgodd am y cyflwr dynol a'r llwybr i Oleuedigaeth (y Pregethau, neu'r Suttas) a'r Cod Disgyblaeth ar gyfer y sanga mynachaidd (y Vinaya), *eu cofnodi am o leiaf 300 mlynedd ar ôl ei farwolaeth.* Fodd bynnag, mae Sangha y Theravada yn cadw'r arfer cynnar o adrodd gwirebau ar ffurf y Patimokkha. (Canllaw Addysgu CBAC)

Roedd tri chyngor pwysig iawn yn benodol a ddylanwadodd ar lwybr Bwdhaeth gynnar. Does dim dwywaith bod llawer o gyfarfodydd tebyg gydol y cyfnod cynnar hwn ond mae'r tri hyn yn cael eu cydnabod fel y rhai mwyaf arwyddocaol.

Y cyngor cyntaf yn Rajagaha

Cafodd hwn ei gynnal ryw dri mis ar ôl marwolaeth y Bwdha. Parhaodd am ryw saith mis a chafodd ei gynnal o dan nawdd y Brenin Ajatasattu.

Roedd pwrpas deublyg i'r cyngor:

1. Sefydlu egwyddorion ymarfer i'r Sangha, o'r enw Vinaya, sef y ddisgyblaeth neu'r cod ymddygiad
2. Sefydlu dysgeidiaeth y Bwdha a oedd wedi cael ei throsglwyddo ar lafar.

Y mynach Kassapa, a oedd yn ffigwr canolog ac uchel ei barch mewn ysgrifeniadau Bwdhaidd, a fyddai'n goruchwylio'r Vinaya. Ananda, cefnder a chynorthwyydd personol y Bwdha, a fyddai'n sefydlu'r ddysgeidiaeth yr oedd y Bwdha wedi'i rhoi. O ran y Vinaya, roedd y Bwdha wedi sefydlu llawer o reolau'n barod. Cyfeiriodd at rai fel mân reolau ond dydy hi ddim yn eglur pa rai oedd y rhain. Er i Ananda gyhoeddi bod y Bwdha wedi dweud wrtho y gallai'r mân reolau gael eu diddymu ar ôl ei farwolaeth, fel y digwyddodd hi, doedd e ddim yn gallu gwahaniaethu'n eglur rhwng y rheolau pwysig a'r mân reolau. O ganlyniad, penderfynwyd yn unfrydol y dylai pob rheol gael ei chadw fel roedden nhw yng nghyfnod y Bwdha. Hefyd cytunwyd na ddylai unrhyw reolau newydd gael eu creu.

Byddai'r rhan fwyaf o ysgolheigion yn derbyn bod sail rheolau Vinaya wedi'i sefydlu fwy na heb ar yr adeg hon, er nad yw hi'n eglur beth yn union oedd y rheolau hyn. Bydd dadl bob amser am y cyngor hwn gan fod gan draddodiadau gwahanol fersiynau gwahanol o'r hyn a ddigwyddodd yn union. Yn ogystal mae deunydd amrywiol i gynorthwyo dealltwriaeth athrawiaethol.

Yr ail gyngor yn Vesali

Digwyddodd hwn tua 100 mlynedd yn ddiweddarach, er mwyn ymateb i wrthdaro mewnol mwy difrifol yn y Sangha. Roedd anghytuno ynghylch sut roedd y rheolau'n cael eu defnyddio, er nad ydyn ni'n gwybod llawer am natur yr anghytuno. Mae Harvey yn awgrymu bod hyn oherwydd bod rhai mynachod yn esgeulus am rai gweithdrefnau, yn cynnwys gweithdrefn ariannol. Disgrifia Reat fod ffynonellau Mahayana yn dweud bod mynach o'r enw Mahadeva wedi cyhuddo prif fynachod y Sangha ar y pryd o bum cyhuddiad o ymddygiad anoleuedig. Yn naturiol cododd hyn amheuaeth am ddilysrwydd eu hawdurdod goruchaf tybiedig o ran arfer y Ffordd Ganol.

Eto, mae'r ffeithiau'n brin ac mae'r hanes yn amrywio o draddodiad i draddodiad. Mae dryswch pellach ynghylch beth ddigwyddodd mewn gwirionedd yn yr ail a'r trydydd cyngor. Mae ffynonellau Mahayana yn tueddu i awgrymu i'r hollt mawr cyntaf ddigwydd yn yr ail gyngor. Mae ffynonellau Theravada yn awgrymu i'r hollt swyddogol rhwng y ddau grŵp ddigwydd yn y trydydd cyngor yn ôl yr ysgolheigion Peter Harvey a Denise Cush. Ond maen nhw hefyd yn cydnabod y posibilrwydd y gallai fod wedi digwydd yn Vesali. Yr hyn a ddigwyddodd, yn ôl rhai ysgolheigion, oedd anghytuno syml dros ddeg pwynt disgyblaeth ac ymarfer.

Awgryma eraill, fel Bodhesako, fod y rhaniad yn amlwg wedi dechrau yn yr ail gyngor ond i'r hollt rhwng y ddwy garfan wrthwynebus ddigwydd yn ffurfiol yn fuan wedyn, yn y trydydd cyngor. Mae Harvey yn cydnabod yr anghydfod deg pwynt yn yr ail gyngor, ond dydy e ddim yn ei gysylltu â'r hollt rhwng y Sthaviravadins a'r Mahasanghikas a ddigwyddodd yn y trydydd cyngor.

Fodd bynnag, mae'n ymddangos yn eglur i'r rhaniad mawr pwysig mewn Bwdhaeth, rhwng y Sthaviravadins a'r Mahasanghikas, ddigwydd naill ai yn yr ail neu'r trydydd cyngor. Credir yn gyffredinol fod y Sthaviravadins eisiau dilyn y rheolau sefydledig yn gaeth. Cyhuddon nhw'r Mahasanghikas o fod yn esgeulus wrth weithredu'r rheolau hyn. Yn eu tro, cyhuddodd y Mahasanghikas y Sthaviravadins o geisio ychwanegu rheolau hyd yn oed yn fwy llym na rhai'r Bwdha. Dydy hi ddim yn eglur pa reolau oedd y rhain. Hefyd roedd gwahaniaeth barn ynghylch yr arahant a'r Bwdha.

Dyfyniad allweddol

Parhad y drefn fynachaidd fu'r unig ffactor gyson yn hanes Bwdhaeth. Roedd rheolau'r Vinaya yn rheoleiddio bywyd mynachaidd. Mae'r term yn dod o vi-nayati, 'arwain i ffwrdd (o ddrygioni) i ddisgyblaeth'. (Conze)

Dyfyniad allweddol

Mae hanesoldeb y Cyngor Cyntaf yn destun dadlau i ysgolheigion modern, ac mae'n debyg y bydd yn dal i fod yn destun amheuaeth am byth. (Reat)

Termau allweddol

Mahadeva: y mynach a achosodd yr hollt cyntaf yn y Sangha

Mahasanghikas: yr un arall yn yr hollt gwreiddiol. Mae llawer yn credu bod hyn wedi dod cyn Bwdhaeth Mahayana

Sthaviravadins: un o ddwy adran y Sangha gwreiddiol; dyma fersiwn Sansgrit y Theravadins

Yn ystod ei deyrnasiad, sefydlodd y Brenin Ashoka nifer o egwyddorion Bwdhaidd drwy gyhoeddebau wedi'u cerflunio ar ffurf pileri carreg. Mae rhai'n dal i'w gweld heddiw.

cwestiwn cyflym

1.16 Beth oedd y prif beth a gyflawnodd y tri chyngor Bwdhaidd?

Termau allweddol

Ashoka: Brenin Bwdhaidd a oedd yn teyrnasu yn India tua 100–140 mlynedd ar ôl i'r Bwdha farw

Cullavagga: y rhan o'r Vinaya sy'n ymdrin â'r drefn ar gyfer disgyblaeth ffurfiol

Khandhaka: ail adran y Vinaya sy'n cynnwys darnau ar drefniadaeth y Sangha

Mahavagga: y rhan o'r Vinaya sy'n ymdrin â threfnu

Parajikas: y 'gorchfygiadau' neu ymddygiad sy'n golygu bod rhaid colli'r wisg a chael eich diarddel o'r urdd fynachaidd

Patimokkha: 227 o reolau'r gymuned Fwdhaidd o fynachod a lleianod (sydd â 331 o reolau)

Sutta Vibhanga: rhan gyntaf y Patimokkha sydd wedi'i hanelu at unigolion

Y trydydd cyngor yn Pataliputra

Roedd hyn yn fuan iawn ar ôl yr ail gyngor yn Vesali; mae rhai'n awgrymu mai 17 mlynedd yn ddiweddarach yn unig oedd hyn. Cafodd ei gynnal o dan nawdd y Brenin **Ashoka** a pharhaodd naw mis. Roedd hi'n eglur fod yr ysgol Theravada wedi'i sefydlu yn y cyngor hwn a'u bod wedi cael gwared ar unrhyw elfennau annymunol. Does neb yn gwybod ai dyma'r union raniad rhwng y Sthaviravadins a'r Mahasanghikas. Yr hyn sy'n sicr yw bod y rhaniad wedi digwydd erbyn y cyfnod hwn.

Gyda'i gilydd, sefydlodd y tri chyngor yr hyn sy'n cael ei adnabod nawr fel Vinaya sylfaenol y traddodiad Theravada. Er bod dadleuon cymhleth am union ddyddiad genedigaeth a marwolaeth y Bwdha ymysg ysgolheigion a'r traddodiadau Bwdhaidd, y consensws yw bod Ashoka yn teyrnasu rhwng 100 a 140 o flynyddoedd ar ôl y Bwdha. Roedd y Vinaya sylfaenol ar ffurf y Patimokkha wedi cael ei drosglwyddo ar lafar a'i gadw wrth i'r urddau Bwdhaidd ei lafarganu.

Ond, mae'n ddiddorol nodi bod yr anghydfod a'r rhaniadau'n debyg iawn i batrwm y traddodiad Indiaidd ac egwyddorion y Bwdha. Doedd neb yn tueddu i ddadlau yn erbyn dysgeidiaeth benodol y Bwdha. Yn ogystal, doedd y rhaniadau mewn grwpiau byth dros gredoau. Yn fwy perthnasol, yn ysbryd llwybr empirig y Bwdha, roedd y dadleuon bob amser ynghylch sut roedd rhoi dysgeidiaeth y Bwdha ar waith.

Cynnwys y Vinaya

Roedd rhai mynachod a lleianod eisiau dechrau'r un dulliau gweithredu â'r Samanas Bwdhaidd cynharach drwy grwydro, gan ymgilio ar gyfer tymor y glawogydd yn unig. Ond dros gyfnod, oherwydd i fwy a mwy o dir gael ei roi ac oherwydd i Fwdhaeth ddod yn fwy poblogaidd, sefydlwyd mynachlogydd. Mewn mynachlogydd fel hyn, yn enwedig yn y traddodiad Theravada, y daeth y Vinaya yn gorff o destunau ysgrifenedig sefydledig. Ond mae'r ffaith ei fod yn cael ei adrodd yn adlewyrchu ei darddiad llafar ac yn atgoffa Bwdhyddion o bwysigrwydd adrodd er mwyn myfyrio.

Yn draddodiadol, y 227 **Patimokkha** yw cynnwys y Vinaya. Rheolau yw'r rhain sy'n ymwneud ag wyth math o ymddygiad i fynachod a lleianod. Er eu bod nhw'n ymddangos yn negyddol, o ran amlinellu sut mae ymdrin â throseddau, pwrpas cadarnhaol sydd i'r Patimokkah, ac maen nhw'n ceisio llywio rhywun yn ôl i'r llwybr cywir.

Mae'r rhan o'r Vinaya sy'n cynnwys y Patimokkha wedi'i chyfeirio'n benodol at yr unigolyn ac yn cael ei galw'n **Sutta Vibhanga**. Hefyd mae Bhikkhuni Vibhanga ychwanegol sy'n ymdrin â rheolau sydd wedi'u cyfeirio'n benodol at leianod. Mae'r materion sy'n cael eu cwmpasu'n cynnwys wyth maes allweddol o fywyd mynachaidd:

- **Parajikas**: rheolau sy'n ymwneud â diarddel o'r Sangha (Trechu)
- **Sanghadisesa**: rheolau sy'n ymwneud â chyfarfod cychwynnol y Sangha, a'r rhai sy'n dilyn
- **Aniyata**: rheolau amhendant
- **Nissaggiya Pacittiya**: rheolau sy'n ymwneud â fforffedu a chyffesu
- **Pacittiya**: rheolau sy'n ymwneud â chyffesu
- **Patidesaniya**: rheolau sy'n ymwneud â chydnabod
- **Sekhiya**: rheolau hyfforddiant
- **Adikarana Samatha**: rheolau ar gyfer datrys anghydfod.

Ond mae dwy agwedd arall bwysig ar y Vinaya. Y **Khandhaka** yw'r ail adran, sy'n ymdrin â threfniadaeth gyffredinol y Sangha. Dogfen o ddyfarniadau yw hi sy'n berthnasol i'r Sangha i gyd ac mae'n cwmpasu agweddau ymarferol ar fyw fel cymuned o dan arweiniad dysgeidiaeth y Bwdha. Mae wedi'i rhannu'n **Mahavagga**, sy'n rhoi arweiniad ar drefniadaeth, a **Cullavagga**, sy'n trafod gweithdrefnau ar gyfer materion sy'n gysylltiedig â disgyblaeth ffurfiol. Mae'r materion yn cynnwys:

- Cael eich derbyn i'r Sangha
- Adrodd y Patimokkha
- Byw yn ystod tymor y glawogydd

- Codau seremonïau
- Codau gwisg a deiet
- Salwch
- Anghydfodau
- Cyfnod prawf mynachod a lleianod
- Datrys materion cyfreithiol
- Cofnodion y cyngor cyntaf a'r ail gyngor.

Y Parivara yw rhan olaf y Vinaya. Mae hwn yn crynhoi ac yn dosbarthu'r rheolau i gyd ond mae wedi'i drefnu fel ei fod yn gallu cael ei adrodd. Mae'n aml yn cael ei ddefnyddio ar gyfer addysgu neu arholi mynachod a lleianod Bwdhaidd.

Llawysgrifau Pali Bwdhaidd

Defnyddio a thrin y Patimokkha fel testun i'w adrodd

Yn ôl Thanissaro Bhikkhu, cafodd y Patimokkha nid yn unig ei gadw drwy'r traddodiad llafar drwy lafarganu'r rheolau penodol ar eu ffurf heddiw. Cyn hyn roedd pob un yn gysylltiedig â 'stori darddiad' er mwyn dangos y rheol ar waith. Credir mai'r fformiwla hon o reolau a stori darddiad oedd y ffurf lafar a gadwodd ac a drosglwyddodd y Patimokkha i gyd.

Fel rheol, drwy Fwdhaeth Theravada i gyd, adroddir y Patimokkha gerbron cynulliad o gymuned y rhai sydd wedi'u hordeinio'n llawn ar bob diwrnod lleuad lawn (Dydd Uposatha) a diwrnod lleuad newydd. Golyga hyn ei fod yn cael ei lafarganu fel cymuned bob pythefnos mewn llawer o fynachlogydd. Yn wir, mae rhai mynachod a lleianod yn dysgu'r rheolau ar eu cof.

Yn ôl dysgeidiaeth Traddodiad Coedwigoedd Gwlad Thai, sef mynachlogydd a sefydlwyd gan Ajahn Chah, rhoddodd y Bwdha, wrth osod pob rheol, ddeg rheswm (mewn pum pâr) dros wneud hynny:

- Er rhagoriaeth a lles y Gymuned
- Rheoli mynachod sy'n ymddwyn yn wael ac i fod yn gysur i fynachod sy'n ymddwyn yn dda
- Atal arferion drwg yn y bywyd hwn ac atal arferion drwg yn y bywyd nesaf
- Ysgogi ffydd yn y rhai sydd heb ffydd a chynyddu ffydd yn y ffyddlon
- Sefydlu'r Dhamma a chefnogi'r Vinaya.

Cynnwys y fanyleb
Ei ddefnydd a'i driniaeth fel testun i'w adrodd.

Dyfyniadau allweddol

Mae'r Patimokkha sydd gennym nawr i'w weld mewn testun o'r enw'r Sutta Vibhanga. Mae hwn yn cyflwyno pob rheol, gyda stori am ei tharddiad o'i blaen. Wedyn mae pob fersiwn yr aeth drwyddo, os o gwbl, cyn cyrraedd ei ffurf derfynol. (Thanissaro Bhikkhu)

Cafodd dysgeidiaeth y Bwdha ei chadw ar lafar ar ffurf siantiau amrywiol tan tua 80 CCC pan gafodd ei chofnodi. Mae mynachlogydd heddiw'n dal i gynnal traddodiad siantio, er bod llawer o lyfrau ar gael, ac mae siantio'n rhan arwyddocaol o'r rhan fwyaf o ddefodau Bwdhaidd. (www.buddhamind.info)

Termau allweddol

Dydd Uposatha: cadw seremonïau sy'n gysylltiedig â dathlu lleuad lawn, gan gynnwys adrodd y Patimokkha i gyd

Parivara: rhan olaf y testunau Vinaya

Bwdhyddion yn siantio mewn mynachlog

Dyfyniad allweddol

Diben rheolau'r Vinaya oedd rhoi amodau delfrydol ar gyfer myfyrdod ac ymwadu. Maen nhw'n ceisio gorfodi ymneilltuo llwyr o fywyd cymdeithasol, gwahanu oddi wrth ei fanteision a'i bryderon, a thorri pob cysylltiad â'r teulu neu'r tylwyth. Ar yr un pryd, bwriad mynnu bod rhywun yn byw'n syml ac yn ddarbodus oedd sicrhau annibyniaeth, tra mai bwriad rhoi'r gorau i'r cartref a phob eiddo oedd meithrin dim ymlyniad. (Conze)

Cynnwys y fanyleb

Difrifoldeb y pedwar parajika 'gorchfygiadau', sy'n arwain at ddiarddeliad o'r Sangha.

cwestiwn cyplym

1.17 Pa mor aml mae'r gymuned fynachaidd yn ymgynnull i siantio'r Patimokkha?

Dyfyniad allweddol

Os yw un o'r rheolau yn y grŵp hwn yn cael ei thorri, dydy hi ddim yn bosibl i'r person hwnnw gael ei ail-ordeinio. Yn amlwg, maen nhw'n hanfodol ac maen nhw'n cael eu haddysgu i fynach newydd yn llythrennol cyn pen munudau iddo gael ei ordeinio. (www.buddhamind.info)

Lleianod Bwdhaidd

Bwriad y rheolau yw sicrhau cytgord yn y Sangha a meithrin hyder yn y Dhamma. Hefyd eu bwriad yw rhwystro ac atal arferion meddyliol drwg mewn mynachod unigol. Mae hyn yn annog meddylgarwch ac adfyfyrio yng ngweithredoedd y corff a'r lleferydd. Mae'r ddau beth hyn yn rhinweddau sy'n gwella hyfforddiant y meddwl.

Effaith y Patimokkha amrywiol a'r rheoliadau cysylltiedig yn y Vinaya yw bod gan fynach neu leian ffordd o fyw syml iawn. Pwrpas penodol ffordd o fyw fel hon yw datblygu'r cyflwr hwnnw mewn bywyd sy'n hyrwyddo llwybr Bwdhaeth yn fwyaf llwyddiannus. Rhan annatod o'r cyflyru hwn yw cynnig amgylchedd sy'n ffafriol i Oleuedigaeth. Mae'r Patimokkha yno i warchod ac arwain y mynachod a'r lleianod.

Awgrym astudio

Dylai fod gan ymgeiswyr ddealltwriaeth gyffredinol o gynnwys a swyddogaeth 227 rheol y Patimokkha i fynachod a 311 i leianod, ac arwyddocâd adrodd y rhain bob pythefnos. (Canllaw Addysgu CBAC)

Difrifoldeb 'gorchfygiadau' y pedwar parajika, sy'n arwain at ddiarddeliad o'r Sangha

Yn y lle cyntaf mae'r syniad hwn o warchod ac arwain fel petai'n mynd yn groes i egwyddorion Bwdhaidd yn yr ystyr mai rhyddid ac annibyniaeth yw nod y Dhamma (Dhama). Y cwestiwn sy'n codi yw 'oni fyddai hi'n well i fynach neu leian ddatblygu ei (h)ymdeimlad ei hun o ymddygiad cywir neu briodol sydd ddim ynghlwm wrth fframwaith o reoliadau?' Fodd bynnag, er mai llwybr unigol yw'r llwybr Bwdhaidd, y realiti yw bod mynachod a lleianod yn byw fel cymuned. Fel cymuned, maen nhw'n rhyngweithio â'i gilydd yn anuniongyrchol yn yr ystyr domestig, ond hefyd yn uniongyrchol drwy helpu ei gilydd a chymell ei gilydd yn ysbrydol. Hefyd maen nhw'n dibynnu ar y gymuned leyg am gefnogaeth. Mae profiad yn dweud wrthyn nhw, yn ôl mynachlogydd fel Amaravati yn y DU, fod 'unrhyw un sydd wedi byw am unrhyw gyfnod mewn sefyllfa gymunedol yn gwybod bod angen rheolau ar gymunedau er mwyn iddyn nhw weithredu'n heddychlon'.

Felly, mae gan y gymuned fynachaidd reolau i'w defnyddio er mwyn cyd-fyw a gweithio tuag at eu nodau ysbrydol. Fodd bynnag, mae angen doethineb i ddefnyddio'r 227 o reolau eang sydd ar waith. Mae'n cael ei gydnabod yn gyffredinol fod cydbwysedd gofalus rhwng safonau personol, goddrychol sydd wedi'u diffinio'n llac a fframwaith gwrthrychol, deddfol y Patimokkha.

Mae'r gosodiad canlynol gan gymuned fynachaidd Theravada yn y DU yn crynhoi hyn yn dda:

'Mae rheolau'n fwy o safonau gwrthrychol, ac felly mae'n haws eu gorfodi nhw. Er mwyn iddyn nhw weithio, rhaid iddyn nhw gael eu diffinio mewn ffordd sy'n dderbyniol i'r Gymuned yn gyffredinol. Ond, po fwyaf manwl y caiff rheol ei diffinio i weddu i gyfnod a lle penodol, lleiaf y gall weddu i gyfnodau a lleoedd eraill. Dyma lle mae egwyddorion a modelau'n berthnasol: Maen nhw'n dangos ysbryd y rheolau ac yn gymorth i'w cymhwyso i gyd-destunau gwahanol.'

Mynachod Bwdhaidd

Fodd bynnag, mae pedair rheol nad yw hi byth yn bosibl eu newid neu'u camddehongli. Mae'r rheolau hyn yn berthnasol i'r troseddau mwyaf difrifol mewn amgylchedd mynachaidd, ac yn gofyn am ddiarddel rhywun o'r Sangha mynachaidd a cholli'r urddwisg. Gelwir y rhain yn bedwar parajika (gorchfygiadau). Maen nhw mor hanfodol i fywyd mynachaidd fel eu bod yn cael eu haddysgu i unrhyw ymlynwr newydd pan gaiff ei urddo, a phan ddaw i mewn i'r fynachlog.

Mae'r parajika cyntaf yn cyfeirio at unrhyw fath o gyfathrach rywiol.

1. 'Petai unrhyw Bhikkhu – wrth gymryd rhan yn hyfforddiant a bywoliaeth y Bhikkhus, heb fod wedi ymwrthod â'r hyfforddiant, heb fod wedi cyhoeddi ei wendid – yn ymwneud â chyfathrach rywiol, hyd yn oed ag anifail benyw, mae wedi'i orchfygu ac nid yw bellach yn aelod.' (cyfieithwyd o'r Pali gan Thanissaro Bhikkhu)

Mae'r ail parajika yn cyfeirio at unrhyw fath o ddwyn.

2. 'Petai unrhyw Bhikkhu, wrth wneud yr hyn sy'n cael ei gyfrif yn lladrad, yn cymryd yr hyn nad yw wedi'i roi o ardal lle mae pobl yn byw neu o'r diffeithwch – yn union fel byddai brenhinoedd yn arestio'r troseddwr sy'n cymryd yr hyn nad yw wedi'i roi, ac yn ei guro, yn ei garcharu, neu'n ei alltudio, gan ddweud "Lleidr wyt ti, ffŵl wyt ti, rwyt ti mewn tywyllwch, ysbeiliwr wyt ti" – mae Bhikkhu sydd yn yr un ffordd yn mynd â'r hyn nad yw wedi'i roi hefyd wedi'i orchfygu ac nid yw bellach yn aelod.' (cyfieithwyd o'r Pali gan Thanissaro Bhikkhu)

Mae'r trydydd parajika yn cyfeirio at achosi marwolaeth bod dynol yn fwriadol, naill ai'n uniongyrchol neu'n anuniongyrchol drwy unrhyw fath o drydydd parti neu anogaeth.

3. 'Petai unrhyw Bhikkhu yn mynd ati'n fwriadol i amddifadu bod dynol o'i fywyd, neu i chwilio am lofrudd iddo, neu i ganmol manteision marwolaeth, neu i'w ysgogi i farw (gan ddweud,): "Ddyn da, pa bwrpas sydd i'r bywyd drygionus, trallodus hwn i ti? Byddai marwolaeth yn well i ti na bywyd," neu gyda syniad fel hwn yn ei feddwl, bwriad fel hwn yn ei feddwl, petai mewn amryw o ffyrdd yn canmol manteision marwolaeth neu'n ei ysgogi i farw, mae hefyd wedi'i orchfygu ac nid yw bellach yn aelod.' (cyfieithwyd o'r Pali gan Thanissaro Bhikkhu)

Mae'r pedwerydd parajika yn cyfeirio at wneud honiadau ffug ynghylch datblygiad ysbrydol ond mewn gwirionedd, mae'n ehangu i fod yn onest a dweud y gwir bob amser.

4. 'Petai unrhyw Bhikkhu, heb wybodaeth uniongyrchol, yn honni bod ei gyflwr dynol yn uwchraddol, fod ganddo wybodaeth a gweledigaeth wir anrhydeddus, fel sydd ynddo'i hun, gan ddweud "Felly rwy'n gwybod; felly rwy'n gweld," fel hyn, heb ystyried a fyddai'n cael ei groesholi ai peidio rywbryd eto, gallai – yn edifeiriol ac wrth geisio cael ei buro – ddweud, "Ffrindiau, heb wybod, dywedais fy mod yn gwybod; heb weld, dywedais fy mod yn gweld – yn falch, yn ffals, yn ofer," oni bai bod hynny oherwydd iddo oramcangyfrif, mae ef hefyd wedi'i orchfygu ac nid yw bellach yn aelod.' (cyfieithwyd o'r Pali gan Thanissaro Bhikkhu)

Gyda'i gilydd mae'r pedwar parajika yn atgoffa mynach neu leian Fwdhaidd fod cydnabod yr hyn sy'n gyrru'r ego ac ymlyniad yn sail i'r gosodiadau. Mae ymddygiad o'r fath yn dangos yn eglur nad oes gan rywun reolaeth dros ei feddwl a'i gorff ei hun.

Yn ogystal â'r pedwar parajika i bob mynach a lleian, mae pedwar parajika arall mewn Bwdhaeth Theravada i leianod yn unig. Dydy hyn ddim yn unigryw i'r parajikas oherwydd gyda'i gilydd mae 311 o reolau yn y Bhikkhuni Patimokkha, ac y mae 181 o'r rheini yr un fath â'r Bhikkhu Patimokkha.

Dyfyniad allweddol

Dydy'r rhesymau dros orfodi safonau disgyblaeth fynachaidd ddim yn anodd eu deall. Nid yn unig roedd disgyblaeth fynachaidd yn sylfaen i feddylgarwch ac ymatal, ond hefyd roedd cysylltiad rhwng cymorth y gymuned leyg i'r Sangha a phurdeb moesol. Pan oedd safonau ymddygiad yn llithro, roedd parch a rhoddion yn llithro hefyd. Felly roedd cysylltiad amlwg rhwng cynnal purdeb y Sangha a goroesi. (Lekshe Tsomo)

Awgrym astudio

Dylent egluro'r Pedwar Parajikas neu 'orchfygiad' yn fanwl, sy'n arwain at ddiarddeliad o'r Sangha – sef, cyfathrach rywiol, cymryd rhywbeth nad yw'n cael ei roi, achosi marwolaeth yn fwriadol, neu wneud honiad ffug am gyraeddiadau ysbrydol. (Canllaw Addysgu CBAC)

cwestiwn cyflym

1.18 Beth yw'r gosb am 'orchfygiad'?

Dyfyniad allweddol

Os yw mynach yn torri un o'r pedair rheol fwyaf difrifol – y parajikas – mae'n cael ei ddiarddel o'r Gymuned am oes. (Thanissaro)

Gweithgaredd AA1

Dychmygwch eich bod yn cyflwyno mynach newydd i reolau'r fynachlog. Esboniwch yn gryno beth yw'r pedwar parajika ond hefyd cyfeiriwch at bwrpas y Vinaya yn gyfan.

Mae'r pedwar ychwanegol hyn yn cynnwys:

- Rhwbio, teimlo ac anwesu synhwyrus neu rywiol
- Cuddio gwybodaeth am un arall sydd wedi syrthio i orchfygiad
- Mae tri chyfle i ddiwygio ar ôl cael eich atal; ar ôl y trydydd, mae'n orchfygiad/parajika
- Cydsynio i glosio chwantus gan ddyn.

Mae'n ymddangos bod y ddau sy'n ymdrin â chyfeiriadau synhwyrus yn cyfeirio at gysylltiad â lleygwyr yn hytrach nag ag eraill yn y fynachlog.

Sgiliau allweddol

Mae gwybodaeth yn ymwneud â:

Dewis ystod o wybodaeth (drylwyr) gywir a pherthnasol sydd â chysylltiad uniongyrchol â gofynion penodol y cwestiwn.

Mae hyn yn golygu eich bod yn dewis y wybodaeth gywir sy'n berthnasol i'r cwestiwn a osodwyd NID y maes pwnc. Bydd angen i chi feddwl a chanolbwyntio ar ddewis gwybodaeth allweddol ac NID ysgrifennu popeth yr ydych chi'n ei wybod am y maes pwnc.

Mae dealltwriaeth yn ymwneud ag:

Esboniad helaeth, gan ddangos dyfnder a/neu ehangder gyda defnydd rhagorol o dystiolaeth ac enghreifftiau gan gynnwys (lle y bo'n briodol) defnydd trylwyr a chywir o destunau cysegredig, ffynonellau doethineb a geirfa arbenigol.

Mae hyn yn golygu y gallwch ddangos eich bod yn deall rhywbeth drwy egluro ac ehangu eich pwyntiau gan ddefnyddio enghreifftiau/tystiolaeth gefnogol mewn ffordd bersonol ac NID ailadrodd darnau o werslyfr (sef dysgu ar y cof).

Cymhwyso sgiliau ymhellach:

Beth am edrych ar ragor o ddarnau o'r Patimokkha y mae modd eu defnyddio fel enghreifftiau o awdurdod a doethineb?

Datblygu sgiliau AA1

Nawr mae'n bryd ystyried y wybodaeth sydd wedi'i chyflwyno hyd yma. Hefyd mae'n bwysig ystyried sut mae'r hyn rydych chi wedi'i ddysgu hyd yma'n gallu cael ei ddefnyddio ar gyfer atebion arholiad drwy ymarfer y sgiliau sy'n gysylltiedig ag AA1.

Mae Amcan Asesu 1 (AA1) yn ymwneud â dangos gwybodaeth a dealltwriaeth. Mae ystyr y termau 'gwybodaeth' a 'dealltwriaeth' yn amlwg ond mae'n hanfodol eich bod yn gyfarwydd â sut mae sgiliau penodol yn dangos y rhain, a hefyd, sut bydd eich perfformiad ym mhob un o'r sgiliau hyn yn cael ei fesur (gweler disgrifyddion band cyffredinol Band 5 ar gyfer AA1 UG). Yn amlwg mae ateb yn cael ei osod mewn disgrifydd band priodol, yn ôl pa mor dda yw'r ateb, gan amrywio o ragorol, da, boddhaol, sylfaenol/cyfyngedig i gyfyngedig iawn.

▶ **Dyma eich tasg newydd:** mae angen i chi ddatblygu pob un o'r pwyntiau allweddol isod drwy ychwanegu tystiolaeth ac enghreifftiau er mwyn esbonio pob pwynt yn llawn. Mae'r un cyntaf wedi'i wneud i chi. Bydd hyn yn eich helpu wrth ateb cwestiynau ar gyfer AA1 drwy allu 'dangos dyfnder a/neu ehangder sylweddol' gyda 'defnydd rhagorol o dystiolaeth ac enghreifftiau' (Disgrifydd Band 5 AA1).

Enghraifft: Mae hanes cynnar Bwdhaeth ar ôl marwolaeth y Bwdha'n aneglur.

DATBLYGIAD: *Does dim llawer o dystiolaeth ac mae'r cofnodion manwl cyntaf yn dod gan ysgolheigion Tsieineaidd a ymwelodd ag India yn y seithfed ganrif. Er bod amrywiaeth o ffynonellau testunol am fywyd y Bwdha, ychydig iawn o fanylion sydd am sut ehangodd arfer Bwdhaeth yn India.*

1. Yn ystod ei oes, sefydlodd y Bwdha rai gweithdrefnau ffurfiol ar gyfer ymarfer y llwybr yr oedd yn ei addysgu. Er enghraifft, ...

2. Dilynodd y Sangha y rheolau a sefydlodd y Bwdha, a'u datblygu. Roedd y rheolau hyn yn cael eu galw'n Vinaya (cod disgyblaeth). Roedd y Vinaya ...

3. Nod y tri chyngor Bwdhaidd oedd cadarnhau'r rheolau ar gyfer arfer y Ffordd Ganol. Maen nhw'n bwysig oherwydd ...

4. Mae nifer o rannau i'r Vinaya. Er enghraifft, ...

5. Y Patimokkha yw'r 227 o reolau y mae pob mynach yn eu dilyn. Maen nhw'n ymdrin â ...

6. Mae'r pedwar parajika yn cael eu galw'n bedwar gorchfygiad. Maen nhw'n bwysig iawn i fynachod a lleianod oherwydd ...

Materion i'w dadansoddi a'u gwerthuso

Pwysigrwydd a gwerth cymharol y Patimokkha

Mae'r Patimokkha wedi'u llunio'n benodol ar gyfer byw mewn mynachlog. Gallai rhywun ddadlau mai'r Patimokkha yw'r cod disgyblaeth (vinaya) i fynachod a lleianod yn y traddodiad Theravada yn unig, gan nad yw traddodiadau Bwdhaidd eraill yn ei ddefnyddio mewn gwirionedd fel arweiniad; er enghraifft mae traddodiadau Gogledd Mahayana Tibet a Nepal yn tueddu i ddefnyddio'r Sansgrit Pratimoksha. Mae gan Zen, Jodo Shinshu a thraddodiadau eraill eu fersiynau hybrid eu hunain. Felly yn yr ystyr hwn, yn dechnegol, dydy'r cod ddim yn hanfodol i bob Bwdhydd.

I Fwdhaeth Theravada, mae dilyn y Patimokkha yn creu amgylchedd diogel ym mynachlogydd y Sangha, ac yn creu awyrgylch sy'n ffafriol i ddatblygiad ysbrydol. Hefyd mae'n ei alluogi i gael cysylltiad priodol a chyfrifol â'r Sangha lleyg. Felly, mae defnyddio'r Patimokkha yn hanfodol i Fwdhaeth Theravada.

Fodd bynnag, mae gan bob traddodiad mynachaidd Bwdhaidd, bron, ryw fath o god disgyblaeth mynachaidd. Byddai traddodiadau Bwdhaidd sydd ddim yn benodol fynachaidd hefyd yn cydnabod ac yn parchu'r rheolau. Mae gwahanol fersiynau o reolau. Mae 227 o Reolau Theravada, y 250 o Reolau Mahayana, a'r 331 neu 348 Rheol Bhikkhuni. Felly, er bod rhai'n ystyried bod Mahayana yn llai caeth, mae'n eironig bod rheolau ychwanegol i'r Bwdhyddion mynachaidd hyn. Mae hyn yn cryfhau'r ddadl sy'n awgrymu, er mai i Fwdhaeth Theravada yn unig y mae'r Patimokkha yn hanfodol, bod codau neu reolau disgyblaeth mynachaidd yr un mor bwysig i bob math o Fwdhaeth fynachaidd.

Enghraifft arall, yn ymarferol, yw bod y diwrnod mynachaidd a strwythur amodau byw mewn mynachlog yn debyg iawn ym mhob traddodiad mynachaidd Bwdhaidd. Er enghraifft, mae amodau a strwythur mynachaidd beunyddiol Tibet yn debyg i'r rhai mewn Bwdhaeth Theravada.

Os ydyn ni'n derbyn y ddadl hon, felly, er efallai nad yw union fanylion y Patimokkha yn hanfodol, mae ysbryd cadw at y rheolau'n hanfodol. Ond, gellir ehangu hyn i ddilyn rheolau mewn traddodiadau penodol a all fod naill ai'n gaeth iawn, yn llythrennol neu'n cael eu dilyn gyda pheth hyblygrwydd.

Pwynt olaf ynghylch gwerth y Patimokkha mewn Bwdhaeth Theravada yw, er bod rhai'n ystyried nad ydyn nhw wir yn berthnasol i Fwdhyddion lleyg, mewn gwirionedd mae Bwdhyddion lleyg yn aml yn cymryd rhan wrth lafarganu'r Patimokkha bob diwrnod lleuad lawn neu leuad newydd. Mae hyn hefyd yn awgrymu pwysigrwydd hanfodol y Patimokkha yn y gymuned a'r traddodiad Theravada i gyd.

Dadl arall fyddai mai pwysigrwydd y Patimokkha, neu godau disgyblaeth mynachaidd mewn unrhyw draddodiad Bwdhaidd, yw ehangu ar y pum argymhelliad sy'n ei gwneud hi'n ofynnol i bob Bwdhydd beidio â lladd, dwyn, camymddwyn yn rhywiol, dweud celwydd a defnyddio diodydd meddwol. Mae hyn ynddo'i hun yn arwyddocaol dros ben i bob Bwdhydd wrth greu sylfaen cadarn ar gyfer ymarfer myfyrdod.

Beth bynnag, casgliad posibl fyddai cytuno â Heng Sure o ysgol Fwdhaeth Chan (Zen) sy'n dweud fel hyn am y Patimokkha a phob cod mynachaidd: 'Maen nhw'n ddulliau ac yn ganllawiau i hwyluso penderfyniad mynach i fyw'r bywyd sanctaidd a pharhau i wneud penderfyniadau medrus am y sefyllfaoedd y bydd ef neu hi'n dod ar eu traws yn y byd mewnol ac allanol. Mewn rhai achosion mae unigolion yn dewis encilio o'r byd, mewn rhai achosion maen nhw'n dewis aros mewn cysylltiad wrth drosgynnu'r byd.'

Mae'r adran hon yn cwmpasu cynnwys a sgiliau AA2

Cynnwys y fanyleb
Pwysigrwydd a gwerth cymharol y Patimokkha.

Gweithgaredd AA2
Dadleuon posibl

Wedi'u rhestru isod mae rhai casgliadau y byddai'n bosibl dod iddynt ar sail rhesymeg AA2 yn y testun cysylltiedig:

1. I fynachod a lleianod Bwdhaeth Theravada yn unig mae'r Patimokkha yn werthfawr ac yn bwysig iawn.

2. Mae'r Patimokkha yn werthfawr ac yn bwysig iawn i bob Bwdhydd Theravada.

3. Dydy'r Patimokkha ddim yn werthfawr nac yn bwysig iawn i draddodiadau Bwdhaidd eraill.

4. Mae'r Patimokkha yn werthfawr ac yn bwysig iawn oherwydd eu bod yn dangos pwysigrwydd diogelu'r amgylchedd mynachaidd.

5. Efallai nad yw'r Patimokkha yn werthfawr ac yn bwysig iawn i bob Bwdhydd ond mae rhyw fath o reolau bob amser yn helpu i sefydlu urddau mynachaidd delfrydol.

Ystyriwch bob un o'r casgliadau sy'n cael eu gwneud uchod a chasglwch dystiolaeth ac enghreifftiau i gefnogi pob dadl o'r deunydd AA1 ac AA2 a astudiwyd yn yr adran hon. Dewiswch un casgliad sy'n argyhoeddi fwyaf yn eich barn chi ac esboniwch pam mae hyn yn wir. Nawr cyferbynnwch hyn â'r casgliad gwannaf ar y rhestr, gan gyfiawnhau eich dadl gyda rhesymu clir a thystiolaeth.

Cynnwys y fanyleb

Cymhariaeth feirniadol o reolau hynafol yn seiliedig ar destun, a materion cyfoes sy'n effeithio ar y Sangha. Perthnasedd y parajika heddiw.

Gweithgaredd AA2
Dadleuon posibl

Wedi'u rhestru isod mae rhai casgliadau y byddai'n bosibl dod iddynt ar sail rhesymeg AA2 yn y testun cysylltiedig:

1. Mae'r parajikas yn berthnasol heddiw i fynachod a lleianod Bwdhaeth Theravada.

2. Mewn mynachlogydd Theravada yn unig y mae'r parajikas yn berthnasol heddiw.

3. Mae'r parajikas yn berthnasol heddiw ond gallan nhw gael eu heffeithio gan amgylchiadau eithafol.

4. Dydy'r parajikas i gyd ddim yn berthnasol heddiw oherwydd bod rhai mathau o fynachaeth yn caniatáu priodas.

5. Dydy'r parajikas ddim yn berthnasol o gwbl heddiw oherwydd bod achosion eglur, fel hunanamddiffyn, pan fydd angen trais.

Ystyriwch bob un o'r casgliadau sy'n cael eu gwneud uchod a chasglwch dystiolaeth ac enghreifftiau i gefnogi pob dadl o'r deunydd AA1 ac AA2 a astudiwyd yn yr adran hon. Dewiswch un casgliad sy'n argyhoeddi fwyaf yn eich barn chi ac esboniwch pam mae hyn yn wir. Nawr cyferbynnwch hyn â'r casgliad gwannaf ar y rhestr, gan gyfiawnhau eich dadl gyda rhesymu clir a thystiolaeth.

Cymhariaeth feirniadol o reolau hynafol yn seiliedig ar destun, a materion cyfoes sy'n effeithio ar y Sangha: perthnasedd y Pedwar Parajika heddiw

Y parajikas, neu'r gorchfygiadau, yw'r troseddau mwyaf difrifol yn erbyn disgyblaeth fynachaidd mewn Bwdhaeth Theravada, ac maen nhw'n cael eu hystyried o ddifrif. Maen nhw'n gofyn am ddiarddel o'r Sangha mynachaidd a cholli'r urddwisg. Felly maen nhw mor berthnasol heddiw ag erioed yn ôl cymunedau Bwdhaeth Theravada.

Y pedair rheol yw osgoi cyfathrach rywiol, dwyn, lladd, a mathau o ddweud celwydd neu wneud honiadau ffug ynghylch cynnydd ysbrydol.

Yn y byd cyfoes, un maes dadlau fu maes cyfathrach rywiol lle nad oes unffurfiaeth Mahayana y tu hwnt i'r traddodiad Theravada. Yn y traddodiadau Tibetaidd maen nhw'n cadw at god diweirdeb hefyd, er yn y traddodiad Kagyu mae gofyn i fynach ddychwelyd at fywyd normal, heb fod yn fynachaidd, i briodi ar ôl cael ei urddo'n uwch. Yn Japan, yn enwedig yn y traddodiad Shin, mae priodas rhwng mynachod a lleianod (neu offeiriadon ac offeiriadesau) wedi bod yn draddodiad adnabyddus sydd wedi'i seilio ar wrthod y Vinaya caeth er mwyn dilyn addunedau'r llwybr bodhisattva. Mae rhai mynachod o Korea wedi priodi hefyd.

Mae lladd yn fater dadleuol hefyd. Yn 1963, llosgodd Thich Quang Duc, mynach Bwdhaidd o Viet Nam, ei hun i farwolaeth ar groesffordd brysur yn Saigon er mwyn protestio yn erbyn erlid Bwdhyddion. Mae stori brwydr Tibet yn erbyn China yn cynnwys adroddiadau am fynachod yn codi arfau. Mae mynachod Bwdhaidd Gwlad Thai wedi dadlau nad yw lladd comiwnyddion yn anghywir, yn ôl rhai ffynonellau! Yn Myanmar hefyd mae hanes o fynachod yn protestio ac yn cael eu cyhuddo o annog eraill i ddefnyddio trais. Serch hynny, y ddadl gref yn erbyn hyn i gyd yw bod gweithredoedd o'r fath bob amser wedi cael eu condemnio'n eang mewn Bwdhaeth gan arweinwyr fel Thich Nhat Hanh, ac felly allwn ni ddim ystyried eu bod nhw'n cynrychioli ymddygiad Bwdhaidd nodweddiadol!

Er gwaethaf hyn, mae'r trais yn y byd, er enghraifft yn Tibet, wedi gwneud i bobl amau'r egwyddor o beidio â lladd, yn enwedig pan fydd arteithio sy'n bygwth bywyd ac er mwyn hunanamddiffyn.

Er gwaethaf heriau fel hyn i berthnasedd y parajikas heddiw, dadl arall fyddai awgrymu nad pwrpas y parajikas yw cynnal safon foesol wrthrychol arbennig ond bod pwrpas ymarferol iddyn nhw. Mae'r pethau rydyn ni'n eu darllen, eu gweld a'u profi o'n cwmpas yn dylanwadu cymaint ar ein hymddygiad a'n disgwyliadau cymdeithasol. Mae cymaint i ysgogi'r synhwyrau – trais, rhyw a throseddu mewn ffilmiau a'r cyfryngau, a nodi'r pethau amlwg yn unig. Felly, dydy'r parajikas ddim yno i ddatgan bod rhyw yn anghywir neu fod unrhyw fath o drais yn wael, ond maen nhw yno i ddiogelu unigolyn rhag llithro'n ôl i'r cyflwr meddwl hwnnw y mae'r gymdeithas wedi'i gyflyru iddo. Y cyfan mae osgoi cymhlethdodau yn ei wneud yw lleihau rhwystrau ysbrydol yn hytrach na dod i farn ar sail gwerthoedd am ryw neu drais. O'u gweld fel hyn, bydd y parajikas bob amser yn ddefnyddiol ac yn berthnasol.

At ei gilydd, mae'n eglur mai delfryd yw'r parjikas a'u bod nhw'n gweithio'n effeithiol yn yr amgylcheddau lle maen nhw i fod i weithredu. Felly gellir dadlau mai dyma fel mae hi o hyd yn y gymdeithas gyfoes oni bai bod y cyd-destun a'r amodau wedi'u heffeithio'n wael. Yn yr achos hwn gellid dadlau hefyd fod ffiniau'r parajikas wedi mynd yn fwy aneglur.

Datblygu sgiliau AA2

Nawr mae'n bryd ystyried y wybodaeth sydd wedi'i chyflwyno hyd yma. Hefyd mae'n bwysig ystyried sut mae'r hyn rydych chi wedi'i ddysgu hyd yma'n gallu cael ei ddefnyddio ar gyfer atebion arholiad drwy ymarfer y sgiliau sy'n gysylltiedig ag AA2.

Mae Amcan Asesu 2 (AA2) yn ymwneud â 'dadansoddi' a 'gwerthuso'. Efallai fod ystyr y termau'n amlwg ond mae'n hanfodol eich bod yn gyfarwydd â sut mae sgiliau penodol yn dangos y rhain, a hefyd, sut bydd eich perfformiad ym mhob un o'r sgiliau hyn yn cael ei fesur (gweler disgrifyddion band cyffredinol Band 5 ar gyfer AA2 UG). Yn amlwg mae ateb yn cael ei osod mewn disgrifydd band priodol, yn ôl pa mor dda yw'r ateb, gan amrywio o ragorol, da, boddhaol, sylfaenol/cyfyngedig i gyfyngedig iawn.

▶ **Dyma eich tasg**: datblygwch bob un o'r pwyntiau allweddol isod drwy ychwanegu tystiolaeth ac enghreifftiau i werthuso'n llawn y ddadl sy'n cael ei chyflwyno yn y gosodiad gwerthuso. Mae'r un cyntaf wedi'i wneud i chi. Bydd hyn yn eich helpu wrth ateb cwestiynau arholiad ar gyfer AA2 drwy allu sicrhau 'safbwyntiau trylwyr, cyson a chlir wedi'u cefnogi gan resymeg a/neu dystiolaeth helaeth, fanwl' (Disgrifydd Band 5 AA2).

Ffocws cwestiwn: Gwerthuso pwysigrwydd a gwerth cymharol y Patimokkha.

Enghraifft: Mae'r Patimokkha yn hanfodol i fywyd mynachaidd.

DATBLYGIAD: *Pwrpas penodol ffordd o fyw fel hon yw datblygu'r cyflwr hwnnw mewn bywyd sy'n hyrwyddo llwybr Bwdhaeth yn fwyaf llwyddiannus. Rhan annatod o'r cyflyru hwn yw cynnig amgylchedd sy'n ffafriol i Oleuedigaeth. Mae'r Patimokkha yno i warchod ac arwain y mynachod a'r lleianod.*

1. Y parajikas yw'r pwysicaf o'r Patimokkha i gyd. Er enghraifft, …

2. Mae osgoi'r gorchfygiadau'n greiddiol i sefydlogrwydd mynachaidd. Mae hyn oherwydd …

3. Mae'r Patimokkha yn hanfodol i'r gymuned gyfan. Maen nhw'n bwysig oherwydd …

4. Mae'n bosibl gweld pa mor bwysig yw'r Patimokkha wrth y ffordd y maen nhw'n cael eu siantio'n rheolaidd. Er enghraifft, …

5. I fynachod yn unig mae'r 227 Patimokkha yn bwysig. Mae lleianod …

6. Mae'r Patimokkha yn werthfawr oherwydd eu bod nhw wedi cael eu sefydlu yn ôl egwyddorion y Bwdha. Er enghraifft, …

Sgiliau allweddol

Mae dadansoddi'n ymwneud â nodi materion sy'n cael eu codi gan y deunyddiau yn adran AA1, ynghyd â'r rhai a nodwyd yn adran AA2, ac mae'n cyflwyno safbwyntiau cyson a chlir, naill ai gan ysgolheigion neu safbwyntiau personol, yn barod i'w gwerthuso.

Mae hyn yn golygu ei fod yn nodi pethau allweddol i'w trafod a'r dadleuon sy'n cael eu cyflwyno gan eraill neu o safbwynt personol.

Mae gwerthuso'n ymwneud ag ystyried goblygiadau amrywiol y materion sy'n cael eu codi, yn seiliedig ar y dystiolaeth a gafwyd wrth ddadansoddi ac mae'n rhoi dadl fanwl eang gyda chasgliad clir.

Mae hyn yn golygu bod yr ateb yn pwyso a mesur y dadleuon amrywiol a gwahanol a gafodd eu dadansoddi drwy roi sylwadau ac ymateb unigol, gan ddod i gasgliad drwy broses rhesymu clir.

Cynnwys y fanyleb

Y tri lakshana (tri nod bodolaeth/tair nodwedd bodolaeth).

Term allweddol

Lakshana: un o'r tri nod bodolaeth yn ôl Bwdhaeth

Mae trachwant am arian yn cael ei yrru gan y rhithdyb y bydd yn dod â hapusrwydd parhaol. Mae obsesiwn â chyfoeth yn gallu arwain at ddrwgdeimlad, neu gasineb, tuag at eraill.

Dyfyniad allweddol

Mae adnabod y tair nodwedd, fel ymwybyddiaeth o weddill y Pedwar Gwirionedd Nobl, yn rhan o ddoethineb. Er mwyn meithrin doethineb, mae'n rhaid i ni sylweddoli realiti'r nodweddion hyn yn ein profiad i gyd yn llawn, nid eu derbyn yn haniaethol neu'n ddeallusol. (Clear Vision Trust)

---

cwestiwn cyflym

2.1 Sut mae'r lakshanas yn gysylltiedig â bywyd y Bwdha?

> ## A: Natur y realiti eithaf

Y tri lakshana

Y term technegol am y tri nod yw'r tri-lakshana (ti-lakkhana *Pali*). Mae'r term lakshana yn gallu golygu nodweddion, arwyddion, marciau, ffeithiau sylfaenol, rhinweddau, priodweddau. Hefyd mae'n cael ei ddefnyddio i 'ddynodi' rhywbeth, er enghraifft, symptomau. Mae amrywiaeth eang o ddehongliadau gan ei fod yn cael ei ddefnyddio hefyd i amlygu rhywbeth sy'n ffafriol, ffodus neu addawol. Mae'n ddiddorol nodi bod y tri nod bodolaeth mewn Bwdhaeth yn tarddu o dristwch Gautama wrth ddod ar draws y Pedair Golygfa. Ond, gellir gweld y nodau mewn modd optimistaidd fel rhai sy'n cael gwared ar anwybodaeth gan arwain at ryddid o safbwyntiau ffug sy'n clymu bodau dynol. Fel yr addysgodd y Bwdha ei hun, 'Rwy'n dysgu dioddefaint a ffordd allan o ddioddefaint'. Dydy hi ddim yn wir mai neges o ddiflastod yw'r tri nod, dim ond oherwydd y gallan nhw achosi peth tristwch ar y dechrau.

Yn Thema 1, nodwyd i'r Bwdha ddod ar draws y ffeithiau bodolaeth sylfaenol hyn wrth ddod wyneb yn wyneb â salwch, henaint, marwolaeth a dyn duwiol crwydrol. Ond yn ystod ei brofiad o Oleuedigaeth y daeth i ddeall arwyddocâd y rhain mewn gwirionedd. Mae Ajahn Sumedho, y mynach Bwdhaeth Theravada, yn ei lyfr *The Four Noble Truths*, yn nodi gwahaniaeth pwysig iawn rhwng dysgeidiaeth Bwdhaeth sylfaenol, fel y tri nod a'r Pedwar Gwirionedd Nobl, yn osodiadau athronyddol, a'r un ddysgeidiaeth fel y mae Bwdhyddion yn ei deall. Mae'n egluro hyn drwy gynnig gwahaniaethu ar dri lefel:

1. Mae'r ddysgeidiaeth a'r gosodiad cychwynnol yn cael eu nodi
2. Mae pobl yn archwilio hyn ac yn adfyfyrio arno
3. Mae'r gwirionedd yn cael ei ddeall.

Er mwyn deall y ddysgeidiaeth mewn gwirionedd, mae eisiau gwneud llawer mwy na dim ond cydnabod label, neu'i gweld fel rhan o system sy'n clymu'n dwt yn ei gilydd fel y gallwn ni wneud synnwyr ohoni. Mae meddwl Gorllewinol yn aml wedi ceisio labelu a chategoreiddio dysgeidiaethau mewn ffordd systematig. Mewn un ffordd mae hyn mor bell o'r hyn y mae Bwdhyddion yn ei wneud, yn ôl Sumedho: 'Mae'r Pedwar Gwirionedd Nobl yn ffrwyth adfyfyrio oes gyfan. Nid mater yn unig o adnabod y Pedwar Gwirionedd Nobl, y tair agwedd (y tri nod), a'r deuddeg cam a dod yn arahant ar un encil yw hi – ac *yna* mynd ymlaen at rywbeth uwch. Dydy'r Pedwar Gwirionedd Nobl ddim mor hawdd â hynny. Maen nhw'n gofyn am agwedd wyliadwrus barhaus ac maen nhw'n rhoi'r cyd-destun ar gyfer oes o archwilio.'

Dyfyniad allweddol

Yr unig ffordd o ddeall bodolaeth yw os bydd y tair ffaith sylfaenol yma yn cael eu deall, a hyn nid yn unig yn rhesymegol, ond wyneb yn wyneb â'ch profiad eich hun. (Nyanaponika Thera)

Mae dysgeidiaeth dukkha (annigonoldeb) yn bwynt tarddiad allweddol ar holl fap dysgeidiaeth Fwdhaidd, ac mae wedi'i nodi'n un o'r tri lakshana a'r cyntaf o'r Pedwar Gwirionedd Nobl. Mae tair nodwedd bodolaeth yn cysylltu â'i gilydd ac mae dukkha yn ffaith sy'n uniongyrchol gysylltiedig â dysgeidiaeth anicca, nodwedd bodolaeth arall, sef bod natur bodolaeth yn golygu newid. Bydd nodwedd olaf bodolaeth, anatta, sy'n golygu 'di-hunan' – ac sy'n cyfeirio'n ôl at ddiffyg sylwedd hanfodol natur bodolaeth – yn cael ei thrafod ar ôl dukkha ac anicca ond mae hefyd yn gysylltiedig â'r ddau nod bodolaeth arall.

Dyfyniadau allweddol

P'un a yw Rhai Perffaith yn ymddangos yn y byd, neu fod dim Rhai Perffaith yn ymddangos yn y byd, mae'n dal i fod yn amod cadarn, yn ffaith ddigyfnewid ac yn ddeddf sefydlog: mai dros dro mae pob ffurfiant, fod pob ffurfiant yn dioddef, fod popeth heb hunan. (Nyanatiloka)

Mae'r tri nod bodolaeth yn bwysig mewn Bwdhaeth, oherwydd mae'n golygu ein bod yn dechrau gweld pethau, sefyllfaoedd fel maen nhw go iawn. Dros dro mae popeth, mae dioddefaint yn rhan o fodolaeth (i bethau byw beth bynnag), a does dim byd yn bodoli ynddo'i hun ac o ran ei hun, heb ddibynnu ar bethau eraill. Nid syniad neu ddamcaniaeth y mae'n rhaid i chi gredu ynddo/ynddi yw tri nod bodolaeth. Yn hytrach mae'n ffordd i chi archwilio eich hun a phopeth o'ch cwmpas. (secularbuddhism.org)

Y cysyniadau o dukkha ac anicca: gan gyfeirio at y Dhammacakkappavattana Sutta

Mae'n bosibl cyfieithu'r Dhammacakkappavattana Sutta fel 'hanes troi olwyn Dhamma (Dharma) am y tro cyntaf' ac mae'n cyfeirio at bregeth gyntaf y Bwdha ar ôl Goleuedigaeth. Yn y bôn, dyma'r eiliad pan fydd y Dhamma yn cael ei roi i'r byd. Digwyddodd hyn saith wythnos ar ôl Goleuedigaeth/Deffroad y Bwdha pan mae'n cwrdd â phum cydymaith yr oedd wedi ymarfer asgetigiaeth eithafol gyda nhw o'r blaen. Gwelir y Dhammacakkappavattana Sutta fel y ddysgeidiaeth gyntaf a gyflwynodd y Bwdha i unrhyw un.

Ar ôl y bregeth hon, ac mewn cyd-destunau eraill, roedd y Bwdha'n aml yn addysgu pobl fesul tipyn, ar ôl rhoi sgwrs i'w paratoi'n gyntaf, er mwyn sicrhau eu bod yn barod yn ysbrydol i elwa'n llawn o'i ddysgeidiaeth. Er enghraifft, yn ôl y Mahjjhima Nikaya: 'Yna rhoddodd yr Un Gwynfydedig sgwrs gam wrth gam i Upali, y penteulu, hynny yw, sgwrs am roi, sgwrs am rinwedd moesol, sgwrs am fydoedd y nef ... pan oedd yr Un Gwynfydedig yn gwybod bod meddwl Upali, y penteulu, yn barod, yn agored, heb rwystrau, wedi'i ysbrydoli ac yn hyderus, yna eglurodd ddysgeidiaeth ddyrchafedig Dhamma y Bwdhas iddo: dukkah, ei darddiad, ei ddarfyddiad, y llwybr.'

Mae'r Sutta yn dweud fel hyn am dukkha: 'Dioddefaint, fel gwirionedd nobl, yw hyn: Dioddefaint yw genedigaeth, dioddefaint yw heneiddio, dioddefaint yw salwch, dioddefaint yw marwolaeth, dioddefaint yw tristwch a chwynfan, poen, galar a thrallod; dioddefaint yw cysylltiad â'r hyn rydych chi'n ei gasáu, dioddefaint yw bod oddi wrth yr hyn rydych chi'n ei garu, dioddefaint yw peidio â chael yr hyn rydych chi ei eisiau – yn fyr, dioddefaint yw pum categori gwrthrychau sy'n glynu.' (Nanamoli Thera)

Yn 1993, cyfieithodd Bhikkhu Thanissaro y Dhammacakkappavattana Sutta o'r Pali a defnyddio'r gair 'straen' am dukkha, sy'n ceisio cynnwys nid yn unig cyflwr corfforol ond cyflyrau meddyliol ac emosiynol dukkha.

Cynnwys y fanyleb

Y cysyniadau o dukkha ac anicca: gan gyfeirio at y Dhammacakkappavattana Sutta.

Y Bwdha yn pregethu am y tro cyntaf yn Sarnath.

cwestiwn cyflym

2.2 At beth mae'r term Dhammacakkappavattana yn cyfeirio?

Mae'r cyfieithiad yn darllen: 'Nawr dyma, fynachod, wirionedd nobl straen: Mae genedigaeth yn achosi straen, mae heneiddio'n achosi straen; mae marwolaeth yn achosi straen; mae tristwch, cwynfan, poen, galar ac anobaith yn achosi straen; mae cysylltiad â'r hyn rydych chi'n ei gasáu'n achosi straen, mae bod oddi wrth yr hyn rydych chi'n ei garu'n achosi straen, mae peidio â chael yr hyn rydych chi ei eisiau'n achosi straen. Yn fyr, mae'r pum peth sy'n glynu'n achosi straen.'

Mae'r Athro Peter Harvey yn cyfieithu'r un darn fel hyn: 'Nawr *hyn*, bhikkhus, i'r rhai sydd wedi'u hanrhydeddu'n ysbrydol, yw'r un realiti gwirioneddol sef poen: mae genedigaeth yn boenus, mae heneiddio'n boenus, mae salwch yn boenus, mae marwolaeth yn boenus; mae tristwch, cwynfan, poen corfforol, anhapusrwydd a thrallod yn boenus; mae bod yn un â'r hyn rydych chi'n ei gasáu yn boenus; mae bod ar wahân i'r hyn rydych chi'n ei hoffi'n boenus; mae peidio â chael yr hyn rydych chi ei eisiau'n boenus; yn fyr, mae pum bwndel y tanwydd sy'n glynu'n boenus', gan gyfeirio at dukkha fel 'poen'.

P'un a yw'n 'ddioddefaint', yn 'straen' neu'n 'boen', mae'n amlwg bod dukkha yn disgrifio cyflwr bodolaeth sy'n sylfaenol i fywyd.

Olwyn Dharma (Dhamma)

Gweithgaredd AA1

Lluniwch ychydig o gardiau fflach sydyn ar gyfer rhai o'r cysyniadau Bwdhaidd pwysicaf yn yr adran hon. Ychwanegwch atyn nhw wrth i chi fynd yn eich blaen.

Awgrym astudio

Gwnewch yn siŵr, os ydych chi'n mynd i gyfeirio at derminoleg Fwdhaidd, eich bod yn ei defnyddio'n gywir. Cofiwch, os nad ydych chi'n siŵr, peidiwch â defnyddio'r term a defnyddiwch y term Cymraeg yn ei le. NID eich gallu i gofio gair arbennig yw canolbwynt yr asesu, ond sut rydych chi'n deall Bwdhaeth.

Er nad yw'r term anicca (byrhoedledd) yn cael ei ddefnyddio yn y Dhammacakkappavattana Sutta, mae'r syniad o newid, dod yn rhywbeth, dadfeilio a dod yn rhywbeth eto yn elfennau allweddol bodolaeth ac mae'r syniad yn rhedeg drwy'r bregeth i gyd. Yn wir, mae'n berthnasol bod Kondanna, un o'r pump sy'n gwrando, yn cydnabod cysyniad anicca (byrhoedledd), ac yn syth ar ôl clywed geiriau'r Bwdha, mae'n dweud, 'mae beth bynnag sy'n gallu tarddu'n gallu darfod, hynny yw, does dim un peth sy'n barhaol yng nghadwyn bodolaeth. Y sylweddoliad hwn gan Kondanna yw'r profiad cyntaf o Oleuedigaeth ar ôl profiad y Bwdha ac mae'n dynodi'r hyn sy'n cael ei alw'n droad cyntaf olwyn Dhamma.

Roedd pob bod ysbrydol yn nheyrnasoedd y nefoedd yn dyst i'r digwyddiad mawr hwn ac yn ôl y Sutta: 'Felly, ar yr eiliad honno, ar yr ennyd hwnnw, cododd y gri'n syth i fyny i fydoedd Brahma. A dyma'r cosmos hollol enfawr hwn yn crynu ac yn siglo ac yn ysgwyd, tra ymddangosodd disgleirdeb mawr, difesur yn y cosmos, yn rhagori ar ddisgleirdeb y devas.'

Dyfyniad allweddol

Mae'r eiliad pan fydd olwyn Dhamma yn cael ei throi'n digwydd pan fydd Kondanna yn datblygu ei lygad dhamma ac yn dod yn un sy'n mynd i mewn i'r ffrwd. Dyma'r pwynt pan fydd dysgeidiaeth y Bwdha'n dwyn ffrwyth. (Anderson)

Y cysyniad o dukkha

Dyfyniad allweddol

Rydyn ni'n methu gweld y dioddefaint sydd yn aros amdanon ni yn y dyfodol, rydyn ni'n meddwl na fydd byth yn digwydd. Pan fydd yn digwydd, yna rydyn ni'n gwybod. Mae'n anodd rhagweld y math hwnnw o ddioddefaint, y dioddefaint sy'n gynhenid yn ein cyrff. (Ajahn Chah)

Rydyn ni wedi nodi'n barod sut mae cysylltiad rhwng y tri nod bodolaeth. Ar y cyfan, mae'r berthynas rhwng y tri nod bodolaeth yn un sy'n rhaid ei chael yn rhesymegol.

- Cyflwr yw dioddefaint (dukkha) sy'n codi pan nad yw person yn ymwybodol bod pethau'n fyrhoedlog (anicca). Mae pobl yn meithrin ymlyniad, yn faterol ac yn emosiynol i bethau ac maen nhw eisiau iddyn nhw aros heb newid.
- Does gan bethau ddim hanfod sylweddol parhaol (svabhava) ac y mae hyn yn golygu eu bod yn mynd i farw a dadfeilio; ac, yn yr un ffordd mae person yn wynebu byrhoedledd drwy newid ac felly mae'n ddi-hunan (anatta) neu mae 'heb enaid'.
- Felly, fel gydag eiddo materol a chlymau emosiynol, dim ond at ddioddefaint (dukkha) mae'r syniad o ymlyniad parhaol wrth hunan neu ego'n arwain.

Dukkha yw'r cyntaf o'r Gwirioneddau Nobl hefyd. Mae dukkha yn aml yn cael ei gyfieithu fel dioddefaint neu adfyd, er nad yw hyn wir yn cyfleu pa mor eang y mae'n berthnasol i fywyd mewn gwirionedd. Mae 'rhwystredigaeth' yn ffordd well o'i gyfieithu gan fod hyn yn cynnwys amrywiaeth ehangach o ddehongliadau o'r term. Mae Narada Thera yn cynnig trosiad llythrennol o dukkha fel 'yr hyn sy'n anodd ei oddef': gair cyfansawdd yw dukkha sy'n cynnwys 'du', sy'n golygu anodd, a 'kha', goddef. Mae Peter Harvey'n cyfeirio ato fel 'rhwystredigaeth' neu 'anfodlonrwydd cyffredinol' ynghylch bywyd: 'mae dioddef yn rhan gynhenid o fywyd'.

Gall dukkha fod naill ai'n boen corfforol neu feddyliol neu'n ddioddefaint. Ond mae dukkha yn gallu bod yn fwy na phrofiadau poenus. Mae'n hanfodol deall bod dukkha yn sail i hanfod profiadau pleserus hefyd. Mae hyn oherwydd bod dukkha yn cynnwys anallu i weld bod pethau'n fyrhoedlog ac yn ddi-hunan.

Dydyn ni ddim yn gallu dod o hyd i hanfod i'n bodolaeth bersonol nac un peth sydd ddim yn newid; fodd bynnag, gan y bydden ni'n hoffi i bethau aros yr un fath (e.e. hapusrwydd, bywyd), a gan ein bod yn hoffi meddwl amdanon ni ein hunain fel unigolion gyda hunaniaeth unigryw yna rydyn ni'n dioddef pan nad yw hyn yn digwydd. Rydyn ni'n hoffi meddwl ein bod yn iach yn gyson ac felly rydyn ni'n cael salwch yn anodd; mae heneiddio'n broses drist a rhwystredig; mae marwolaeth yn rhywbeth anodd dygymod ag ef. Gall gwyliau fod yn brofiad pleserus iawn, ond dydy bod yn ymwybodol o'r ffaith y byddan nhw'n dod i ben yn fuan ddim mor bleserus. Rhywbeth dros dro yw hanfod gwyliau ac felly maen nhw'n dukkha.

Y lle gorau i chwilio am ddealltwriaeth fwy cywir yw cyfeirio at *Buddhist Dictionary* Mahathera Nyanatiloka: 'nid yw dukkha yn gyfyngedig i brofiad poenus ... ond mae'n cyfeirio at natur anfoddhaol ac ansicrwydd cyffredinol pob ffenomenon sydd wedi'i gyflyru ... mae hyn yn cynnwys profiad pleserus hefyd'.

cwestiwn cyflym

2.3 Rhowch ddau ddewis arall yn lle 'dioddefaint' fel cyfieithiad o dukkha.

Cynnwys y fanyleb
Y tri lakshana (tri nod bodolaeth): dukkha.

Term allweddol
Svabhava: yn llythrennol 'eich bod eich hun' gan gyfeirio at hanfod personol sylweddol parhaol

Gall hapusrwydd fod yn ffurf ar dukkha.

Yma, mae'r syniad o 'ansicrwydd cyffredinol' yn cyfeirio'n benodol at 'fyrhoedledd' (anicca – gweler isod) na allwn ei wahanu oddi wrtho er mwyn cynnig disgrifiad cywir.

Felly ydy hyn yn gwneud i Fwdhaeth fod yn besimistaidd? Na, all Bwdhaeth ddim bod yn besimistaidd, fel y nododd y Bwdha, 'Hyn rwy'n ei ddysgu uwchlaw popeth arall, dioddefaint ac achubiaeth o ddioddefaint' ac fel mae Mahathera Nyanatiloka yn ei ddweud wedyn: 'Nid yw'r gwirionedd cyntaf yn gwadu bod bodolaeth bleserus yn bod, fel sy'n cael ei dybio'n anghywir weithiau.'

Dukkha yw unrhyw brofiad sydd ddim yn adnabod bod pethau'n fyrhoedlog (anicca) ac yn ansylweddol/di-hunan (anatta). Mae gwrthrychau, syniadau a phrofiadau sy'n cael eu gweld fel rhai parhaol ac yn bodoli o'u rhan eu hunain yn arwain at ymlyniadau. Yn anochel, mae hyn yn gwahodd profiad poenus pan fydd yr ymlyniadau hyn yn cael eu torri a dydyn nhw ddim yn para.

Y cysyniad o anicca

Ystyr anicca yw byrhoedledd. Dyma'r syniad nad oes un peth sy'n aros yr un fath. Yn y byd uniongyrchol o'n cwmpas mae sut mae pethau'n ymddangos yn gallu ein twyllo. Mae'r bydysawd yn newid drwy'r amser. Efallai fod bwrdd yn ymddangos yn statig ac eto mae ffiseg yn datgelu bod gronynnau pitw ac is-ronynnau'n symud ar y lefel is-atomig. Mae blodyn yn ymddangos heb newid o un eiliad i'r llall ac eto mae'n blodeuo mewn ffordd ddirgel. O'i ddadansoddi ar lefel llawer dyfnach gellir gweld bod y bydysawd, mewn gwirionedd, yn symud o hyd. Dydy'r person unigol ddim yr un fath ag yr oedd bum mlynedd yn ôl. Roedd deall hyn, i'r Bwdha, yn ganlyniad uniongyrchol i'r tair golygfa gyntaf sef salwch, henaint a marwolaeth.

Mae anicca yn un o ddeddfau'r bydysawd a does dim byd yn gallu dianc rhag y ffaith hon.

Fel yn achos dukkha, dydy anicca ddim wedi'i gyfyngu i brofiadau poenus yn unig. Mae newid yn dda pan fydd baban yn tyfu'n iach ac yn gryf ond mae newid yn wael pan fyddwn ni'n heneiddio ac yn gwanhau. Mae newid yn digwydd, yn gyflym neu'n araf, ac yn ôl Peter Harvey, 'Oherwydd y ffaith bod pethau'n fyrhoedlog maen nhw yn dukkah hefyd: yn gallu bod yn boenus ac yn rhwystredig'. Ond mae newid hefyd yn gallu golygu trawsnewid o anwybodaeth i fewnwelediad, o salwch i iechyd, o straen i lonyddwch.

Mae'r byd o'n cwmpas ni'n llawn o symud ac o newid.

Dim ond drwy gael mewnwelediad uniongyrchol wrth fyfyrio y mae deall byrhoedledd mewn gwirionedd. Dydy byrhoedledd ddim yn rhywbeth i gredu ynddo. Dydy byrhoedledd ddim yn rhywbeth i'w werthfawrogi ar lefel deallusol. Mae'n rhaid profi byrhoedledd drwy fyfyrdod. Felly, dydy hi ddim yn bosibl cyrraedd Goleuedigaeth heb wir ddeall y ffaith fod pethau'n fyrhoedlog.

Un peth yn unig y gellir dweud nad yw'n newid, a nibbana yw hwnnw. Mae nibbana heb ei gyflyru, mae'n ddiachos ac mae'r un fath bob amser. Ond, gellir dadlau nad 'peth' yw nibbana go iawn a'i fod y tu hwnt i fyd bodolaeth.

Cynnwys y fanyleb

Y tri lakshana (tri nod bodolaeth): anicca.

Dyfyniadau allweddol

Mae byrhoedledd yn nodwedd sylfaenol ar bob ffenomenon sydd wedi'i gyflyru. (Mahathera Nyanatiloka)

Heb fewnwelediad dwfn i fyrhoedledd ac ansylweddoldeb pob ffenomenon bodolaeth, does dim modd cyrraedd achubiaeth. (Mahathera Nyanatiloka)

Mae Bwdhaeth yn pwysleisio mai newid a byrhoedledd yw nodweddion sylfaenol popeth yn y bôn heblaw am nibbana. (Harvey)

cwestiwn cyflym

2.4 Pa un 'peth' nad yw'n newid?

Y cysyniad o anatta gan gyfeirio at Adran 1 Pennod 1 o'r darn am y Cerbyd yng Nghwestiynau'r Brenin Milinda

Mae'r cysyniad o anatta (di-hunan) wedi'i gamddeall yn aml mewn Bwdhaeth. Yn y bôn, dysgeidiaeth sy'n rhyddhau yw anatta mewn Bwdhaeth ac nid un besimistaidd. Mae'r broses o anatta yn golygu gwerthfawrogi ein bodolaeth am yr hyn ydyw. Mae'n broses o 'ddarganfod eich hun' yn yr ystyr ei fod yn datgelu beth 'yw' bod dynol mewn gwirionedd.

Un o'r enghreifftiau enwocaf o sut mae'r ddysgeidiaeth Fwdhaidd hon wedi cael ei chamddeall, ac ar yr un pryd wedi'i chyfleu'n effeithiol ac yn gywir, yw testun Bwdhaidd Milindapanha nad yw'n rhan o'r canon, wedi'i ddyddio tua 100 CCC. Fel arfer mae ei deitl yn cael ei gyfieithu fel **Cwestiynau'r Brenin Milinda**.

Brenin Groegaidd adnabyddus yw **Milinda** sydd wedi teithio i India i chwilio am sgwrs athronyddol. Mae Milinda yn adnabyddus am fod yn ddoeth iawn. Yn y cyflwyniad i'r testun mae'n dweud yn eglur mai Milinda yw'r gwrthwynebydd. Mae'n 'poeni'r urdd mynachod o hyd ac o hyd gyda chwestiynau, a chwestiynau am yr atebion'. Ond yn sicr nid ffŵl yw e – 'dyn a oedd yn ddysgedig, yn brofiadol, yn ddeallus ac yn gymwys ... fel dadleuwr roedd yn anodd ymosod arno, yn anodd ei oresgyn'. Yn sydyn, mae mynach o'r enw **Nagasena**, sydd yr un mor uchel ei barch ymysg Bwdhyddion, yn cael ei gyflwyno fel archarwr mewn llyfr comic. Mae'n diflannu'n wyrthiol o Barc Asoka yn Patna ac yn ymddangos o flaen yr urdd o fynachod yn yr Himalaya. Mae'n amlwg y bydd Nagasena yn dod i'r adwy, i helpu. Bydd yn ymryson â Milinda ac yn amddiffyn y ffordd Fwdhaidd. Ond mae'n ddiddorol nodi bod llawer mwy o Fwdhyddion na Groegwyr, 160:1, sy'n awgrymu beth fydd canlyniad y cyfarfod!

Yn gyntaf, mae'r moesau cymdeithasol yn cael eu sefydlu ac mae anrhydedd a pharch y naill ddyn at y llall yn cael ei fynegi'n ffurfiol wrth iddyn nhw eistedd i ddadlau.

Rhagarweiniad a dilyn y moesau cymdeithasol cychwynnol

Nawr aeth Milinda'r brenin i fyny i'r man lle'r oedd yr hybarch Nagasena, a'i gyfarch â chyfarchion cyfeillgarwch a chwrteisi, a chymryd ei sedd o'r neilltu'n barchus. A dychwelodd Nagasena ei gwrteisi, fel bod calon y Brenin wedi'i thawelu. (Wedi'i gyfieithu o'r Pali gan T. W. Rhys Davids)

Yna mae'r Brenin Milinda yn dechrau sgwrsio a heb yn wybod iddo, yn agor y ddadl.

Nodir y broblem

A dechreuodd Milinda drwy holi, 'Sut mae eich Parchedigaeth yn cael ei adnabod, a beth, Syr, yw eich enw chi?'

'Rwy'n cael fy adnabod fel Nagasena, O frenin, ac wrth yr enw hwnnw y mae fy mrodyr yn y ffydd yn fy nghyfarch. Ond er bod rhieni, O frenin, yn rhoi enw fel Nagasena, neu Surasena, neu Virasena, neu Sihasena, er hynny, Syr, – term sy'n cael ei ddeall yn gyffredinol yn unig yw Nagasena ac yn y blaen – dynodiad a ddefnyddir bob dydd. Oherwydd does dim unigoliaeth barhaol (dim enaid) ynghlwm wrth y mater.' (Wedi'i gyfieithu o'r Pali gan T. W. Rhys Davids)

Mae Milinda yn holi am enw ei wrthwynebydd cyn dechrau dadlau, fel rhan o batrwm sgwrs, ond dydy e ddim yn rhagweld y ffordd y mae Nagasena yn ymosod yn syth. Mae Nagasena yn cynnig ei enw, ond mae'n rhybuddio'r Brenin i beidio â rhoi gormod o bwys ar ei enw gan mai label ydyw a dim mwy, oherwydd, fel mae Edward Conze yr ysgolhaig Bwdhaidd yn cyfieithu o'r Pali, 'does dim modd dirnad un person mewn gwirionedd'.

Yn syth mae'r Brenin Milinda yn dod i'r casgliad anghywir o hyn.

Mynach Bwdhaeth Theravada nodweddiadol

Termau allweddol

Cwestiynau'r Brenin Milinda: testun Bwdhaidd enwog sy'n esbonio dysgeidiaeth Fwdhaidd allweddol ar ffurf stori am frenin Groegaidd yn cwrdd â mynach Bwdhaidd

Milinda: y Brenin Groegaidd yng Nghwestiynau'r Brenin Milinda

Nagasena: y mynach a fu'n dadlau â'r Brenin Milinda

Y gamddealltwriaeth

Yna galwodd Milinda ar y Yonakas a'r brodyr i dystio: 'Mae'r Nagasena hwn yn dweud nad oes unigoliaeth barhaol (dim enaid) ymhlyg yn ei enw. Ydy hi nawr hyd yn oed yn bosibl ei gymeradwyo yn hynny o beth?' A gan droi at Nagasena, meddai: 'Os, y parchedicaf Nagasena, nad oes unigoliaeth barhaol (dim enaid) ynghlwm wrth y mater, yna pwy, felly, sy'n rhoi i chi aelodau'r Urdd eich gwisgoedd a'ch bwyd a'ch llety a'r pethau sy'n angenrheidiol i'r rhai sâl? ... Pwy sy'n ymroi i fyfyrdod? ... ai'r ewinedd, y dannedd, y croen, y cnawd, y nerfau, yr esgyrn, y mêr, yr arennau, y galon, yr iau, yr abdomen, y ddueg, yr ysgyfaint, y coluddyn mawr, y coluddyn bach, y stumog, yr ysgarthion, y bustl, y fflem, y crawn, y gwaed, y chwys, y braster, y dagrau, y serwm, y poer, y mwcws, yr olew sy'n iro'r cymalau, yr wrin, neu'r ymennydd, neu unrhyw rai o'r rhain neu bob un ohonyn nhw, ai dyna Nagasena?' Ac i bob un o'r rhain atebodd nage.

'Felly ai'r ffurf allanol yw Nagasena, neu'r synhwyrau, neu'r syniadau, neu'r gymysgfa, neu'r ymwybod, ai dyna Nagasena?' Ac i bob un o'r rhain hefyd, atebodd nage.

'Yna ai'r holl Skandhas hyn gyda'i gilydd yw Nagasena?'

'Nage! Frenin mawr' ...

'Yna felly, pa faint bynnag rwy'n holi, allaf i ddim darganfod unrhyw Nagasena. Dim ond sain wag yw Nagasena. Pwy felly yw'r Nagasena rydyn ni'n ei weld o'n blaenau ni? Mae'r parchedig wedi dweud celwydd, anwiredd! (Cyfieithiwyd o'r Pali gan T. W. Rhys Davids)

Ar ôl dadansoddi'n drylwyr, mae Milinda wedi mynd drwy'r holl bosibiliadau corfforol a meddyliol a allai gael eu hadnabod yn 'Nagasena'! Ei gasgliad, felly, yw nad yw Nagasena yn bodoli a bod anwiredd wedi cael ei ddweud. 'Dim ond sain' yw'r term Nagasena hyd yn oed, term gwag a diystyr.

Dyma'r ymateb nodweddiadol i'r cysyniad Bwdhaidd o anatta (di-hunan). Mae Milinda yn tybio'n anghywir fod Nagasena yn gwadu ei fodolaeth ac yn datgan nihiliaeth (dangos agwedd negyddol gan hyrwyddo popeth diystyr). Ond nid dweud nad oedd yn bodoli wnaeth Nagasena, ond yn hytrach, 'does dim modd dirnad un person yma'. Hynny yw, mae'r 'person' sy'n cael ei adnabod wrth yr enw'n aml yn cael ei ddeall fel gwrthrych corfforol cyflawn; ond, camsyniad yw diffinio ein bodolaeth fel hyn. A bod yn fanwl gywir, mae'n rhaid diffinio a gwerthfawrogi bodolaeth mewn termau gwahanol i rai endidau sy'n bodoli'n barhaol. Mewn geiriau eraill, mae angen dadansoddi'r syniad o 'Nagasena', neu beth 'yw' person a'i ddiffinio'n ofalus.

Dyma'r cyfan y mae Nagasena yn ceisio ei gyfleu ac felly mae'n ymateb.

Dyfyniad allweddol

Dy enw yn unig sydd yn elyn im.
Cans ti dy hun wyt ti, nid Móntagiw.
Pa beth yw Móntagiw?
Nid llaw, na throed,
Na braich, na phen, nac unrhyw arall ran
Sy'n eiddo dyn. O, am wahanol enw!
Beth sydd mewn enw? Byddai'r rhosyn hwn
Yr un mor bêr ei sawr dan enw arall.
(William Shakespeare)

Yr esboniad

Ac meddai'r hybarch Nagasena wrth Milinda'r brenin: 'Rydych chi, Syr, wedi eich magu mewn moethusrwydd mawr, fel sy'n addas i'ch tras fonheddig. Petaech chi'n cerdded yn y tywydd sych yma ar y ddaear boeth a thywodlyd, gan sathru gronynnau grutiog, graeanog y tywod caled o dan draed, byddai eich traed yn eich brifo. A gan y byddai eich corff mewn poen, byddai eich meddwl yn gythryblus, a byddech yn profi ymdeimlad o ddioddefaint corfforol. Felly sut daethoch chi, ar droed, neu mewn cerbyd?'

'Ddes i ddim, Syr, ar droed. Des i mewn cerbyd.'

'Felly os daethoch chi, Syr, mewn cerbyd, esboniwch i mi beth yw e. Ai'r polyn yw'r cerbyd?'

'Ddywedais i ddim o hynny.'

'Ai'r echel yw'r cerbyd?'

'Nage, yn sicr.'

'Ai'r olwynion, neu'r fframwaith, neu'r rhaffau, neu'r iau, neu adenydd yr olwynion, neu'r swmbwl, yw'r cerbyd?'

Ac i'r rhain i gyd roedd yn dal i ateb nage.

'Felly ai'r holl rannau hyn ohono yw'r cerbyd?'

'Nage, Syr.'

'Ond oes unrhyw beth y tu allan iddyn nhw sy'n gerbyd?'

Ac eto atebodd nac oes.

'Felly, pa faint bynnag rwy'n holi, allaf i ddim darganfod unrhyw gerbyd. Dim ond sain wag yw cerbyd. Beth felly yw'r cerbyd y dywedwch eich bod wedi dod ynddo? Mae eich Mawrhydi wedi dweud celwydd, anwiredd! Does dim o'r fath beth â cherbyd! ...

Pan oedd wedi siarad fel hyn, gwaeddodd y pum cant o Yonakas eu cymeradwyaeth, a dweud wrth y brenin: Nawr, ceisiwch chi eich Mawrhydi ddatrys hynny, os gallwch chi?' (Cyfieithiwyd o'r Pali gan T. W. Rhys Davids)

Er mwyn darlunio'r pwynt hwn, mae Nagasena yn mynd ati'n syth i ennill y fantais oddi wrth Milinda. Mae'n ceisio dangos mai'r union beth y mae Milinda yn ei feirniadu yw'r cynsail y mae ef ei hun yn ei defnyddio er mwyn deall a dehongli'r byd.

Gan dynnu ar brofiad Milinda, mae Nagasena yn gofyn am ddiffiniad manwl gywir o'r peth y mae Milinda yn cyfeirio ato fel 'cerbyd'. Yn union fel 'Nagasena', does gan y 'cerbyd' ddim gwerth ontolegol, a byddai'n awgrymu bod y Brenin ei hun wedi 'dweud anwiredd'. Mae'r Brenin yn egluro nad felly y mae, ac mae'n diffinio cerbyd o ran y ffactorau sy'n achosi iddo godi, hynny yw, y ffactorau y mae'r cerbyd yn dibynnu arnyn nhw am ei fodolaeth. Nid cerbyd yw e fel endid penodol yn ei rinwedd ei hun, ond yn hytrach fel rhywbeth sydd wedi'i lunio o bethau eraill.

Yn yr un ffordd, mae Nagasena yn darlunio, 'felly'n union y mae yn f'achos i'. Mae'r term 'Nagasena' yn cyfeirio at broses o ddeunyddiau ar y cyd yn hytrach nag un cynnyrch unigol ar ei ben ei hun. Mae Milinda yn deall ac yn sylweddoli hyn yn sydyn ac mae wrth ei fodd gyda doethineb Nagasena a'r gymhariaeth a ddewisodd.

Y fuddugoliaeth

Yna atebodd Milinda'r brenin Nagasena, a dweud: 'Dydw i ddim wedi dweud unrhyw gelwydd, barchedig Syr. Oherwydd bod ganddo'r holl bethau hyn – y polyn, a'r echel, yr olwynion, a'r fframwaith, y rhaffau, yr iau, yr adenydd, a'r swmbwl – dyna pam mae'n dod o dan y term sy'n cael ei ddeall yn gyffredinol, yr enw a bennwyd ar ei gyfer at ddefnydd pob dydd, sef "cerbyd".'

'Da iawn! Mae eich Mawrhydi wedi deall ystyr "cerbyd" yn gywir. Ac felly hefyd, oherwydd yr holl bethau yr holoch chi fi amdanyn nhw, y tri deg dau o fathau o fater organig mewn corff dynol, a phum elfen ansoddol bod – rwyf innau'n dod o dan y term sy'n cael ei ddeall yn gyffredinol, yr enw a bennwyd ar ei gyfer at ddefnydd pob dydd, sef, "Nagasena".' (Wedi'i gyfieithu o'r Pali gan T. W. Rhys Davids)

Nagasena sy'n ennill y ddadl, ac mae wedi darlunio'n effeithiol mai label yn unig yw'r term Nagasena sy'n disgrifio casgliad o nodweddion corfforol a meddyliol.

Gweithgaredd AA1

Meddyliwch am ffordd wahanol o esbonio cysyniad anatta gan ddefnyddio eich symbol eich hun. Rhowch gynnig ar ddefnyddio symbol yr un nawr ar gyfer anicca a dukkha.

Awgrym astudio

Cofiwch, pan fyddwch chi'n cyfeirio at y ddysgeidiaeth yng Nghwestiynau'r Brenin Milinda, PEIDIWCH â mynd ar gyfeiliorn drwy adrodd stori. Dewiswch y prif bwyntiau a fydd yn cefnogi beth bynnag yw canolbwynt eich ateb.

Dyfyniad allweddol

Mae Bwdhyddion yn gwadu mai sylwedd parhaol, digyfnewid, unedig a thragwyddol neu Enaid (atman) yw gwrthrych meddyliau, teimladau, gweithredoedd a'u canlyniadau. Does dim dwywaith bod meddyliau, teimladau, emosiynau a gweithredoedd yn digwydd, ond ddylai hyn ddim cael ei ddehongli fel petai'n cyfleu bodolaeth gwrthrych cyson fel ffaith arall uwchlaw llif profiadau. Mae credu yn eich hunaniaeth eich hun yn ffurf ar lynu hunanol sy'n arwain at ddioddefaint a phryder. (Bartley)

Fel y corff dynol, mae cerbyd yn cynnwys gwahanol rannau.

cwestiwn cyflym

2.5 Pa symbol a roddodd Nagasena i'r Brenin Milinda i helpu i esbonio cysyniad anatta?

Cynnwys y fanyleb

Y tri lakshana (tri nod bodolaeth): anatta.

Termau allweddol

Skandhas: y pum elfen sy'n gwneud unigolyn

Sunnata: term Pali am 'wacter'; hefyd sunyata mewn Sansgrit

Dyfyniad allweddol

Dyma athrawiaeth ganolog Bwdhaeth, mae gwir wybodaeth o Fwdhaeth yn gwbl amhosibl oni bai ein bod yn ei deall. Dyma'r unig athrawiaeth Fwdhaidd sy'n wirioneddol benodol, y mae llwyddiant neu fethiant strwythur cyfan dysgeidiaeth Bwdha'n ddibynnol arni. (Mahathera Nyanatiloka)

Hindŵ yn ymarfer yoga

cwestiwn cyflym

2.6   Â beth y cymharodd Ajahn Chah fodolaeth?

Y cysyniad o anatta

Mae anatta yn aml yn cael ei gyfieithu fel heb enaid neu heb hunan. Dydy hyn ddim bob amser yn ddefnyddiol fel rydyn ni wedi'i weld gyda Milinda a Nagasena. Efallai mai'r cyfieithiad mwyaf buddiol er mwyn deall y syniad o anatta yw 'di-hunan'. Yn wir, mae athroniaeth Fwdhaidd ddiweddarach yn deall bod egwyddor anatta yn ymestyn at bob bodolaeth ac yn ymwneud yn uniongyrchol ag absenoldeb 'eich bodolaeth eich hun' (svabhava) neu 'wacter' (sunnata Pali sunyata Sansgrit) pob ffenomenon sydd wedi'i gyflyru. Gan fod anatta yn un o'r tri nod bodolaeth, mae'n wir felly am bob bodolaeth ac nid am unigolyn yn unig; fodd bynnag, yr unigolyn yn aml yw'r man cychwyn ar gyfer deall y cysyniad.

Pan oedd yn ystyried ei hun trwy fyfyrdod, ni allai'r Bwdha ganfod un peth nad oedd yn newid oddi mewn iddo ei hun. Doedd dim tystiolaeth o'r enaid sylfaenol neu'r 'atman' sydd i'w gael mewn Hindŵaeth. Yn hytrach, darganfu'r Bwdha fod llawer o bethau sy'n cyfuno i wneud bod dynol. Mae safbwynt y Bwdha'n hollol faterol yn yr ystyr athronyddol, ac mae'n gwrthod yn llwyr fod hanfod tragwyddol, digyfnewid yn bodoli mewn unigolyn.

Mae'n ymddangos bod y cysyniad o anatta yn hollol unigryw. Mae eraill wedi cytuno â hyn ac wedi dadlau mai anatta sy'n gwneud i Fwdhaeth fod yn unigryw ymysg crefyddau'r byd.

Cymharodd Ajahn Chah, mynach Bwdhaidd adnabyddus, fywyd dynol â chiwb iâ sy'n toddi'n raddol hyd nes bod dim ar ôl. Fodd bynnag, nid yw hyn yn golygu y byddai Bwdhydd yn gwadu bodolaeth bodau dynol.

Mae'r syniad o anatta yn gwahodd ymchwilio pellach, wrth gael mewnwelediad drwy fyfyrio, i bwy neu beth yw person mewn gwirionedd. Mewn geiriau eraill, mae fel ailddarganfod yr hunan. Mae Peter Harvey yn mynegi hyn yn dda wrth nodi bod gwahaniaeth rhwng yr hyn y gallwn gyfeirio ato fel hunan metaffisegol tragwyddol a digyfnewid (neu enaid, ysbryd) a hunan empirig sy'n newid. Felly, mae anatta yn gwrthod yr hunan metaffisegol ond wrth wneud hynny mae'n **datgelu**'r hunan empirig.

Dyfyniad allweddol

Er nad yw hunan metaffisegol yn cael ei dderbyn, mae 'hunan' empirig sy'n newid yn cael ei dderbyn ... Dim ond ffordd o siarad am y ffactorau-personoliaeth gweithredol yw cyfeiriad at 'hunan' empirig, nid rhyw gyfeiriad at endid neu strwythur cudd ychwanegol. (Harvey)

O'i ystyried fel hyn, mae anatta yn ddyfais, dull neu gyfrwng ymarferol iawn ar gyfer datblygiad ysbrydol. Felly mae'n cael ei drawsnewid o fod yn osodiad athronyddol i fod yn ymchwiliad empirig. Pan fydd di-hunan yn cael ei weld yn haniaethol mae perygl iddo golli ei bersbectif a'i werth gwirioneddol. Os dysgeidiaeth neu ddamcaniaeth athronyddol yn unig ydyw, yna ar yr olwg gyntaf mae'n ymddangos fel petai'n ddiystyr. Dim ond pan gaiff ei brofi, fel anicca neu dukkha, y mae'n dod yn ystyrlon mewn gwirionedd.

Ond mae'r cwestiwn yn parhau, 'os yw person yn anatta (di-hunan) ac nad oes ganddo hunan metaffisegol parhaol a digyfnewid, yna beth yn union sy'n gwneud bod dynol?'

Ateb Bwdhaeth yw bod person yn codi ac yn gweithredu yn ôl y pum grŵp sy'n cael eu galw'n skandhas (khandhas Pali). Maen nhw'n aml yn cael eu defnyddio ar y cyd â'r gair upadana sy'n cael ei gyfieithu fel 'glynu', ffurf ddwysach ar yr ail Wirionedd Nobl tanha (chwant neu drachwant).

Dyma'r pum skandha:

1. **Rupa** (ffurf) Mae hyn yn cyfeirio at agwedd gorfforol bodolaeth. Mae'n cynnwys egni, gweithredu a holl weithredoedd unigolyn. Mae'n ymwneud â phob un o bum synnwyr y profiad dynol. Hefyd mae'n cyfeirio at y mater sydd ddim ar gael o'n cwmpas.

2. **Vedana** (teimlad) Mewn gwirionedd y rhain yw ein hymatebion i'r amgylchedd sydd o'n cwmpas. Gall ymatebion fod yn gadarnhaol neu'n negyddol. Mae ymatebion yn ymwneud â'r synhwyrau a'r emosiynau, sy'n cynnwys teimladau o boen, pleser a difaterwch neu niwtraliaeth.

3. **Sanna** (canfyddiad) Dyma'r cyfrwng y mae'r teimladau y mae vedana yn eu hadnabod yn cael eu dehongli (neu'u camddehongli) drwyddo mewn gwirionedd ac yn cael ystyr bersonol. Maen nhw'n cynnwys canfyddiad o ffurf, sain, arogl, blas, argraff gorfforol, ac argraff feddyliol. Rydyn ni'n tueddu i ddefnyddio iaith i roi labeli arnyn nhw, er enghraifft, oer, ofnus, dyn hyll, ci ffyrnig.

4. **Sankhara** (ffurfiannau meddyliol) Mae hwn yn grŵp hanfodol oherwydd dyma'r cam sy'n ysgogi gweithredu. Mae'n pennu sut mae person yn ymateb i'r profiad y mae'n dod ar ei draws. Er enghraifft, ai profiad hapus yw hwn? Os felly, sut rydw i'n symud ymlaen?

5. **Vinnana** (ymwybod) Mae hwn yn cael ei weld fel sail ein profiad i gyd. Mae'n mynegi ei hun mewn perthynas â sanna. Ond, nid endid annibynnol yw hwn, ac mae'n cael ei yrru gan y pedwar ffurfiant arall. Yn ei dro, mae vinnana hefyd yn pennu sut mae'r pedwar grŵp arall yn cael eu ffurfio yn y lle cyntaf. Weithiau mae'r pumed grŵp yn cael ei alw'n **citta**, sy'n golygu meddwl, neu ymwybyddiaeth neu ymwybod. Ar y cam hwn, efallai bydd penderfyniad cyffredinol i weithredu'n cael ei wneud.

Noder mai'r grŵp cyntaf yn unig sy'n ymwneud â'r byd corfforol mewn gwirionedd. Mae'r gweddill i gyd ym mydoedd y seice (*psyche*). Yn ôl Nyanatiloka: 'Mae ansawdd moesol teimlad, canfyddiad ac ymwybod wedi'i bennu gan y ffurfiannau meddyliol.' Felly, fel sy'n wir am kamma (karma), y meddwl yw gwir ysgogydd gweithredu.

Dyfyniadau allweddol

Mewn gwirionedd, y cyfan yw'r hyn sy'n cael ei alw'n fodolaeth unigol yw proses o'r ffenomenau meddyliol a chorfforol hynny ... Ond, nid yw'r pum grŵp hyn, naill ai'n unigol na chwaith gyda'i gilydd, yn creu unrhyw Endid-ego neu Bersonoliaeth (atta) hunanddibynnol go iawn. (**Mahathera Nyanatiloka**)

Yn ôl Bwdhaeth, nid yw'r meddwl yn ddim ond cyfansoddiad cymhleth o gyflyrau meddyliol dros dro ... Mae pob ymwybod byrhoedlog o'r broses bywyd hon sy'n newid yn barhaus, wrth ddarfod, yn trosglwyddo ei holl egni, yr holl argraffiadau manwl, i'w olynydd. Mae pob ymwybod newydd yn cynnwys holl botensial ei ragflaenwyr ynghyd â rhywbeth mwy. Felly mae llif parhaus o ymwybod heb unrhyw ymyrraeth i'w ffrwd. Nid yw'r eiliad o feddwl sy'n dilyn naill ai'n union yr un fath â'i ragflaenydd – gan nad yw'r hyn sy'n ei greu'r union yr un fath – na chwaith yn rhywbeth hollol ar wahân – gan ei fod yn barhad o'r un egni kamma. Nid oes bod unfath yma, ond mae yma hunaniaeth sydd ar waith. (**Narada Thera**)

Termau allweddol

Citta: term i ddisgrifio'r meddwl neu'r ymwybod

Rupa: elfennau corfforol, 'ffurf'

Sankhara: 'ffurfiannau meddyliol'

Sanna: 'canfyddiad', dehongli'r profiadau cadarnhaol neu negyddol

Vedana: 'teimlad', ymwybyddiaeth o brofiadau cadarnhaol neu negyddol

Vinnana: yr elfen gwneud penderfyniadau

cwestiwn cyflym

2.7 Faint o skandhas sy'n bodoli sydd ddim yn rhai corfforol?

Sgiliau allweddol

Mae gwybodaeth yn ymwneud â:

Dewis ystod o wybodaeth (drylwyr) gywir a pherthnasol sydd â chysylltiad uniongyrchol â gofynion penodol y cwestiwn.

Mae hyn yn golygu eich bod yn dewis y wybodaeth gywir sy'n berthnasol i'r cwestiwn a osodwyd NID y maes pwnc. Bydd angen i chi feddwl a chanolbwyntio ar ddewis gwybodaeth allweddol ac NID ysgrifennu popeth yr ydych chi'n ei wybod am y maes pwnc.

Mae dealltwriaeth yn ymwneud ag:

Esboniad helaeth, gan ddangos dyfnder a/neu ehangder gyda defnydd rhagorol o dystiolaeth ac enghreifftiau gan gynnwys (lle y bo'n briodol) defnydd trylwyr a chywir o destunau cysegredig, ffynonellau doethineb a geirfa arbenigol.

Mae hyn yn golygu y gallwch ddangos eich bod yn deall rhywbeth drwy egluro ac ehangu eich pwyntiau gan ddefnyddio enghreifftiau/tystiolaeth gefnogol mewn ffordd bersonol ac NID ailadrodd darnau o werslyfr (sef dysgu ar y cof).

Cymhwyso sgiliau ymhellach:

Ewch drwy'r meysydd pwnc yn yr adran hon a lluniwch rai rhestri bwled o bwyntiau allweddol o feysydd allweddol. Ar gyfer pob un, rhowch fwy o fanylion ac esboniwch fwy drwy ddefnyddio tystiolaeth ac enghreifftiau.

Datblygu sgiliau AA1

Nawr mae'n bryd ystyried y wybodaeth sydd wedi'i chyflwyno hyd yma. Hefyd mae'n bwysig ystyried sut mae'r hyn rydych chi wedi'i ddysgu hyd yma'n gallu cael ei ddefnyddio ar gyfer atebion arholiad drwy ymarfer y sgiliau sy'n gysylltiedig ag AA1.

Mae Amcan Asesu 1 (AA1) yn ymwneud â dangos gwybodaeth a dealltwriaeth. Mae ystyr y termau 'gwybodaeth' a 'dealltwriaeth' yn amlwg ond mae'n hanfodol eich bod yn gyfarwydd â sut mae sgiliau penodol yn dangos y rhain, a hefyd, sut bydd eich perfformiad ym mhob un o'r sgiliau hyn yn cael ei fesur (gweler disgrifyddion band cyffredinol Band 5 ar gyfer AA1 UG).

Yn amlwg mae ateb yn cael ei osod mewn disgrifydd band priodol, yn ôl pa mor dda yw'r ateb, gan amrywio o ragorol, da, boddhaol, sylfaenol/cyfyngedig i gyfyngedig iawn.

▶ **Dyma eich tasg newydd:** isod mae ateb gwan a gafodd ei ysgrifennu'n ymateb i gwestiwn sy'n gofyn am archwilio'r tri lakshana. Gan ddefnyddio'r disgrifyddion band, rhowch yr ateb hwn mewn band perthnasol sy'n cyfateb i'r disgrifiad yn y band hwnnw. Yn amlwg mae'n ateb gwan ac felly nid yw'n perthyn i fandiau 3–5. Er mwyn gwneud hyn, bydd yn ddefnyddiol i chi ystyried beth sydd ar goll o'r ateb a beth sy'n anghywir. Bydd y dadansoddiad sy'n cyd-fynd â'r ateb yn rhoi'r rhesymau pam, i'ch helpu chi. Wrth ddadansoddi gwendidau'r ateb, gweithiwch mewn grŵp a meddyliwch am bum ffordd o wella'r ateb er mwyn ei gryfhau. Efallai fod gennych fwy na phum awgrym ond ceisiwch drafod fel grŵp a blaenoriaethu'r pum peth pwysicaf sydd ar goll.

Ateb

Ystyr anicca yw byrhoedledd. Dyma'r syniad nad oes un peth sy'n aros yr un fath. **1** Yn y byd uniongyrchol o'n cwmpas mae sut mae pethau'n ymddangos yn gallu ein twyllo. Efallai fod bwrdd yn ymddangos yn statig, a blodyn yn ymddangos heb newid o un eiliad i'r nesaf. O'i ddadansoddi ar lefel llawer dyfnach gellir gweld bod y bydysawd, mewn gwirionedd, wedi'i greu o lawer o bethau gwahanol. **2**

Pan oedd yn ei ystyried ei hun trwy fyfyrdod, ni allai'r Bwdha ei ganfod ei hun na dod o hyd i'w enaid. Nid oedd unrhyw dystiolaeth o 'enaid' sylfaenol. **3** Nid oes hunan yn yr ystyr y byddai Hindŵiaid neu Gristnogion yn ei ddeall. Yn hytrach, mae llawer o bethau sy'n cael eu cyfuno i'n gwneud ni'r bobl ydyn ni. **4**

Dukkha yw'r cyntaf o'r Gwirioneddau Nobl hefyd. **5** 'Rhwystredigaeth' yw'r cyfieithiad gorau ohono. **6** Mae Narada Thera yn cynnig trosiad llythrennol o dukkha fel 'yr hyn y mae'n anodd ei ddioddef' (gair cyfansawdd yn cynnwys 'du' – anodd a 'kha' – dioddef). **7** Mae dukkha yn aml yn cael ei gyfieithu fel 'dioddefaint' neu 'adfyd', er nad yw hyn wir yn cyfleu pa mor eang y mae'n berthnasol i fywyd mewn gwirionedd. **8**

Sylwadau

1 Ai dyma'r cyflwyniad gorau? Cysylltwch hyn â bywyd y Bwdha.

2 Ydy hyn yn gywir neu'n berthnasol?

3 Byddai'n ddefnyddiol rhoi enghraifft yma neu gynnig dyfyniad i gefnogi'r pwynt.

4 Gellid egluro hyn drwy gyfeirio at y skandhas.

5 Diffiniwch hyn mewn perthynas â'r lakshanas hefyd.

6 Pam? Mae angen egluro rhagor ar hyn.

7 Mae cynnig safbwynt ysgolheigaidd yn beth da ond sut mae hyn yn berthnasol? Dydy hyn ddim yn cael ei egluro, dim ond yn cael ei ddweud.

8 Eglurwch hyn, nid dweud yn unig!

Materion i'w dadansoddi a'u gwerthuso

Y tri lakshana yn cynrychioli realiti

Gallai rhywun ddadlau bod yr ymagwedd Fwdhaidd at y profiad dynol yn debyg i ymagwedd wyddonol. Hynny yw, dydy hi ddim yn ddogmatig. Dydy hi ddim wedi'i seilio ar set o gredoau, ond mae'n seiliedig ar arsylwi a phrofi trylwyr. Felly byddai rhywun yn gobeithio ei bod yn ddefnyddiol ac yn gyson â'r hyn rydyn ni'n ei wybod heddiw am y cyflwr dynol. Byddai rhai pobl yn defnyddio'r rhesymeg hon i gynnig bod ei dull empirig yn rhesymol a'i bod yn dadansoddi'r pethau rydyn ni'n eu gweld a'u profi mewn bywyd bob dydd.

I gefnogi hyn, mae pethau sy'n debyg iawn i wyddor seicoleg, a fyddai'n cefnogi'r ddadl bod canolbwyntio ar sut rydyn ni'n dehongli ac yn profi pethau'n rhan hanfodol a chynrychioliadol o realiti yn yr ystyr ei fod yn adlewyrchu'r cyflwr dynol. Er enghraifft, mae gwaith Susan Blackmore, seicolegydd adnabyddus a Bwdhydd mewn gair a gweithred, yn awgrymu bod dadansoddiad Bwdhaeth o'r profiad dynol yn gyson â syniadau gwyddonol cyfoes. Yn ogystal, mae meysydd eraill seicoleg a seiciatreg yn gwneud defnydd da o feddylgarwch fel techneg ar gyfer iechyd meddwl. Mae'r ffaith bod pobl yn ymateb i newid a straen yn golygu bod anicca a dukkha o leiaf yn cynrychioli realiti.

Gellir awgrymu bod gan bob un o'r tri nod yn unigol gryfderau o ran helpu pobl i ddeall y profiad dynol a'r hyn rydyn ni'n ei alw'n fyd go iawn o'n cwmpas.

Er enghraifft, er bod dehongliad cul o'r gair dukkha yn ymddangos yn negyddol ar yr olwg gyntaf, o ystyried dehongliad a dealltwriaeth ehangach, mae'n llawer mwy cyson â'r profiad dynol o fywyd. Hynny yw, nid yn unig mae'n cynnwys profiadau negyddol ond rhai cadarnhaol hefyd. Yn gryno, mae'n disgrifio cyfnodau 'gwell' a 'gwaeth' bodolaeth ddynol sy'n gyffredin i bawb. Mae pobl yn gallu uniaethu â'r disgrifiad hwn o fywyd ac yn gweld ei fod yn cynrychioli realiti.

Ar y dechrau, efallai ei bod hi'n anodd cysoni'r syniad o fyrhoedledd â syniadau crefyddol yn ogystal â rhai seciwlar. Er enghraifft, delfrydau crefyddol bywyd tragwyddol a natur barhaol ysbryd neu enaid a safbwyntiau gwyddonol am DNA a phenderfyniaeth. Ond, mae newidiadau mewn dealltwriaeth wyddonol am natur y bydysawd yn enwedig, er enghraifft ym maes ffiseg cwantwm, wedi gwneud i syniadau Bwdhaeth fod yn fwy defnyddiol ac yn fwy cyson â'r hyn y gallwn ei wybod am y profiad dynol. Bydd ffiseg cwantwm yn derbyn ei bod hi'n ymddangos bod symud parhaus yn y bydysawd. Yn wir, llyfr o'r enw *The Tao of Physics* a ysgrifennwyd yn 1975 gan Fritjof Capra, ffisegydd o India, a dynnodd sylw rhyngwladol yn gyntaf at y tebygrwydd rhwng syniadau gwyddonol am natur y bydysawd ac athroniaeth Indiaidd hynafol (gan gynnwys Bwdhaeth).

Er gwaethaf hyn, gydag anatta, y syniad o ddi-hunan, y bydd gwrthdaro bob amser. Nid gyda gwyddoniaeth o angenrheidrwydd y mae'r gwrthdaro hwn, er bod llawer o wyddonwyr sydd â chred grefyddol bersonol sy'n cydio'n dynn wrth y syniad o 'enaid'. Wrth gwrs, mae gwrthdaro rhwng Bwdhaeth a chrefyddau eraill y byd o ran dadansoddi'r profiad dynol. Efallai mai'r prif berygl yw bod dysgeidiaeth anatta'n ymddangos fel petai hi ddim yn cynrychioli realiti gan fod llawer yn camddeall y cysyniad, fel gwnaeth Milinda i ddechrau.

At ei gilydd, gellid dadlau mai hanfod athroniaeth Fwdhaidd yw mai'r unig ffordd i ddatrys gwrthdaro ynghylch sut mae pethau yw drwy 'wneud' rhywbeth amdano; 'arsylwi'n drylwyr, profi a gweld drosoch eich hun' fyddai'r ateb hynafol sy'n deillio o'r Bwdha ei hun. Hyd yn oed os nad yw'n cael ei ystyried bod y ddysgeidiaeth yn cynrychioli realiti, yna o leiaf mae'r agwedd yn gwneud hynny.

Mae'r adran hon yn cwmpasu cynnwys a sgiliau AA2

Cynnwys y fanyleb

Y tri lakshana yn cynrychioli realiti.

Gweithgaredd AA2
Dadleuon posibl

Wedi'u rhestru isod mae rhai casgliadau y byddai'n bosibl dod iddynt ar sail rhesymeg AA2 yn y testun cysylltiedig:

1. Mae'r lakshanas yn cynrychioli realiti gan eu bod wedi'u seilio ar arsylwi ar y byd o'n cwmpas.

2. Mae'r lakshanas yn cynrychioli realiti gan fod ymchwiliad gwyddonol yn gallu eu dilysu nhw.

3. Mae'r lakshanas yn cynrychioli realiti oherwydd eu bod nhw'n ymdrin â phethau y mae pobl yn gallu uniaethu â nhw bob dydd.

4. Dydy'r lakshanas ddim yn cynrychioli realiti oherwydd dim ond dehongliadau ydyn nhw nad yw'n bosibl eu dilysu yn y pen draw, yn enwedig anatta.

5. Dydy'r lakshanas ddim yn cynrychioli realiti oherwydd eu bod nhw'n cael eu camddeall yn rhy aml.

Ystyriwch bob un o'r casgliadau sy'n cael eu gwneud uchod a chasglwch dystiolaeth ac enghreifftiau i gefnogi pob dadl o'r deunydd AA1 ac AA2 a astudiwyd yn yr adran hon. Dewiswch un casgliad sy'n argyhoeddi fwyaf yn eich barn chi ac esboniwch pam mae hyn yn wir. Nawr cyferbynnwch hyn â'r casgliad gwannaf ar y rhestr, gan gyfiawnhau eich dadl gyda rhesymu clir a thystiolaeth.

Gweithgaredd AA2
Dadleuon posibl

Wedi'u rhestru isod mae rhai
casgliadau y byddai'n bosibl dod
iddynt ar sail rhesymeg AA2 yn y
testun cysylltiedig:

1. Y tri lakshana yw'r ddysgeidiaeth
   bwysicaf gan mai nhw oedd
   mewnwelediadau cyntaf y Bwdha.

2. Y tri lakshana yw'r ddysgeidiaeth
   bwysicaf oherwydd eu bod nhw'n
   gysylltiedig â phob dysgeidiaeth
   Fwdhaidd arall.

3. Y tri lakshana yw'r ddysgeidiaeth
   bwysicaf oherwydd nhw yw'r
   arsylwadau cyntaf y mae angen i
   bob Bwdhydd eu cydnabod.

4. Nid y tri lakshana yw'r
   ddysgeidiaeth bwysicaf oherwydd
   bod pob dysgeidiaeth Fwdhaidd yn
   cysylltu â'i gilydd.

5. Nid y tri lakshana yw'r
   ddysgeidiaeth bwysicaf oherwydd
   nhw yw'r dechrau; y canlyniad
   yn y pen draw, nibbana, sydd
   bwysicaf.

Ystyriwch bob un o'r casgliadau sy'n
cael eu gwneud uchod a chasglwch
dystiolaeth ac enghreifftiau i gefnogi
pob dadl o'r deunydd AA1 ac AA2 a
astudiwyd yn yr adran hon. Dewiswch
un casgliad sy'n argyhoeddi fwyaf yn
eich barn chi ac esboniwch pam mae
hyn yn wir. Nawr cyferbynnwch hyn
â'r casgliad gwannaf ar y rhestr, gan
gyfiawnhau eich dadl gyda rhesymu
clir a thystiolaeth.

Y tri lakshana fel dysgeidiaeth bwysicaf Bwdhaeth

Arsylwadau am fywyd mewn gwirionedd yw tair nodwedd bodolaeth, fel maen
nhw'n cael eu hadnabod. Y rhain oedd yr arsylwadau cyntaf a wnaeth y Bwdha
wrth ymateb i'r Pedair Golygfa. Yn yr ystyr hwn, mae Bwdhaeth yn wyddonol iawn
ei hymagwedd ac fel y cyfryw mae'n bwysig arsylwi. Arsylwodd y Bwdha dri pheth:
mae popeth yn fyrhoedlog (anicca), does dim un peth sydd â 'hunan' neu 'enaid'
(anatta), a, dioddefaint yw bywyd (dukkha). Felly gellid dadlau mai'r tri lakshana
yw sylfaen athroniaeth Fwdhaidd.

Gellid cynnig mai'r tri nod bodolaeth yw'r ddysgeidiaeth bwysicaf mewn Bwdhaeth
nid yn unig oherwydd mai dyma fewnwelediad cyntaf y Bwdha ar ôl y Pedair
Golygfa, ond hefyd oherwydd mai dyma'r man cychwyn wrth ddilyn y llwybr
Bwdhaidd hyd heddiw. Cydnabod a deall arwyddocâd y lakshana, yn enwedig
dukkha, yw'r hyn y mae'n rhaid i bob Bwdhydd ei wneud gyntaf.

Mae anicca yn dysgu mai dros dro mae popeth mewn bywyd. Mae'n hanfodol
sefydlu hyn mewn Bwdhaeth oherwydd mae'n golygu bod person yn gallu newid
a symud ymlaen at Oleuedigaeth yn union fel gwnaeth y Bwdha. Yn ogystal, mae'n
bwysig hefyd dod i delerau â'r ddysgeidiaeth fod pethau'n symud ac yn newid
o hyd er mwyn symud ymlaen drwy gamau myfyrdod. Mae'r ddysgeidiaeth yn
amlwg yn sylfaen i agweddau eraill ar ddysgeidiaeth ac arferion Bwdhaidd, ac felly
mae'n hanfodol bwysig am y rheswm hwn.

Fodd bynnag, mae un 'peth' nad yw'n anicca. Nibbana yw hwn oherwydd ei fod
'heb ei gyflyru'. Mae hyn yn bwysig oherwydd ei fod yn gwahaniaethu rhwng
nibbana a gweddill y ddysgeidiaeth Fwdhaidd, gan ddangos ei fod yn unigryw.
Fodd bynnag, gellid awgrymu hefyd os dyma fel y mae hi, yna nibbana, ac nid y
lakshanas, yw'r ddysgeidiaeth bwysicaf.

Yn wir, er i'r Bwdha ddweud, 'dioddefaint rwy'n ei ddysgu' ychwanegodd hefyd 'a
ffordd allan o ddioddefaint' felly gellid gweld mai diwedd y llwybr Bwdhaidd yw'r
ddysgeidiaeth bwysicaf.

Ystyr anatta yw 'di-hunan'. Pan oedd y Bwdha'n myfyrio, doedd e ddim yn gallu
dod o hyd i dystiolaeth o enaid. Yn hytrach, casgliad o gyflyrau corfforol a meddyliol
ydyn ni. 'Person' ydy ein henw ni ar y cyflyrau hyn gyda'i gilydd ond mewn
gwirionedd does dim person parhaol yno. A dyfynnu Mahathera Nyanatiloka, anatta
yw'r 'unig athrawiaeth Fwdhaidd sy'n wirioneddol benodol, y mae llwyddiant neu
fethiant strwythur cyfan dysgeidiaeth Bwdha'n ddibynnol arni'. Felly, mae'n ganolog
i ddysgeidiaeth Fwdhaidd ac yn gysylltiedig â phob un arall.

Ystyr dukkha yn llythrennol yw 'dioddefaint' ond mae hyn yn aml yn arwain
at gamddealltwriaeth. Mae Harvey yn cyfeirio'n hytrach at y term hwn fel
'rhwystredigaeth'. Mae wedi'i gysylltu'n uniongyrchol ag anicca oherwydd bod
rhwystredigaeth yn codi o'r ffaith nad yw pethau'n barhaol ac nad ydyn nhw'n
para. Felly, rydyn ni'n gweld y cysylltiad agos rhwng y lakshanas, yn enwedig, wrth
astudio anatta, gan ein bod yn gweld bod bodau dynol wedi'u creu o bum elfen
sy'n newid drwy'r amser. Newid, dioddefaint a di-hunan oedd yr ysgogiadau, ac
sy'n dal i fod yn ysgogiadau i chwilio am Oleuedigaeth ac felly rhaid mai dyma'r
ddysgeidiaeth bwysicaf.

At ei gilydd, mae tair nodwedd bodolaeth yn adlewyrchu profiad y Bwdha o'r
Tair Golygfa gyntaf. Roedd y rhain yn ysgogiad iddo sylweddoli fod pethau'n
fyrhoedlog, yn ddi-hunan ac yn llawn dioddefaint. Felly hyd yn oed os nad ydyn
nhw'n cael eu gweld fel y ddysgeidiaeth bwysicaf, maen nhw'n bwysig yn sicr.
Casgliad arall posibl yw, oherwydd bod pob dysgeidiaeth Fwdhaidd yn gysylltiedig
â'i gilydd, nad yw hi'n bosibl gwahanu un oddi wrth y llall, ac felly mae pob
dysgeidiaeth yr un mor bwysig â'i gilydd.

Datblygu sgiliau AA2

Nawr mae'n bryd ystyried y wybodaeth sydd wedi'i chyflwyno hyd yma. Hefyd mae'n bwysig ystyried sut mae'r hyn rydych chi wedi'i ddysgu hyd yma'n gallu cael ei ddefnyddio ar gyfer atebion arholiad drwy ymarfer y sgiliau sy'n gysylltiedig ag AA2.

Mae Amcan Asesu 2 (AA2) yn ymwneud â 'dadansoddi' a 'gwerthuso'. Efallai fod ystyr y termau'n amlwg ond mae'n hanfodol eich bod yn gyfarwydd â sut mae sgiliau penodol yn dangos y rhain, a hefyd, sut bydd eich perfformiad ym mhob un o'r sgiliau hyn yn cael ei fesur (gweler disgrifyddion band cyffredinol Band 5 ar gyfer AA2 UG).

Yn amlwg mae ateb yn cael ei osod mewn disgrifydd band priodol, yn ôl pa mor dda yw'r ateb, gan amrywio o ragorol, da, boddhaol, sylfaenol/cyfyngedig i gyfyngedig iawn.

▶ **Dyma eich tasg:** isod mae ateb gwan a gafodd ei ysgrifennu'n ymateb i gwestiwn sy'n gofyn am werthuso a yw'r tri lakshana yn ddysgeidiaeth realistig. Gan ddefnyddio'r disgrifyddion band, rhowch yr ateb hwn mewn band perthnasol sy'n cyfateb i'r disgrifiad yn y band hwnnw. Yn amlwg mae'n ateb gwan ac felly nid yw'n perthyn i fandiau 3–5. Er mwyn gwneud hyn, bydd yn ddefnyddiol i chi ystyried beth sydd ar goll o'r ateb a beth sy'n anghywir. Bydd y dadansoddiad sy'n cyd-fynd â'r ateb yn rhoi'r rhesymau pam, i'ch helpu chi. Wrth ddadansoddi gwendidau'r ateb, gweithiwch mewn grŵp a meddyliwch am bum ffordd o wella'r ateb er mwyn ei gryfhau. Efallai fod gennych fwy na phum awgrym ond ceisiwch drafod fel grŵp a blaenoriaethu'r pum peth pwysicaf sydd ar goll.

Ateb

Byddai rhai pobl yn dadlau bod Bwdhaeth yn wyddonol iawn oherwydd bod y laksas yn ymdrin â phroblemau go iawn fel pam nad yw bywyd yn gyfartal. [1] Mae Anicca yn dangos i ni fod popeth yn newid, ac felly mae hyn yn realistig ac felly byddwn i'n dadlau bod y tri laksas yn bethau go iawn. [2] Hefyd mae'n wir fod pobl yn dioddef pan fydd pethau'n newid. [3]

Ond, mae'r ddysgeidiaeth sy'n dweud nad oes enaid yn anodd i bobl ymdrin â hi. [4] Hefyd barn ac athroniaeth yn unig yw hi, heb unrhyw dystiolaeth. [5]

Efallai y byddai Bwdhyddion eraill yn dweud nad ydyn ni'n gwybod eu bod nhw'n rhai go iawn tan i ni ddechrau ymarfer y ddysgeidiaeth drwy fyfyrdod. Yna efallai y byddwn ni'n dod i ddeall beth ydyn nhw go iawn. [6]

Felly, fy nghasgliad fyddai bod dysgeidiaeth Fwdhaidd yn realistig oherwydd bod llawer o Fwdhyddion sy'n ymarfer y grefydd heddiw ac felly mae'n rhaid ei bod hi'n realistig. [7]

Sylwadau

1. Mae angen cyflwyniad sy'n gywir ac sydd â ffocws. Dydy'r cyflwyniad hwn ddim y naill beth na'r llall.
2. Mae hwn bron yn bwynt dilys ond mae angen ei ddatblygu. Does dim tystiolaeth gefnogol.
3. Pam? Rhowch resymau/enghreifftiau neu ddyfyniad, efallai, i gefnogi'r gosodiad.
4. Esboniwch pam mae hi felly. Rhowch dystiolaeth gefnogol.
5. Mae hwn yn bwynt diddorol ond dydy e ddim wedi cael ei ddatblygu'n ddigonol, oherwydd gall fod dadl yno.
6. Cip ar ddadl dda ond mae angen tystiolaeth i'w chefnogi a gallai gael ei mynegi'n well.
7. Dydy'r pwynt olaf ddim yn berthnasol i'r gwerthusiad a dydy e ddim wir yn gasgliad i ddadl chwaith.

Sgiliau allweddol

Mae dadansoddi'n ymwneud â nodi materion sy'n cael eu codi gan y deunyddiau yn adran AA1, ynghyd â'r rhai a nodwyd yn adran AA2, ac mae'n cyflwyno safbwyntiau cyson a chlir, naill ai gan ysgolheigion neu safbwyntiau personol, yn barod i'w gwerthuso.

Mae hyn yn golygu ei fod yn nodi pethau allweddol i'w trafod a'r dadleuon sy'n cael eu cyflwyno gan eraill neu o safbwynt personol.

Mae gwerthuso'n ymwneud ag ystyried goblygiadau amrywiol y materion sy'n cael eu codi, yn seiliedig ar y dystiolaeth a gafwyd wrth ddadansoddi ac mae'n rhoi dadl fanwl eang gyda chasgliad clir.

Mae hyn yn golygu bod yr ateb yn pwyso a mesur y dadleuon amrywiol a gwahanol a gafodd eu dadansoddi drwy roi sylwadau ac ymateb unigol, gan ddod i gasgliad drwy broses rhesymu clir.

Mae'r adran hon yn cwmpasu cynnwys a sgiliau AA1

Cynnwys y fanyleb

Pratityasamutpada, karma ac ailenedigaeth: Y cysyniadau o pratityasamutpada ac ailenedigaeth: gan gyfeirio at eiconograffeg y bhavachakra.

Termau allweddol

Arhat: 'yr un anrhydeddus neu deilwng' gan gyfeirio at un sydd wedi cyrraedd Goleuedigaeth

Pratityasamutpada: yr esboniad am y cylch bodolaeth sy'n cael ei alw'n 'darddiad dibynnol' neu'n 'godi wedi'i gyflyru'

Punabhava: ailenedigaeth

Mae llaeth yn cael ei drawsnewid yn fenyn ond yr un cynhwysion sydd ynddo yn ei hanfod o hyd.

B: Natur y realiti eithaf

Y cysyniadau o pratityasamutpada, karma ac ailenedigaeth: gan gyfeirio at eiconograffeg y bhavachakra

Mewn Bwdhaeth, gellir crynhoi'r syniad o fywyd a marwolaeth mewn proses o'r enw'r samsara (cylch bodolaeth neu olwyn bywyd). Dydy proses bywyd a marwolaeth ddim yn llinol. Mae person yn cael ei eni ac yn byw bywyd, ond wrth farw does dim ymdeimlad o derfynoldeb. Mae'r rhan fwyaf o grefyddau'r Gorllewin yn derbyn cam terfynol barn a gwobr neu gosb gan Dduw sy'n greawdwr. Does dim angen syniad o'r fath mewn Bwdhaeth. Y cyfan sy'n digwydd adeg marwolaeth yw bod bywyd yn newid ac yn parhau gyda bywyd newydd, sy'n esbonio delwedd yr olwyn sy'n troi o hyd ac o hyd. Yn wir, y trosiad llythrennol o samsara yw 'troi a throi'. Yn wir, mae Ninian Smart, ysgolhaig astudiaethau crefyddol yn ei lyfr *The Religious Experience of Mankind*, yn cynnig 'cylch diddiwedd' fel cyfieithiad o samsara.

Mae'r syniad o ail-fyw eich bywyd mewn bodolaeth gylchol yn cael ei enwi'n **punabhava** (punabbhava *Pali*) sy'n cael ei alw'n ailenedigaeth. Dim ond pan fydd person wedi dilyn y Llwybr Wythblyg i ddod yn **arhat**, rhywun anrhydeddus neu deilwng, y mae'n bosibl dianc o ailenedigaeth; mae person yn cyrraedd cyflwr parinirvana (symud draw i nirvana). Wedyn mae olwyn bywyd yn dod i ben. Yn ogystal ag ailenedigaeth, mae angen esbonio nifer o gysyniadau pwysig eraill sy'n greiddiol i'r syniad hwn o fodolaeth gylchol. Bydd yr adran hon yn canolbwyntio ar y rhain, yn ogystal ag ailenedigaeth, yn cynnwys karma a **pratityasamutpada** (paticcasamuppada *Pali*).

Ailenedigaeth (punabhava)

Ystyr y gair punabhava yn llythrennol yw 'dod o'r newydd' ac mae'n cael ei gyfieithu naill ai fel 'ailenedigaeth' neu 'bodolaeth o'r newydd'. Mae angen gwahaniaethu rhwng y syniad hwn ac ailymgnawdoliad mewn Hindŵaeth a Sikhiaeth gan ein bod yn gwybod bod y Bwdha'n gwrthod y cysyniad o enaid. Yn ôl Narada Thera, 'Dylid gwahaniaethu rhwng y ddysgeidiaeth Fwdhaidd hon o ailenedigaeth a damcaniaeth ailymgnawdoliad, sy'n awgrymu trawsfudiad yr enaid a'i ailenedigaeth faterol gyson'.

Fel rydyn ni wedi gweld yn yr adran ar anatta, mae person yn cynnwys skandhas (khandhas *Pali*) yn unig, grŵp o brosesau meddyliol a chorfforol sy'n rhyngweithio â'i gilydd. Felly mae person yn cynnwys mater corfforol, meddyliau a theimladau. Does dim hanfod neu hunaniaeth barhaol gyffredinol sy'n cael ei throsglwyddo o un bywyd i'r un nesaf. Casgliad o egnïon yn unig yw person.

Gan fod ailenedigaeth yn wahanol i ailymgnawdoliad, mae cwestiwn pwysig yn codi: 'ydy person yn gallu bod yr un fath y tu hwnt i farwolaeth neu oes rhaid iddo fod yn wahanol?' Cododd y Brenin Milinda y cwestiwn hwn hefyd yng Nghwestiynau'r Brenin Milinda.

Yma mae Nagasena yn rhoi'r ateb 'nad yw'r person yr un fath nac yn wahanol'. Fel gyda'r drafodaeth am yr enw 'Nagasena', efallai fod yr ateb hwn yn ymddangos fel petai'n osgoi'r cwestiwn a'i fod yn ddisynnwyr. Er enghraifft, beth yw ystyr hyn mewn gwirionedd? Ydy'r ystyr rywle yn y canol? Mae'r Brenin Milinda yn gofyn i Nagasena am enghraifft ac mae Nagasena yn rhoi tair cymhariaeth:

- Baban sy'n tyfu'n raddol ac yn newid yn oedolyn. Mae Nagasena yn gofyn a ydy e'n gallu bod yr un person yn union.
- Dychmygu cannwyll yn llosgi; mae'n mynd yn llai ond mae'r golau'n parhau o un cam i'r nesaf.
- Ystyried bod llaeth yn troi'n geuled o fenyn a menyn gloyw ond bod y cynhwysion a'r ansoddion yr un fath o hyd.

Mae pob un o'r profiadau hyn yn newid. Ond, fyddai neb yn dadlau bod y person, y golau neu'r cynnyrch llaeth yn hollol wahanol ar unrhyw gam. Mae elfen o barhad bob amser. Felly mae hi gydag ailenedigaeth.

Yr ymadrodd pwysicaf yn y testun yw 'rydyn ni'n deall cydleoliad (gweithgarwch ar y cyd) cyfres o **dharmas** (unedau) sy'n dilyn ei gilydd'. Mae hyn yn dangos newid (anicca) a chyfres o unedau cysylltiedig (dharmas) sy'n llunio'r gadwyn hon o ddigwyddiadau ac sy'n ei gwneud hi'n un broses barhaus. Felly, dydyn nhw ddim yr un fath ond maen nhw wedi cael eu cynhyrchu o'u hachos nhw.

Teyrnasoedd ailenedigaeth

Yn ôl cosmoleg mewn Bwdhaeth gynnar, mae bod unigol yn cael ei aileni i unrhyw un o chwe theyrnas:

- **Devas** neu dduwiau (teyrnas nefol)
- **Asuras** neu ffigyrau hanner dwyfol (teyrnas y cewri, 'duwiau eiddigeddus' neu hanner duwiau)
- **Manushyas** neu fodau dynol (teyrnas ddaearol)
- **Tiryakas** neu anifeiliaid (teyrnas yr anifeiliaid)
- **Pretas** neu ysbrydion llwglyd (teyrnas yr ysbrydion llwglyd)
- **Narakas** neu gythreuliaid (teyrnas uffern).

Mae amrywiaeth o ddisgrifiadau o deyrnasoedd bodolaeth fel hyn mewn llenyddiaeth Fwdhaidd. Mae'n bwysig nodi, er mai'r duwiau yw'r deyrnas uchaf, mai teyrnas anwybodaeth yw hi o hyd, yn ôl Bwdhaeth. Hefyd, mae'r cyflwr bodolaeth gwaethaf yn un o deyrnasoedd uffern, gyda'r ysbrydion llwglyd neu'r cythreuliaid. Ond, y deyrnas orau er mwyn gwneud cynnydd ysbrydol yw'r deyrnas ddynol.

Gweithgaredd AA1

Rhowch gynnig ar lunio eich diagram sydyn eich hun sy'n amlinellu cosmoleg Fwdhaidd.

Awgrym astudio

Cofiwch fod chwe theyrnas ailenedigaeth yn ddiddorol ond bydd hi'n amhosibl ysgrifennu'n fanwl amdanyn nhw mewn arholiad. Ceisiwch ystyried at ba un y byddech chi'n cyfeirio'n fanwl a pham. Mae'r adran Datblygu sgiliau yn cynnwys ateb a all eich helpu chi.

Pratityasamutpada

Yn y bôn, mae samsara yn disgrifio ffenomenau meddyliol a chorfforol sy'n codi oherwydd achosion ac amodau. Gelwir hyn yn pratityasamutpada. Ei ystyr llythrennol yw codi wedi'i gyflyru, tarddiad dibynnol neu ryng-gysylltedd.

Mae anicca, neu newid, yn amlwg ac i'w weld wrth fod pob ffenomen yn gysylltiedig â'i gilydd. Mae dysgeidiaeth pratityasamutpada yn gwneud i samsara fod yn un broses barhaus. Un agwedd yn unig ar y broses barhaus hon yw ailenedigaeth. Yn ddamcaniaethol, dydy hyn ddim yn wahanol i berson yn newid wrth dyfu. Mae popeth naill ai'n achos neu'n effaith. Mae 12 achos ac amod, sy'n cael eu galw'n nidanas neu'n 'gysylltiadau': anwybodaeth; ffurfiannau meddyliol; ymwybod; meddwl a mater; chwe synnwyr; cyswllt; teimlad; chwant; glynu; dod yn rhywbeth; genedigaeth; a, dadfeilio a marwolaeth. Mae'r ddelwedd hon o gylch bodolaeth yn enwog am gael ei darlunio fel Olwyn Bywyd Tibet.

cwestiwn cyflym

2.8 Ydy ailenedigaeth yr un fath ag ailymgnawdoliad?

Termau allweddol

Asuras: ffigyrau hanner dwyfol (teyrnas y cewri, 'duwiau eiddigeddus' neu hanner duwiau)

Devas: duwiau (teyrnas nefol)

Dharma: dhamma (*Pali*) rhaid gwahaniaethu rhwng hyn a Dhamma (dysgeidiaeth neu wirionedd) – roedd yn cael ei ddefnyddio mewn Bwdhaeth gynnar i nodi 'uned' o fodolaeth

Manushyas: bodau dynol (teyrnas ddaearol)

Narakas: cythreuliaid (teyrnas uffern)

Pretas: ysbrydion llwglyd (teyrnas yr ysbrydion llwglyd)

Tiryakas: anifeiliaid (teyrnas yr anifeiliaid)

cwestiwn cyflym

2.9 Pa deyrnas sydd orau i gael eich geni iddi – y deyrnas dduwiol neu'r deyrnas ddynol?

1 Mae cylch allanol yr olwyn yn cynrychioli
   pratityasamutpada (tarddiad dibynnol) a 12
   'dolen' bodolaeth (nidanas). Mae fersiynau
   amrywiol o hyn, ond yn gyffredinol mae'r
   olwyn allanol yn dangos dyn neu fenyw ddall
   (anwybodaeth); crochenwyr (ffurfiannau
   meddyliol); mwnci (ymwybod); dau ddyn
   mewn cwch (meddwl a mater); tŷ sydd
   â chwe ffenestr (y synhwyrau); pâr sy'n
   cofleidio (cysylltiad); llygad wedi'i gwanu gan
   saeth (teimlad); person yn yfed (chwant);
   dyn yn casglu ffrwythau (glynu); pâr yn caru
   (dod i fodolaeth); menyw'n esgor ar faban
   (genedigaeth); a dyn yn cario corff marw
   (marwolaeth).

2 Yng nghanol Olwyn Bywyd, mae ceiliog, neidr
   a mochyn yn cynrychioli trachwant, casineb
   a rhithdyb. Y 'tri halogiad' yw'r enw ar y rhain
   ond maen nhw hefyd yn cael eu galw'n 'dri
   gwenwyn' neu'n 'dri thân' gan eu bod yn cadw
   fflam bodolaeth ynghyn tan iddi gael ei chwythu
   allan neu'i diffodd (nirvana/nibbana).

3 Yama yw'r creadur hwn, sy'n cynrychioli
   byrhoedledd ac ef yw duw marwolaeth. Dydy
   Yama ddim yn ddrwg ond mae'n ymroi i
   ddiogelu Bwdhaeth a Bwdhyddion. Efallai fod
   marwolaeth yn codi ofn ond dydy marw ddim
   yn ddrwg; dim ond yn anochel.

4 Mae'r ffigwr hwn yn cynrychioli ffurf eithaf
   y Bwdha: Dharmakaya, sy'n pwyntio at lwybr
   rhyddid.

5 Mae'r ddelwedd hon yn cynrychioli dihangfa
   o gylch samsara, y Wlad Bur neu leuad
   weithiau.

6 Teyrnasoedd nefol y devas. Mae bywyd yma'n
   llawn cyfoeth, pŵer, pleser a hapusrwydd ac
   yn hynny o beth, does dim dioddefaint ac felly
   dydyn nhw ddim yn gwybod amdano!

7 Teyrnas asuras, 'duwiau eiddigeddus' neu
   ditaniaid. Maen nhw'n bwerus, yn fedrus ac
   yn gallu cynhyrchu gweithredoedd da iddyn
   nhw eu hunain ac i eraill. Eu nod yw gwneud
   digon i gael teyrnas deva yn wobr yn yr
   ailenedigaeth nesaf.

8 Yr ysbrydion llwglyd yw'r pretas a hon yw
   eu teyrnas nhw. Maen nhw'n gynnyrch
   trachwant a chasineb yn eu bywydau
   blaenorol, ac mae ganddyn nhw foliau enfawr
   y mae'n amhosibl eu bodloni oherwydd bod
   eu gyddfau'n rhy denau.

9 Mewn Bwdhaeth mae teyrnas Uffern yn
   gymysgedd o eithafion: tân a rhew. Mae
   bodau'n cael eu poenydio gan dân neu'n cael
   eu rhewi.

10 Dyma Deyrnas yr Anifeiliaid sy'n cynrychioli
   anwybodaeth a diogi. Y cyfan mae anifeiliaid
   yn ei wneud yw mynd drwy fywyd yn

ddiamcan, yn osgoi niwed ac yn chwilio
am gysur. Mae eu hymwybod yn gyfyng
iawn a does ganddyn nhw ddim synnwyr
digrifwch.

11 Y deyrnas ddynol yw'r unig deyrnas lle
   mae'r Dhamma ar gael yn hawdd. Mae
   bodau dynol yn fodau unigryw sy'n gallu
   gofyn cwestiynau, sydd ag emosiynau
   ac sydd â synnwyr uchelgais. Gwaetha'r
   modd, ychydig o fodau dynol sy'n dilyn
   y Dhamma ac maen nhw'n bodloni ar
   chwantu pleserau materol.

12 Mae'r cylch y tu allan i'r canol yn aml
   yn cynrychioli'r cyflwr canol rhwng
   ailenedigaethau, neu karma, gan ei fod yn
   darlunio symudiad unigolion i fyny neu i
   lawr. Fel arfer mae'r symudiad i lawr yn
   dywyll ac mae'r symudiad i fyny'n olau ei
   liw.

Cysyniad Bwdhaidd karma (kamma)

Y ffordd symlaf o esbonio karma (kamma) yw drwy roi ei ystyr llythrennol: gweithred. Karma yw'r weithred y mae bodau dynol yn ei gwneud yng nghylch bodolaeth. Gan fod popeth mewn bywyd wedi'i gysylltu mewn rhyw ffordd, mae canlyniadau i weithredoedd. Yn syml, y cysyniad o achos ac effaith yw hyn.

Awgrym astudio

Cofiwch fod modd defnyddio naill ai'r term karma (Sansgrit) neu kamma (Pali). Mae'r Fanyleb yn defnyddio karma; ond, testun Pali yw'r Dhammapada ac mae cyfieithwyr yn aml yn defnyddio'r term kamma.

Mewn comedi sefyllfa Americanaidd sy'n eithaf hen nawr, (2005-2009), *My Name is Earl*, mae'r prif gymeriad wedi'i ysbrydoli gan rywbeth sy'n bŵer cyfriniol o'r enw karma, yn ei farn ef. Y ffordd y mae Earl yn deall hyn yw: 'Gwnewch bethau da ac mae pethau da yn digwydd i chi; gwnewch bethau drwg ac maen nhw'n dod yn ôl i'ch poeni chi'. Dydy hyn ddim yn annhebyg i ddiffiniad Bwdhaidd swyddogol: 'Mae da yn cael da. Mae drygioni'n cael drygioni. Tebyg at ei debyg. Dyma ddeddf Kamma.' (Narada Thera)

Mae Earl yn penderfynu, er mwyn elwa o karma, fod rhaid iddo weithio drwy restr o'r holl bethau drwg y mae wedi'u gwneud yn ystod ei fywyd. Felly, bydd yn ail-greu cydbwysedd rhwng y da a'r drwg yn ei fywyd. Pan fydd y da'n troi'r fantol yn erbyn y drwg, mae'n rhesymu y bydd ei ansawdd bywyd yn gwella.

Mewn gwirionedd, mae karma yn fwy cymhleth na hyn, ond mae canfyddiad Earl yn fan cychwyn da. Mae gan berson berchnogaeth dros ei weithredoedd ac mae hyn yn effeithio ar ei ddyfodol.

Er mai ystyr karma yn llythrennol yw gweithred, yn y pen draw, y prosesau meddwl a'r bwriadau sy'n achosi ailenedigaeth. Meddai'r Bwdha: 'Bwriad, O fynachod, yw'r hyn rwy'n ei alw'n kamma'. Mae Richard Gombrich yn dadlau bod y Bwdha wedi mewnoli'r cysyniad Indiaidd o karma, gan gymryd y syniad o weithred a'i holrhain yn ôl i'w hachos. Daeth i'r casgliad fod popeth yn dechrau gyda'r meddwl neu ffurfiannau meddyliol.

Y Dhammapada

Casgliad o benillion yw'r **Dhammapada** sy'n aml yn cael ei weld yn fersiwn wedi'i hidlo o ddysgeidiaeth y Bwdha o'r Canon o ysgrythurau Pali. Fel y mae Bhikkhu Bodhi yn ei nodi, 'O'r hen amser i'r presennol, ystyriwyd mai'r Dhammapada yw'r mynegiant mwyaf cryno o ddysgeidiaeth y Bwdha yn y Canon Pali a phrif destament ysbrydol Bwdhaeth gynnar'.

Ystyr llythrennol y term 'Dhammapada' yw 'cyfrannau', 'segmentau' neu 'adrannau' o'r Dhamma a dyma hanfod dysgeidiaeth y Bwdha wedi'i dynnu o'i sgyrsiau hirach. Mae fel crynodeb o ddoethineb neu ddywediadau doeth. O ran karma, yn iach ac afiach, mae Penodau 1 a 9 yn berthnasol i'w hastudio.

Dyfyniad allweddol

Dydy'r edmygedd y mae'r Dhammapada wedi'i ysgogi ddim wedi'i gyfyngu i ddilynwyr brwd Bwdhaeth. Lle bynnag mae pobl wedi dod i wybod amdano, mae ei ddifrifwch moesol, ei ddealltwriaeth realistig o fywyd dynol, ei ddoethineb a'i neges gyffrous am ffordd tuag at ryddid o ddioddefaint wedi ennill iddo ymroddiad a pharchedig ofn y rhai sy'n ymateb i ddaioni a gwirionedd.

(Bhikkhu Bodhi)

Y Dhammapada

Cynnwys y fanyleb
Y cysyniad o karma.

Dyfyniad allweddol

Ni ein hunain sy'n gyfrifol am ein gweithredoedd, ein hapusrwydd a'n tristwch ein hunain. Rydyn ni'n adeiladu ein huffern ein hunain. Rydyn ni'n creu ein nefoedd ein hunain. Ni yw penseiri ein tynged ein hunain. Yn fyr, ni ein hunain yw ein kamma ein hunain.

(Narada Thera)

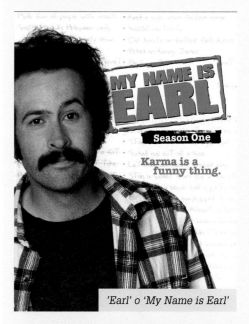

'Earl' o 'My Name is Earl'

Cynnwys y fanyleb
Y cysyniad o karma: gan gyfeirio at y Dhammapada, Pennod 1 'Y Parau' a Phennod 9 'Drygioni'.

Term allweddol

Dhammapada: testun Pali sy'n cael ei barchu'n fawr mewn Bwdhaeth fel crynodeb o ddysgeidiaeth y Bwdha

cwestiwn cyflym

2.10 Pam nad yw'r gair 'gweithred' yn ddisgrifiad da o karma?

Dyfyniadau allweddol

Yn gyffredinol, mae pobl yn tueddu i ddeall bod kamma yr un fath â thynged, ond camddealltwriaeth llwyr yw hyn sy'n hollol amherthnasol i'r ddysgeidiaeth Fwdhaidd. Ystyr kamma yw gweithred trwy ewyllys, gweithred sy'n codi o fwriad, sy'n gallu ei amlygu ei hun yn allanol, fel gweithredoedd corfforol neu lafar, neu gall aros yn fewnol ar ffurf meddyliau, dyheadau ac emosiynau sydd heb eu mynegi. (Bhikkhu Bodhi)

Yn ei rôl gyntaf, mae kamma yn pennu i ba fyd mae'r ailenedigaeth yn digwydd. Mae gweithredoedd iach yn achosi ailenedigaeth ar ffurfiau uwch, a gweithredoedd afiach yn achosi ailenedigaeth ar ffurfiau is. Ar ôl rhoi ailenedigaeth, mae kamma yn dal ati i weithredu, gan reoli gwaddol ac amgylchiadau'r unigolyn yn y ffurf ar fodolaeth a roddwyd iddo. Felly, yn y byd dynol, bydd storau blaenorol o kamma iach yn rhoi bywyd hir, iechyd, cyfoeth, harddwch a llwyddiant; bydd storau o kamma afiach yn rhoi bywyd byr, salwch, tlodi, hagrwch a methiant. (Bhikkhu Bodhi)

Y cysyniad o karma: gan gyfeirio at y Dhammapada, Pennod 1 'Y Parau'

Mae adnod gyntaf y Dhammapada yn crynhoi dehongliad penodol ac unigryw Bwdhaeth o kamma (karma). Dydy kamma ddim yn ymwneud â gweithred yn unig; mae'n fwy cynhwysfawr na hyn ac mae'n dechrau gyda'n prosesau meddwl ni. Mae'r bennod gyntaf yn cael ei galw'n 'barau' oherwydd bod pob rhan o'r parau yn aml, ond nid bod amser, yn gyflenwol, yn mynd law yn llaw.

> **1.** Mae'r meddwl yn rhagflaenu pob cyflwr meddyliol. Mae'r meddwl yn bennaeth arnyn nhw; maen nhw i gyd wedi'u gwneud yn y meddwl. Os yw person yn siarad neu'n gweithredu gyda meddwl amhur, mae dioddefaint yn ei ddilyn fel yr olwyn sy'n dilyn troed yr ych.
>
> **2.** Mae'r meddwl yn rhagflaenu pob cyflwr meddyliol. Mae'r meddwl yn bennaeth arnyn nhw; maen nhw i gyd wedi'u gwneud yn y meddwl. Os yw person yn siarad neu'n gweithredu gyda meddwl pur, mae hapusrwydd yn ei ddilyn fel ei gysgod sydd byth yn ei adael. (Cyfieithiwyd gan Acharya Buddharakkhita)

Mae'r pâr cyntaf o adnodau'n gwahaniaethu rhwng kamma iach ac afiach ac mae'n cyflwyno'r ddysgeidiaeth sylfaenol. Mae Lal yn cyfieithu'r adnod gyntaf fel hyn, 'Ffrwyth yr hyn rydym yn ei feddwl ydym ni, ar ôl dod i fod yr hyn a feddyliom ni', tra bod Muller yn ei drosi fel, 'Canlyniad i'r hyn rydym wedi'i feddwl ydym ni: mae'n seiliedig ar ein meddyliau, mae wedi'i lunio o'n meddyliau'. Pa gyfieithiad bynnag sy'n cael ei ddefnyddio, mae'r ddysgeidiaeth yn eglur. Kamma sy'n pennu tarddiad hanfod ein bod a ffurf ein bywydau. Yn eu tro, mae'r meddyliau sy'n ein llywio ni'n pennu kamma. Purwch y meddyliau, crëwch weithredoedd iach ac mae'r canlyniad yn gadarnhaol. Sut rydyn ni'n puro'r prosesau meddwl? Drwy fyfyrdod rydyn ni'n ailennill rheolaeth ar ein meddyliau, ac yn y pen draw, ar ein bod cyfan a'i ddyfodol.

Mae nifer o adnodau eraill sy'n cynnwys pâr mewn un adnod, er enghraifft, adnod 5 a 6 ym Mhennod 1. Mae'r ddwy adnod yn cynnig cyngor moesol am agweddau neu weithredoedd, ac yn cynnig yr ateb ar ôl brawddeg gyntaf pob un.

> **5.** Ni chaiff casineb fyth ei dawelu gan gasineb yn y byd hwn. Dim ond gan ddiffyg casineb y caiff casineb ei dawelu. Mae hon yn gyfraith oesol.
>
> **6.** Mae rhai nad ydyn nhw'n sylweddoli bod rhaid i ni i gyd farw ryw ddiwrnod. Ond mae'r rhai sy'n sylweddoli hyn yn datrys eu cwerylau. (Cyfieithiwyd gan Acharya Buddharakkhita)

Ugain adnod yn unig sydd i gyd, ac mae'n bosibl gweld y rhai mwyaf perthnasol i kamma yn y penillion y tynnwyd sylw atyn nhw'n barod, ynghyd â'r adnodau canlynol.

> **13.** Yn union fel mae glaw'n mynd drwy dŷ sydd heb do da, felly mae angerdd yn treiddio i feddwl sydd heb ei ddatblygu.
>
> **14.** Yn union fel nad yw glaw'n mynd drwy dŷ sydd â tho da, felly nid yw angerdd byth yn treiddio i feddwl sydd wedi'i ddatblygu'n dda.
>
> **15.** Mae'r sawl sy'n gwneud drygioni'n galaru yma ac yn y byd a ddaw; mae'n galaru yn y ddau fyd. Mae'n cwynfan ac wedi'i gystuddio, wrth gofio am ei weithredoedd amhur ei hun.
>
> **16.** Mae'r sawl sy'n gwneud daioni'n llawenhau yma ac yn y byd a ddaw; mae'n llawenhau yn y ddau fyd. Mae'n llawenhau ac yn gorfoleddu, wrth gofio am ei weithredoedd pur ei hun. (Cyfieithiwyd gan Acharya Buddharakkhita)

Felly mae'r neges yn eglur o'r Dhammapada mai ein gweithredoedd sy'n pennu ein dyfodol a'n hailenedigaeth, ond hefyd mai ein meddyliau sy'n rheoli ein gweithredoedd. Felly, er mwyn ennill rheolaeth dros eich kamma, mae'n rhaid i chi fod â rheolaeth dros eich meddwl.

Y cysyniad o karma: gan gyfeirio at y *Dhammapada*, Pennod 9 'Drygioni'

Ym Mhennod 9 mae'r canolbwynt ar y cysyniad o ddrygioni. Mae 13 adnod i gyd, a'r pum adnod gyntaf yw'r mwyaf allweddol i karma (kamma). Maen nhw'n sôn am ganlyniadau karma yn benodol a sut mae'n 'gweithio' yn ystod bywyd a'r tu hwnt iddo, sy'n cael ei alw'n 'aeddfedu'. Mae Bwdhaeth yn aml yn defnyddio delwedd hedyn sy'n tyfu'n blanhigyn neu'n goeden sy'n dwyn ffrwyth ar gyfer karma er mwyn dangos sut mae bywyd yn cysylltu â'i gilydd a'r berthynas rhwng achos ac effaith. Defnyddiodd Nagasena yr un gymhariaeth yng Nghwestiynau'r Brenin Milinda.

116. Brysiwch i wneud daioni; cadwch eich meddwl rhag drygioni. Ef sy'n araf i wneud daioni, mae ei feddwl yn ymbleseru mewn drygioni.

117. Petai person yn gwneud drygioni, boed iddo beidio â'i wneud dro ar ôl tro. Boed iddo beidio ag ymbleseru ynddo, oherwydd mae cronni drygioni'n boenus.

118. Petai person yn gwneud daioni, boed iddo ei wneud dro ar ôl tro. Boed iddo ymbleseru ynddo, oherwydd mae cronni daioni'n llawenydd.

119. Gall fod pethau'n iawn i'r sawl sy'n gwneud drygioni, ond i'r drygioni beidio ag aeddfedu. Ond pan fydd yn aeddfedu, yna mae'r sawl sy'n gwneud drygioni'n gweld (canlyniadau poenus) ei weithredoedd drygionus.

120. Gall fod pethau'n wael i'r sawl sy'n gwneud daioni, ond i'r daioni beidio ag aeddfedu. Ond pan fydd yn aeddfedu, yna mae'r sawl sy'n gwneud daioni'n gweld (canlyniadau dymunol) ei weithredoedd daionus. (Cyfieithiwyd gan Acharya Buddharakkhita)

Ffurfiannau karma a chanlyniadau karma

Y ffordd orau o ddisgrifio karma (kamma) yw iach neu afiach, ffrwythlon neu anffrwythlon, yn hytrach na da neu ddrwg. Mae'r geiriau da a drwg yn tueddu i fod â mwy o werth personol yn gysylltiedig â nhw. Mae gweithred yn cael ei gweld naill ai fel un fuddiol – i'r hunan ac i eraill – neu heb fod yn fuddiol. Ond beth sy'n pennu natur y gweithredoedd?

Mae Geiriadur Bwdhaeth Nyanatiloka yn nodi'r tri amod ar gyfer karma afiach fel lobha (trachwant), dosa (casineb) a moha (rhithdyb); y gwrthwyneb i'r rhain yw'r amodau ar gyfer karma iach. Trafodir trachwant, casineb a rhithdyb isod. Er bod yr ysgogiad ar gyfer karma yn gallu dechrau gyda pherson a bod ganddo gymhellion personol, mae union weithrediadau karma yn rhai amhersonol.

Dyfyniad allweddol

Ystyr karma, yn llythrennol, yw gweithred; ond, yn ei ystyr eithaf, ei ystyr yw ewyllys teilwng ac annheilwng (Kusala Akusala Cetana). Mae kamma yn cynnwys daioni a drygioni. (Narada Thera)

Mae difrifoldeb gweithred wedi'i fesur gan ei fwriad. Mae hyn yn wahanol i'r syniad Indiaidd traddodiadol lle mae'r weithred ei hun yn cael ei gweld fel karma, er enghraifft, mewn Hindŵaeth. Yn fras, mae tri math o fwriad sy'n pennu difrifoldeb y gweithredoedd y mae karma yn eu cynhyrchu:

1. Gweithredoedd digymell sy'n cael eu gwneud mewn cyflwr angerddol, gydag ymlyniad a dwyster sy'n amrywio.
2. Gweithredoedd wedi'u cynllunio, sy'n cael eu cynllunio dros amser.
3. Gweithredoedd sy'n darlunio diffyg egwyddor (ymwybyddiaeth a chymhwyso'r hyn sy'n gywir neu'n anghywir).

Dyfyniad allweddol

A siarad yn gywir, mae gweithred yn dynodi'r ewyllys iach ac afiach ... gan achosi ailenedigaeth a llunio tynged bodau dynol. (Mahathera Nyanatiloka)

Cynnwys y fanyleb

Y cysyniad o karma: gan gyfeirio at y *Dhammapada*, Pennod 9 'Drygioni'.

Dyfyniadau allweddol

Ail lefel y ddysgeidiaeth yn y Dhammapada yw canlyniad ymarferol cydnabod cyfraith kamma fel hyn; cafodd ei gyflwyno er mwyn dangos i fodau dynol, sy'n naturiol yn dymuno hapusrwydd a rhyddid rhag tristwch, sut mae mynd ati'n effeithiol i gyrraedd eu hamcanion. (Bhikkhu Bodhi)

Mae modd cyfiawnhau ufuddhau i foesoldeb, er gwaethaf ei anawsterau a'i fethiannau amlwg, oherwydd y ffaith ei fod mewn cytgord â'r gyfraith honno, sef mai ein gweithredoedd ystyfnig drwy effeithiolrwydd kamma, sy'n pennu fwyaf ein tynged yn y bywyd hwn ac yn ein bywydau yn y dyfodol. Mae dilyn y gyfraith foesegol yn arwain tuag i fyny – at ddatblygiad mewnol, at ailenedigaethau uwch ac at brofiadau cyfoethocach o hapusrwydd a llawenydd. (Bhikkhu Bodhi)

Mae torri'r gyfraith, gweithredu yng ngafael hunanoldeb a chasineb, yn arwain tuag i lawr – at ddirywiad mewnol, at ddioddefaint ac at ailenedigaeth ym mydoedd trallod. Mae'r thema hon wedi'i chyhoeddi'n barod gan y pâr o adnodau sy'n agor y Dhammapada, ac sy'n ailymddangos ar ffurfiau amrywiol drwy'r gwaith i gyd. (Bhikkhu Bodhi)

Termau allweddol

Dosa: casineb, un o'r tri chyflwr ar gyfer karma afiach. Maen nhw'n cael eu galw'n dri 'thân', 'halogiad' neu 'wenwyn'

Lobha: trachwant, un o'r tri chyflwr ar gyfer karma afiach. Maen nhw'n cael eu galw'n dri 'thân', 'halogiad' neu 'wenwyn'

Moha: rhithdyb, un o'r tri chyflwr ar gyfer karma afiach. Maen nhw'n cael eu galw'n dri 'thân', 'halogiad' neu 'wenwyn'

Mae ein gweithredoedd yn cynhyrchu canlyniadau, yn union fel mae coeden yn dwyn ffrwyth.

Dyfyniad allweddol

Yr athrawiaeth Kamma hon sy'n gallu esbonio problem dioddefaint, dirgelwch yr hyn sy'n cael ei alw'n ffawd neu'n rhagordeiniad mewn crefyddau eraill, ac uwchlaw popeth, anghydraddoldeb y ddynolryw. Caiff Kamma ac ailenedigaeth eu derbyn fel cysyniadau hollol wir.

(Narada Thera)

cwestiwn cyplym

2.11 Ym mha dair ffordd mae karma yn dwyn ffrwyth?

cwestiwn cyplym

2.12 Enwch y tri math o fwriad.

Cynnwys y fanyleb

Pwysigrwydd cael gwared ar drachwant, casineb a rhithdyb a pheidio dyfalu ynghylch bodolaeth Duw, a chwestiynau metaffisegol eraill (Dameg y Saeth wedi'i Gwenwyno – *Majjhima Nikaya* 63).

Mae karma yn pennu pob gweithgaredd ac yn cael effaith ar ailenedigaeth. Mae effeithiau gweithredoedd fel hyn yn gallu dod i'r amlwg mewn gwirionedd yn ystod yr oes bresennol, yr enedigaeth nesaf neu enedigaethau diweddarach, yn dibynnu ar eu heffaith.

Yng Nghwestiynau'r Brenin Milinda, mae Milinda yn gofyn i Nagasena esbonio sut mae karma yn aeddfedu, yn ystod bywyd a'r tu hwnt iddo. Mae Nagasena yn esbonio bod rhaid i ffrwythau karma gael eu trosglwyddo oherwydd bod proses ailenedigaeth yn un barhaus. Nid uned yw karma sy'n glynu wrth agwedd benodol ar fod person ac yn aros yno. Mae karma ynddo'i hun yn broses barhaus o achos ac effaith, yn ysgogi newid a symud ym modolaeth person.

Er mwyn darlunio'r pwynt hwn, mae Nagasena yn cynnig cymhariaeth o ddyn sy'n hau hadau mango. Does dim modd cyfiawnhau gweithred y person sy'n dwyn ffrwythau'r goeden drwy ddefnyddio'r esgus nad y ffrwyth a blannodd y perchennog, ond yr hadau'n unig! Yn wir, dim ond oherwydd i'r perchennog hau'r hadau y mae'r ffrwythau mango'n ymddangos ar y goeden. Felly hefyd, mae gweithredoedd person nawr yn pennu pa ffrwythau a ddaw'n nes ymlaen yn ei fywyd a'r tu hwnt iddo.

Dywedwyd yn barod fod karma person, ei weithredoedd neu'r gweithgareddau y mae wedi'u cynhyrchu, yn gallu effeithio ar y dyfodol. Hefyd mae karma yn gweithio'r tu hwnt i fywyd ac yn pennu ailenedigaeth y person. Felly, mae cysylltiad annatod rhwng karma ac ailenedigaeth.

Os felly, yna beth am gyfrifoldeb moesol personol? Oni fyddai rhywun wedyn yn y bywyd nesaf yn cael ei ryddhau oddi wrth y gweithredoedd drwg a wnaeth yn y gorffennol? Os nad yr un person yw rhywun ar ôl ailenedigaeth, yna a allai rhywun ddianc rhag effeithiau cyfraith karma? Ydy person yn dechrau ailenedigaeth newydd drwy gychwyn o'r newydd? Yr ateb yw: 'Nac ydy, yn sicr!'

Gweithgaredd AA1

Mae'n amlwg nad yw karma mor syml ag y mae'n ymddangos i ddechrau. Petaech chi'n esbonio i rywun beth yw karma, pa bum peth y byddech chi'n dewis eu dweud?

Awgrym astudio

Wrth i chi fynd drwy eich cwrs, ceisiwch gadw mewn cof y dylai eich dysgu ganolbwyntio ar y sgiliau y bydd eu hangen arnoch chi yn yr arholiad. Felly, dylech chi ymarfer y rhain gyda phob darn o waith rydych chi'n ei orffen, h.y. AA1 dewis pwyntiau allweddol ac enghreifftiau i'ch helpu i esbonio, AA2 gwahanol ddadleuon a chasgliadau posibl.

Pwysigrwydd cael gwared ar drachwant, casineb a rhithdyb a pheidio dyfalu ynghylch bodolaeth Duw, a chwestiynau metaffisegol eraill (Dameg y Saeth wedi'i Gwenwyno – *Majjhima Nikaya* 63)

Fel rydyn ni wedi gweld, mae lobha (trachwant), dosa (casineb) a moha (rhithdyb) yn cael eu galw'n 'danau' neu'n 'wenwynau'. Dyma'r halogiadau sy'n atal rhywun rhag symud ymlaen ar y llwybr i Oleuedigaeth.

Pwysigrwydd cael gwared ar drachwant, casineb a rhithdyb a pheidio dyfalu ynghylch bodolaeth Duw, a chwestiynau metaffisegol eraill, yw pwnc dameg y saeth wedi'i gwenwyno a gafodd ei hadrodd gan y Bwdha.

Mae'n union fel petai dyn wedi cael ei anafu gan saeth wedi'i thaenu'n dew â gwenwyn. Byddai ei ffrindiau a'i gyfeillion, ei dylwyth a'i berthnasau'n dod â llawfeddyg ato, a byddai'r dyn yn dweud, 'Rwy'n gwrthod cael y saeth hon wedi'i thynnu allan hyd nes imi wybod a oedd y dyn a anafodd fi'n rhyfelwr anrhydeddus, yn brahman, yn fasnachwr neu'n weithiwr.' Byddai'n dweud, 'Rwy'n gwrthod cael y saeth hon wedi'i thynnu allan hyd nes imi wybod enw ac enw tylwyth y dyn a anafodd fi ... hyd nes imi wybod a oedd yn dal, yn ganolig, neu'n fyr ... hyd nes imi wybod a oedd ei wallt yn dywyll, yn frown neu'n olau ... hyd nes imi wybod enw ei bentref, ei dref neu'i ddinas enedigol ... hyd nes imi wybod a oedd y bwa a anafodd fi'n fwa hir neu'n fwa croes ... hyd nes imi wybod a oedd llinyn y bwa a anafodd fi'n ffibr, yn llinynnau bambŵ, yn ewynnau, yn gywarch, neu'n rhisgl ... hyd nes imi wybod a oedd coes y saeth a anafodd fi o bren gwyllt neu wedi'i drin ... hyd nes imi wybod a oedd plu coes y saeth a anafodd fi'n rhai fwltur, storc, hebog, paen, neu'n rhai aderyn arall ... hyd nes imi wybod a oedd coes y saeth a anafodd fi wedi'i chlymu â gewynnau ych, byfflo dŵr, langwr, neu fwnci.' Byddai'n dweud, 'Rwy'n gwrthod cael y saeth hon wedi'i thynnu allan hyd nes imi wybod a oedd coes y saeth a anafodd fi yn saeth gyffredin, yn saeth grom, yn saeth bigog, yn saeth dannedd llo, neu'n saeth rhoswydden.' Byddai'r dyn yn marw a byddai'n dal i fod heb wybod y pethau hynny. (Cyfieithwyd gan Thanissaro Bhikkhu)

Roedd y Bwdha'n osgoi pob cwestiwn cosmolegol a oedd yn ymwneud â Duw a/neu'r bydysawd. I'r Bwdha, doedd materion fel hyn ddim yn arwyddocaol o gwbl. Er nad oedd y cwestiynau am Dduw'r creawdwr neu darddiad y bydysawd yn broblemau athronyddol neu ddiwinyddol i'w hosgoi ar bob cyfrif, ar yr un pryd, doedden nhw chwaith ddim yn 'fater' yr oedd angen gwahodd pobl i ddadlau yn eu cylch yn agored. Mae diffyg diddordeb y Bwdha mewn cwestiynau fel hyn yn cael ei ddangos drwy lenyddiaeth Fwdaidd i gyd ond yn arbennig felly yn y ddameg enwog hon.

Mae gan y testunau Pali a Sansgrit enghreifftiau amlwg lle cafodd y Bwdha ei herio ar faterion fel hyn. Mewn achosion fel hyn, roedd y Bwdha'n gyndyn o ymgysylltu â materion a oedd yn rhai damcaniaethol yn ei farn ef, nad oedden nhw'n amlwg yn berthnasol i natur empirig y broblem o dan sylw – sef dioddefaint a chael gwared ar ddioddefaint.

Mae angen ymdrin yn syth â dioddefaint sydd wedi'i achosi gan anaf â saeth.

Roedd cwestiwn am Dduw, am y bydysawd neu'n wir am yr enaid yn cael ei ystyried yn 'avyakata' – hynny yw, 'heb ei ddatblygu', 'heb ei lunio'n dda' neu 'heb ei ffurfio'n gywir' ac roedden nhw'n cael eu galw'n 'gwestiynau heb eu hateb'. Roedd naill ai camsyniadau cynhenid yn y cwestiwn ei hun, neu doedd cwestiwn fel hwn ddim yn ffafriol i Oleuedigaeth. Roedd dameg y saeth yn crynhoi ei ymateb i faterion fel Duw'r creawdwr neu darddiad y bydysawd.

Yn yr un ffordd, petai rhywun yn dweud, 'Rwy'n gwrthod byw'r bywyd sanctaidd o dan yr Un Gwynfydedig hyd nes iddo ddweud wrthyf fod "Y cosmos yn dragwyddol", ... neu "Ar ôl marwolaeth dydy Tathagata ddim yn bodoli na chwaith yn peidio â bodoli", byddai'r dyn yn marw a byddai'r Tathagata yn dal i fod heb ddatgan y pethau hynny. (Cyfieithwyd gan Thanissaro Bhikkhu)

Dyfyniad allweddol

Pwynt sylfaenol y Bwdha – a oedd yn bwynt soteriolegol iddo ef bob amser – oedd nad yw gwybod yr atebion i'r cwestiynau hyn yn gwbl angenrheidiol ar gyfer rhyddid, ac mai rhwystro ein llwybr tuag at ryddid yn unig bydd eu trin nhw fel petaen nhw'n angenrheidiol ... Serch hynny, dylai'r rhai ohonon ni sydd ddim yn Fwdhyddion fod yn agored i elwa o fewnwelediadau heriol iawn y Bwdha. Efallai fod y bydysawd yn gweithredu ar sail 'yr hyn y mae angen ei wybod', ac mai soteriolegol ac nid ffisegol yw'r hyn y mae angen i ni ei wybod yn grefyddol. (Hick)

Term allweddol

Avyakata: mae'r cyfieithiad llythrennol yn destun dadl ond mae'n cyfeirio at rai cwestiynau damcaniaethol yr oedd y Bwdha'n gwrthod eu hateb, y cwestiynau 'heb eu hateb'

Dyfyniad allweddol

Mae'r Bwdha Gwyddonol yn adlewyrchiad gwan o'r Bwdha a anwyd yn Asia, Bwdha a ddaeth i'n byd ni er mwyn ei ddinistrio. Does gan y Bwdha hwn ddim diddordeb mewn bod yn gydnaws â gwyddoniaeth. Felly, ddylai'r berthynas rhwng Bwdhaeth a gwyddoniaeth ddim cael ei gweld fel anghytundeb ynghylch pryd a sut dechreuodd y bydysawd ... Dylai gael ei gweld, yn nhermau Bwdhaeth, fel y ddau wirionedd, gyda gwyddoniaeth yn ymwneud â'r gwirionedd confensiynol, a Bwdhaeth yn ymwneud â'r gwirionedd eithaf. Mae gan Fwdhaeth a gwyddoniaeth eu naratif eu hunain, ac mae gan bob un ei *telo* ei hun. Os oes gan grefydd hynafol fel Bwdhaeth unrhyw beth i'w gynnig i wyddoniaeth, nid wrth gadarnhau ei chanfyddiadau'n syml mae hynny. **(Lopez)**

Gweithgaredd AA1

Yn amlwg, mae rhai cwestiynau'n berthnasol i Fwdhaeth ac eraill nad ydyn nhw. Lluniwch dabl â dwy golofn, a meddyliwch am rai cwestiynau sy'n berthnasol i'r golofn gyntaf, a rhai nad ydyn nhw'n berthnasol i'r ail golofn.

Felly, er mwyn cymhwyso'r ddameg, mae angen i Fwdhydd ganolbwyntio ar y llwybr Bwdhaidd ac nid ar bethau sy'n amherthnasol iddo.

> Oherwydd nad ydyn nhw'n gysylltiedig â'r nod, dydyn nhw ddim yn sylfaenol i'r bywyd sanctaidd. Dydyn nhw ddim yn arwain at ddadrithiad, diffyg angerdd, darfyddiad, llonyddwch, gwybodaeth uniongyrchol, hunanddeffroad, rhyddhau. Dyna pam nad ydw i'n eu datgan. (Cyfieithwyd gan Thanissaro Bhikkhu)

Dydy cwestiynau fel hyn ddim yn bwysig oherwydd dydyn nhw ddim yn gysylltiedig â nod Bwdhaidd nirvana (nibbana).

> A beth rwy'n ei ddatgan? Rwy'n datgan, 'Dyma straen'. Rwy'n datgan, 'Dyma darddiad straen'. Rwy'n datgan, 'Dyma ddarfyddiad straen'. Rwy'n datgan, 'Dyma'r llwybr sy'n arwain at ddod â straen i ben'. A pham rwy'n eu datgan? Oherwydd eu bod nhw'n gysylltiedig â'r nod, maen nhw'n sylfaenol i'r bywyd sanctaidd. Maen nhw'n arwain at ddadrithiad, diffyg angerdd, darfyddiad, llonyddwch, gwybodaeth uniongyrchol, hunanddeffroad, rhyddhau. Dyna pam rwy'n eu datgan. (Cyfieithwyd gan Thanissaro Bhikkhu)

Y canolbwynt a'r flaenoriaeth i Fwdhydd yw cael gwared ar y broblem o dan sylw a pheidio ag edrych y tu hwnt iddi am atebion sydd ddim yn ddefnyddiol i'r broblem uniongyrchol. Y broblem yw dukkha sy'n cael ei achosi gan ymlyniadau y mae'r tri 'gwenwyn', 'tân' neu 'halogiad' yn newynu amdanyn nhw.

Rwy'n dioddef oherwydd fy mod i'n trachwantu am bethau, rwy'n dyheu am i bethau bara am byth ac rwy'n methu gweld y tu hwnt i anwybodaeth fy nghyflwr dynol. I Fwdhydd, fyddai'r cwestiwn a oes Duw ai peidio ddim yn newid ffactorau sylfaenol bodolaeth na fy nghyflwr dynol chwaith. Byddai sylweddoli achos dioddefaint a'i atal, a'i rwystro rhag codi eto yn fy rhyddhau o ddioddefaint, ac o'r angen am ddyfalu yn sgil hynny.

Efallai y bydd crefyddau theistig yn codi cwestiynau cosmolegol o ganlyniad i sylweddoli dioddefaint neu'r 'cyflwr dynol'. Drwy arsylwi ac ystyried gofalus, mae rheswm y Bwdhydd dros ofyn cwestiynau fel hyn yn rhoi mewnwelediad o'i ran ei hun ac yn llunio hanner y daith i Oleuedigaeth.

Serch hynny, y math o gwestiwn sy'n cael ei godi, a'r atebion sy'n cael eu ceisio, yw'r gwahaniaeth allweddol rhwng Bwdhaeth a llawer o grefyddau theistig. I Fwdhydd, mae'r ateb yn union o'n blaenau ac yn rhan o hanfod dioddefaint a'r cyflwr dynol ei hun. Dydy e ddim yn yr awyr, fry yn y nefoedd neu mor annealladwy fel na allwn ei gyrraedd. Dylai'r cwestiwn perthnasol gael ei gyfeirio tuag aton ni ein hunain a'r ateb sydd ynon ni.

Dioddefaint yw'r broblem a dylen ni geisio cael gwared ar ei achos. Ewch ati i gael gwared ar y saeth wenwynig, diffoddwch danau trachwant, casineb a rhithdyb, ac yna gofynnwch faint bynnag o gwestiynau ag y dymunwch. Ond, efallai y byddwch chi'n gweld eich bod chi wrth gael gwared ar y saeth wenwynig (trachwant, casineb a rhithdyb) hefyd yn cael gwared ar yr angen i ofyn cwestiynau fel hyn yn y lle cyntaf.

Datblygu sgiliau AA1

Nawr mae'n bryd ystyried y wybodaeth sydd wedi'i chyflwyno hyd yma. Hefyd mae'n bwysig ystyried sut mae'r hyn rydych chi wedi'i ddysgu hyd yma'n gallu cael ei ddefnyddio ar gyfer atebion arholiad drwy ymarfer y sgiliau sy'n gysylltiedig ag AA1.

Mae Amcan Asesu 1 (AA1) yn ymwneud â dangos gwybodaeth a dealltwriaeth. Mae ystyr y termau 'gwybodaeth' a 'dealltwriaeth' yn amlwg ond mae'n hanfodol eich bod yn gyfarwydd â sut mae sgiliau penodol yn dangos y rhain, a hefyd, sut bydd eich perfformiad ym mhob un o'r sgiliau hyn yn cael ei fesur (gweler disgrifyddion band cyffredinol Band 5 ar gyfer AA1 UG).

Yn amlwg mae ateb yn cael ei osod mewn disgrifydd band priodol, yn ôl pa mor dda yw'r ateb, gan amrywio o ragorol, da, boddhaol, sylfaenol/cyfyngedig i gyfyngedig iawn.

▶ **Dyma eich tasg newydd:** isod mae ateb cryf a gafodd ei ysgrifennu'n ymateb i gwestiwn sy'n gofyn am archwilio sut mae'r bhavachakra yn helpu i esbonio pratityasamutpada. Gan ddefnyddio'r disgrifyddion band gallwch ei gymharu â'r bandiau uwch perthnasol a disgrifyddion y bandiau hynny. Yn amlwg, mae'n ateb cryf ac felly nid yw'n perthyn i fandiau 1–3. Er mwyn gwneud hyn bydd yn ddefnyddiol i chi ystyried beth sy'n dda am yr ateb a beth sy'n gywir. Bydd y dadansoddiad sy'n cyd-fynd â'r ateb yn rhoi cliwiau ac ysgogiadau i'ch cynorthwyo. Wrth ddadansoddi cryfderau'r ateb, gweithiwch mewn grŵp a meddyliwch am bum peth sy'n gwneud yr ateb hwn yn un da. Efallai fod gennych fwy na phum sylw ac yn wir awgrymiadau i wneud iddo fod yn ateb perffaith!

Ateb

Mae cylch bodolaeth yn cael ei fynegi'n glasurol yn Olwyn Bywyd Tibet. Mae tair adran iddi: yr ymyl, y both a'r cylch mewnol. **1**

Mae ymyl allanol yr olwyn yn nodi achosion ailenedigaeth. Mae dyn dall yn cynrychioli anwybodaeth ond dechrau'r broses yn unig yw hyn. Mae deg dolen arall sy'n dod o'i blaen ac yn arwain at enedigaeth (neu ailenedigaeth), ac mae'r ddolen olaf wedi'i chynrychioli gan hen ddyn sy'n cario baich bywyd (karma) ar ei gefn. Mae achosion eraill yn cynnwys y synhwyrau, ymwybod a dyhead. Er enghraifft, crochenwyr (ffurfiannau meddyliol); mwnci (ymwybod); dau ddyn mewn cwch (meddwl a mater); tŷ sydd â chwe ffenestr (y synhwyrau); pâr sy'n cofleidio (cysylltiad); llygad wedi'i wanu gan saeth (teimlad). **2** Y term technegol am yr hyn sy'n digwydd yn y broses hon yw pratityasamutpada (tarddiad dibynnol) a nidanas yw'r enw ar 12 'dolen' bodolaeth. Yn ôl Bwdhaeth, anwybodaeth yw gwir achos cylch parhaus bywyd, marwolaeth ac ailenedigaeth. **3**

Mae'r cylch mewnol mawr yn darlunio chwe theyrnas bodolaeth. Y deyrnas ddynol yw'r unig deyrnas lle mae'r Dhamma ar gael yn hawdd. Mae hyn oherwydd bod manushyas yn fodau unigryw sy'n gallu gofyn cwestiynau, sydd ag emosiynau a synnwyr uchelgais. Gwaetha'r modd, ychydig o fodau dynol sy'n dilyn y Dhamma ac maen nhw'n bodloni ar chwantu pleserau materol. **4** O ran lleoliad yr ailenedigaeth, nid y deyrnas ddynol yw'r unig bosibilrwydd. Mae karma trwm iawn neu ddinistriol yn arwain at ailenedigaeth yn nheyrnasoedd uffern lle mae ysbrydion yn pryfocio ac yn arteithio, a lle mae ar eich bol mawr angen bwyd o hyd ond mae eich ceg a'ch gwddf mor denau fel mai ychydig iawn, iawn o fwyd a diod sy'n gallu mynd drwodd. Hefyd mae teyrnasoedd nefol, ychydig fel paradwys. Gall rhywun hyd yn oed ymgyrraedd at fod yn dduw. Ond, er gwaethaf gwobrau fel hyn mae rhywun yn rhan o'r cylch o hyd ac yn gorfod dilyn ei gyfreithiau ailenedigaeth a karma. Y nod mewn Bwdhaeth yw bod yn rhydd o'r cylch hwn. **5**

Sgiliau allweddol

Mae gwybodaeth yn ymwneud â:

Dewis ystod o wybodaeth (drylwyr) gywir a pherthnasol sydd â chysylltiad uniongyrchol â gofynion penodol y cwestiwn.

Mae hyn yn golygu eich bod yn dewis y wybodaeth gywir sy'n berthnasol i'r cwestiwn a osodwyd NID y maes pwnc. Bydd angen i chi feddwl a chanolbwyntio ar ddewis gwybodaeth allweddol ac NID ysgrifennu popeth yr ydych chi'n ei wybod am y maes pwnc.

Mae dealltwriaeth yn ymwneud ag:

Esboniad helaeth, gan ddangos dyfnder a/neu ehangder gyda defnydd rhagorol o dystiolaeth ac enghreifftiau gan gynnwys (lle y bo'n briodol) defnydd trylwyr a chywir o destunau cysegredig, ffynonellau doethineb a geirfa arbenigol.

Mae hyn yn golygu y gallwch ddangos eich bod yn deall rhywbeth drwy egluro ac ehangu eich pwyntiau gan ddefnyddio enghreifftiau/tystiolaeth gefnogol mewn ffordd bersonol ac NID ailadrodd darnau o werslyfr (sef dysgu ar y cof).

Cymhwyso sgiliau ymhellach:

Ewch drwy'r meysydd pwnc yn yr adran hon a lluniwch rai rhestri bwled o bwyntiau allweddol o feysydd allweddol. Ar gyfer pob un, rhowch fwy o fanylion ac esboniwch fwy drwy ddefnyddio tystiolaeth ac enghreifftiau.

Yng nghanol Olwyn Bywyd, mae ceiliog, neidr a mochyn yn cynrychioli trachwant, casineb a rhithdyb. Y 'tri halogiad' yw'r enw ar y rhain ond maen nhw hefyd yn cael eu galw'n 'dri gwenwyn' neu'n 'dri thân' gan eu bod yn cadw fflam bodolaeth ynghyn nes iddi gael ei chwythu allan neu'i diffodd (nirvana/nibbana). **6** Mae'r cylch y tu allan i'r canol, sydd weithiau ar goll mewn darluniau o'r Olwyn, yn aml yn cynrychioli'r cyflwr canol rhwng ailenedigaethau, neu karma, gan ei fod yn darlunio symudiad unigolion i fyny neu i lawr. Fel arfer mae'r symudiad i lawr yn dywyll ac mae'r symudiad i fyny'n olau ei liw. Y ffordd i gael rhyddid yw atal yr olwyn rhag 'dod i fodolaeth' a chyrraedd nibbana (Goleuedigaeth neu fewnwelediad). Mae profiad o nibbana yn atal ailenedigaeth. Gellir gwneud hyn drwy gael gwared ar y tri pheth sy'n gyrru person i gynhyrchu karma afiach. Trachwant, casineb a rhithdyb yw'r rhain. Os yw Bwdhydd yn cael gwared ar y 'tanau' neu'r 'halogiadau' hyn, mae'n bosibl cyrraedd nibbana a bydd baich karma yn cael ei godi. **7**

Y dyhead am hyn yw'r ffigwr ar y top ar y dde, sef y ffurf eithaf ar y Bwdha: Dharmakaya. Mae delwedd arall y tu allan i'r cylch ac mae'r ddelwedd hon o deyrnas ddedwydd sy'n cynrychioli dihangfa o gylch samsara. **8**

Awgrymiadau

1 Rhagarweiniad.

2 Esboniad. Enghreifftiau.

3 Technegol.

4 Blaenoriaethu.

5 Crynodeb.

6 Gwybodaeth.

7 Mae'n ailadrodd ond mae'n cysylltu.

8 Pwyntiau wedi'u hychwanegu.

Awgrymiadau wedi'u cwblhau

1 Rhagarweiniad da sy'n esbonio sut mae'r Olwyn yn cael ei chyflwyno.

2 Mae'n nodi prif nodweddion y cylch allanol/ymyl yn eglur gydag enghreifftiau eglur, er bod rhagor eto i'w cael.

3 Gwybodaeth a dealltwriaeth dda, dechnegol a manwl gywir.

4 Esboniad da o'r deyrnas ddynol. Mae hon wedi cael blaenoriaeth oherwydd ei bod yn cysylltu â'r holl syniad o ddianc yn hytrach na dim ond disgrifio pob un o'r chwe theyrnas.

5 Crynodeb da o'r teyrnasoedd eraill.

6 Gwybodaeth dda am yr hyn y mae'r tri symbol allweddol yn y both yn ei gynrychioli ac esboniad pam.

7 Mae'n archwilio'r syniad o karma yn eglur ond mae'n ei gysylltu â'r tri halogiad eto er mwyn cysylltu'r ddau syniad â nod dianc yn y pen draw.

8 Wedi mynd yn brin o amser, siŵr o fod. Ond yn lle mentro rhoi crynodeb ailadroddus mae'r ateb yn ychwanegu dau bwynt perthnasol arall.

Materion i'w dadansoddi a'u gwerthuso

Dysgeidiaeth pratityasamutpada, karma ac ailenedigaeth yn cynrychioli realiti

Un o'r prif bryderon am gysyniadau Bwdhaeth yw, pan fydd rhywun yn eu hystyried i ddechrau, maen nhw'n gallu bod yn ddryslyd ac yn tueddu i fod yn besimistaidd am y cyflwr a'r profiad dynol. Os nad ydyn nhw'n cael eu hastudio ymhellach, gallai rhywun feddwl nad ydyn nhw wir yn cynrychioli realiti. Er enghraifft, weithiau mae'r syniad o ailenedigaeth yn cael ei weld fel ffantasi crefyddol. Neu, mae'r syniad bod bywyd wedi'i yrru gan anwybodaeth yng nghadwyn tarddiad dibynnol (*chain of dependent origination*) yn ymddangos yn groes i'r syniad bod bodau dynol yn dod yn fwy gwybodus wrth i amser fynd rhagddo.

Mae karma, er enghraifft, yn ddamcaniaeth gymhleth sy'n cael ei chamddeall yn aml. Weithiau mae'n cael ei gweld fel rhaglen gwelliant personol sy'n gwahodd y syniad fod drygioni'n cael ei gosbi a bod daioni'n haeddu gwobr. Mewn geiriau eraill, mae'r sefyllfa'n dod yn un 'bersonol'. Mae'n hawdd camddeall bod y tri thân yn cynrychioli 'pechodau' y dylai person eu hosgoi yn hytrach nag ysgogiadau seicolegol sy'n gynhenid i fod yn ddynol ac yn rhan o gylch bodolaeth. Nid drygioni allanol yw ysgogiadau fel hyn ond cyflyrau mewnol y dylen ni ymddatod oddi wrthyn nhw.

I ymateb i hyn, gellid dadlau, gan fod Bwdhaeth yn hyrwyddo anatta (di-hunan), all hyn ddim bod yn bellach o'r gwir. Yn wir, mae syniadau am euogrwydd, bai a dial yn enghreifftiau o ymblesera a hunandosturi. Fodd bynnag, y ffocws mewn Bwdhaeth yw deall yr egwyddorion sydd ar waith y tu ôl i karma mewn gwirionedd ac fel egwyddor gyffredinol. Mae'r syniad o achos ac effaith yn cynrychioli realiti'n well nag unrhyw syniad o bechod, euogrwydd a chyfiawnhad gan mai mater o safbwynt yw'r rhain.

At hynny, byddai Bwdhyddion yn dadlau bod dysgeidiaeth Bwdhaeth mewn gwirionedd yn realistig am fywyd. Dydy'r ddysgeidiaeth ddim yn gadarnhaol na chwaith yn negyddol, gan fod barn fel hyn yn ymwneud â safbwynt neu bersbectif. Bwriad y ddysgeidiaeth yw bod yn ymarferol er mwyn gallu ymdrin â phroblem dukkha.

Yn y bôn, mae'r cysyniadau mewn Bwdhaeth yn paratoi person i allu ymdrin â bywyd ac ymdopi â'r sefyllfa sydd yng nghylch bodolaeth. Mae cysyniadau fel hyn yn helpu person i ddeall sut mae karma yn gweithio a sut mae hyn yn gysylltiedig â chylch samsara ac ailenedigaeth. Mae cysyniad karma yn ymarferol oherwydd ei fod yn helpu rhywun i fod yn ymwybodol o natur gymhleth y byd o'n cwmpas. Mae'n tynnu sylw at wraidd gweithgareddau ac yn cynnig cyfle i bobl adfyfyrio ar y cyflyrau meddyliol sy'n briodol i'w datblygu.

Ond, pan fydd y damcaniaethau am ailenedigaeth a karma yn cael eu mynegi'n fwy crefyddol a diwylliannol, er enghraifft yn y bhavachakra, mae'n ymddangos bod hyn ymhell o realiti yn hytrach na'i fod yn cynrychioli realiti. Gellid dadlau mai tybiaethau metaffisegol yw pob teyrnas bodolaeth, sy'n cynnwys teyrnasoedd uffern, teyrnasoedd cythreuliaid, teyrnasoedd nefol a chylch bywyd, wedi'u gwarchod gan Yama, duw marwolaeth. Yn sicr dydyn nhw ddim yn cynrychioli realiti.

At ei gilydd, os ydyn ni'n deall cysyniadau Bwdhaidd ar lefel arwynebol yna dydyn ni ddim yn eu deall yn llawn. Mewn gwirionedd, gallai rhywun ddadlau nad ydyn ni'n eu deall o gwbl. I'r gwrthwyneb, pan fyddan nhw'n cael eu harchwilio'n llawn, a'u dehongli'n ystyrlon ac nid yn llythrennol, mae syniadau Bwdhaidd o leiaf yn eithaf tebyg i realiti.

Cynnwys y fanyleb

Dysgeidiaeth pratityasamutpada, karma ac ailenedigaeth yn cynrychioli realiti.

Gweithgaredd AA2
Dadleuon posibl

Wedi'u rhestru isod mae rhai casgliadau y byddai'n bosibl dod iddynt ar sail rhesymeg AA2 yn y testun cysylltiedig:

1. Mae dysgeidiaeth karma yn cynrychioli realiti, ond mae'r syniad o ailenedigaeth gam yn rhy bell.

2. Mae'r holl ddysgeidiaeth am karma, ailenedigaeth a pratityasamutpada yn cynrychioli realiti.

3. Mae dysgeidiaeth karma ac ailenedigaeth yn achosi dryswch am realiti, yn hytrach na'u bod yn ei gynrychioli.

4. Dydy'r holl ddysgeidiaeth am karma, ailenedigaeth a pratityasamutpada ddim yn cynrychioli realiti.

5. Mae Bwdhaeth yn ymarferol. Ar un lefel does dim gwahaniaeth a yw'r cysyniadau'n achosi dryswch neu'n besimistaidd. Y pwnc i'w drafod yw a yw'r cysyniadau'n gallu gweithio ai peidio.

Ystyriwch bob un o'r casgliadau sy'n cael eu gwneud uchod a chasglwch dystiolaeth ac enghreifftiau i gefnogi pob dadl o'r deunydd AA1 ac AA2 a astudiwyd yn yr adran hon. Dewiswch un casgliad sy'n argyhoeddi fwyaf yn eich barn chi ac esboniwch pam mae hyn yn wir. Nawr cyferbynnwch hyn â'r casgliad gwannaf ar y rhestr, gan gyfiawnhau eich dadl gyda rhesymu clir a thystiolaeth.

Gweithgaredd AA2
Dadleuon posibl

Wedi'u rhestru isod mae rhai casgliadau y byddai'n bosibl dod iddynt ar sail rhesymeg AA2 yn y testun cysylltiedig:

1. Mae cwestiynau am fodolaeth Duw yn deg mewn unrhyw grefydd.

2. Efallai fod cwestiynau am fodolaeth Duw yn deg ond dydyn nhw ddim yn berthnasol mewn Bwdhaeth ar hyn o bryd.

3. Dydy cwestiynau am fodolaeth Duw ddim yn bwysig mewn Bwdhaeth oherwydd eu bod nhw'n gwyro oddi ar y llwybr.

4. Dydy cwestiynau am fodolaeth Duw ddim yn deg oherwydd bod Bwdhaeth yn antheïstig.

5. Mae cwestiynau am fodolaeth Duw yn deg ond byddan nhw bob amser yn aros heb eu hateb.

Ystyriwch bob un o'r casgliadau sy'n cael eu gwneud uchod a chasglwch dystiolaeth ac enghreifftiau i gefnogi pob dadl o'r deunydd AA1 ac AA2 a astudiwyd yn yr adran hon. Dewiswch un casgliad sy'n argyhoeddi fwyaf yn eich barn chi ac esboniwch pam mae hyn yn wir. Nawr cyferbynnwch hyn â'r casgliad gwannaf ar y rhestr, gan gyfiawnhau eich dadl gyda rhesymu clir a thystiolaeth.

Pa mor ddilys yw gwrthod cwestiynau ynghylch bodolaeth Duw

Gwrthododd y Bwdha ddyfalu am Dduw, cwestiynau am fywyd ar ôl marwolaeth a materion metaffisegol eraill. Mae hyn wedi'i nodi'n eglur yn y Canon Pali a byddai llawer yn gweld bod hyn yn golygu nad yw cwestiynau o'r fath yn ddefnyddiol neu'n ystyrlon. Mae'r ddadl dros hyn yn eglur yn ôl y Bwdha. Felly, dydy cwestiynau am fodolaeth Duw ddim yn deg.

Y ffordd orau o ddisgrifio'r safbwynt hwn yw ystyried dameg gan y Bwdha ei hun.

Mae fel petai dyn wedi cael ei anafu gan saeth wedi'i thaenu'n dew â gwenwyn, a byddai ei ffrindiau, ei gymdeithion, ei berthnasau a'i dylwyth yn cael meddyg ato i'w wella, a byddai'n dweud, 'Rwy'n gwrthod gadael i'r saeth gael ei thynnu allan hyd nes caf i wybod pa ddyn a anafodd fi ... beth yw enw teulu'r dyn ... neu, a yw'n dal, neu'n fyr ... neu a yw'r bwa a gafodd ei ddefnyddio i'm hanafu'n chapa neu'n kondana ...'.

Mae'r ddameg yn parhau. Mae'n gwrthod gadael i'r saeth gael ei thynnu hyd nes iddo gael gwybod o beth cafodd y bwa a'r saeth eu gwneud. Yn amlwg, mae rhesymu'r dyn sydd wedi'i anafu sy'n cael ei ddisgrifio yma'n hollol ddwl. Felly hefyd, yn ôl y Bwdha, mae dadlau am darddiad a natur y bydysawd ac am fodolaeth Duw'r creawdwr hollalluog.

Y dasg bwysicaf i'r Bwdha oedd mynd i'r afael â dukkha. Ar ôl cael gwared ar dukkha, yna mae'n bosibl archwilio materion eraill sydd â natur fetaffisegol. Ond, dydy hyn erioed wedi cael ei archwilio go iawn mewn Bwdhaeth ac unwaith eto mae'n cryfhau'r ddadl nad yw cwestiynau am fodolaeth Duw yn deg.

Roedd cwestiynau cysylltiedig eraill a gafodd eu gwrthod hefyd. Er enghraifft, a yw rhywun o'r farn fod y byd yn dragwyddol, neu nad yw'r byd yn dragwyddol. Yn gryno, bywyd ymarferol yw bywyd y Bwdhydd a dydy e ddim yn dibynnu ar ddyfalu. Dydy dyfalu ddim yn ddefnyddiol.

Serch hynny, gellid dadlau mai dim ond anwybyddu cwestiynau am fodolaeth Duw wnaeth y Bwdha, yn hytrach na'u gwrthod yn llwyr. Hefyd byddai rhai'n dadlau yma fod dau fater, sef, y cwestiynau am fodolaeth Duw a bodolaeth go iawn Duw hollalluog. Caiff ei dderbyn yn rhan o gosmoleg Fwdhaidd fod duwiau'n bodoli, ond dydy'r rhain ddim yn cael eu gweld yn yr un ffordd â phŵer eithaf sydd y tu hwnt i bopeth. Felly, dydy cwestiynau am Dduw eithaf ddim yn berthnasol i gosmoleg Fwdhaidd.

Ond, mae'r cwestiwn a yw Duw'n bodoli ai peidio'n cael ei adael yn hollol agored. Mae llawer wedi deall bod hyn yn awgrymu nad yw Bwdhaeth yn credu ym modolaeth Duw. Gellid dadlau nad yw hyn yn wir yn dechnegol.

Byddai dadl fel hon yn cwympo i fagl *Scientific Buddha* Lopez; hynny yw, rydyn ni'n tueddu i wneud i Fwdhaeth ar ei ffurf 'wyddonol' ac 'antheïstig' fod yn gydnaws â gwyddoniaeth a'r dilynwr dyneiddiol. Ond, yn union fel y nododd y Bwdha fod cwestiynau sydd heb eu penderfynu, felly hefyd, mae ceisio cysylltu Bwdhaeth a gwyddoniaeth a dyneiddiaeth â'i gilydd mor ffug fel y byddai hynny'n golygu gwneud yr un camsyniad â cheisio ateb y cwestiynau sydd heb eu penderfynu mewn gwirionedd.

Er gwaethaf hyn, mae'n amlwg i'r Bwdha weld mai prif fater bywyd oedd cael gwared ar ddioddefaint. Ar ôl cyrraedd nibbana, efallai y bydd hi'n bosibl ateb cwestiynau am Dduw, neu, na fyddan nhw'n berthnasol wedyn.

Datblygu sgiliau AA2

Nawr mae'n bryd ystyried y wybodaeth sydd wedi'i chyflwyno hyd yma. Hefyd mae'n bwysig ystyried sut mae'r hyn rydych chi wedi'i ddysgu hyd yma'n gallu cael ei ddefnyddio ar gyfer atebion arholiad drwy ymarfer y sgiliau sy'n gysylltiedig ag AA2.

Mae Amcan Asesu 2 (AA2) yn ymwneud â 'dadansoddi' a 'gwerthuso'. Efallai fod ystyr y termau'n amlwg ond mae'n hanfodol eich bod yn gyfarwydd â sut mae sgiliau penodol yn dangos y rhain, a hefyd, sut bydd eich perfformiad ym mhob un o'r sgiliau hyn yn cael ei fesur (gweler disgrifyddion band cyffredinol Band 5 ar gyfer AA2 UG).

Yn amlwg mae ateb yn cael ei osod mewn disgrifydd band priodol, yn ôl pa mor dda yw'r ateb, gan amrywio o ragorol, da, boddhaol, sylfaenol/cyfyngedig i gyfyngedig iawn.

▶ **Dyma eich tasg:** isod mae ateb cryf a gafodd ei ysgrifennu'n ymateb i gwestiwn sy'n gofyn am werthuso a yw karma yn ddamcaniaeth realistig ai peidio. Gan ddefnyddio'r disgrifyddion band gallwch ei gymharu â'r bandiau uwch perthnasol a disgrifyddion y bandiau hynny. Yn amlwg, mae'n ateb cryf ac felly nid yw'n perthyn i fandiau 1–3. Er mwyn gwneud hyn bydd yn ddefnyddiol i chi ystyried beth sy'n dda am yr ateb a beth sy'n gywir. Bydd y dadansoddiad sy'n cyd-fynd â'r ateb yn rhoi cliwiau ac ysgogiadau i'ch cynorthwyo. Wrth ddadansoddi cryfderau'r ateb, gweithiwch mewn grŵp a meddyliwch am bum peth sy'n gwneud yr ateb hwn yn un da. Efallai fod gennych fwy na phum sylw ac yn wir awgrymiadau i wneud iddo fod yn ateb perffaith!

Ateb

Mae'r syniad o karma yn seiliedig ar arsylwi. Felly, byddai rhai'n dadlau ei fod yn realistig iawn o ran hynny. Mae'n seiliedig ar y syniad syml fod un peth yn achosi rhywbeth arall. [1] Rheswm arall pam mae'r cysyniad yn realistig yw o ran moesoldeb; mae karma yn golygu bod pob bod dynol yn gyfrifol am ei sefyllfa ef neu hi ei hun. Mae karma fel cyfraith naturiol. [2]

Ond, gellid ystyried bod karma yn afrealistig wrth ystyried credoau am fywydau yn y dyfodol. Mewn oes wyddonol, mae'r syniad y byddwn ni'n profi ffrwythau ein gweithredoedd mewn bywyd arall, neu'n wir mewn teyrnas bodolaeth arall, yn rhy anghredadwy i rai ac yn perthyn i fyd ffantasi! [3]

Problem arall gyda damcaniaeth karma yw ei bod hi'n rhy syml. Mae bywyd yn fwy cymhleth. Dydy gwneud penderfyniadau syml ddim yn broblem fawr ond mae angen i fodau dynol weithredu heb orfod gweithio allan beth yw canlyniadau ffyrdd gwahanol o weithredu. Gellid dadlau nad dyna sut mae bywyd yn gweithio mewn gwirionedd. [4]

Ond, yn erbyn y ddadl hon, gallai Bwdhydd ymateb drwy ddweud bod y ddysgeidiaeth am karma yn realistig oherwydd ei bod yn deillio o pratityasamutpada, y cysyniad bod pob ffenomen wedi'i chysylltu gan achos mewn ffordd sy'n foesol niwtral. Felly nid ni'n unig sydd i benderfynu sut mae pethau'n ymddwyn yn gyffredinol ac a ydyn ni'n gwneud rhywbeth ai peidio, oherwydd bod deddf karma yn digwydd beth bynnag. [5]

Ond, i ymateb i'r rhesymeg hon, gallai karma gael ei weld yn rhywbeth sydd y tu hwnt i'n rheolaeth ni. Roedd yr Ajvakas yng nghyfnod y Bwdha'n gwrthod y syniad hwn o ddylanwad personol ar karma gyda'u syniad o niyati neu dynged. Serch hynny, gallai rhai ddadlau hefyd mai bwriad y ddysgeidiaeth am karma yw galluogi'r Bwdhyddion i ddysgu am ganlyniadau ehangach gweithredu, meddwl neu siarad. Dydy hynny ddim o safbwynt negyddol 'pechod', 'dyletswydd' neu 'gosb', ond o gydnabod yn syml fod canlyniadau anochel i weithredoedd. Byddai pobl o'r fath yn dweud yn yr ystyr hwn nad yw rhoi'r gorau i bob syniad o gyfrifoldeb moesol yn unol â damcaniaeth karma. [6]

Sgiliau allweddol

Mae dadansoddi'n ymwneud â nodi materion sy'n cael eu codi gan y deunyddiau yn adran AA1, ynghyd â'r rhai a nodwyd yn adran AA2, ac mae'n cyflwyno safbwyntiau cyson a chlir, naill ai gan ysgolheigion neu safbwyntiau personol, yn barod i'w gwerthuso.

Mae hyn yn golygu ei fod yn nodi pethau allweddol i'w trafod a'r dadleuon sy'n cael eu cyflwyno gan eraill neu o safbwynt personol.

Mae gwerthuso'n ymwneud ag ystyried goblygiadau amrywiol y materion sy'n cael eu codi, yn seiliedig ar y dystiolaeth a gafwyd wrth ddadansoddi ac mae'n rhoi dadl fanwl eang gyda chasgliad clir.

Mae hyn yn golygu bod yr ateb yn pwyso a mesur y dadleuon amrywiol a gwahanol a gafodd eu dadansoddi drwy roi sylwadau ac ymateb unigol, gan ddod i gasgliad drwy broses rhesymu clir.

I gloi, byddwn i'n tueddu i ochri â'r ddadl uchod, er gwaetha'r ddadl ynghylch a ydyn ni'n rheoli karma yn llawn ai peidio. Mae karma yn realistig oherwydd ei fod yn dweud bod gan weithredoedd a bwriadau ganlyniadau i'r unigolyn ac i eraill. Mewn gwirionedd, dim ond gwneud i'r byd fod yn lle gwell fyddai hyn gan y byddai pawb o'r un meddylfryd ac yn ystyried eu gweithredoedd yn ofalus, yn enwedig o ran ystyried sut mae'r gweithredoedd hyn yn effeithio ar eraill. **7**

Awgrymiadau

1 Rhagarweiniad.

2 Tystiolaeth.

3 Gwrthddadl.

4 Ehangu/datblygu a chefnogaeth.

5 Dewis arall.

6 Dadl newydd.

7 Clo da.

Awgrymiadau wedi'u cwblhau

1 Does dim angen rhagarweiniad bob tro. Mae hwn yn dechrau'r ateb yn syth ac yn effeithiol, gan gyflwyno karma ond gan wneud pwynt ar yr un pryd.

2 Mae'n rhoi rheswm arall dros gefnogi hyn, gyda thystiolaeth yn cefnogi'r frawddeg gyntaf.

3 Mae'n cyflwyno barn wahanol yn eglur gan dynnu sylw at brif wendid y ddamcaniaeth.

4 Dadl arall gan ddefnyddio tystiolaeth o safbwynt/persbecif.

5 Mae'n cyflwyno barn wahanol i'r ddwy ddadl sydd wedi'u cyflwyno'n barod.

6 Trafodaeth ddiddorol ynghylch a yw rheolaeth bersonol yn realistig ai peidio.

7 Ateb cryf, datblygedig a gwerthusol sy'n rhoi rhesymau sy'n adlewyrchu'r dadleuon a gyflwynwyd yn yr ateb, ac yn cysylltu â nhw.

C: Arhat a bodhisattva – dysgeidiaeth Theravada a Mahayana

Arhat a bodhisattva: cyflwyniad

Wrth i Fwdhaeth ledaenu, datblygodd rhaniadau ychwanegol at y rhai a ddigwyddodd yn y cynghorau cyntaf. Yn y pen draw, datblygodd ffurf newydd a gwahanol ar Fwdhaeth. Mae'r dystiolaeth gynharaf am hon yn dod o tua diwedd y ganrif gyntaf OCC.

Enw'r ffurf newydd hon ar Fwdhaeth yw Mahayana neu'r 'Cerbyd Mawr'. Mae dysgeidiaeth gynharach wedi cysylltu'r math hwn o Fwdhaeth â'r Mahasanghikas (gweler Thema 1C). Mae ysgolheictod diweddarach wedi awgrymu i Mahayana ddeillio o wahanol fynachod 'a oedd yn byw mewn coedwigoedd'. Sut bynnag, mae syniadau newydd yn nodweddu'r math newydd hwn o Fwdhaeth. Mae gormod i'w nodi yma, ond yn gyffredinol, dyma'r syniadau sy'n nodweddu Mahayana:

1. Pwyslais ar lwybr y bodhisattva yn lle llwybr yr arhat.
2. **Bwdholeg** (syniadau am berson a natur y Bwdha) newydd ac estynedig a oedd yn gweld y Bwdha fel bod mwy gogoneddus ac a oedd yn rhoi llai o bwyslais ar ei ochr hanesyddol.
3. Ysgrifeniadau newydd (**sutras**) a oedd yn honni mai geiriau'r Bwdha pan oedd yn dal i fod yn fyw ydyn nhw.
4. Pwyslais ar dosturi fel canolbwynt (**karuna**) i gydbwyso â doethineb (**prajna**).
5. Grwpiau defosiynol sy'n canolbwyntio ar bodhisattvau nefolaidd.
6. Y syniad ei bod hi'n bosibl trosglwyddo teilyngdod neu ei 'droi drosodd' (**parivarta**) oddi wrth fodau nefol i ddilynwyr.
7. Safbwynt mwy cytbwys am botensial lleygwyr i ddatblygu'n ysbrydol.
8. Mwy o fewnwelediad i ddysgeidiaeth wreiddiol y Bwdha fel 'gwacter' (**sunyata**) pob ffenomen.
9. Y syniad bod 'natur-Bwdha' (**tathagatagarbha**) ynghwsg ym mhob unigolyn ac yn cynnig potensial ar gyfer Bwdhadod.

Gyda'i gilydd, roedd y syniadau hyn yn awgrymu lefel newydd o wirionedd. Yn wir, gwelir y Mahayana fel ail droad olwyn Dhamma sy'n dod â mewnwelediad newydd i ddysgeidiaeth wreiddiol y Bwdha.

Roedd y ddysgeidiaeth yn dadlau bod y Bwdha'n defnyddio dulliau medrus i addysgu ei wrandawyr (**upaya kausalya**). Hynny yw, roedd yn cyflwyno gwirioneddau mewn ffordd a oedd yn cysylltu'n uniongyrchol â gallu ysbrydol y gynulleidfa o'i gwmpas. Roedd y ddysgeidiaeth wreiddiol yn briodol i'w chyfnod. Gwirioneddau confensiynol oedd y rhain, a nawr roedd gwirioneddau dyfnach, eithaf, gyda mwy o fewnwelediad yn mynd i ddod yn eu lle. 'Doethineb perffaith' (**prajna paramita**) oedd hyn. Felly Mahayana oedd y cerbyd mawr mewn gwirionedd.

Mewn Bwdhaeth Theravada, statws ysbrydol yr arhat (yr un anrhydeddus neu deilwng) yw'r statws ysbrydol eithaf. Arhat yw un sydd wedi anelu at nibbana yn ystod y bywyd hwn ac a fydd yn mynd i mewn i parinibbana ar ôl marw. Mewn Bwdhaeth Mahayana, statws Bwdhadod yw'r statws ysbrydol eithaf. Ond, mae'n honni mai ffordd y bodhisattva, neu, yn ôl Snelling yr 'arwr ysbrydol' yw'r llwybr i Fwdhadod. Arhat a bodhisattva yw'r safonau y mae Bwdhyddion Theravada a Mahayana yn anelu atynt, yn y drefn honno.

Ond, mae ychydig o ddadlau ynghylch beth yw statws pob un wrth eu hystyried gyda'i gilydd. Yn gyffredinol, byddai bodhisattva yn honni ei fod yn fwy tosturiol ac yn uwch oherwydd hyd a chymhlethdod y llwybr sy'n cael ei ddilyn. Ar y llaw arall, byddai'r arhat yn honni ei fod yr un mor dosturiol er ei fod yn fwy

---

Cynnwys y fanyleb
Arhat a bodhisattva: dysgeidiaeth Theravada a Mahayana.

Mae'r bodhisattva Avalokiteshvara yn cael ei adnabod fel bodhisattva tosturi ac mae'n gallu ymddangos ar ffurf wryw neu fenyw. Ystyr yr enw yw 'yr un sy'n edrych i lawr ar y byd'.

Termau allweddol

Bwdholeg: materion sy'n ymwneud â natur, person a statws y Bwdha

Karuna: tosturi

Parivarta: trosglwyddo, gan gyfeirio at deilyngdod a enillwyd

Prajna: doethineb

Prajna paramita: doethineb perffaith

Sunyata: gwacter pob ffenomen

Sutras: ysgrifeniadau/ysgrythurau Mahayana

Tathagatagarbha: natur-Bwdha

Upaya kausalya: dulliau medrus

Dyfyniad allweddol

Un sydd ar y llwybr i Fwdhadod perffaith; ei dasg yw helpu bodau dynol yn llawn tosturi wrth iddo aeddfedu ei ddoethineb ei hun.
(**Harvey am bodhisattva**)

cwestiwn cyflym

2.13 Beth sy'n cydbwyso â doethineb yn y bodhisattva?

cwestiwn cyflym

2.14 Sut gwnaeth y Bwdha'n siŵr fod y rhai a oedd yn gwrando arno'n deall ei ddysgeidiaeth?

mewnblyg ac yn ymwneud â datblygiad ysbrydol personol ac nid datblygiad bodau eraill di-rif. Does neb yn sôn am lwybr y bodhisattva nac yn ei argymell fel llwybr uwch neu'n ddewis arall i lwybr yr arhat. Does dim cofnod chwaith mewn ysgrythurau Theravada am ddisgybl sy'n dweud mai dyma yw ei nod. Mae'r arhat a'r bodhisattva yn dilyn llwybrau gwahanol i gyrraedd eu nodau. Mae'r llwybr i'r bodhisattva yn llawer hirach ac yn fwy cymhleth i'w ddeall. Nod y bodhisattva yw dychwelyd i fyd samsara ond mae'r arhat yn ceisio dianc oddi wrtho a chyrraedd cyflwr parinibbana. Er gwaethaf hyn, yn y pen draw mae eu nod yr un fath, gan fod y ddau eisiau cael gwared ar ddioddefaint.

Mae mynach Bwdhaeth Theravada ar un o bedwar cam Deffroad.

Pedwar cam Deffroad: enillydd-ffrwd, un sy'n dychwelyd unwaith, un sydd byth yn dychwelyd, arhat (un teilwng)

Mewn Bwdhaeth Theravada, drwy'r Llwybr Wythblyg mae cyrraedd Goleuedigaeth. Mae hyn yn cymryd amser hir i'w feithrin. Dydy rhai ddim yn anelu at nibbana yn ystod y bywyd hwn. Gall gymryd sawl bywyd i'w berffeithio. Ond, fel y trafodwyd yn gynharach, yr arhatau yw'r rhai sy'n cyflawni nibbana.

Ond, mae gwahanol gamau i'w cyflawni ar y ffordd i ddod yn arhat. Y pedwar cam yw:

1. Enillydd-ffrwd (**sotapanna**)
2. Un sy'n dychwelyd unwaith (**sakadagami**)
3. Un sydd byth yn dychwelyd (**anagama**)
4. Un teilwng (arhat)

Mae'r uchod i gyd yn agos at Oleuedigaeth lawn a llwyr. Maen nhw wedi profi'r hyn y mae Bwdhaeth yn ei alw'n weledigaeth Dhamma. Mae'r arhat yn mynd i mewn i parinibbana ar ôl marw. Fydd yr un sydd byth yn dychwelyd ddim yn cael ei aileni ar ffurf ddynol ond bydd yn cael Goleuedigaeth mewn teyrnas uwch. Bydd yr un sy'n dychwelyd unwaith yn cyrraedd statws arhat yn y bywyd nesaf. Yn olaf, bydd yr enillydd-ffrwd yn cael Goleuedigaeth mewn llai na saith ailenedigaeth.

Mae'r sotappanna (yr enillydd-ffrwd) yn rhydd o dri hual cred bersonol, amheuaeth feirniadol a natur absoliwt rheolau. Mae'r sakadagami (un sy'n dychwelyd unwaith), ar ôl lleihau trachwant, casineb a rhithdyb, yn estyn rhyddid fel ei fod bron wedi'i ryddhau o chwant synhwyrus a chasineb, ond nid yn llwyr. Mae'r anagama (un sydd byth yn dychwelyd) yn datblygu rhyddid llawn a llwyr o bob un o'r pum hual. Yn y dosbarthiadau hyn mae is-gategorïau pellach ar gyfer pob cam. Ond, mae'r arhat yn cael rhyddid o bum hual uwch arall: chwant am fodolaeth faterol; chwant am fodolaeth anfaterol; hunan-dyb; aflonyddwch; ac anwybodaeth.

Mewn Bwdhaeth Theravada, mae llwybr yr arhat yn un unig. Er bod y Bwdhydd Theravada mewn amgylchedd lle mae ymarferwyr tebyg iddo o'i gwmpas, mae ei dynged yn dibynnu ar ei ymdrech unigol. Weithiau mae'r llwybr hwn wedi cael ei alw'n ffordd y **Bwdah pratyeka** ('y Bwdha unig').

Dyfyniad allweddol

I grynhoi, mae pedwar unigolyn nobl (*ariyapuggala*): yr Enillydd-ffrwd (*sotapanna*), Un sy'n dychwelyd unwaith (*sakadagami*), Un sydd byth yn dychwelyd (*Anagama*), yr Un Sanctaidd (*Arhat*).
(**Mahathera Nyanatiloka**)

Termau allweddol

Anagama: un sydd byth yn dychwelyd

Bwdah pratyeka: Bwdha unig (gan gyfeirio at arhat)

Sakadagami: un sy'n dychwelyd unwaith

Sotapanna: enillydd-ffrwd

cwestiwn cyflym

2.15 Ar ba gam mae Bwdhydd yn ennill rhyddid cyflawn a llawn o bob un o'r pum hual?

Yr arhat yw'r un sydd wedi profi nibbana yn ystod ei fywyd. Mae cyrraedd nibbana yn ystod bywyd yn golygu bod pob cyflwr wedi'i gyflyru'n dod i ben dros dro. Mae nibbana yn ystod bywyd yn gyflwr sy'n cau allan dukkha ac yn disodli'r meddwl a'r corff. Does ganddo ddim cefnogaeth a does ganddo ddim gwrthrych meddyliol. Mae'n cael ei weld fel gwacter (sunnata) ac fel gwagle nad oes modd ei ddisgrifio. Mae arhat yn gallu symud i mewn ac allan o nibbana yn ystod ei fywyd.

Mae Harvey yn disgrifio nibbana yn ystod bywyd fel 'profiad trosgynnol, diamser sy'n dinistrio ymlyniad, casineb a rhithdyb yn llwyr ... cyflwr lle mae pob ffactor personoliaeth a chysylltiadau yn ymwneud ag achos yn dod i ben'. Mae'r arhat wedi profi'r anfarwol ac eto mae'n dal i fod o fewn ffiniau samsara ac mae'n dal i fod yn agored i dukkha (dioddefaint). Ond mae effaith dukkha ar yr arhat yn wahanol iawn i'r profiad dynol arferol.

Mae'r arhat wedi dinistrio tri thân ymlyniad ac mae ganddo iechyd meddwl cyflawn. Dydy ei weithredoedd pwyllog, digynnwrf ddim yn creu canlyniadau karma bellach. Dydy ei weithredoedd pur, digymell ddim yn dwyn ffrwyth. Mae poen yn cael ei deimlo'n gorfforol, ond does dim ing meddyliol dros y ffaith mai poen yw e. Mae'r corff yn gallu cael ei effeithio (h.y. gall gleisio) ond mae'r meddwl heb ei effeithio o hyd, mae'n ddigyffro ac yn canolbwyntio'n llwyr. Felly, y meddwl sy'n rheoli ac mae poen yn cael ei gydnabod, yn ôl Harvey, fel 'ffenomen nad yw'n mynd drwy'r hunan'. Hynny yw, dydy e ddim yn cael ei adnabod fel 'fy mhoen i'.

Yng Nghwestiynau'r Brenin Milinda, mae Nagasena yn ateb tri chwestiwn allweddol ac ymarferol am brofiad nibbana yn ystod bywyd.

1. **Beth yw pwynt gofalu am y corff ar ôl cyrraedd nibbana?** Cyfrwng ar gyfer cynnydd ysbrydol yw'r corff. Byddai peidio â gofalu amdano'n rhwystro cynnydd. Serch hynny, dydy hyn ddim yn golygu bod sentimentaliaeth am y corff. Yn union fel y byddai rhywun yn trin clwyf a gafwyd mewn brwydr, bydd yr arhat yn gofalu am y corff heb deimlo ymlyniad wrtho: 'felly mae'r meudwyon yn gofalu am y corff fel y gofalant am glwyf, heb ymlyniad wrtho'.

2. **Ydy arhat yn profi blas a phrofiad pleserus?** 'Rhywun heb drachwant' yw'r arhat ac un sydd 'heb ymlyniad'. Mae'n gallu blasu bwyd heb fagu ymlyniad wrtho, yn wahanol i'r person trachwantus sy'n profi'r blas ond sydd hefyd yn datblygu ymlyniad wrth y blas hwn. Y gwahaniaeth rhwng yr arhat a'r person trachwantus yw'r gallu i reoli'r ysfa sy'n achosi ymlyniad.

3. **Ydy'r arhat yn teimlo poen?** Mae gan arhat feddwl datblygedig a dyma'r rheswm pam nad yw'n teimlo unrhyw ing meddyliol dros boen. Mae gan yr arhat feddwl sydd 'wedi'i ddofi'n dda ... yn ufudd ac yn ddisgybledig'. Mae ei feddyliau wedi'u clymu'n dynn wrth 'bostyn myfyrdod ... sy'n sefyll yn gadarn ac yn llonydd'. Yn union fel mae boncyff coeden yn aros heb symud yn y gwynt cryf er bod ei changhennau'n ysgwyd; felly hefyd, mae meddwl yr arhat yn aros fel y boncyff hwnnw, hyd yn oed os caiff ei gorff (canghennau) ei ysgwyd.

Gweithgaredd AA1

Lluniwch dabl sy'n nodi pedwar cam Deffroad gyda'r cam a'i ddisgrifiad fel eich colofnau.

Awgrym astudio

Cofiwch y gallwch chi ymarfer rhai o'r Gweithgareddau a'r tasgau Datblygu sgiliau yn y llyfr hwn yn eich amser eich hun. Gallwch chi hyd yn oed greu eich Gweithgareddau AA1 a'ch Gweithgareddau AA2 eich hun, neu, lunio tasgau Datblygu sgiliau newydd, i'ch helpu i baratoi at yr arholiad.

Dyfyniad allweddol

Dydy nibbana ddim wedi'i leoli mewn unrhyw le ac nid math o nefoedd ydy e chwaith lle mae ego trosgynnol yn byw. Mae'n gyflwr sy'n ddibynnol ar y corff hwn ei hun. Mae'n gyrhaeddiad (dhamma) sydd o fewn ein cyrraedd i gyd. Mae nibbana yn gyflwr goruwchfydol y gallwn ei gyrraedd hyd yn oed yn y bywyd presennol hwn. Dydy Bwdhaeth ddim yn dweud mai mewn bywyd a ddaw yn unig y mae modd cyrraedd y nod eithaf hwn. Dyma lle mae'r prif wahaniaeth rhwng y canfyddiad Bwdhaidd o Nibbana a'r cysyniad an-Fwdhaidd o nefoedd dragwyddol y gallwn ei chyrraedd ar ôl marwolaeth yn unig, neu undod â Duw neu Hanfod Dwyfol mewn bywyd ar ôl marwolaeth.

(Narada Thera)

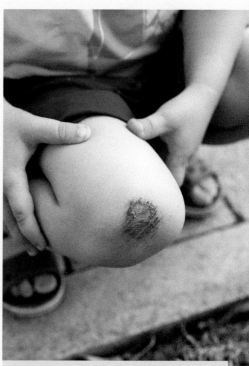

Dydy'r ffaith ein bod ni'n rhoi sylw i anaf ddim yn golygu ein bod ni'n 'hidio' amdano neu ac ymlyniad emosiynol wrtho.

Cynnwys y fanyleb

Nodweddion bodhisattvau: chwech neu ddeg paramita (perffeithderau), buhmis (camau), yr addewid i ddwyn pob peth byw sy'n dioddef i gyflwr Deffroad a'r cydberthynas rhwng doethineb a thosturi.

Termau allweddol

Bodhicitta: yn llythrennol, 'ymwybod Bwdha' neu 'ymwybod deallusrwydd'

Tathagata: yn llythrennol, 'yr un sydd wedi mynd fel hyn' ac mae'n cyfeirio at fod sydd wedi'i oleuo

Dyfyniadau allweddol

Mae'r Bodhicitta yng nghalonnau pob bod ymdeimladol. Mewn Bwdhadod yn unig y mae wedi'i ddeffro'n llawn ac yn weithredol gyda'i wrywdod perffaith. Mewn meidrolion cyffredin mae ynghwsg ac wedi'i rwystro'n druenus gan ei gyfathrach anoleuedig â byd cnawdolrwydd. **(Suzuki)**

Wrth gymryd llw'r bodhisattva, rydyn ni'n cydnabod nad ydyn ni'n mynd i fod yn ysgogi rhagor o anhrefn a thrallod yn y byd, ond ein bod yn mynd i fod yn rhyddhawyr, bodhisattvau, wedi'n hysbrydoli i weithio arnon ni ein hunain yn ogystal â gyda phobl eraill. **(Trungpa)**

Llwybr y bodhisattva

Er bod gan rywun 'natur-Bwdha' (tahagatagarbha) yn gynhenid, mae angen ysgogiad ar hon er mwyn dechrau ar lwybr y bodhisattva. Mae'r 'deffroad' neu'r ysgogiad hwn yn effeithio ar yr hyn sy'n cael ei alw'n **bodhicitta** ('ymwybod deallusrwydd').

Yn y bôn, cyfuniad o dosturi a doethineb yw'r bodhicitta, yn ôl Bwdhyddion Mahayana. Dyma 'hanfod' eithaf bodolaeth, mynegiant o wirionedd eithaf doethineb perffaith. Mae'r ysgolhaig Bwdhaidd D. T. Suzuki yn ei lyfr *Outlines of Mahayana Buddhism* yn disgrifio hyn fel 'calon-ddeallusrwydd oruchaf a pherffeithiaf'. Mae pedwar achos sy'n deffro'r bodhicitta:

1. Meddwl am y Bwdhau
2. Myfyrio ar ddiffygion bodolaeth faterol
3. Ystyried trueni a dioddefaint bodau er mwyn ysgogi tosturi'r bodhisattvau
4. Ystyried rhinwedd y **Tathagata** ('un a aeth felly' – term arall am y Bwdha) neu wacter.

Manjushri yw bodhisattva sy'n gysylltiedig â doethineb (prajna).

Ar ôl i'r bodhicitta gael ei ddeffro, bydd y bodhisattva yn mynd ymlaen i wneud llwon personol (**pranidhana**). Mae Vasubandhu yn rhestru deg llw sy'n gyffredin i bob bodhisattva. At ei gilydd mae'r rhain yn cynnwys dyhead am deilyngdod, gwybodaeth, dyhead am Oleuedigaeth, dyhead am fod yn agos at bob Bwdha a dyhead am bwerau goruwchfydol. Ond, dydy'r dyheadau hyn ddim er eu mwyn eu hunain, ond i'w rhannu â phob bod arall.

Mae gwneud llwon yn bwysig oherwydd gwelir hyn fel grym seicolegol annibynnol pwerus i'r unigolyn hwnnw. Mae'r llwon yn cynnwys bodau eraill hefyd. Petaen nhw'n cael eu torri, byddai hyn yn arwain at annheilyngdod mwy, nid yn unig i'r unigolyn ond i eraill hefyd. Ond, efallai fod 'llwon' yn air rhy gryf gan mai dymuniadau neu ddyheadau ydyn nhw mewn gwirionedd er mwyn llwyddo ar hyd y llwybr.

Y llw mwyaf enwog yw'r un lle mae'r bodhisattva'n gwneud ei ddatganiad eithaf o dosturi ac anhunanoldeb. Mae'r addewid hwn yn gwneud i'r unigolyn fod yn wir bodhisattva. Mae llw ynddo i ymdrechu am Oleuedigaeth ond i beidio â mynd i mewn i Oleuedigaeth lawn a chyflawn pan fydd pob bod arall wedi dod yn oleuedig. Felly, adeg Goleuedigaeth, bydd y bodhisattva'n gwneud yr aberth eithaf ac yn dychwelyd at fyd y samsara i helpu bodau eraill:

'Wrth wneud i olwyn Dharma berffaith droi, boed i bob bod ymdeimladol yn neg cwr y bydysawd a all wrando ar fy nysgeidiaeth neu glywed fy enw, gael ei ryddhau o bob angerdd a boed i'r bodhicitta ddeffro ynddo. Boed i mi fynd gyda phob bod ymdeimladol a'i warchod bob amser a chael gwared ar ei ran y pethau nad ydyn nhw'n fuddiol iddo. Boed i mi roi bendithion di-rif iddo, a hefyd boed i mi, drwy aberthu fy nghorff, fy mywyd a'm heiddo, gwmpasu pob creadur ac felly ymarfer y Ddysgeidiaeth Gywir.' (Vasubandhu) Mae hyn yn dangos yn eglur y rhyngberthynas rhwng doethineb a thosturi ar lwybr y bodhisattva.

Yn gyntaf, rhaid i'r Bodhisattva fynd trwy gyfres o ddeg **bhumi** (cam), y mae gan bob un ohonynt berffeithder sy'n cydredeg ag ef (**paramita**). Y rhain yw:

(1) Cam hyfrydwch a llawenydd

Ar y cam hwn, mae perffeithder haelioni (**dana**) yn cael ei gynhyrchu er budd eraill. Bydd pob haeddiant yn cael ei gasglu a'i fuddsoddi yn y dyhead y bydd ef ac eraill yn cyrraedd Bwdhadod yn y dyfodol.

(2) Cam purdeb

Ar y cam hwn, mae pob gweithred yn ddigymell o bur ac mae rhinwedd foesol (**sila**) yn cael ei pherffeithio. Delweddir Bwdhau nefolaidd mewn myfyrdodau.

(3) Cam disgleirdeb

Caiff amynedd (**ksanti**) ei berffeithio ar y cam hwn trwy fyfyrio ar dosturi. Mae amynedd yn helpu rhywun i barhau i ddirnad y Dhamma dwys.

(4) Cam enyniad

Yma dywedir bod y bodhi sy'n puro yn difa holl olion anwybodaeth a chaiff egni (**virya**) ei berffeithio. Ar y cam hwn, gall ymarferydd gael ei ordeinio a dilyn saith categori'r rhinweddau. Y seithfed categori yw'r Llwybr Wythblyg.

(5) Cam anodd iawn ei orchfygu

Ar y cam hwn, mae mewnwelediad yn uchel iawn ac mae perlewyg myfyriol (**dhyana**) yn cael ei berffeithio. Yn ôl D. T. Suzuki, 'mae'r Bodhisattva wedi datblygu grym deallusol i dreiddio'n ddwfn i'r system o fodolaeth'.

(6) Cam amlygu

Caiff doethineb (prajna) ei berffeithio ac mae gan y bodhisattva'r gallu i weld i mewn i wneuthuriad bodolaeth a chanfod bod ei wir natur yn 'wag' o hanfod. Wrth brofi hyn, mae'r bodhisattva hefyd yn myfyrio ar dynged bodau eraill sy'n gaeth yn samsara. Ar y cam hollbwysig hwn, mae'r bodhisattva, sydd yn awr yn gydradd ag arhat, yn gwneud y penderfyniad i ddychwelyd i samsara er mwyn bodau eraill.

Dyfyniad allweddol

Llw'r bodhisattva yw'r ymrwymiad i roi eraill o'ch blaen eich hunan. Mae'n datgan parodrwydd i roi'r gorau i'ch lles eich hun, hyd yn oed eich goleuedigaeth eich hun, er lles eraill. A'r cyfan yw bodhisattva yw person sy'n byw yn ysbryd y llw hwnnw, yn perffeithio'r rhinweddau sy'n cael eu galw'n chwe *paramita* [perffeithder] – haelioni, disgyblaeth, amynedd, ymdrech, myfyrdod, a gwybodaeth drosgynnol – yn ei ymdrech i ryddhau bodau. (Trungpa)

cwestiwn cyflym

2.16 Beth yw llw eithaf bodhisattva?

Termau allweddol

Bhumis: camau ar lwybr y bodhisattva

Dana: rhoi

Dhyana: myfyrdod

Ksanti: amynedd

Paramita: yn llythrennol 'perffeithder' ac mae'n disgrifio'r rhinweddau sy'n cael eu meithrin ar lwybr y bodhisattva

Pranidhana: llwon y mae bodhisattva yn eu gwneud cyn cychwyn ar y llwybr

Sila: purdeb; term a ddefnyddir i ddisgrifio moesoldeb Bwdhaidd

Virya: egni

(7) Cam mynd yn bell i ffwrdd

Defnyddir dulliau medrus (upaya kausalya) ar y cam hwn ac mae'r bodhisattva'n gallu ei osod ei hun mewn gwahanol fydoedd i helpu a dysgu eraill. Mae'n ymarfer deg rhinwedd perffeithrwydd yn ddiflino.

(8) Cam ansymudol

Ni all bodhisattva syrthio'n ôl o'r cam hwn. Dyma'r cam lle caiff pob dymuniad a dyhead am Fwdhadod eu dileu o'r ymwybod. Yn ôl D. T. Suzuki, 'Mae'r ymdrechu ymwybodol sy'n nodweddu ei holl lwybr hyd yma wedi ildio i gyflwr o weithredu'n gwbl reddfol, o ddiniweidrwydd sanctaidd, ac o natur chwareus ddwyfol. Mae'n ewyllysio a chaiff ei gyflawni. Mae'n dyheu a chaiff ei wireddu.'

(9) Cam deallusrwydd da

Mae'r bodhisattva'n dod i feddu ar bedair gwybodaeth gyflawn a chynhwysfawr: natur pethau mewn cyflwr gwag; eu nodweddion unigol fel y maen nhw'n destun ailenedigaeth; eu natur nad oes modd ei dinistrio y tu hwnt i ddeuoliaeth; a'u trefn dragwyddol a'u gwerth cynhenid.

(10) Cam cymylau Dharma

Yma mae'r wybodaeth (**jnana**) yn gyflawn. Mae'r bodhisattva yn cael ei amgylchynu gan bodhisattvau llai ac mae Bwdhau'n cynnig bendithion wrth baratoi am y Bwdhadod terfynol.

Mewn Bwdhaeth Mahayana mae nifer o bodhisattvau y mae teyrnged yn cael eu talu iddyn nhw, ac sy'n helpu Bwdhyddion ar eu llwybr i Oleuedigaeth, er enghraifft:

- Maitreya
- Avalokiteshvara
- Ksitigarbha
- Tara
- Manjushri
- Amitabha/Amida

Yn ddamcaniaethol mae gwahaniaeth bach rhwng Bwdha a bodhisattva. Mae bodhisattva wedi cyrraedd Goleuedigaeth ond mae wedi dychwelyd i'r byd i helpu eraill. Felly, mae bodhisattva yn Fwdha hefyd, ond nid yn Sammasambuddha. Hefyd mae dadl ysgolheigaidd wedi bod ers tro mewn Bwdhaeth ynghylch a yw bodhisattva wedi cyrraedd Goleuedigaeth gyflawn a llwyr neu a yw wedi cyrraedd ei brig ond wedyn wedi dychwelyd i fodolaeth, yn unol â'r llw, i achub pob bod ymdeimladol cyn derbyn Goleuedigaeth lawn.

Term allweddol

Jnana: gwybodaeth

Amitabha

Tara

Dysgeidiaeth trikaya

Mae'r syniad o bodhisattvau nefol sy'n helpu Bwdhyddion ar eu llwybr i Oleuedigaeth yn rhan o gosmoleg Mahayana. Mewn Bwdhaeth Mahayana mae llawer mwy nag un bydysawd. Mae gan bob bydysawd ei Fwdha ei hun. Mae'r Bwdha hwn yn byw yn y cae-Bwdha hwn (**Buddha kshetra**) neu'r bydysawd personol. Mae Bwdha Gautama yn byw yn ein bydysawd ni. Mewn Bwdhaeth y Wlad Bur, mae Bwdha Amida (Amitabha) yn byw er mwyn croesawu'r rhai sy'n dymuno cael eu haileni yno. Mae'n ymddangos y gall Bwdha, neu bodhisattva, symud rhwng mwy nag un bydysawd drwy wahanol foddau bodolaeth.

Mewn cosmoleg Mahayana, roedd y Fwdholeg fwy datblygedig hefyd yn cynnwys y syniad fod tri amlygiad, lefelau 'bodolaeth' y mae Bwdha'n gweithredu ohonyn nhw. Ar gyfer hyn, mae gan Fwdha 'gorff' gwahanol, tri ohonyn nhw. **Trikaya** (tri chorff) yw'r enw ar y ddysgeidiaeth.

Felly mae gan bob Bwdha dri chorff (trikaya) mynegiant:

(1) **Nirmanakaya** (corff trawsnewid).

Math o gorff hanner corfforol yw hwn lle mae Bwdha'n ymddangos mewn samsara. Er bod y corff hwn yn ymddangos yn un corfforol ac yn dilyn cyfreithiau samsara, y Bwdha sydd wedi cynhyrchu'r corff hwn yn benodol er mwyn ailgyflwyno Dhamma i'r byd. Yn ôl Gethin: 'Felly er ei bod hi'n ymddangos bod Bwdha yn cael ei eni'n fod unigol fel pawb arall, mewn gwirionedd dydy e ddim. Y cyfan a welwn ni fel arfer yma ar y ddaear, fel petai, yw corff a greodd y Bwdha, nirmana-kaya.' Gan fod y Bwdha wedi cwblhau llwybr y bodhisattva mae wedi datblygu'r pŵer i drawsnewid ac ymddangos i fodau mewn teyrnasoedd gwahanol. Gellir ystyried bod nirmanakaya yn mynegi hyn.

(2) **Sambhogakaya** (corff mwynhad).

Corff i'r teyrnasoedd nefol yw hwn. Ar y ffurf hon, mae'r Bwdha'n ymddangos i bodhisattvau yn ei Buddha kshetra (bydysawd y Bwdha). Ynddo'i hun mae'r sambhogakaya yn ddelwedd o Oleuedigaeth. Nid Goleuedigaeth yw e, ond mae mor agos at Oleuedigaeth ag sy'n bosibl.

(3) **Dharmakaya** (corff Dharma).

Dyma'r 'corff' eithaf sydd y tu hwnt i fodolaeth. Hefyd mae'r tu hwnt i bob deuoliaeth a chysyniadaeth. Dydy e ddim yn bodoli na chwaith yn peidio â bodoli. Dyma'r gwirionedd a'r realiti eithaf.

Mae'r ddau gorff cyntaf yn bodoli dros dro ond y trydydd yw'r corff eithaf. Mae'r ddau gorff cyntaf, fel pob bod, yn amlygu'r corff Dharma eithaf yn rhannol: 'Er eu bod wedi'u cenhedlu fel tri, mewn gwirionedd maen nhw i gyd yn amlygu un Dharmakaya'. Felly, mae'r bodhisattva yn gweithredu drwy'r nirmanakaya a'r sambhogakaya ond yn y pen draw, drwy rinwedd y llw a gafodd ei wneud, mae'n ymwrthod rhag ymgolli'n llwyr mewn dharmakaya.

Gweithgaredd AA1

Ysgrifennwch sgwrs rhwng Bwdhydd Theravada sy'n dilyn pedwar cam Deffroad a Bwdhydd Mahayana sy'n astudio llwybr y bodhisattva, lle maen nhw'n rhoi rhesymau yn nodi pam mae eu canolbwynt arbennig yn bwysig.

Awgrym astudio

Pan fyddwch chi'n adolygu, rhowch gynnig ar gyfeirio at gardiau fflach rydych chi wedi'u gwneud eich hun. Mae cyfeirio atyn nhw'n aml yn sicrhau bod eich adolygu mor effeithiol ag sy'n bosibl. Mae adolygu ychydig yn aml yn well na cheisio adolygu'r cyfan ar y diwedd!

Termau allweddol

Buddha kshetra: yn llythrennol, 'ymwybod Bwdha' neu 'ymwybod deallusrwydd'

Dharmakaya: corff Dharma y Bwdha

Nirmanakaya: corff hanner corfforol y Bwdha

Sambhogakaya: corff nefol y Bwdha

Trikaya: yn llythrennol, 'yr un sydd wedi mynd fel hyn' ac mae'n cyfeirio at fod sydd wedi'i oleuo

Sgiliau allweddol

Mae gwybodaeth yn ymwneud â:

Dewis ystod o wybodaeth (drylwyr) gywir a pherthnasol sydd â chysylltiad uniongyrchol â gofynion penodol y cwestiwn.

Mae hyn yn golygu eich bod yn dewis y wybodaeth gywir sy'n berthnasol i'r cwestiwn a osodwyd NID y maes pwnc. Bydd angen i chi feddwl a chanolbwyntio ar ddewis gwybodaeth allweddol ac NID ysgrifennu popeth yr ydych chi'n ei wybod am y maes pwnc.

Mae dealltwriaeth yn ymwneud ag:

Esboniad helaeth, gan ddangos dyfnder a/neu ehangder gyda defnydd rhagorol o dystiolaeth ac enghreifftiau gan gynnwys (lle y bo'n briodol) defnydd trylwyr a chywir o destunau cysegredig, ffynonellau doethineb a geirfa arbenigol.

Mae hyn yn golygu y gallwch ddangos eich bod yn deall rhywbeth drwy egluro ac ehangu eich pwyntiau gan ddefnyddio enghreifftiau/tystiolaeth gefnogol mewn ffordd bersonol ac NID ailadrodd darnau o werslyfr (sef dysgu ar y cof).

Cymhwyso sgiliau ymhellach:

Ewch drwy'r meysydd pwnc yn yr adran hon a lluniwch rai rhestri bwled o bwyntiau allweddol o feysydd allweddol. Ar gyfer pob un, rhowch fwy o fanylion ac esboniwch fwy drwy ddefnyddio tystiolaeth ac enghreifftiau.

Datblygu sgiliau AA1

Nawr mae'n bryd ystyried y wybodaeth sydd wedi'i chyflwyno hyd yma. Hefyd mae'n bwysig ystyried sut mae'r hyn rydych chi wedi'i ddysgu hyd yma'n gallu cael ei ddefnyddio ar gyfer atebion arholiad drwy ymarfer y sgiliau sy'n gysylltiedig ag AA1.

Mae Amcan Asesu 1 (AA1) yn ymwneud â dangos gwybodaeth a dealltwriaeth. Mae ystyr y termau 'gwybodaeth' a 'dealltwriaeth' yn amlwg ond mae'n hanfodol eich bod yn gyfarwydd â sut mae sgiliau penodol yn dangos y rhain, a hefyd, sut bydd eich perfformiad ym mhob un o'r sgiliau hyn yn cael ei fesur (gweler disgrifyddion band cyffredinol Band 5 ar gyfer AA1 UG).

Yn amlwg mae ateb yn cael ei osod mewn disgrifydd band priodol, yn ôl pa mor dda yw'r ateb, gan amrywio o ragorol, da, boddhaol, sylfaenol/cyfyngedig i gyfyngedig iawn.

▶ **Dyma eich tasg newydd:** isod mae ateb rhesymol, er nad yw'n berffaith, a gafodd ei ysgrifennu'n ymateb i gwestiwn sy'n gofyn am archwilio llwybr y bodhisattva. Gan ddefnyddio'r disgrifyddion band gallwch ei gymharu â'r bandiau uwch perthnasol a disgrifyddion y bandiau hynny. Yn amlwg, mae'n ateb rhesymol ac felly nid yw'n perthyn i fandiau 5, 1 neu 2. Er mwyn gwneud hyn bydd yn ddefnyddiol i chi ystyried beth sy'n gryf ac yn wan am yr ateb ac felly beth mae angen ei ddatblygu.

Wrth ddadansoddi'r ateb, gweithiwch mewn grŵp a nodwch dair ffordd o wella'r ateb hwn. Efallai fod gennych fwy na thri sylw ac yn wir awgrymiadau i wneud iddo fod yn ateb perffaith!

Ateb

Yn ôl John Snelling, math o arwr ysbrydol yw bodhisattva. Ei nod yw dychwelyd i fôr samsara i helpu eraill yn eu datblygiad ysbrydol. Felly mae'r bodhisattva yn disodli'r arhat, neu'r Bwdah pratyeka ('Bwdha unig') ac yn dod yn fwy tosturiol. Er bod D. T. Suzuki yn ysgrifennu bod bodhisattva yn 'fod â'i hanfod yn ddeallusrwydd neu ddoethineb', mae'n bwysig cofio mai tosturi yw 'ochr arall y geiniog' i ddoethineb. Mae Bwdhyddion yn parchu'r bodhisattva nid am ei ddoethineb yn unig, ond hefyd am y tosturi sy'n galluogi'r bodhisattva i fod yn weithgar wrth helpu eraill sy'n ceisio Goleuedigaeth.

Gellir gweld y syniad o dosturi o'r llwon y mae'n eu gwneud. Mae bodhisattvau yn ymgymryd â'r dasg o helpu niferoedd di-rif o fodau wrth iddyn nhw chwilio am Oleuedigaeth. Mae llwybr y bodhisattva yn gyfres o fywydau ac ailenedigaethau o hunanaberth a gwasanaeth dros eraill, er mwyn dileu dioddefaint yn y 'byd' i bob bod ymdeimladol.

Er mwyn dod yn bodhisattva rhaid deffro'r bodhicitta ('calon doethineb') ac yna mynd drwy ddeg cam cyn cyrraedd Goleuedigaeth. Yn ystod y camau maen nhw'n datblygu chwe pherffeithder: haelioni, rhinwedd foesol, amynedd, egni, myfyrdod, a doethineb.

Mae gan bodhisattvau berthynas gref â bodau eraill; yn y pen draw maen nhw'n ymwybodol nad oes unrhyw 'fodau', ond mae'r mewnwelediad hwn yn cael ei atal gan dosturi, a thrwy ddulliau medrus maen nhw'n gallu cydymdeimlo â chyflwr 'eraill'. Yn ogystal, mewn Bwdhaeth Mahayana mae gan bodhisattvau fantais parivarta, sef 'trosglwyddo' teilyngdod er budd eraill wrth iddyn nhw deithio ar eu llwybr. Mae'r bodhisattva yn symud rhwng sawl 'bydysawd Bwdha' ac i mewn ac allan o samsara er mwyn helpu eraill. I Fwdhydd, mae'r bodhisattva yn ffigwr i'w addoli ac i ymddiried ynddo, neu i roi 'ffydd' ynddo.

At ei gilydd, mae llwybr y bodhisattva yn fwy cymhleth na'r Llwybr Wythblyg Nobl y mae'r arhat yn ei ddilyn mewn Bwdhaeth Theravada. Mae'r bodhisattva yn fod goruchaf, uwchlaw'r arhat oherwydd y pwyslais ar dosturi ac ar lefel uwch o ddoethineb.

Materion i'w dadansoddi a'u gwerthuso

Cysyniadau bodhisattva ac arhat fel nodweddion hanfodol o Fwdhaeth

Mewn Bwdhaeth Theravada, statws ysbrydol yr arhat (yr un anrhydeddus neu deilwng) yw'r statws ysbrydol eithaf ac felly mae'n bendant yn nodwedd hanfodol. Arhat yw un sydd wedi anelu at nibbana yn ystod y bywyd hwn ac a fydd yn mynd i mewn i parinibbana ar ôl marw. Felly, mae'r arhat yn Fwdhydd enghreifftiol sydd wedi dilyn llwybr llawn y Bwdha, yn ôl Bwdhaeth Theravada.

Felly hefyd, mewn Bwdhaeth Mahayana, statws Bwdhadod yw'r statws ysbrydol eithaf. Ond, ffordd llwybr y bodhisattva, sy'n agored i bawb ac nid i ychydig o uwch ymarferwyr yn unig, yw'r llwybr i Fwdhadod. Mae'r syniad bod gan bawb natur-Bwdha ac felly'r potensial i gyrraedd Goleuedigaeth yn nodwedd hanfodol o Fwdhaeth Mahayana.

Ond, gan fod gwahanol safbwyntiau mewn Bwdhaeth Theravada a Mahayana, gellid dadlau ei bod hi'n amlwg nad ydyn nhw'n hanfodol, er enghraifft, petai Bwdhydd Mahayana yn cael ei holi am yr arhat a'r Bwdhydd Theravada yn cael ei holi am y bodhisattva. Yn gyffredinol, byddai bodhisattva yn honni ei fod yn fwy tosturiol ac yn uwch oherwydd hyd a chymhlethdod y llwybr sy'n cael ei ddilyn. Ar y llaw arall, byddai'r arhat yn honni ei fod yr un mor dosturiol er ei fod yn fwy mewnblyg ac yn ymwneud â datblygiad ysbrydol personol ac nid datblygiad bodau eraill di-rif. Ond, gellid honni bod hwn yn werthusiad arwynebol iawn.

Felly, mae'r ddadl go iawn yn codi wrth eu hystyried yn unigol yn eu cyd-destunau eu hunain.

Yn sicr, dydy bod yn arhat erioed wedi bod yn amhosibl fel y byddai sawl cofnod yn y testunau Pali am bobl yn cyrraedd y lefel hwnnw'n tystio. Yr enghraifft amlwg yw'r pum asgetig y rhoddodd y Bwdha'r bregeth gyntaf iddyn nhw. Daethon nhw'n arhatau o ganlyniad uniongyrchol i glywed ei ddysgeidiaeth. Weithiau mae'r Bwdha ei hun yn cael ei ddisgrifio fel arhat, a gan i'r Bwdha arwain y ffordd, yna gellir gweld hyn fel rhywbeth hanfodol i Fwdhaeth Theravada.

Ond, mae'r llwybr i fod yn arhat yn golygu ymdrech anhygoel dros nifer o fywydau er mwyn cyrraedd camau enillydd-ffrwd, un sy'n dychwelyd unwaith, un sydd byth yn dychwelyd, ac arhat. I Fwdhydd lleyg, mae'n amlwg nad yw hyn yn ddyhead sy'n flaenoriaeth, ac felly dydy e ddim yn hanfodol. Felly, gellid dadlau, er bod y cysyniad o arhat yn hanfodol i Fwdhaeth, Bwdhaeth Theravada yn enwedig, nad yw hi'n dilyn o angenrheidrwydd ei fod yn berthnasol, neu'n hanfodol yn syth i bob Bwdhydd Theravada.

Ydy hi'n bosibl defnyddio'r un ddadl am y bodhisattva? Gellid dadlau, o ran y cysyniad o bodhisattva mewn Bwdhaeth Mahayana, fod ychydig o wahaniaeth. Oherwydd bod y llwybr yn agored a bod gan bawb botensial natur-Bwdha, mae'r cysyniad o bodhisattva yn hanfodol i bawb. Efallai fod hyn yn ymddangos yn eironig oherwydd bod y lefelau uwch o ddoethineb a mewnwelediad, y Bwdholeg mwy helaeth a'r canolbwynt mwy goruwchnaturiol ar bodhisattvau go iawn, yn awgrymu ei fod ymhell y tu hwnt i ni i gyd. Ond, byddai'r ddadl hon yn awgrymu bod cysyniad y bodhisattva yn hanfodol oherwydd agwedd ddefosiynol Bwdhaeth Mahayana, ynghyd â'r ffaith ei bod hi'n bosibl i bawb gael eu goleuo.

Beth bynnag, mae'n ymddangos bod mwy o gryfder yn y ddadl fod y cysyniad o bodhisattva yn fwy hanfodol i Fwdhyddion Mahayana nag y mae'r cysyniad o arhat i Fwdhyddion Theravada. Ond, efallai mai cyffredinoli yw hyn hefyd, gan y gellid awgrymu bod lleygwyr Bwdhaeth Mahayana yn deall y cysyniad o bodhisattva ar lefel arwynebol yn unig, ac nad ydyn nhw'n ei ddilyn o ddifrif.

Mae'r adran hon yn cwmpasu cynnwys a sgiliau AA2

Cynnwys y fanyleb

Cysyniadau bodhisattva ac arhat fel nodweddion hanfodol o Fwdhaeth.

Gweithgaredd AA2
Dadleuon posibl

Wedi'u rhestru isod mae rhai casgliadau y byddai'n bosibl dod iddynt ar sail rhesymeg AA2 yn y testun cysylltiedig:

1. Mae cysyniadau bodhisattva ac arhat yn hanfodol i Fwdhaeth Theravada a Mahayana.

2. Mae cysyniadau bodhisattva ac arhat yn hanfodol ond dydyn nhw ddim bob amser yn amcanion realistig i bob Bwdhydd.

3. Mae cysyniad bodhisattva yn fwy hanfodol i Fwdhyddion Mahayana nag y mae cysyniad arhat i Fwdhyddion Theravada.

4. Mae cysyniadau bodhisattva ac arhat yn hanfodol, ond mewn ffordd arwynebol yn unig mae mwyafrif Bwdhyddion yn eu deall.

5. Mae cysyniad bodhisattva yn hanfodol i Fwdhyddion Mahayana ac mae cysyniad arhat yn hanfodol i Fwdhyddion Theravada.

Ystyriwch bob un o'r casgliadau sy'n cael eu gwneud uchod a chasglwch dystiolaeth ac enghreifftiau i gefnogi pob dadl o'r deunydd AA1 ac AA2 a astudiwyd yn yr adran hon. Dewiswch un casgliad sy'n argyhoeddi fwyaf yn eich barn chi ac esboniwch pam mae hyn yn wir. Nawr cyferbynnwch hyn â'r casgliad gwannaf ar y rhestr, gan gyfiawnhau eich dadl gyda rhesymu clir a thystiolaeth.

Cynnwys y fanyleb
Dilysrwydd cymharol cysyniadau
bodhisattva ac arhat.

Gweithgaredd AA2
Dadleuon posibl

Wedi'u rhestru isod mae rhai casgliadau y byddai'n bosibl dod iddynt ar sail rhesymeg AA2 yn y testun cysylltiedig:

1. Mae cysyniadau bodhisattva ac arhat yn ddilys i Fwdhaeth Theravada a Mahayana.

2. Dydy cysyniadau bodhisattva ac arhat ddim yn ddilys pan fyddan nhw'n cael eu tynnu o'u cyd-destun a'u traddodiad.

3. Mae cysyniadau bodhisattva ac arhat yn ddilys oherwydd eu bod yn dilyn llwybr y Bwdha.

4. Mae cysyniadau bodhisattva ac arhat yn ffyrdd dilys ond gwahanol o gyrraedd yr un nod.

5. Mae angen herio'r cwestiwn ei hun am ddilysrwydd cysyniadau bodhisattva ac arhat.

Ystyriwch bob un o'r casgliadau sy'n cael eu gwneud uchod a chasglwch dystiolaeth ac enghreifftiau i gefnogi pob dadl o'r deunydd AA1 ac AA2 a astudiwyd yn yr adran hon. Dewiswch un casgliad sy'n argyhoeddi fwyaf yn eich barn chi ac esboniwch pam mae hyn yn wir. Nawr cyferbynnwch hyn â'r casgliad gwannaf ar y rhestr, gan gyfiawnhau eich dadl gyda rhesymu clir a thystiolaeth.

Dilysrwydd cymharol cysyniadau bodhisattva ac arhat

Mae'r dadleuon ynghylch dilysrwydd ond wedi codi oherwydd ffocws gwahanol Bwdhaeth Theravada a Mahayana am y llwybr i'w ddilyn at Oleuedigaeth. Yn gyffredinol, gellid dadlau bod bodhisattva yn fod mwy tosturiol ac yn uwch oherwydd hyd a chymhlethdod y llwybr sy'n cael ei ddilyn. Ar y llaw arall, gellid dadlau hefyd y byddai'r arhat yn honni ei fod yr un mor dosturiol er ei fod yn fwy mewnblyg ac yn ymwneud â datblygiad ysbrydol personol ac nid datblygiad bodau eraill di-rif.

Mewn Bwdhaeth Theravada, bydden nhw'n cyflwyno'r ddadl nad yw'r Canon Pali yn sôn am lwybr bodhisattva na chwaith yn ei argymell fel llwybr uwch na llwybr yr arhat, neu'n ddewis arall iddo. Does dim cofnod chwaith mewn ysgrythurau Theravada am ddisgybl sy'n dweud mai dyma yw ei nod. Ond, er bod Bwdhyddion Theravada yn cyfeirio at y cysyniad o bodhisattva (mae'r Bwdha ei hun yn cael ei ddisgrifio fel bodhisattva cyn y Deffroad), nid bodhisattva yw'r ddelfryd a'r archdeip yn y ffordd y mae i Fwdhyddion Mahayana.

Ar y llaw arall, byddai Bwdhyddion Mahayana yn dweud mai eu hysgrythurau nhw yw ail droad olwyn Dhamma ac felly maen nhw'n cyhoeddi llwybr mwy cyffredinol i bawb. I'r bodhisattva, mae'r llwybr yn llawer hirach ac yn fwy cymhleth i'w ddeall, ond mae hynny er lles pob bod ymdeimladol. At hynny, mae cysyniad y bodhisattva yn cytuno â dysgeidiaeth y Bwdha; dyma'r cysylltiad rhwng doethineb a thosturi sydd wedi'i seilio ar pratityasamutpada ac felly mae'n ddatblygiad rhesymegol o syniadau Bwdhaidd allweddol.

Ond, mae ffordd arall o weld hyn. Gallai rhywun ddadlau bod y cysyniad yn ddilys i bob mynegiant o Fwdhaeth. Yma mae'n ymddangos nad oes gwrthdaro o gwbl rhwng y llwybrau gan eu bod yn sefyll yn unigol ac wrth eu cymharu'n unig y mae dadl yn codi. Felly gallai rhywun gwestiynu 'cwestiwn dilysrwydd' wrth ei ddefnyddio i gymharu'r ddau â'i gilydd. Does bosibl mai i'r traddodiad y daw ohono'n unig y mae mater dilysrwydd yn berthnasol?

O ddilyn y ddadl hon, mae'n amlwg bod y cysyniad o bodhisattva yn gysyniad dilys mewn Bwdhaeth Mahayana; felly hefyd, mae'r cysyniad o arhat yn gysyniad dilys mewn Bwdhaeth Theravada. Bydd pob traddodiad yn rhoi rhesymau eglur a helaeth pam mai felly mae hi.

Safbwynt terfynol fyddai dadlau, mewn gwirionedd, mai'r un rhai yw'r honiadau y mae'r arhat a'r bodhisattva yn eu gwneud, ond eu bod nhw'n cael eu gweld mewn ffyrdd gwahanol. Gallai rhywun ddadlau bod y bodhisattva wedi'i oleuo'n llwyr wrth beidio â derbyn Goleuedigaeth lawn a dychwelyd i achub pob bod ymdeimladol arall. Felly hefyd mae'r arhat wedi'i oleuo'n llawn a'r un mor dosturiol wrth ymwneud â'r ddynoliaeth. Yn yr ystyr hwn 'Bwdha' yw'r ddau.

Yn y pen draw, nod y bodhisattva yw dychwelyd i fyd samsara er budd eraill tra bod yr arhat yn ceisio dianc o'r byd hwn a chyrraedd cyflwr parinibbana. Mae hyn yn ei gwneud hi'n bosibl i ni edrych ar bob mathau o wahaniaethau. Ond, er gwaethaf hyn, yn y pen draw mae eu nod yr un fath, gan fod y ddau eisiau cael gwared ar ddioddefaint a chyrraedd Goleuedigaeth fel gwnaeth y Bwdha. Mae'n siŵr bod hwn yn ddull mwy cadarnhaol o gymharu'r ddau lwybr a'i fod yn eu dilysu gan fod y ddau yn dilyn ffordd y Bwdha ei hun?

Datblygu sgiliau AA2

Nawr mae'n bryd ystyried y wybodaeth sydd wedi'i chyflwyno hyd yma. Hefyd mae'n bwysig ystyried sut mae'r hyn rydych chi wedi'i ddysgu hyd yma'n gallu cael ei ddefnyddio ar gyfer atebion arholiad drwy ymarfer y sgiliau sy'n gysylltiedig ag AA2.

Mae Amcan Asesu 2 (AA2) yn ymwneud â 'dadansoddi' a 'gwerthuso'. Efallai fod ystyr y termau'n amlwg ond mae'n hanfodol eich bod yn gyfarwydd â sut mae sgiliau penodol yn dangos y rhain, a hefyd, sut bydd eich perfformiad ym mhob un o'r sgiliau hyn yn cael ei fesur (gweler disgrifyddion band cyffredinol Band 5 ar gyfer AA2 UG).

Yn amlwg mae ateb yn cael ei osod mewn disgrifydd band priodol, yn ôl pa mor dda yw'r ateb, gan amrywio o ragorol, da, boddhaol, sylfaenol/cyfyngedig i gyfyngedig iawn.

▶ **Dyma eich tasg:** isod mae ateb rhesymol, er nad yw'n berffaith, a gafodd ei ysgrifennu'n ymateb i gwestiwn sy'n gofyn am werthuso a yw delfryd yr arhat yn hanfodol i Fwdhyddion. Gan ddefnyddio'r disgrifyddion band gallwch ei gymharu â'r bandiau uwch perthnasol a disgrifyddion y bandiau hynny. Yn amlwg, mae'n ateb rhesymol ac felly nid yw'n perthyn i fandiau 5, 1 neu 2. Er mwyn gwneud hyn bydd yn ddefnyddiol i chi ystyried beth sy'n gryf ac yn wan am yr ateb ac felly beth mae angen ei ddatblygu.

Wrth ddadansoddi'r ateb, gweithiwch mewn grŵp a nodwch dair ffordd o wella'r ateb hwn. Efallai fod gennych fwy na thri sylw ac yn wir awgrymiadau i wneud iddo fod yn ateb perffaith!

Ateb

Gellid dadlau bod yr arhat yn hanfodol i Fwdhaeth. Mae'r cysyniad o'r arhat ('teilwng' neu 'wedi'i berffeithio') i'w gael yn y traddodiad Theravada yn bennaf. Yn y traddodiad Theravada, mae cyflwr arhat yn cael ei ystyried fel nod priodol Bwdhydd gan fod arhat wedi cyrraedd Goleuedigaeth fel y Bwdha.

I gefnogi hyn, daeth y pum asgetig y rhoddodd y Bwdha ei bregeth gyntaf iddyn nhw yn arhatau (wedi'u goleuo) hefyd, a hyrny o ganlyniad i glywed y Dhamma ar yr achlysur hwnnw.

Unwaith eto, mae testunau hynaf Bwdhaeth, y Canon Pali, yn sôn am yr arhat. Does dim dwywaith i'r Bwdha addysgu am y cyrhaeddiad hwn a'i fod yn hanfodol i Fwdhaeth.

Ond, gellid dadlau mai'r farn Theravada yn unig yw bod yr arhat yn hanfodol i Oleuedigaeth. Mae Bwdhaeth Mahayana yn anghytuno. Yn ôl Bwdhaeth Mahayana, mae natur-Bwdha ym mhob un ohonon ni a does dim rhaid i ni fynd drwy gamau mynachaeth er mwyn cyrraedd Goleuedigaeth fel arhat.

Ffaith sy'n cefnogi'r farn hon yw bod gan bob Bwdhydd wahanol rolau. Mae llawer o Fwdhyddion lleyg o gwmpas y byd sydd ddim yn gallu cyrraedd statws arhat, ac felly'n gyffredinol maen nhw'n rhoi cefnogaeth i'r gymuned mewn amrywiaeth o ffyrdd. Efallai fod gan bobl fel hyn wahanol nodau mewn bywyd, dyweder er enghraifft, ailenedigaeth well.

I gloi, mae'n amlwg bod y term arhat yn disgrifio cam o ddatblygiad ysbrydol yn hytrach na statws, ac felly mae'n hanfodol i Oleuedigaeth ond nid yn angenrheidiol i Fwdhaeth yn ei chyfanrwydd, lle mae amrywiaeth o rolau.

Sgiliau allweddol

Mae dadansoddi'n ymwneud â nodi materion sy'n cael eu codi gan y deunyddiau yn adran AA1, ynghyd â'r rhai a nodwyd yn adran AA2, ac mae'n cyflwyno safbwyntiau cyson a chlir, naill ai gan ysgolheigion neu safbwyntiau personol, yn barod i'w gwerthuso.

Mae hyn yn golygu ei fod yn nodi pethau allweddol i'w trafod a'r dadleuon sy'n cael eu cyflwyno gan eraill neu o safbwynt personol.

Mae gwerthuso'n ymwneud ag ystyried goblygiadau amrywiol y materion sy'n cael eu codi, yn seiliedig ar y dystiolaeth a gafwyd wrth ddadansoddi ac mae'n rhoi dadl fanwl eang gyda chasgliad clir.

Mae hyn yn golygu bod yr ateb yn pwyso a mesur y dadleuon amrywiol a gwahanol a gafodd eu dadansoddi drwy roi sylwadau ac ymateb unigol, gan ddod i gasgliad drwy broses rhesymu clir.

Mae'r adran hon yn cwmpasu cynnwys a sgiliau AA1

Cynnwys y fanyleb

Y Pedwar Gwirionedd Nobl.

cwestiwn cyplym

3.1 Pa ddau ymadrodd y gellir eu defnyddio i ddisgrifio pedair prif ddysgeidiaeth y Bwdha?

Dyfyniadau allweddol

Yn ei ddysgeidiaeth, roedd y Bwdha wedi gwrthod y syniad o bendefigaeth y cast brahmin, gan gyhoeddi mai o ddoethineb roedd gwir bendefigaeth yn deillio. Felly galwodd ei ddysgeidiaeth gyntaf yn bedwar gwirionedd i'r nobl (nid 'y pedwar gwirionedd nobl', fel mae'r ymadrodd wedi'i gamgyfieithu mor aml). Daeth y Bwdha yn bendefig dwbl (ariaidd). Roedd yn bendefig o ran genedigaeth, gwaed ac iaith, ac eto roedd hefyd yn bendefig oherwydd ei fod wedi ymwadu ei dras frenhinol er mwyn cyrraedd pendefigaeth ysbrydol. **(Lopez)**

Nid pethau i 'gredu' ynddyn nhw yw'r pedwar realiti gwirioneddol sy'n rhan o ddysgeidiaeth y Bwdha, ond pethau i fod yn agored iddyn nhw, i'w gweld ac i'w hystyried, ac i ymateb iddynt yn briodol. **(Harvey)**

Termau allweddol

Magga: llwybr sy'n cyfeirio at y Llwybr Wythblyg

Nirodha: ei ystyr llythrennol yw 'peidio', gan gyfeirio at ddioddefaint

Samudaya: yn llythrennol 'codi'; mae'n cyfeirio at achos penodol

Tanha: 'syched', 'chwant' neu 'ymlyniad'

A: Y Pedwar Gwirionedd Nobl

Cyflwyniad i'r Pedwar Gwirionedd Nobl

Cyfeiriwyd at bregeth gyntaf y Bwdha o'r blaen yn yr adran ar fywyd y Bwdha. Mae'r bregeth (Dhammacakkappavattana Sutta) yn nodi dysgeidiaeth sylfaenol ond greiddiol Bwdhaeth, sef y Pedwar Gwirionedd Nobl. Rydyn ni wedi sôn am y rhain sawl gwaith yn barod; yma, ac eithrio'r dukkha, byddwn ni'n eu hastudio'n fanylach.

Awgrym astudio

Mae dukkah wedi cael ei ystyried yn barod yn Thema 1 ac wedi'i astudio'n fanylach yn Thema 2. Cofiwch, yng nghyd-destun y Pedwar Gwirionedd Nobl, fod y ffocws yma ar y tri math o ddioddefaint.

Cyn gwneud hynny mae dau ffactor diddorol i'w cadw mewn cof. Yn gyntaf, mae sylw hynod ddiddorol a wnaeth yr ysgolhaig Donald Lopez am yr ymadrodd, 'Y Pedwar Gwirionedd Nobl'. Yn ei farn ef, mae hyn wedi cael ei gamgyfieithu a hefyd ei gamddeall. Yn ôl Lopez, dylai gael ei gyfieithu fel 'y pedwar gwirionedd i'r nobl'. Hynny yw, nid y gwirioneddau sy'n nobl, ond yn hytrach mae'r natur nobl yn perthyn i'r person sy'n eu dilyn nhw. Yn ail, codwyd amheuaeth ynghylch pa mor ddigonol yw'r gair 'gwirionedd' yn Gymraeg a 'truth' yn Saesneg. Yn wir, mae Peter Harvey, yn ei gyfieithiad o'r Dhammacakkappavattana Sutta o'r Pali wedi ffafrio'r term 'realiti sicr' neu 'realiti' wrth geisio ail-bwysleisio natur empirig arsylwadau'r Bwdha, yn hytrach na'u cyflwyno fel cysyniadau athronyddol.

Yn ôl y ddysgeidiaeth ym mhregeth gynta'r Bwdha, rhaid deall y gwirionedd cyntaf, dukkah neu ddioddefaint (straen, anfodlonrwydd) yn llawn. Yna rhaid adnabod yr ail wirionedd, **tanha** neu chwant sy'n achosi **samudaya**, sef dukkha yn codi. Felly, rhaid cydnabod bod tanha yn rhywbeth i roi'r gorau iddo'n llwyr. Rhaid cymhwyso'r trydydd gwirionedd, **nirodha** neu ddarfyddiad (atal neu rwystro) chwant. Yn olaf, rhaid meithrin y pedwerydd gwirionedd, **magga** neu'r llwybr, sef gwireddu nirodha, fel bod modd cyrraedd nibbana.

Efallai fod hyn i gyd yn swnio'n dechnegol iawn ond mewn gwirionedd mae'n eithaf syml. I leygwr, y cyfan mae'n ei ddweud yw: Rwy'n dioddef oherwydd rwy'n ymlynu wrth bethau; os ydw i'n peidio ymlynu wrth bethau, yna rwy'n dod i ddeall achos dioddefaint ac rwy'n cael fy rhyddhau oddi wrtho.

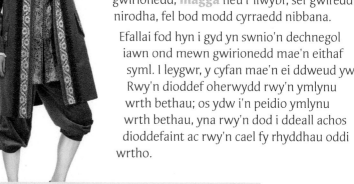

Mae Lopez yn dadlau mai'r person sy'n dilyn y llwybr sy'n nobl.

Dyfyniad allweddol

Dylai ymgeiswyr allu mynegi syniadau allweddol y Pedwar Gwirionedd Nobl yn eu termau eu hunain, gan ddefnyddio eu henghreifftiau eu hunain. (Canllaw Addysgu CBAC)

Problem dioddefaint

Rydyn ni wedi rhoi llawer o sylw'n barod i dukkah fel un o'r tri lakshana. Soniwyd yno fod dukkha yn gallu bod yn amrywiaeth o brofiadau ac nid yn un negyddol amlwg yn unig.

Mae Bwdhaeth yn nodi tri math o ddioddefaint:

1. Dioddefaint fel profiad o boen (dukkha-dukkha)
2. Dioddefaint sy'n cael ei brofi drwy newid, gan gyfeirio at natur newidiol bodolaeth (viparinama-dukkha)
3. Dioddefaint sy'n gynhenid i natur amodol bywyd (sankhara-dukkha).

Dukkha-dukkha

Dyma'r profiad gwirioneddol o boen corfforol fel salwch, anaf a theimlo'n anghysurus yn gyffredinol. Mae'n cwmpasu popeth sy'n negyddol yn ein profiadau synhwyraidd. Mae hyn hefyd yn cynnwys poen meddyliol am bethau neu am bobl y mae gennym ymlyniad wrthyn nhw fel ein heiddo gwerthfawr neu sentimental, neu ein hanwyliaid.

Viparinama-dukkha

Mae hyn yn ymwneud â dioddefaint oherwydd newid, hynny yw, y ffaith fod pethau'n ansefydlog drwy'r amser a'n bod yn profi cyfnodau 'gwell' a 'gwaeth' bywyd. Dydy person ddim yn gofidio cymaint pan fydd poen yn newid yn ollyngdod. Ond mae'r newid sy'n dod â phleser, hapusrwydd a llonyddwch i ben, fel mynd yn ôl i weithio ar ôl gwyliau, yn rhwystredig.

Sankhara-dukkha

Yn llythrennol mae hyn yn cyfieithu fel dioddefaint 'yn y ffurfiannau' ac mae'n ymwneud â natur amodol pethau, neu'r ffaith fod gan bethau rychwant oes penodol. Ond yma mae dukkha yn ymwneud yn benodol, yn ôl Denise Cush, ag 'anfodlonrwydd mwy cynnil â bywyd ei hun yn hytrach nag anfodlonrwydd ag unrhyw broblem benodol'. Hynny yw, rydyn ni'n rhwystredig oherwydd bod pethau'n newid drwy'r amser, yn ymddangos ac yn mynd ymaith ond does gennym ni ddim rheolaeth dros hyn.

Gweithgaredd AA1

Lluniwch dabl gyda thair colofn ar gyfer y gwahanol fathau o dukkha, ac fel dosbarth, meddyliwch am eich enghreifftiau eich hun i ddarlunio pob math.

Awgrym astudio

Ceisiwch ateb cwestiwn AA1 yn eich ffordd eich hun bob tro fel y gallwch chi ddangos eich dealltwriaeth bersonol o gysyniadau. Mae enghreifftiau'n ddefnyddiol er mwyn darlunio a mynegi'r ddealltwriaeth hon.

cwestiwn cyflym

3.2 Pa ddau derm Pali sy'n gysylltiedig â'r ail Wirionedd Nobl?

Cynnwys y fanyleb

Y tri math o dukkha – dukkha-dukkha (profiad poenus); viparinama-dukkha (natur gyfnewidiol bodolaeth); sankhara-dukkha (natur amodol bodolaeth).

Termau allweddol

Dukkha-dukkha: dioddefaint fel profiad o boen

Sankhara-dukkha: dioddefaint sy'n gynhenid i natur amodol bywyd

Viparinama-dukkha: dioddefaint sy'n cael ei brofi drwy newid, gan gyfeirio at natur newidiol bodolaeth

cwestiwn cyflym

3.3 Beth yw'r tri math o ddioddefaint?

Mae bywyd yn llawn o wahanol brofiadau sydd i gyd yn gallu dod â dukkha, gan gynnwys emosiynau cadarnhaol a negyddol. Mae amrywiadau fel hyn yn ein profiadau fel codi a disgyn ar reid 'rollercoaster'.

Cynnwys y fanyleb

Y trosiad meddygol (sef y Bwdha fel meddyg, yn gwneud diagnosis o'r symptomau, yn adnabod yr hyn oedd yn eu hachosi ac yn darparu presgripsiwn) a chysyniadau tanha (syched).

Mae'r Bwdha wedi cael ei gymharu â meddyg sy'n gwneud diagnosis meddygol.

cwestiwn cyflym

3.4 Pa dri pheth sy'n achosi i ddioddefaint godi?

Dyfyniadau allweddol

Mae tri math o'r chwant hwn – am fwy o brofiadau o'r synhwyrau, neu'n syml am barhau i fodoli a dim mwy; ac mae hyd yn oed chwant am ebargofiant yn dod â ni'n ôl i'r byd hwn gan mai math arall o hunanoldeb yn unig yw'r dyhead hunanladdol hwn, eisiau osgoi helynt. (Cush)

Un o fewnwelediadau'r Oleuedigaeth oedd y gallai'r Bwdha weld yn fanwl yn union sut mae chwant a karma yn arwain at ailenedigaeth barhaus. (Cush)

Achos dioddefaint

Mae'r Bwdha'n aml wedi'i gymharu â meddyg. Mewn gwirionedd, diagnosis a thriniaeth feddygol yw'r Pedwar Gwirionedd Nobl o'r clefyd dioddefaint, sy'n rhan gynhenid o fywyd.

- Diagnosis o'r broblem fod dukkha, neu ddioddefaint.
- Ymchwiliad i achos tarddiad (samudaya) dioddefaint sy'n cael ei weld fel ymlyniad (tanha) neu chwant.
- Gweld beth yw'r ffordd orau o ddileu achos y dioddefaint a chyrraedd y prognosis sy'n ddymunol. Mae hyn yn gofyn i rywun atal neu rwystro nirodha, a fydd yn arwain at iechyd a rhyddid rhag dioddefaint.
- Cymhwyso cwrs o driniaeth er mwyn ysgogi nirodha. Mae hyn yn golygu dilyn maga, y Llwybr Wythblyg. Mae hyn yn ymosod ar wraidd chwant. Mae'n ymdrin ag achos neu darddiad dioddefaint a hefyd yn rhwystro rhagor o ddioddefaint.

Ystyr samudaya yw 'deilliant', 'tarddiad' neu 'achos yn union o flaen'. Ystyr tanha yn llythrennol yw 'chwant' neu 'syched' ond hefyd gellir ei gyfieithu fel 'ymlyniad'. Gellir defnyddio'r ddau derm i esbonio'r ail Wirionedd Nobl, sef dioddefaint yn codi oherwydd ymlyniad. Mae Narada Thera yn disgrifio tanha fel: 'pŵer meddyliol cryf sydd ynghudd ym mhawb' ac yn ôl Walpola Rahula, 'nid tanha yw'r achos cyntaf neu'r unig achos pam mae dukkha yn codi, ond dyna'r achos unigol mwyaf'. Mae Peter Harvey yn nodi bod safbwyntiau pendant a hunan-dyb yn bethau eraill sy'n achosi dukkha. Mae gan hunan-dyb a safbwyntiau gysylltiad agos ag anwybodaeth am anatta. Maen nhw'n gyflyrau hunanganolog, rhithiol ac yn ysgogiadau seicolegol dwfn sy'n bwydo'r ego.

Ond mae'r cwestiwn yn aros: 'Os tanha yw'r rheswm mwyaf uniongyrchol am dukkha, yna beth sy'n gyrru'r angen am tanha?' Yr ysgogiadau mwyaf cyffredin am tanha yw tri gwenwyn neu dân lobha (trachwant), dosa (casineb) a moha (rhithdyb). Mae'r tanau hyn yn llosgi ac yn hyrwyddo'r syniad o'r hunan, a dyhead amdano.

Fel rydyn ni wedi gweld yn Thema 2, mae hyn yn gysylltiedig â chylch bodolaeth, lle mae rhesymeg dros y profiad dynol cyfan. Ond cofiwch mai anwybodaeth sy'n gyrru'r achos dros ailenedigaeth i ddechrau, neu beidio gallu gweld pethau fel maen nhw mewn gwirionedd. Felly dydy achos dioddefaint ddim yn gallu dod i ben hyd nes bydd person yn dod yn ddoeth, neu wedi'i oleuo i wirionedd neu realiti pethau.

Ond, drwy anwybodaeth am anatta, mae'r ymlyniad wrth ffenomenau materol ac anfaterol yn cynhyrchu profiadau o ddioddefaint. Mae'r Dhammacakkappavattana Sutta yn disgrifio tri math o tanha: chwant am bleserau synhwyrus; chwant am fodolaeth; a chwant am anfodolaeth.

Mae pleserau synhwyraidd yn brofiadau sydd wedi'u hysgogi gan ryngweithio â synhwyrau golwg, clyw, arogl, blas, cyffyrddiad a chanfyddiadau meddyliol. Mae bodolaeth yn dibynnu ar y profiadau sy'n crynhoi i greu dyhead am unigoliaeth, neu'r gydnabyddiaeth fod pethau'n 'fi' neu'n 'perthyn i mi'. Mae hyn yn gallu cynnwys gwarchod hunaniaeth, ychwanegu ymhellach at y syniad o'r hunan, neu hyd yn oed y syniad o fodolaeth y tu hwnt i farwolaeth ar ffurf hunan neu enaid. Anfodolaeth yw'r eithaf arall; mae'n datod yr hunan oddi wrth unrhyw beth nad yw'n brofiad iach. Roedd y Jainiaid a'r Ajivakas (Thema 1) yn rhy frwdfrydig wrth ddilyn y math hwn o tanha. Mae'r canlyniad hyd yn oed yn gallu cynnwys hunanddifodiant neu hunanladdiad.

Mae'n ddiddorol nodi bod yr eithafion o bleser a phoen y daeth y Bwdha ar eu traws yn ystod ei fywyd yn y tri math hyn o tanha. Felly, nid cyd-ddigwyddiad yw'r ffaith fod angen Ffordd Ganol fel ateb er mwyn cael gwared ar tanha.

Dileu'r achos drwy nirodha a'r prognosis dymunol, nibbana

Cynnwys y fanyleb
Nirodha (darfyddiad) a nibbana/ nirvana.

Ystyr llythrennol nirodha yw peidio. Mae'n cyfeirio at beidio â bod â chwant. Pan fydd chwant, neu drachwant, yn cael eu hatal, bydd heddwch a llonyddwch, o'r enw nibbana, yn dilyn. Ond, er bod nirodha yn dod yn uniongyrchol o'i flaen, nid nirodha yw achos nibbana. Mae hyn oherwydd, yn ôl dysgeidiaeth Fwdhaidd, fod nibbana 'heb ei gyflyru' neu 'heb ei achosi'. Mae nirodha yn golygu cael gwared ar bethau negyddol, sy'n ffurfiau ar drachwant, nid cronni pethau cadarnhaol sy'n gwneud nibbana. Dydy glanhau bwrdd gwyn ddim yn achosi wyneb y bwrdd, nac yn ei wneud. Y cyfan y mae'r broses lanhau yn ei wneud yw datgelu wyneb y bwrdd a oedd yno'n barod cyn i'r ysgrifen fod arno.

Yn union fel y mae achos dioddefaint wedi'i gysylltu â'r nidanas ac yn gwneud i holl gylch bodolaeth ddechrau troi, felly hefyd, nirodha yw'r cam lle mae olwyn bywyd yn peidio troi. Wrth roi nirodha ar waith, mae anwybodaeth yn cael ei thrawsnewid ac mae mewnwelediad i realiti. Mae pob cyflwr sy'n ganlyniad i godi wedi'i gyflyru'n cael ei atal. I'r arhat, mae hyn yn golygu datgysylltu oddi wrth gyflyrau o'r fath dros dro ac ar gyfnodau penodol yn ystod bywyd. Y tu hwnt i fywyd, mewn cyflwr o'r enw parinibbana, mae datgysylltu'n nodwedd barhaol. Yn ôl y Samyutta Nikaya, 'Nirvana (nibbana) yw peidio â bod. Mae'n cael ei alw'n nirvana (nibbana) oherwydd bod chwant yn cael ei ddileu'.

Y cysyniad o nibbana

Mae profiad nibbana y Bwdha'n aml yn cael ei gysylltu â dysgeidiaeth nirodha oherwydd nibbana yw canlyniad rhoi nirodha ar waith. Mae nirodha yn weithred uniongyrchol i ddod â dioddefaint i ben ac felly i ddod â heddwch a llonyddwch. Mae diwedd chwant yn arwain at nibbana, nod eithaf Bwdhaeth. Ond, fel rydyn ni wedi gweld, ac fel mae Nagasena yn dadlau yng Nghwestiynau'r Brenin Milinda, achos i wireddu nibbana yn unig yw nirodha ac nid achos i'w greu. Dydy nirodha a nibbana ddim yr un fath. Nirodha yw gwrthwyneb y weithred negyddol sy'n achosi dioddefaint. Yn y pen draw mae hyn yn arwain at gyflwr meddwl sy'n ffafriol i brofi nibbana. Mae'r tri gwenwyn, neu'r tri thân, yn gyrru allan chwant neu ymlyniad, sy'n achosi dioddefaint. Mae ffrwyno neu ddiffodd y tanau'n arwain at wireddu nibbana.

Dydy hi ddim yn bosibl diffinio'r profiad o nibbana oherwydd ei fod yn gorwedd y tu hwnt i fyd ffenomenau wedi'u cyflyru; felly mae heb ei gyflyru neu heb ei achosi. Dydy nibbana ddim yn gallu bod yn lle, fel y nefoedd, ond dydy e ddim yn gallu bod yn ddiddymdra chwaith oherwydd ei fod 'yn' rhywbeth.

Ystyr llythrennol y term 'nibbana' yw chwythu allan neu ddiffodd.

Beth, felly, yw nibbana?

Dydy hi ddim yn bosibl ateb y cwestiwn hwn yn llawn. Mae hyn oherwydd bod iaith wedi'i chreu i'w defnyddio yn y byd sydd wedi'i gyflyru. Gan fod nibbana heb ei gyflyru, mae defnyddio geiriau'n amhriodol. Mae stori enwog iawn i ddarlunio hyn, o Fwdhaeth Mahayana fel rydyn ni wedi gweld yn AA2 Thema 1. Pan ofynnir i'r mynach Vimilakirti ddisgrifio ac esbonio'r gwirionedd eithaf, mae'n ateb gyda'r hyn sy'n cael ei alw'n 'dawelwch taranllyd Vimilakirti'. Roedd yr ateb dwfn hwn yn ddigon i fynegi natur anhraethadwy nibbana. Mae gwaith Bwdhaidd arall, y Sutra Lankavatara, yn cymharu defnyddio iaith wrth esbonio nibbana ag eliffant sy'n mynd yn sownd mewn mwd.

Dyfyniadau allweddol

Dyma'r peth go iawn, dyma'r peth rhagorol, sef tawelu'r ysgogiadau i gyd, taflu allan pob 'sylfaen', diffodd chwant, diffyg angerdd, stopio, nirvana (nibbana). (**Anguttara-Nikaya**)

Nibbana yw nod uchaf ac eithaf pob dyhead Bwdhaidd, h.y. diffodd yn llwyr yr ewyllys honno sy'n cadarnhau bywyd, sy'n cael ei dangos fel Trachwant, Casineb a Rhithdyb … yr achubiaeth eithaf ac absoliwt o bob ailenedigaeth, henaint, clefyd a marwolaeth yn y dyfodol, o bob dioddefaint a thrallod. (**Nyanatiloka**)

Ond, mae angen geiriau er mwyn esbonio ac eto mae'r cyfyng-gyngor yn parhau:

- Os yw nibbana yn cael ei ddisgrifio mewn ffordd gadarnhaol yna bydd pobl yn mynd i ymlynu wrtho.
- Os yw nibbana yn cael ei ddisgrifio mewn ffordd negyddol yna mae pobl yn tybio mai cyflwr o ddiddymdra yw e, sy'n gwrth-ddweud ei hunan.

Mae Walpola Rahula yn cynnig disgrifiadau amrywiol o'r ffyrdd cadarnhaol a negyddol o ddarlunio nibbana. Dydy'r disgrifiadau negyddol ddim yn negyddol bob amser, achos dydy dweud mai ystyr nibbana yw cael gwared ar syched, neu absenoldeb chwant, ddim yn rhywbeth negyddol mewn gwirionedd. Yn gryno, wrth geisio disgrifio nibbana, mae testunau Bwdhaidd yn ei wneud mewn dwy ffordd, yr hyn nad yw nibbana, a sut mae nibbana.

Absenoldeb dioddefaint yw nibbana; mae'n golygu peidio â bod ag ymlyniad mwyach a dydy e ddim wedi'i gyflyru. Nibbana yw diffodd y fflamau sy'n danwydd i'n hymlyniadau. Mae fel rhyddid, cyflwr ysbrydol uwch, Deffroad, Goleuedigaeth neu ddoethineb eithaf a pherffaith. Mae Harvey yn cyfeirio at nibbana fel 'cyflwr o ymwybod sydd wedi'i drawsnewid yn radical' ac mae'n anghytuno â Bwdhaeth Theravada draddodiadol o ran cael diffiniad penodol o ymwybod. Mae Bwdhaeth draddodiadol yn dweud gan fod nibbana heb wrthrych, yna dydy e ddim yn gallu bod yn fath o ymwybod. Mae hyn oherwydd bod rhaid i ymwybod fod â gwrthrych bob amser; fel arall, ni allai fod yn ymwybodol ohono'i hun fel ymwybod. I Harvey, ymwybod heb wrthrych yw nibbana yn bendant.

Mae dau fath o nibbana: parinibbana, yr un y tu hwnt i fywyd yr aeth y Bwdha i mewn iddo, a phrofiad yr arhat yn ystod bywyd. Mae'r arhat sydd wedi cyrraedd nibbana yn ystod ei fywyd yn gorfod parhau i fyw ar y ddaear o hyd. Dydy profiad yr arhat ddim yn israddol i parinibbana (nibbana y tu hwnt i fywyd) o gwbl. Yr un profiad mewn cyd-destunau gwahanol ydyn nhw. Mae'r profiad o parinibbana yn llawn o'r un problemau ag sydd wrth geisio esbonio'r cysyniad o nibbana ei hun. Ond sut rydyn ni'n esbonio nibbana yn ystod bywyd yn achos arhat?

Mynach Bwdhaidd yn myfyrio

Nibbana yn ystod bywyd

Mae cyrraedd nibbana yn ystod bywyd yn golygu bod pob cyflwr wedi'i gyflyru'n dod i ben dros dro. Mae nibbana yn ystod bywyd yn gyflwr sy'n cau allan dukkha neu ddioddefaint ac yn disodli'r meddwl a'r corff. Does ganddo ddim cefnogaeth a does ganddo ddim gwrthrych meddyliol. Mae'n cael ei weld fel sunnata neu wacter, ac fel lle gwag nad oes modd ei ddisgrifio. Mae arhat yn gallu symud i mewn ac allan o nibbana yn ystod ei fywyd. Mae Harvey yn disgrifio nibbana yn ystod bywyd fel 'profiad trosgynnol, diamser sy'n dinistrio ymlyniad, casineb a rhithdyb yn llwyr ... cyflwr lle mae pob ffactor personoliaeth a chysylltiadau sy'n achosi pethau yn "dod i ben"'.

Mae'r arhat wedi profi'r anfarwol ac eto mae'n dal i fod o fewn ffiniau samsara ac mae'n dal i fod yn agored i dukkha. Ond mae effaith dukkha ar yr arhat yn wahanol iawn i'r profiad dynol arferol. Mae'r arhat wedi diffodd tri thân ymlyniad, mae ganddo iechyd meddwl cyflawn a dydy ei weithredoedd ddim yn gallu creu canlyniadau karma bellach. Mae poen yn cael ei deimlo'n gorfforol ac yn cael ei gydnabod felly; ond does dim pryder ynghylch yr ymwybyddiaeth a'r gydnabyddiaeth mai poen yw e. Mae'r corff yn gallu cael ei effeithio, gan y gall gleisio, ond mae'r meddwl yn aros heb ei effeithio, yn ddigyffro ac yn canolbwyntio'n llwyr. Dydy'r boen ddim yn cael ei adnabod fel 'fy mhoen i'.

cwestiwn cyplym

3.5 Beth yw'r perygl wrth ddisgrifio nibbana mewn ffordd gadarnhaol?

cwestiwn cyplym

3.6 Sut mae Peter Harvey yn diffinio nibbana?

Dyfyniad allweddol

Mae'r Meistr Zen yn rhybuddio: 'Os cwrddwch chi â'r Bwdha ar y ffordd, lladdwch e!' Mae'r siars hon yn nodi nad yw unrhyw ystyr sy'n dod o'r tu allan i chi'ch hun yn rhywbeth gwirioneddol. Mae Bwdhadod pob un ohonom wedi'i sicrhau'n barod.
(Kopp)

Y feddyginiaeth a'r therapi a roddir drwy'r llwybr nobl

Ystyr ariya yw naill ai nobl/anrhydeddus neu deilwng, ac ystyr maga yw llwybr. Gan fod wyth agwedd i'r llwybr hwn, mae'n cael ei adnabod fel y Llwybr Wythblyg Nobl. Fel rydyn ni wedi gweld yn gynharach, cwrs o feddyginiaeth yw'r Pedwar Gwirionedd Nobl yn y bôn ac maen nhw'n dod â gwellhad i fywyd. Dyma sut maen nhw'n cael eu cymhwyso. Dulliau ymarferol ydyn nhw er mwyn cyrraedd nibbana. Nid dysgeidiaeth yw'r Pedwar Gwirionedd Nobl i adfyfyrio arni, i'w thrafod neu i gael dadl ddofn a hir amdani. Cynllun gweithredu syml ydy'r Pedwar Gwirionedd neu bethau i'w cymhwyso i fywyd.

Yn yr ystyr hwn mae'r ddysgeidiaeth yn cael ei defnyddio ar gyfer hyfforddiant, yn enwedig y Llwybr Wythblyg. Mae'n cael ei defnyddio i'w gwneud hi'n haws datgysylltu oddi wrth chwant a chael gwared ar ddioddefaint. Mae dameg a adroddodd y Bwdha, dameg y rafft, yn darlunio hyn: 'Fynachod, byddaf yn addysgu'r Dhamma i chi – Dameg y Rafft – **er mwyn croesi drosodd, nid er mwyn ei chadw**. Gwrandewch arni, craffwch yn ofalus, a byddaf i'n siarad' (Majjhima-Nikaya).

Pwrpas y Pedwar Gwirionedd Nobl, y Dhamma, yw teithio'r tu hwnt i 'fôr samsara' i lan bellaf nibbana. Yn y ddameg, y ddysgeidiaeth yw'r rafft. Ar ôl cyrraedd nibbana, neu, o ran y ddameg – ar ôl cyrraedd y lan – ffolineb fyddai cario'r rafft (Dhamma) ymhellach. Pwrpas y rafft yw cario, nid cael ei chario.

Y daith ar y rafft yw'r hyn sy'n cael ei feithrin mewn amodau mynachaidd yn rhan o'r Sangha. Dyma'n unig yw'r pwrpas gan fod y daith yn meithrin tri chategori, sef moesoldeb, doethineb a myfyrdod (gweler wedyn), er nad ydyn nhw mewn unrhyw drefn benodol. Yn ôl Gethin, 'Mae'r ffaith nad yw trefn yr eitemau ar y llwybr yn cyfateb i drefn y tri chategori ymarfer hyn yn amlygu dealltwriaeth o'r bywyd ysbrydol sy'n gweld pob un o'r tair agwedd ymarfer fel rhai sy'n … rhyngddibynnol ac yn berthnasol i bob un cam'.

Mae'r olwyn ag wyth adain yn symbol o Fwdhaeth. Mae'n cynrychioli wyth dysgeidiaeth y Bwdha sy'n dod â mewnwelediad i realiti. Mae pob dysgeidiaeth yn rhwystro ac yn atal gofidiau a rhwystredigaethau bywyd, gan ddod â llonyddwch a thawelwch meddwl yn y pen draw. Mae pob dysgeidiaeth yn dechrau gyda samma neu hawl. Mae samma yn disgrifio dull cywir, priodol neu effeithiol. Dangosodd y Bwdha'r llwybr cywir. Dyma fydd canolbwynt yr adran nesaf i'w hastudio.

Mae dysgeidiaeth y Bwdha fel rafft; ar ôl cyrraedd y lan (nibbanna), rydyn ni'n gollwng gafael ynddi.

Cynnwys y fanyleb

Magga (y llwybr).

cwestiwn cyflym

3.7 Beth sydd mor arbennig am weithredoedd arhat?

Term allweddol

Samma: gair Pali am 'cywir', 'priodol' ac mae'n dod cyn pob un o'r wyth elfen yn y Llwybr Wythblyg

Gweithgaredd AA1

Lluniwch ddiagram i ddangos sut mae'r Pedwar Gwirionedd Nobl yn cysylltu â'i gilydd, yn seiliedig ar syniad diagnosis meddygol.

Awgrym astudio

Cofiwch fod dau fath o nibbana. Mae un yn amhosibl ei adnabod neu'i brofi yn y bywyd hwn tra bod y llall yn bosibl ac yn nod i arhat. Allwch chi gofio p'un yw p'un – parinibbana a nibbana?

Sgiliau allweddol

Mae gwybodaeth yn ymwneud â:

Dewis ystod o wybodaeth (drylwyr) gywir a pherthnasol sydd â chysylltiad uniongyrchol â gofynion penodol y cwestiwn.

Mae hyn yn golygu eich bod yn dewis y wybodaeth gywir sy'n berthnasol i'r cwestiwn a osodwyd NID y maes pwnc. Bydd angen i chi feddwl a chanolbwyntio ar ddewis gwybodaeth allweddol ac NID ysgrifennu popeth yr ydych chi'n ei wybod am y maes pwnc.

Mae dealltwriaeth yn ymwneud ag:

Esboniad helaeth, gan ddangos dyfnder a/neu ehangder gyda defnydd rhagorol o dystiolaeth ac enghreifftiau gan gynnwys (lle y bo'n briodol) defnydd trylwyr a chywir o destunau cysegredig, ffynonellau doethineb a geirfa arbenigol.

Mae hyn yn golygu y gallwch ddangos eich bod yn deall rhywbeth drwy egluro ac ehangu eich pwyntiau gan ddefnyddio enghreifftiau/tystiolaeth gefnogol mewn ffordd bersonol ac NID ailadrodd darnau o werslyfr (sef dysgu ar y cof).

Cymhwyso sgiliau ymhellach:

Ewch drwy'r meysydd pwnc yn yr adran hon a lluniwch rai rhestri bwled o bwyntiau allweddol o feysydd allweddol. Ar gyfer pob un, rhowch fwy o fanylion ac esboniwch fwy drwy ddefnyddio tystiolaeth ac enghreifftiau.

Datblygu sgiliau AA1

Nawr mae'n bryd ystyried y wybodaeth sydd wedi'i chyflwyno hyd yma. Hefyd mae'n bwysig ystyried sut mae'r hyn rydych chi wedi'i ddysgu hyd yma'n gallu cael ei ddefnyddio ar gyfer atebion arholiad drwy ymarfer y sgiliau sy'n gysylltiedig ag AA1.

Mae Amcan Asesu 1 (AA1) yn ymwneud â dangos gwybodaeth a dealltwriaeth. Mae ystyr y termau 'gwybodaeth' a 'dealltwriaeth' yn amlwg ond mae'n hanfodol eich bod yn gyfarwydd â sut mae sgiliau penodol yn dangos y rhain, a hefyd, sut bydd eich perfformiad ym mhob un o'r sgiliau hyn yn cael ei fesur (gweler disgrifyddion band cyffredinol Band 5 ar gyfer AA1 UG).

Yn amlwg mae ateb yn cael ei osod mewn disgrifydd band priodol, yn ôl pa mor dda yw'r ateb, gan amrywio o ragorol, da, boddhaol, sylfaenol/cyfyngedig i gyfyngedig iawn.

▶ **Dyma eich tasg newydd:** isod mae ateb is na'r cyffredin a gafodd ei ysgrifennu'n ymateb i gwestiwn sy'n gofyn am archwilio'r Pedwar Gwirionedd Nobl. Gan ddefnyddio'r disgrifyddion band, rhowch yr ateb hwn mewn band perthnasol sy'n cyfateb i'r disgrifiad yn y band hwnnw. Yn amlwg mae'n ateb gwan ac felly nid yw'n perthyn i fandiau 3–5. Er mwyn gwneud hyn, bydd yn ddefnyddiol i chi ystyried beth sydd ar goll o'r ateb a beth sy'n anghywir. Bydd y dadansoddiad sy'n cyd-fynd â'r ateb yn rhoi'r rhesymau pam, i'ch helpu chi. Wrth ddadansoddi gwendidau'r ateb, gweithiwch mewn grŵp a meddyliwch am bum ffordd o wella'r ateb er mwyn ei gryfhau. Efallai fod gennych fwy na phum awgrym ond ceisiwch drafod fel grŵp a blaenoriaethu'r pum peth pwysicaf sydd ar goll.

Ateb

Dysgeidiaeth y Bwdha i gael gwared ar ddioddefaint yw'r Pedwar Gwirionedd Nobl. **1** Addysgodd nhw am y tro cyntaf mewn parc ar ôl cael Goleuedigaeth. Mae Bwdhyddion ym mhedwar ban y byd yn eu dilyn nhw. **2** Addysgodd y Bwdha mai'r Llwybr Wythblyg oedd yn rhyddhau pobl o samsara. Mae hyn yn golygu dilyn golwg cywir, meddwl cywir, siarad cywir, gweithredu cywir, bywoliaeth gywir, ymdrechu cywir, canolbwyntio cywir ac un arall. **3** Mae nibbana fel nefoedd i Fwdhyddion. **4** Maen nhw'n cyrraedd nibbana pan fyddan nhw'n cael gwared ar ddioddefaint. **5** Drygioni sy'n achosi dioddefaint ac mae angen cael gwared arno. Hefyd mae'n rhaid iddyn nhw ei adnabod yn gyntaf. **6** Mae'r Bwdha fel meddyg oherwydd mae'n gweld beth yw'r broblem, yn gweithio allan beth yw'r ateb ac yna'n rhoi'r feddyginiaeth iddo weithio. **7**

Mewn gwirionedd, dysgeidiaeth y Bwdha i gael gwared ar ddioddefaint yw'r Pedwar Gwirionedd Nobl. **8**

Sylwadau

1 Dim diffiniad o'r term. Mae angen ei archwilio ac ymhelaethu arno. Beth yw ystyr hyn?

2 Ydy hyn wir yn berthnasol yma?

3 'Un arall'! Peidiwch â rhestru os nad ydych chi'n eu gwybod nhw, neu dywedwch eich bod chi'n dewis rhai enghreifftiau'n unig.

4 Mae hyn yn rhannol gywir ond mae angen ei esbonio'n fanylach er mwyn ei gyfiawnhau.

5 Rhy syml.

6 Ddim wir yn gywir.

7 Brawddeg dda ynghanol y dryswch!

8 Ailadrodd yn unig yw hyn, nid crynodeb.

Materion i'w dadansoddi a'u gwerthuso

Y cysyniad bod y Pedwar Gwirionedd Nobl yn greiddiol i bob Bwdhydd

Gellid dadlau bod rhaid i'r Pedwar Gwirionedd Nobl fod yn hanfodol i bob Bwdhydd. Dyma ddysgeidiaeth sylfaenol Bwdhaeth. Y Pedwar Gwirionedd Nobl oedd dysgeidiaeth gyntaf y Bwdha ac mae'n cynnwys sut mae cymhwyso'r ddysgeidiaeth mewn ffordd ymarferol i fywyd.

Yn ogystal, maen nhw'n ganolbwynt i Fwdhaeth ac wedi bod felly dros y canrifoedd. Heddiw mae Bwdhyddion yn eu dilyn fel y safon aur. Mae'r Llwybr Wythblyg, fel y pedwerydd o'r Gwirioneddau Nobl, yn ddull sydd wedi hen ennill ei blwyf i bob mynach a lleian Bwdhaeth Theravada.

Hyd yn oed mewn traddodiadau Bwdhaidd heblaw am draddodiad Bwdhaeth Theravada, mae'r Pedwar Gwirionedd Nobl yn cael eu cydnabod fel sylfaen dysgeidiaeth Fwdhaidd hyd yn oed os nad ydyn nhw'n cael yr un sylw â'u dysgeidiaeth arall nhw.

Ond, yn groes i'r farn hon, o ystyried y llyfrgell eang o ysgrythurau mewn Bwdhaeth a'r darnau niferus eraill o ddysgeidiaeth Fwdhaidd, gellid dadlau mai un enghraifft yn unig o ddysgeidiaeth y Bwdha yw'r Pedwar Gwirionedd Nobl. Yn wir, mae'r ysgol Fwdhaidd Mahayana yn honni mai hi yw'r 'cerbyd mawr' a bod ganddi fersiwn mwy datblygedig o ddysgeidiaeth y Bwdha drwy ail droad olwyn Dhamma. Mae Bwdhyddion Mahayana yn canolbwyntio ar wahanol ddarnau o ddysgeidiaeth i'w helpu i gyrraedd eu nod.

At hynny, mae ysgol Tibet yn honni ei bod hi'n droad ychwanegol i olwyn Dhamma mewn Mahayana. Mae'n rhoi llawer o bwyslais ar wahanol ffyrdd o gyrraedd rhyddhad mewn myfyrdod ac ymroddiad.

Eto, dadl wahanol fyddai bod y Pedwar Gwirionedd Nobl yn hanfodol mewn Bwdhaeth Theravada i'r rhai sy'n byw mewn lleoliad mynachaidd yn unig, hynny yw, y mynachod a'r lleianod. Er enghraifft, er bod Bwdhyddion lleyg yn cydnabod yn gyffredinol fod y Pedwar Gwirionedd Nobl yn bwysig, efallai eu bod yn blaenoriaethu byw bywyd da ac ennill karma da. Efallai nad ydyn nhw'n barod yn ysbrydol i dderbyn y goblygiadau llawn i fywyd sy'n dod gyda'r Pedwar Gwirionedd Nobl. Yn wir, efallai ei bod hi'n wir hefyd nad yw lleygwyr yn deall dysgeidiaeth y Pedwar Gwirionedd Nobl yn llawn mewn ffordd bersonol neu'n fanwl.

Efallai bydd rhesymeg arall yn nodi mai dyfais addysgu'n unig yw'r Pedwar Gwirionedd Nobl yn nhrefn pethau. Os ydyn nhw'n cael eu troi'n eicon, yna maen nhw'n dod yn rhywbeth nad oedd hi'n fwriad iddyn nhw fod. Mae ffyrdd eraill o fynegi dysgeidiaeth y Bwdha fel y tri lakshana.

Mewn Bwdhaeth Mahayana mae llwybr arall y bodhisattva hefyd. Mae llawer yn ei ddilyn yn lle'r Llwybr Wythblyg ac efallai ei fod yn fwy addas iddyn nhw.

Ond, mae dadl, beth bynnag a addysgir mewn Bwdhaeth a pha lwybr bynnag a ddewisir i'w ymarfer, a pha ddysgeidiaeth bynnag a ystyrir, eu bod nhw i gyd yn y pen draw'n gallu cael eu holrhain yn ôl i'r Pedwar Gwirionedd Nobl.

Sut bynnag mae hi, yr arsylwadau a wnaeth y Bwdha sy'n bwysig ac i lawer, un ffordd sylfaenol o fynegi'r rhain yw'r Pedwar Gwirionedd Nobl. Yn ôl y ddadl hon, mae'r arsylwadau a'r cyngor yn bwysicach na sut maen nhw'n cael eu cyflwyno.

Mae'r adran hon yn cwmpasu cynnwys a sgiliau AA2

Cynnwys y fanyleb

Y cysyniad bod y Pedwar Gwirionedd Nobl yn greiddiol i bob Bwdhydd.

Gweithgaredd AA2
Dadleuon posibl

Wedi'u rhestru isod mae rhai casgliadau y byddai'n bosibl dod iddynt ar sail rhesymeg AA2 yn y testun cysylltiedig:

1. Mae'r Pedwar Gwirionedd Nobl yn hanfodol i bob Bwdhydd gan mai nhw yw sail Bwdhaeth.
2. Mae'r Pedwar Gwirionedd Nobl yn hanfodol i bob Bwdhydd gan mai nhw oedd dysgeidiaeth gyntaf y Bwdha.
3. Dydy'r Pedwar Gwirionedd Nobl ddim yn hanfodol i bob Bwdhydd oherwydd mae gan Fwdhyddion Mahayana ddysgeidiaeth wahanol.
4. Mae'r Pedwar Gwirionedd Nobl yn hanfodol i bob Bwdhydd ond maen nhw'n cael eu mynegi mewn ffyrdd gwahanol i Fwdhyddion gwahanol.
5. Dydy'r Pedwar Gwirionedd Nobl ddim yn hanfodol i bob Bwdhydd gan nad yw rhai Bwdhyddion yn barod i'w dilyn nhw'n llwyr eto.

Ystyriwch bob un o'r casgliadau sy'n cael eu gwneud uchod a chasglwch dystiolaeth ac enghreifftiau i gefnogi pob dadl o'r deunydd AA1 ac AA2 a astudiwyd yn yr adran hon. Dewiswch un casgliad sy'n argyhoeddi fwyaf yn eich barn chi ac esboniwch pam mae hyn yn wir. Nawr cyferbynnwch hyn â'r casgliad gwannaf ar y rhestr, gan gyfiawnhau eich dadl gyda rhesymu clir a thystiolaeth.

Gweithgaredd AA2
Dadleuon posibl

Wedi'u rhestru isod mae rhai casgliadau y byddai'n bosibl dod iddynt ar sail rhesymeg AA2 yn y testun cysylltiedig:

1. Mae'r Pedwar Gwirionedd Nobl yn disgrifio realiti'n gywir mewn ffordd sylfaenol.

2. Mae'r Pedwar Gwirionedd Nobl yn disgrifio realiti'n gywir gan eu bod yn gwneud synnwyr o'n profiad o ddioddefaint a sut i'w ddatrys.

3. Dydy'r Pedwar Gwirionedd Nobl ddim yn disgrifio realiti'n gywir, yn gyflawn ac yn llawn.

4. Dydy'r Pedwar Gwirionedd Nobl ddim yn disgrifio realiti'n gywir oherwydd maen nhw'n dibynnu ar gyfiawnhad metaffisegol ailenedigaeth.

5. Mae'r Pedwar Gwirionedd Nobl yn disgrifio realiti'n gywir ond yn gyfyng.

Ystyriwch bob un o'r casgliadau sy'n cael eu gwneud uchod a chasglwch dystiolaeth ac enghreifftiau i gefnogi pob dadl o'r deunydd AA1 ac AA2 a astudiwyd yn yr adran hon. Dewiswch un casgliad sy'n argyhoeddi fwyaf yn eich barn chi ac esboniwch pam mae hyn yn wir. Nawr cyferbynnwch hyn â'r casgliad gwannaf ar y rhestr, gan gyfiawnhau eich dadl gyda rhesymu clir a thystiolaeth.

Y cysyniad bod y Pedwar Gwirionedd Nobl yn adlewyrchu realiti

Gellid dadlau bod y ddysgeidiaeth yn y Pedwar Gwirionedd Nobl yn adlewyrchu realiti'n gywir yn yr ystyr eu bod yn empirig o ran natur. Dydyn nhw ddim wedi'u seilio ar ffydd ond ar arsylwadau, profiad a blynyddoedd o arbrofi. Maen nhw'n ymddangos fel petaen nhw'n gweithio i lawer o bobl ac felly rhaid bod rhyw ddilysrwydd iddyn nhw.

Mae'n ymddangos bod y darlun sylfaenol, sef mai dioddefaint yw bywyd i gyd, yn besimistaidd ar y dechrau. Ond, o ystyried ystyr y gwahanol ffyrdd o esbonio dukkha mewn gwirionedd, yna mae'n bosibl derbyn bod bodau dynol yn mynd i deimlo'n rhwystredig, o dan straen, ac yn anfodlon â bywyd yn ogystal â dioddef yn gorfforol mewn amrywiaeth o ffyrdd.

Mae'r rhesymeg y tu ôl i'r Pedwar Gwirionedd Nobl yn syml iawn ond yn effeithiol. Mae'r gymhariaeth â diagnosis meddyg yn un effeithiol. Mae'n wir bod ymlyniad yn achosi dioddefaint, a bod chwant am bethau ymysg yr agweddau eraill ar fywyd.

Ond, mae dwy brif broblem gyda'r Pedwar Gwirionedd Nobl fel rhai sy'n adlewyrchu realiti'n gywir. Y peth cyntaf i'w ystyried yw eu bod nhw'n syml iawn o ran eu natur, a phan fydd cwestiynau anodd yn cael eu codi, bod yr unig ateb sy'n bosibl fel petai'n symud i mewn i fyd ffydd ac nid realiti fel rydyn ni'n ei adnabod. Er enghraifft, natur nibbana. Ydy e'n bodoli? Ydy e'n rhywbeth dymunol? Mae'r atebion i hyn fel petaen nhw'n osgoi'r cwestiwn. Beth am blentyn a anwyd â chlefyd ofnadwy? Ble mae'r chwant a achosodd hyn? Mae dweud mai karma yn unig yw hyn, yn gweithio drwodd i fyd arall unwaith eto, fel petai'n osgoi'r mater. Mae pa mor fodlon yw pobl â'r ateb fel petai'n dibynnu ar eu ffydd nhw.

Er gwaethaf hyn, mae'r Llwybr Wythblyg yn cyflwyno realiti'n gywir iawn o ran bod y codau moesol y mae'n eu cynnig yn gadarnhaol iawn ac yn berthnasol i fywyd go iawn. Yn ogystal, mae'r dadansoddiad o'r prosesau meddyliol y mae'n eu hybu yn fewnwelediad cadarnhaol i sut mae'r byd o'n cwmpas yn gweithio ar y cyd â'n cyrff a'n meddyliau ein hunain.

Felly byddai'n ymddangos bod y Pedwar Gwirionedd Nobl yn adlewyrchu realiti'n gywir, ond mae dadl i'w chyflwyno sy'n awgrymu bod ganddyn nhw gyfyngiadau. Felly maen nhw'n gywir i raddau. Hynny yw, maen nhw'n addas at y diben er mwyn i unigolyn ddadansoddi ei fywyd ei hun a dyma'n wir roedd y Bwdha yn ei annog, 'arbrofwch drosoch eich hun a chewch weld'. Ond, dydy hyn ddim yn golygu eu bod yn esbonio popeth, dim ond bod y gwirioneddau cyffredinol y maen nhw'n eu nodi'n ystyrlon i'r rhai sy'n dilyn llwybr Bwdhaeth. Hynny yw, maen nhw'n adlewyrchu rhai agweddau ar realiti'n gywir.

Serch hynny, gallai Bwdhydd ddadlau bod llawer o bethau nad ydyn nhw i fod i gael eu hesbonio. Er enghraifft, y 'cwestiynau heb eu hateb' a gafodd eu cyflwyno i'r Bwdha. Dydy'r rhain ddim wedi cael eu hesbonio oherwydd eu bod nhw'n amherthnasol i gyflwr dynol dioddefaint. Mae hyn yn golygu, er bod y ddysgeidiaeth fel petai'n gywir ar gyfer un math o realiti, hynny yw, un sy'n archwilio anghenion ysbrydol yr unigolyn yn wyneb problem dioddefaint, dydy hi ddim yn dilyn o anghenraid, er enghraifft, fod y Pedwar Gwirionedd Nobl yn cyflwyno darlun cywir a manwl o realiti mewn termau gwyddonol, hanesyddol a mathemategol. Er bod pobl yn honni bod y Pedwar Gwirionedd Nobl yn gywir, mae pen draw ar i ba raddau mae hynny.

Datblygu sgiliau AA2

Nawr mae'n bryd ystyried y wybodaeth sydd wedi'i chyflwyno hyd yma. Hefyd mae'n bwysig ystyried sut mae'r hyn rydych chi wedi'i ddysgu hyd yma'n gallu cael ei ddefnyddio ar gyfer atebion arholiad drwy ymarfer y sgiliau sy'n gysylltiedig ag AA2.

Mae Amcan Asesu 2 (AA2) yn ymwneud â 'dadansoddi' a 'gwerthuso'. Efallai fod ystyr y termau'n amlwg ond mae'n hanfodol eich bod yn gyfarwydd â sut mae sgiliau penodol yn dangos y rhain, a hefyd, sut bydd eich perfformiad ym mhob un o'r sgiliau hyn yn cael ei fesur (gweler disgrifyddion band cyffredinol Band 5 ar gyfer AA2 UG).

Yn amlwg mae ateb yn cael ei osod mewn disgrifydd band priodol, yn ôl pa mor dda yw'r ateb, gan amrywio o ragorol, da, boddhaol, sylfaenol/cyfyngedig i gyfyngedig iawn.

▶ **Dyma eich tasg newydd:** isod mae ateb is na'r cyffredin a gafodd ei ysgrifennu'n ymateb i gwestiwn sy'n gofyn am werthuso'r Pedwar Gwirionedd Nobl o ran sut maen nhw'n adlewyrchu realiti. Gan ddefnyddio'r disgrifyddion band, rhowch yr ateb hwn mewn band perthnasol sy'n cyfateb i'r disgrifiad yn y band hwnnw. Yn amlwg mae'n ateb gwan ac felly nid yw'n perthyn i fandiau 3–5. Er mwyn gwneud hyn, bydd yn ddefnyddiol i chi ystyried beth sydd ar goll o'r ateb a beth sy'n anghywir. Bydd y dadansoddiad sy'n cyd-fynd â'r ateb yn rhoi'r rhesymau pam, i'ch helpu chi. Wrth ddadansoddi gwendidau'r ateb, gweithiwch mewn grŵp a meddyliwch am bum ffordd o wella'r ateb er mwyn ei gryfhau. Efallai fod gennych fwy na phum awgrym ond ceisiwch drafod fel grŵp a blaenoriaethu'r pum peth pwysicaf sydd ar goll.

Ateb

Byddai rhai Bwdhyddion yn dadlau eu bod nhw'n credu yn y Bwdha a'i eiriau, ac felly mae'r hyn y mae'n ei ddweud a'i ddysgeidiaeth yn wir ac yn gywir, a hefyd yn berthnasol i'r byd go iawn. **1**

Byddai eraill yn dadlau nad yw ei ddysgeidiaeth am nibbana am y byd hwn, ac felly dydy hi ddim yn gallu bod yn gywir. **2** Er enghraifft, eu nefoedd nhw ydy hi. **3** Wrth gefnogi'r ddadl hon byddai rhai'n dweud bod hyn yn rhy syml oherwydd nid un peth yn unig yw dioddefaint, a dydy ei ddatrys ddim mor syml â hynny yn y byd go iawn. **4**

Ond, byddai rhai pobl yn dweud eu bod nhw wedi myfyrio ac ymarfer Bwdhaeth a'i bod hi'n gweithio. Yn y pen draw dywedodd y Bwdha wrth bobl am roi cynnig ar bethau eu hunain. **5** Yn ogystal, dydy miliynau o bobl ddim yn gallu bod yn anghywir gan fod llawer o bobl yn dilyn Bwdhaeth heddiw. Mae'r Dalai Lama yn enghraifft wych. **6**

Felly mae hi'n amlwg bod y gosodiad yn gywir oherwydd mae llawer o bobl wedi rhoi cynnig ar ddysgeidiaeth y Pedwar Gwirionedd Nobl ac mae hi'n gweithio. **7**

Sylwadau

1 Rhagarweiniad aneglur ac anghywir.

2 Gallai hyn weithio fel dadl ond mae heb ei fynegi a'i ddatblygu'n dda.

3 Mae angen rhoi enghreifftiau cefnogol penodol sy'n gywir ac yn rhesymegol.

4 Ble mae'r rhesymu/y dystiolaeth/y datblygiad i gefnogi hyn?

5 Mae angen datblygu'r pwynt hwn ond mae'n bwynt da.

6 Pam? Aneglur?

7 Clo rhy syml a heb ei brofi ac mae sôn am y Pedwar Gwirionedd Nobl am y tro cyntaf.

Sgiliau allweddol

Mae dadansoddi'n ymwneud â nodi materion sy'n cael eu codi gan y deunyddiau yn adran AA1, ynghyd â'r rhai a nodwyd yn adran AA2, ac mae'n cyflwyno safbwyntiau cyson a chlir, naill ai gan ysgolheigion neu safbwyntiau personol, yn barod i'w gwerthuso.

Mae hyn yn golygu ei fod yn nodi pethau allweddol i'w trafod a'r dadleuon sy'n cael eu cyflwyno gan eraill neu o safbwynt personol.

Mae gwerthuso'n ymwneud ag ystyried goblygiadau amrywiol y materion sy'n cael eu codi, yn seiliedig ar y dystiolaeth a gafwyd wrth ddadansoddi ac mae'n rhoi dadl fanwl eang gyda chasgliad clir.

Mae hyn yn golygu bod yr ateb yn pwyso a mesur y dadleuon amrywiol a gwahanol a gafodd eu dadansoddi drwy roi sylwadau ac ymateb unigol, gan ddod i gasgliad drwy broses rhesymu clir.

Cynnwys y fanyleb

Yr Hyfforddiant Triphlyg: doethineb, moesoldeb a myfyrdod.

Termau allweddol

Mantra: siant ddefosiynol Fwdhaidd

Samma ajiva: bywoliaeth gywir

Samma ditthi: golwg cywir

Samma kammanta: gweithredu cywir

Samma sankappa: meddwl cywir; meddwl neu fwriad wedi'i gyfeirio

Samma vaca: siarad cywir

Samma vayama: ymdrechu cywir

---

cwestiwn cyflym

3.8 Beth sydd mor arbennig am bŵer iaith, sain a lleferydd yn ôl athroniaeth Indiaidd?

Dydy bod yn gigydd ddim yn waith sy'n fywoliaeth gywir.

B: Y Llwybr Wythblyg – egwyddorion moesol allweddol

Yr Hyfforddiant Triphlyg: doethineb, moesoldeb a myfyrdod

Mae pob rhan o ddysgeidiaeth y Bwdha am y Llwybr Wythblyg yn dechrau gyda 'cywir' neu 'iawn' (samma) fel rydyn ni wedi sylwi'n barod.

Samma ditthi, neu golwg cywir, yw pan fydd unigolyn yn ymwybodol o realiti bywyd. Disgrifiodd y Bwdha hyn, yn ôl Narada Thera fel 'deall dioddefaint, achos dioddefaint, diwedd dioddefaint, a'r llwybr sy'n arwain at gael gwared ar ddioddefaint'. Ond mae'n fwy na hyn. Mae'n golygu gwerthfawrogiad dwysach o oblygiadau ehangach y gwirioneddau hyn ynghyd â darnau eraill o ddysgeidiaeth Fwdhaidd, fel tri nod bodolaeth, tarddiad rhyngddibynnol a'r skhandha.

Samma sankappa (meddwl cywir, meddwl neu fwriad wedi'i gyfeirio) yw meddwl meddyliau pur, iach a chadarnhaol yn unig. Dyma pam mae hyn yn cael ei alw weithiau'n feddwl ***wedi'i gyfeirio***. Y bwriad yw ei fod yn cynhyrchu ansawdd o ymwybod na all rhwystrau amharu arno. Mae cysylltiad uniongyrchol â karma (kamma) yma, yn yr ystyr bod bwriadau'n arwain at weithredoedd. Nod meddyliau neu fwriadau o'r fath yw bod yn gwbl anhunanol, yn rhydd o ymlyniad ac yn llawn tosturi.

Mae **samma vaca** (siarad cywir) yn ymwneud â'r gwirionedd a siarad yn gwrtais. Mae'n annog pobl i beidio â dweud celwydd neu or-ddweud ac i beidio â bod yn greulon tuag at eraill trwy gyfrwng iaith. Mae'n eang iawn, gan gynnwys y syniad ei bod yn iawn i fod yn dawel ar adegau. Ar yr ochr gadarnhaol, mae'n hybu llefaru pwrpasol, ystyrlon, sy'n arwain at ddatblygiad ysbrydol. Mae pŵer iaith, sain a lleferydd yn arbennig o bwysig mewn athroniaeth Indiaidd ac mae'n aml yn cael ei weld fel rhywbeth sydd ar ei lefel bodolaeth ei hun, â'r gallu i ddylanwadu ar y byd corfforol. Mae hyn yn hanfodol i Fwdhaeth, nid yn unig o ran moesoldeb, ond yn fwy felly pan fydd arfer fel llafarganu'n gysylltiedig ag ef, a phŵer geiriau sanctaidd (fel y gwelir ym **mantras** Bwdhaeth Tibet).

Mae **samma kammantra** (gweithredu cywir) yn golygu na fydd unigolyn yn niweidio eraill mewn unrhyw ffordd trwy drais neu ladrata. Mae hyn yn ymestyn at ymwybyddiaeth gyffredinol o eraill ac yn annog dana, hynny yw, rhoi, fel ffordd o ddangos anhunanoldeb. Dylid osgoi camymddygiad rhywiol. Yn gryno, mae gweithredu cywir yn hybu bywyd da, moesol sy'n golygu ymddwyn yn anrhydeddus ac yn heddychlon tuag at eraill a thuag at yr hunan, ac er lles eraill a'r hunan. Yn barod rydyn ni wedi gweld natur gymhleth karma a'r effaith y mae'n gallu ei chael ar fywydau unigolion.

Mae **samma ajiva** (bywoliaeth gywir) yn golygu ennill bywoliaeth sydd o fudd i eraill ac nad yw'n achosi unrhyw niwed. Mae hefyd yn ymwneud ag amrywiaeth o ddarnau o ddysgeidiaeth Fwdhaidd. Yn y bôn, mae pum bywoliaeth yn cael eu nodi'n benodol fel rhai anffodus: masnachu mewn gwenwynau, bodau dynol, sylweddau meddwol, arfau a chnawd. Eto mae cysylltiadau amlwg yma â karma, ond hefyd ag egwyddor o ddim anafu sydd yn yr argymhellion Bwdhaidd (gweler yn ddiweddarach).

Mae **samma vayama** (ymdrechu cywir) yn golygu bod unigolyn yn benderfynol o osgoi pethau afiach neu ddieflig. Mae'n gysylltiedig ag ail ran y llwybr, yn yr ystyr bod angen y ddisgyblaeth hon i osgoi cyflyrau meddwl afiach neu anfedrus. Mae hyn yn galluogi ysgogi a meithrin cyflyrau meddwl pur ac iach. Mae'r ddisgyblaeth a bwysleisir yma'n cael ei hatgyfnerthu gan argymhellion moesol a ffordd fynachaidd o fyw.

Mae **samma sati** (meddylgarwch cywir) yn golygu bod yn gwbl ymwybodol o'ch cymhellion a'ch rhesymau dros wneud rhywbeth. Yn ôl Saddhatissa, yr ysgolhaig Bwdhaidd, mae hyn yn cyfeirio at 'ymestyn ymwybyddiaeth yr hunan yn raddol nes bydd pob gweithred, meddwl a gair yn cael ei berfformio yng ngoleuni llawn ymwybod'. Mewn myfyrdod, mae'r sylfeini y mae meddylgarwch yn gweithredu ohonynt yn cynnwys ffurf, teimladau a lluniadau meddyliol.

Mae **samma samadi** (canolbwyntio cywir) yn golygu canolbwyntio'r meddwl mewn myfyrdod. Mae'n golygu datgysylltu'n llwyr o'r cyflyrau afiach ac ymgolli yn y pedwar jhana, neu ymgolliad, myfyrdod. Dyma'r safon ddelfrydol a osodir gan y Bwdha, y Ffordd Ganol rhwng eithafion. Mae'n gyflwr o ymwybyddiaeth a dealltwriaeth uwch. Mae'r bywyd mynachaidd yn meithrin hyn ac mae canolbwyntio'n cyfeirio'n uniongyrchol at fyfyrdod Bwdhaidd.

Mae proses myfyrdod mewn Bwdhaeth yn galluogi meddwl aneglur i weld yn eglur.

Hefyd, mae'r Llwybr Wythblyg yn cael ei rannu'n dair thema neu grŵp, sef sila (moesoldeb), dhyana (weithiau samadhi, y ddau'n cyfeirio at fyfyrdod), a prajna (doethineb).

Weithiau mae anghysondeb o ran y drefn y cyflwynir y tair agwedd ynddi, mewn perthynas â'r ffordd y mae'r Llwybr Wythblyg yn cael ei restru. Yn gyffredinol mae testunau'n sôn am: 'moesoldeb, myfyrdod a doethineb'. Dydy hyn ddim yn hanfodol oherwydd dydy'r llwybr ddim yn datblygu'n llinol ond yn cael ei ddatblygu ar y cyd.

Fel arfer maen nhw'n cael eu grwpio'n unol â hynny.

Moesoldeb	Doethineb	Myfyrdod
Siarad cywir	Golwg cywir	Ymdrechu cywir
Gweithredu cywir	Meddwl cywir	Meddylgarwch cywir
Bywoliaeth gywir		Canolbwyntio cywir

Mae moesoldeb, fel yr un cyntaf y sonnir amdano, yn cadarnhau'r ddelfryd Indiaidd traddodiadol fod angen i rywun fod â moesau cywir er mwyn ymarfer unrhyw fath o yoga neu fyfyrdod. Yn wir, mae moesau cywir, fel gellir gweld o ddadansoddi'r Llwybr Wythblyg, yn dystiolaeth allanol o ddatblygiad ysbrydol mewnol. Gan nad yw'r Llwybr Wythblyg yn cael ei ddatblygu'n llinol, ffyrdd ymarferol yn unig o gadw Dhamma yw'r rhifo a'r grwpio.

Dyfyniad allweddol

Pwrpas rheolau'r Vinaya oedd
rhoi amodau delfrydol ar gyfer
myfyrdod ac ymwadu. Maen nhw'n
ceisio gorfodi ymneilltuo llwyr o
fywyd cymdeithasol, gwahanu oddi
wrth ei fanteision a'i bryderon, a
thorri pob cysylltiad â'r teulu neu'r
tylwyth. Ar yr un pryd, bwriad
mynnu bod rhywun yn byw'n syml
ac yn ddarbodus oedd sicrhau
annibyniaeth, tra mai bwriad rhoi'r
gorau i'r cartref a phob eiddo oedd
meithrin dim ymlyniad. (Conze)

Perthynas y Llwybr Wythblyg â'r Ffordd Ganol

Nod y rheolau disgyblaeth amrywiol (Patimokkha) a'r rheolau cysylltiedig yn y Vinaya (testunau disgyblaeth y Canon Pali) yw bod mynachod neu leianod yn dilyn ffordd o fyw syml a threfnus iawn. Pwrpas penodol ffordd o fyw fel hyn yw datblygu'r cyflwr hwnnw mewn bywyd sy'n hyrwyddo llwybr Bwdhaeth yn fwyaf llwyddiannus.

Fel rydyn ni wedi gweld o fywyd y Bwdha, profodd Gautama eithafion pleser, cyfoeth a hapusrwydd ar y naill law, ac eto doedd e ddim yn gallu dianc rhag trallod, dicter, salwch, marwolaeth, rhwystredigaeth a dioddefaint fel y profodd nhw yn y Pedair Golygfa. Yn ogystal â hyn, mae hefyd wedi profi llwybr eithafol asgetigiaeth, sydd hefyd ond wedi dod â thrallod, dicter, salwch, marwolaeth, rhwystredigaeth a dioddefaint. Gyda'r Ffordd Ganol yn unig rhwng y ddau eithaf hyn y daeth y Bwdha ar draws amgylchedd lle gallai feithrin amodau sy'n ffafriol i Oleuedigaeth. Dyma sylfaen y Ffordd Ganol fel y mae wedi'i ddarlunio yn y Llwybr Wythblyg.

> ### Gweithgaredd AA1
>
> Lluniwch gardiau fflach i'ch helpu i ddysgu pob agwedd ar y Llwybr Wythblyg. Cofiwch nad oes rhaid i chi gofio'r geiriau Pali os nad ydych chi eisiau cymhlethu pethau, ond mae angen i chi fod yn ymwybodol o ystyr pob agwedd ac yn ymwybodol o'r grwpiau triphlyg.

Awgrym astudio

Gofynnwyd i chi 'ystyried y Llwybr Wythblyg yng nghyd-destun amrywiaeth Bwdhaeth (h.y. yn y traddodiad Mahayana a rhai eraill)' yng Nghanllaw Addysgu CBAC. Ond, mae hi'n bosibl dangos amrywiaeth drwy gymharu dau draddodiad gwahanol mewn Bwdhaeth heb orfod astudio darn mawr o gynnwys U2 CBAC. Wedyn mae'r darn hwn yn enghreifftio sut mae'r Llwybr Wythblyg yn cael ei ddeall a'i gymhwyso mewn Bwdhaeth Theravada a'r grwpiau amrywiol sy'n rhan o'r hyn a elwir yn 'Bwdhaeth Tibet' fel eich bod yn gallu dangos amrywiaeth mewn ateb.

Y Llwybr Wythblyg mewn Bwdhaeth Theravada

Mae'r ysgolhaig Bwdhaidd Richard Gombrich yn dadlau mai bywyd mynachaidd Bwdhyddion Theravada yw'r 'man cychwyn' ar gyfer cyrhaeddiad uwch, mwy ysbrydol. Bwriad y bywyd mynachaidd yw trechu chwant, a'r ffordd orau o ddechrau yw gyda ffordd o fyw sy'n annog rhywun i fod yn fodlon ag ychydig iawn.

O ran cymhwyso egwyddorion moesoldeb, myfyrdod a doethineb mewn cyd-destun mynachaidd, mae'r ysgolheigion Bwdhaidd Richard Gombrich ac Edward Conze yn cyfeirio at ddelfrydau moesegol tlodi, diweirdeb, diniweidrwydd a datblygu myfyrio ac astudio mewn ffordd o fyw fynachaidd.

Tlodi

Pwysleisir cyflwr tlodi gan yr ychydig eiddo y mae mynach neu leian yn cael eu cadw: gwisgoedd, powlen elusen, nodwydd, llaswyr Bwdhaidd, rasel, gwregys, ffon a hidlydd i dynnu creaduriaid o ddŵr yfed. Yn ymarferol, mae darnau ychwanegol fel sandalau, tywel, gwisgoedd gwaith ychwanegol, bag ysgwydd, ymbarél, deunyddiau ysgrifennu, llyfrau, cloc a darlun o athro.

Rhaid i fynach (neu leian) fod yn ddigartref, neu o leiaf heb loches barhaol. Yn ymarferol, mae hyn yn aml yn cael ei ystyried yn gyflwr meddwl yn hytrach nag yn rheol gaeth. I bob pwrpas, fydd mynach ddim yn berchen ar gartref. Mae powlen mynach ar gyfer elusen yn aml yn cael ei disgrifio ar gam fel powlen gardota.

Dydy mynachod neu leianod ddim yn cardota; yn hytrach maen nhw'n bendithio'r rhoddion o fwyd y mae pobl yn eu rhoi. Maen nhw'n rhoi cyfle i eraill i wneud teilyngdod drwy roi, neu dana, sef y gweithgarwch moesol mwyaf arwyddocaol mewn Bwdhaeth. Rhoi yw'r enghraifft orau o beidio â meddwl amdanoch chi eich hun ond am eraill.

Unwaith eto, mae'n bwysig cofio pwrpas tlodi; dydy e ddim yn cael ei fabwysiadu fel math o gosb, cymod neu'n ffordd o feithrin cymeriad. Y pwrpas bob amser yw ymladd ag ysfa trachwant, casineb a rhithdyb sy'n achosi ymlyniad a dioddefaint. Felly mae tlodi'n gymorth i fywyd gwell, iachach yn ysbrydol. Ei fwriad yw helpu gydag ochr foesol y Llwybr Wythblyg sy'n ymwneud yn uniongyrchol â bywoliaeth.

cwestiwn cyflym

3.10 Pam mae rhoi'n bwysig mewn Bwdhaeth?

Mae gan fynach Bwdhaidd mewn gwisg oren eiddo syml, fel mae'r bowlen elusen yn ei ddangos.

Diweirdeb

Mae traddodiad diweirdeb yn mynd yn ôl i bedwerydd cam bywyd Hindŵ. Mae'n annog toriad llwyr oddi wrth y teulu ac ymrwymiad i fywyd annibynnol er mwyn ceisio'r gwirionedd. Aeth y Bwdha ei hun i mewn i'r cam hwn. Efallai y bydd Hindŵiaid sy'n mynd i mewn i'r pedwerydd cam yn gwneud arddelw ac yn cynnal angladd, fel symbol eu bod nhw wedi marw ac wedi dechrau bywyd newydd. Mae hyn yn aml wedi'i gysylltu â chael enw newydd, sy'n gyffredin mewn sawl math o Fwdhaeth.

Does gan y syniad o ddiweirdeb ddim byd i'w wneud ag ataliad neu farn bod rhyw wedi'i halogi rywsut â drygioni ysbrydol.

Mae egwyddor diweirdeb yn debyg i egwyddor tlodi. Y bwriad yw helpu'r ymarferydd i dorri cysylltiad ag ymlyniadau ac ymrwymiadau bydol. Mae'r cysylltiad â'r rhan ar foesoldeb yn amlwg ond mae hefyd yn helpu gyda meddwl cywir!

Diniweidrwydd

Doedd egwyddor diniweidrwydd ddim yn syniad newydd i'r Bwdha: roedd wedi'i seilio ar egwyddor ahimsa, sef dim trais, a oedd yn rhan o Hindŵaeth yn barod. Roedd yn cael ei ymarfer ar ei ffurf fwyaf eithafol gan sect Jain Hindŵaeth. Mae'n hanfodol peidio â chynhyrchu karma negyddol drwy niweidio eraill. At hynny, mae trais hefyd yn groes i un o egwyddorion sylfaenol Bwdhaeth, sef tosturi. Oherwydd egwyddor diniweidrwydd mae llawer o Fwdhyddion Theravada yn llysieuwyr, ond nid pob un.

Mae bwriad yn rhan bwysig o ddelfryd diniweidrwydd. Er ei bod hi'n amhosibl osgoi dinistrio rhai micro-greaduriaid yn ystod bywyd pob dydd, mae'n bwysig lleihau'r difrod hwnnw i'r eithaf. Mae pawb yn hollol ymwybodol fod y difrod hwn yn gallu digwydd a dylen ni gymryd gofal, yn ôl Conze, ' ... i leihau lladd anwirfoddol, er enghraifft, drwy fod yn ofalus iawn ynghylch ar beth rydyn ni'n camu wrth gerdded yn y goedwig'. Mae cysylltiad uniongyrchol yma â karma, gweithredu cywir a'r argymhelliad Bwdhaidd cyntaf, sef dim niweidio neu ddim trais.

Dyfyniad allweddol

Yr uwch fynach sydd i fod i lywyddu yn y seremoni Patimokkha ac sydd â blaenoriaeth yn gyffredinol mewn materion eglwysig. Roedd lleianod, ar y llaw arall, yn ddarostyngol nid yn unig i'w hierarchaeth yn ôl eu statws eu hunain, ond hefyd i fynachod. Roedd rhaid iddyn nhw gael eu hordeinio ddwywaith, gan leianod a mynachod, ac roedd rhaid iddyn nhw gael eu goruchwylio gan ddynion bob amser: roedd pob lleian, pa mor hir bynnag roedd hi wedi'i hordeinio, yn israddol i'r mynach isaf un. **(Gombrich)**

Termau allweddol

Abad: teitl pennaeth mynachlog

Samenera: prentisiaeth i fynach neu leian

Sima: ffin er mwyn sefydlu terfyn y fynachlog

Upasampada: urddo Bwdhaidd yn fynach/lleian

Myfyrdod ac astudio

Mae myfyrdod yn rhan fawr o fywyd mynach neu leian; dyma'r ymarfer canolbwyntio yr oedd y Bwdha yn ei addysgu. Mae dysgu sut mae myfyrio yn gofyn am arweiniad yn y traddodiadau Bwdhaidd sydd yn yr ysgrythurau, ac mae angen iddyn nhw gael eu cynnal hefyd, er mwyn cadw eu dysgeidiaeth. Mae hyn yn greiddiol i'r Llwybr Wythblyg ac yn un o'r prif grwpiau.

Mae mynachod a lleianod yn astudio'r ysgrythur. Eu nod yw cyfateb yr ymarfer ysbrydol a'r chwilio am nibbana â deall yn ddeallusol beth yw'r ffordd orau o fynd o'i chwmpas hi. Yn hanes Bwdhaeth, mae'r cydbwyso hwn wedi arwain at wahaniaethau barn o ran faint o amser ddylai gael ei roi i bob agwedd. Ond, mae ffordd iach o fyw yn Fwdhaidd yn gofyn am gydbwysedd da rhwng astudio a myfyrdod.

Mae astudio'r ysgrythurau'n rhan bwysig o fywyd mynachaidd.

Mynachod (bhikkus) a lleianod (bhikkunis)

Er mwyn cael eu hurddo'n fynach neu'n lleian, mae'n rhaid i Fwdhyddion gwblhau dau gam.

Proses o'r enw ymwrthod (rhoi'r gorau i rywbeth) yw'r cam cyntaf. Mae'n dilyn y traddodiad Indiaidd o bedwerydd cam bywyd. Ar y pwynt hwn, mae'n amlwg mai'r bwriad yw mynd yn berson digartref (anagarika), gan fynd ymaith (pabbajja) i chwilio am wirionedd ac i wrthod byw materol. Yn hanes cynnar Bwdhaeth, derbyniodd y Bwdha lawer o anagarikau heb seremoni ordeinio ffurfiol.

Dros gyfnod o amser, cyflwynwyd trefn fwy ffurfiol. Dyma'r ordeinio swyddogol (**upasampada**). Heddiw, yng nghan cyntaf ymwrthod, mae'r Bwdhydd yn dod yn **samanera** neu'n nofis (dechreuwr). Mewn Bwdhaeth Theravada rydych chi'n gallu adnabod y rhain wrth eu gwisgoedd gwyn. Rhaid bod yn saith oed o leiaf ar gyfer hyn. Ond yn dechnegol, mae'n cael ei ddiffinio fel yr adeg pan fydd plentyn yn ddigon hen i ddychryn brain.

Mae statws bhikku (mynach), a'r hawl i wisgo'r wisg oren neu frown, yn cael ei gyrraedd drwy'r seremoni ordeinio. Fel arfer, mae hyn pan fydd rhywun tua 20 mlwydd oed ac mae'n digwydd mewn **sima** neu o fewn ffiniau mynachaidd. Rhaid i o leiaf pum bhikku wedi'u hordeinio fod yn bresennol er mwyn i'r seremoni fod yn ddilys.

Mewn mynachlog ei hun, mae hierarchaeth bendant yn seiliedig ar oed a rhywedd, er bod yr oed yn cael ei gyfrifo o adeg yr ordeinio, ac nid o'r dyddiad geni. Mae mynachod is yn ymgrymu i fynachod uwch. Mae lleianod yn ymgrymu i unrhyw fynach, hyd yn oed os ydyn nhw'n is na nhw. Ond, mae statws yn cael ei ystyried yn fater o ffurfioldeb yn unig ac yn rhan o ryngweithio'n llawn parch. Dydy e ddim yn arwydd o werth person. Yn wir, byddai hyn yn groes i nod meithrin anhunanoldeb y Bwdhyddion. Fel arfer, **Abad** yw'r enw ar bennaeth mynachlog.

Felly, sut mae hyn yn effeithio ar fywyd pob dydd mewn mynachlog Theravada? Yn ymarferol, byddai diwrnod nodweddiadol mewn mynachlog yn golygu codi tua 4.30 a.m.

4.30 a.m. Astudio neu fyfyrio

6.30 a.m. Cylchdaith elusen

7.00 a.m. Brecwast

8.00 a.m. Siantio cymunedol

9.00 a.m. Addysgu/hyfforddiant

10.30 a.m. Prif bryd

11.30 a.m. Siesta

1.30 p.m. Rhagor o hyfforddiant neu ordeiniadau

5.00 p.m. Lluniaeth (diodydd yn unig)

5.30 p.m. Tasgau neu amser rhydd personol

7.00 p.m. Siantio cymunedol

8.00 p.m. Gweinyddu, astudio, rhagor o siantio neu fyfyrio gyda'r nos

Mynachod a lleian yn cerdded y tu allan i fynachlog yn Tibet

Y Llwybr Wythblyg ym Mwdhaeth Tibet

O ran byw mewn mynachlog, mae Bwdhyddion Tibet yn defnyddio egwyddorion moesegol tebyg i rai Bwdhaeth Theravada, er enghraifft tlodi a diniweidrwydd; ond, mae rhai gwahaniaethau o ran diweirdeb a diniweidrwydd. Mae hyn oherwydd bod **Lamas** yn rhai o draddodiadau Bwdhaeth Tibet wedi cael eu hannog i briodi, er nad ydyn nhw yn y mwyafrif. Hefyd, mae llawer o Fwdhyddion Tibet yn y DU yn dehongli egwyddorion gweithredu cywir a diniweidrwydd i olygu y dylen nhw fod yn llysieuwyr. Yn wir, mae llawer o Lamas Tibet wedi galw am hyn ym Mwdhaeth Tibet i gyd. Yn ymarferol, ac yn Tibet, mae hi wedi bod yn anodd tyfu llysiau'n effeithlon ac yn hanesyddol maen nhw wedi bod yn brin. Felly dydy'r alwad i fod yn llysieuwyr ddim wedi bod mor amlwg. O ran astudio, mae mynachod Bwdhaidd Tibet yr un mor fanwl, er bod corpws mawr o ysgrythurau mewn Bwdhaeth Mahayana. Mae'r hyfforddiant deallusol yn rhan bwysig o Fwdhaeth Tibet ac roedd rhaid i'r Dalai Lama hyd yn oed fynd drwy dri mis o arholiadau.

Wrth ymarfer myfyrdod y mae'r gwahaniaethau mawr. Mae gan Fwdhaeth Tibet arferion llawer mwy amrywiol, o dechnegau myfyrio a delweddu datblygedig iawn i **pujas** mwy defosiynol. Drwy ddefosiynau, ymprydio, mynegi **mudras**, ac ailadrodd mantras, mae Bwdhydd Tibet yn gobeithio cyrraedd Goleuedigaeth, ond mae hyn yn cael ei ddisgrifio mewn ffordd sydd braidd yn wahanol i'r traddodiadau eraill. Mae'r corff dynol yn cael ei weld fel fersiwn bach o'r bydysawd. Felly mae ynni cudd y bydysawd yn yr unigolyn hefyd, ac yn cael ei storio yng ngwaelod yr asgwrn cefn. Wrth ddefnyddio delweddau, seiniau a symudiadau, mae'r ynni hwn yn gallu cael ei ysgogi fel taran sydyn, ac yna mae'r addolwr yn cael ei osod yn sydyn ar y lefel uwch, nefol gyda phŵer llawn y Bwdha. Yn ogystal â myfyrdod, mae pedwar math o arferion crefyddol yn arbennig o bwysig:

- Diagram corfforol yw'r **mandala** – sydd weithiau'n cael ei alw'n **yantra**. Weithiau, mae ei lun yn cael ei dynnu'n gain gan ddefnyddio gronynnau o dywod lliw, ac mae'r Bwdhau nefol a'r bodhisattvau yn cael eu gosod mewn patrwm sanctaidd er mwyn i'r dilynwr hoelio ei sylw a chanolbwyntio

- Y mantra – yr adnod sanctaidd i'w hailadrodd gan y dilynwr

- Y puja – offrymau o weddïau, aroglarth a blodau

- Y mudras – ystumiau llaw i gadw ysbrydion drwg draw.

Termau allweddol

Lama: urddo Bwdhaidd yn fynach/ lleian

Mandala: diagram corfforol, sydd weithiau'n cael ei dynnu'n gain gan ddefnyddio gronynnau o dywod lliw

Mudra: ystum llaw Bwdhaidd sy'n cael ei berfformio yn ystod myfyrdod a defosiwn

Puja: seremoni ddefosiynol Fwdhaidd

Yantra: diagram defosiynol Bwdhaidd

Y Dalai Lama

cwestiwn cyplym

3.12 Enwch ddwy ffordd y mae Bwdhyddion Tibet yn hoelio sylw eu myfyrdod.

Termau allweddol

Gelong: mynach o Tibet

Ge-snen: Bwdhydd lleyg o Tibet

Gestul: deon o Tibet

Tantra: term sy'n disgrifio'r agwedd ar grefydd, yn enwedig yn y traddodiad Indiaidd, sy'n defnyddio mantras, tantras a mudras

Vajrayana: y Cerbyd Diemwnt sy'n cyfeirio at y ffurf Dantrig ar Fwdhaeth

Awgrym astudio

Cofiwch ddarllen pob cwestiwn arholiad yn ofalus. Os yw'r cwestiwn yn gofyn am amrywiaeth, cymariaethau neu wahaniaethau, yna gwnewch yn siŵr eich bod yn cynnwys tystiolaeth o'r traddodiadau rydych chi wedi'u hastudio ac nid o Fwdhaeth Theravada yn unig.

Gweithgaredd AA1

Lluniwch ddiagram adolygu i amlygu'r pethau sy'n debyg ac yn wahanol rhwng y traddodiadau Bwdhaidd rydych chi wedi'u hastudio.

Ym Mwdhaeth Tibet, un elfen yn unig o lwybr datblygedig iawn yw'r Llwybr Wythblyg. Mae Bwdhydd yn dod ar ei draws gyntaf ar bedwaredd ran y llwybr myfyrdod. Ond mewn Bwdhaeth Theravada mae'r Llwybr Wythblyg yno o'r dechrau'n deg. Mewn Bwdhaeth Theravada, y Llwybr Wythblyg yw pedwaredd ran y Pedwar Gwirionedd Nobl. Dydy Bwdhyddion Tibet ddim mor benodol ac mae'n cael ei weld, yn syml iawn, fel llwybr sy'n arwain o ddioddefaint y mae Bwdhydd yn gallu ymddiried ynddo. Mae Bwdhyddion Tibet yn rhoi llawer mwy o bwyslais ar ddatblygu'r elfennau o berffeithder sy'n gysylltiedig â llwybr y bodhisattva (gweler Thema 2) nag ar fanylion y Llwybr Wythblyg. Ond, mae'r Llwybr Wythblyg yn cael ei ddiffinio'n debyg yng nghyd-destun perffeithderau'r bodhisattva. Er enghraifft, mae golwg cywir a meddwl cywir wedi'u cynnwys ym mherffeithder doethineb; mae siarad cywir, gweithredu cywir a bywoliaeth gywir yn gysylltiedig ag elfennau o berffeithderau moesoldeb, haelioni ac amynedd. Er bod ymdrechu cywir yn cysylltu â dyfalbarhad perffaith, mae meddylgarwch cywir a chanolbwyntio cywir yn cyfateb i berffeithder myfyrdod.

Tantra neu Fwdhaeth Dantrig yw'r math o Fwdhaeth sydd fel arfer yn cael ei gysylltu â Bwdhaeth Tibet. **Vajrayana** (y cerbyd diemwnt) yw'r enw arall arno.

Roedd y mynachlogydd yn rheoli'r drefn mewn crefydd yn Tibet. Mae ganddyn nhw system awdurdod a threfniadaeth lawer mwy manwl nag sydd mewn mynachlog Theravada. Mae pob mynach sydd wedi'i ordeinio'n llawn yn cael ei alw'n **Gelong**, ond mae athrawon crefyddol uwch yn cael eu galw'n Lamas. 'Yr Un Uwch' yw ystyr y teitl hwn, a byddai'n cael ei gadw ar gyfer penaethiaid mynachlogydd neu uwch fynachod. O dan y Lamas mae'r Gelong, a'r **Gestuls** neu'r diaconiaid. O dan y rhain mae'r **Ge-snen** neu'r ymlynwyr lleyg.

Ar ddechrau'r ganrif hon, roedd crefydd a mynachlogydd yn dal i fod yn flaenllaw yn Tibet. Yn y mynachlogydd mae'r addoli'n dal i ddigwydd drwy lafarganu isel rhythmig, gan ddefnyddio'r mantras. Ar achlysuron seremonïol byddai sain ddofn cyrn hir yn cyhoeddi bod y seremoni ar fin dechrau.

Roedd crefydd ynghlwm wrth bob agwedd arall ar fywyd yn Tibet. Roedd mynachod yn gweithio ochr yn ochr â lleygwyr ym mhob un o swyddi pwysig y llywodraeth ac roedd oracl crefyddol yn cael ei ddefnyddio i wneud penderfyniadau gwleidyddol. Er mwyn darogan canlyniad digwyddiadau, byddai dis yn cael ei daflu a byddai pobl yn cadw llygad am argoelion gwael. Ond, mae'n bosib bod y pethau hyn yn deillio o Bon, y grefydd hŷn.

Yn ymarferol, ychydig mae Bwdhaeth Tibet yn amrywio o ran sut trefnir y diwrnod; mae'n wahanol o ran sut mae Bwdhyddion yn mynd ati'n unig.

5.00 a.m. Puja (ymgasglu, gweddïau i'w hoffrymu). Mae hyn yn cymryd dwy awr, ac yn y cyfnod hwn, mae brecwast yn cael ei gynnig. Mae'n cynnwys te menyn a bara.

7.00 a.m. Dysgu ar y cof (mae'r mynachod yn dysgu'r testunau Bwdhaidd ar y cof)

8.00 a.m. Dosbarth Trafod (trwy drafod mae'r mynachod yn dysgu Athroniaeth Fwdhaidd a Myfyrdod Dadansoddol)

11.00 a.m. Ymgasglu, gweddïau a chinio

12.00 p.m. Wedyn mae cyfle i'r mynachod fynd i weld eu hathrawon unigol i gael rhagor o astudiaethau athrawiaethol Bwdhaidd.

5.00 p.m. Ymgasglu, gweddïau a chinio

6.00 p.m. Dosbarth Trafod

9.00 p.m. Dysgu ar y cof ac adrodd (pa weddïau a thestunau bynnag y maen nhw wedi'u dysgu ar y cof, maen nhw wedyn yn eu hadrodd i'w cadw yn eu meddwl). Weithiau mae hyn yn cael ei wneud yn y stryd wrth yr unig oleuadau sydd ar gael ... lampau stryd gwan. Maen nhw'n parhau â hyn tan 10 neu 11 o'r gloch ... yna gwely! Ond i rai mynachod mewn graddau uwch, maen nhw'n dal ati tan hanner nos neu 1 y bore!

Datblygu sgiliau AA1

Nawr mae'n bryd ystyried y wybodaeth sydd wedi'i chyflwyno hyd yma. Hefyd mae'n bwysig ystyried sut mae'r hyn rydych chi wedi'i ddysgu hyd yma'n gallu cael ei ddefnyddio ar gyfer atebion arholiad drwy ymarfer y sgiliau sy'n gysylltiedig ag AA1.

Mae Amcan Asesu 1 (AA1) yn ymwneud â dangos gwybodaeth a dealltwriaeth. Mae ystyr y termau 'gwybodaeth' a 'dealltwriaeth' yn amlwg ond mae'n hanfodol eich bod yn gyfarwydd â sut mae sgiliau penodol yn dangos y rhain, a hefyd, sut bydd eich perfformiad ym mhob un o'r sgiliau hyn yn cael ei fesur (gweler disgrifyddion band cyffredinol Band 5 ar gyfer AA1 UG).

Yn amlwg mae ateb yn cael ei osod mewn disgrifydd band priodol, yn ôl pa mor dda yw'r ateb, gan amrywio o ragorol, da, boddhaol, sylfaenol/cyfyngedig i gyfyngedig iawn.

▶ **Dyma eich tasg newydd:** isod mae ateb is na'r cyffredin a gafodd ei ysgrifennu'n ymateb i gwestiwn sy'n gofyn am archwilio'r Llwybr Wythblyg. Gan ddefnyddio'r disgrifyddion band, gallwch ei gymharu â'r bandiau perthnasol a disgrifyddion y bandiau hynny. Mae'n amlwg yn ateb is na'r cyffredin ac felly byddai tua band 2. Yn y lle cyntaf, bydd yn ddefnyddiol i chi ystyried beth sydd ar goll o'r ateb a beth sy'n anghywir. Y tro hwn does dim rhestr gyda'r ateb i'ch helpu. Wrth ddadansoddi gwendidau'r ateb, gweithiwch mewn grŵp a dewiswch bum pwynt o'r rhestr er mwyn gwella'r ateb hwn a'i gryfhau. Yna ysgrifennwch eich ychwanegiadau, pob un mewn paragraff clir, gan gofio egwyddorion esbonio gyda thystiolaeth a/neu enghreifftiau.

Ateb

Mae tair rhan i'r Llwybr Wythblyg. Moesoldeb yw'r gyntaf, sy'n cynnwys dim trais (ahimsa), siarad cywir a byw cywir. Myfyrdod yw'r ail ran ac mae'n cynnwys canolbwyntio cywir a meddylgarwch cywir. Doethineb yw'r rhan olaf ac mae'n hanfodol oherwydd er mwyn dilyn y llwybr mae'n rhaid iddyn nhw ei ddefnyddio'n ddoeth. Mae'r rhan hon o'r llwybr yn ymwneud â gallu deall a gweld pethau fel maen nhw go iawn, yn enwedig y ddysgeidiaeth Fwdhaidd. Mae'r llwybr yn cael ei ymarfer ledled y byd ond dydy pawb ddim o angenrheidrwydd yn ei ymarfer yn yr un ffordd. Mae Bwdhyddion Tibet yn myfyrio'n wahanol iawn i Fwdhyddion Theravada drwy adrodd gweddïau a llafarganu. Mae'r Bwdhyddion lleyg yn ymarfer y llwybr hefyd ond ar lefel is, a'u prif dasg nhw yw cefnogi'r mynachod a'r lleianod ar hyd y ffordd.

Sgiliau allweddol
Mae gwybodaeth yn ymwneud â:

Dewis ystod o wybodaeth (drylwyr) gywir a pherthnasol sydd â chysylltiad uniongyrchol â gofynion penodol y cwestiwn.

Mae hyn yn golygu eich bod yn dewis y wybodaeth gywir sy'n berthnasol i'r cwestiwn a osodwyd NID y maes pwnc. Bydd angen i chi feddwl a chanolbwyntio ar ddewis gwybodaeth allweddol ac NID ysgrifennu popeth yr ydych chi'n ei wybod am y maes pwnc.

Mae dealltwriaeth yn ymwneud ag:

Esboniad helaeth, gan ddangos dyfnder a/neu ehangder gyda defnydd rhagorol o dystiolaeth ac enghreifftiau gan gynnwys (lle y bo'n briodol) defnydd trylwyr a chywir o destunau cysegredig, ffynonellau doethineb a geirfa arbenigol.

Mae hyn yn golygu y gallwch ddangos eich bod yn deall rhywbeth drwy egluro ac ehangu eich pwyntiau gan ddefnyddio enghreifftiau/tystiolaeth gefnogol mewn ffordd bersonol ac NID ailadrodd darnau o werslyfr (sef dysgu ar y cof).

Cymhwyso sgiliau ymhellach:

Ewch drwy'r meysydd pwnc yn yr adran hon a lluniwch rai rhestri bwled o bwyntiau allweddol o feysydd allweddol. Ar gyfer pob un, rhowch fwy o fanylion ac esboniwch fwy drwy ddefnyddio tystiolaeth ac enghreifftiau.

Cynnwys y fanyleb

Defnyddioldeb y Llwybr Wythblyg fel canllaw moesol i bob Bwdhydd sy'n cael effaith ar bob agwedd ar fywyd.

Gweithgaredd AA2
Dadleuon posibl

Wedi'u rhestru isod mae rhai casgliadau y byddai'n bosibl dod iddynt ar sail rhesymeg AA2 yn y testun cysylltiedig:

1. Mae'r Llwybr Wythblyg yn bendant yn ddefnyddiol fel canllaw moesol i bob Bwdhydd, ac mae'n effeithio ar bob agwedd ar fywyd.

2. Mae'r Llwybr Wythblyg yn ddefnyddiol yn uniongyrchol fel canllaw moesol i bob Bwdhydd, ac mae'n effeithio ar bob agwedd ar fywyd.

3. Mae'r Llwybr Wythblyg yn ddefnyddiol yn anuniongyrchol fel canllaw moesol i bob Bwdhydd, ac mae'n effeithio ar bob agwedd ar fywyd.

4. Dydy'r Llwybr Wythblyg ddim yn ddefnyddiol fel canllaw moesol i bob Bwdhydd sy'n cael effaith ar bob agwedd ar fywyd oherwydd doedd e ddim wedi'i fwriadu ar gyfer pob agwedd ar fywyd.

5. Dydy'r Llwybr Wythblyg ddim yn ddefnyddiol fel canllaw moesol i bob Bwdhydd nac yn effeithio ar bob agwedd ar fywyd oherwydd dydy e ddim yn ddigon penodol i'n byd cymhleth ni.

Ystyriwch bob un o'r casgliadau sy'n cael eu gwneud uchod a chasglwch dystiolaeth ac enghreifftiau i gefnogi pob dadl o'r deunydd AA1 ac AA2 a astudiwyd yn yr adran hon. Dewiswch un casgliad sy'n argyhoeddi fwyaf yn eich barn chi ac esboniwch pam mae hyn yn wir. Nawr cyferbynnwch hyn â'r casgliad gwannaf ar y rhestr, gan gyfiawnhau eich dadl gyda rhesymu clir a thystiolaeth.

Materion i'w dadansoddi a'u gwerthuso

Defnyddioldeb y Llwybr Wythblyg fel canllaw moesol i bob Bwdhydd sy'n cael effaith ar bob agwedd ar fywyd

Y ddadl gyntaf y gellir ei hawgrymu yw bod y Llwybr Wythblyg wedi'i fwriadu ar gyfer math penodol o gymuned, sef cymuned y fynachlog. Mae bywyd mynachaidd yn wahanol i fywyd pob dydd, ac felly mae awgrymu bod yr un rheolau ar gyfer bywyd mynachaidd yn berthnasol i bob agwedd ar fywyd yn ymddangos yn broblem. Mae bywyd y tu allan i fynachlog yn llawer mwy cymhleth, ac mae'n llawn rhwymedigaethau ac ymlyniadau sydd ddim, efallai, yn gydnaws â gwerthoedd Bwdhaidd.

Dadl sy'n cefnogi'r rhesymeg hon fyddai mai tri ymddygiad cywir yn unig sy'n gysylltiedig ag agwedd foesol y Llwybr Wythblyg – llefaru, gweithredu ac ennill bywoliaeth. Gallai hyn gael ei weld fel llawer rhy ychydig ac annelwig. Felly dydy'r adran ar foesoldeb yn y Llwybr Wythblyg ddim yn ddigon cynhwysfawr i fod o unrhyw ddefnydd ymarferol fel canllaw moesol i Fwdhyddion sy'n effeithio ar bob agwedd ar fywyd.

Ond y brif ddadl yn erbyn hyn yw bod agweddau ar y llwybr sy'n treiddio, mewn gwirionedd, y tu hwnt i'r lleoliad mynachaidd pan fyddan nhw'n cael eu rhoi ar waith, ac a allai ddylanwadu ar y Bwdhydd lleyg. Er enghraifft, mae siarad cywir a gweithredu cywir yn berthnasol i ystod eang o faterion mewn bywyd. Yn wir, petai rhywun yn dilyn y rhain yn gywir, yna gellid dadlau eu bod yn ganllaw moesol defnyddiol i Fwdhyddion sy'n effeithio ar bob agwedd ar fywyd.

I gefnogi hyn, er enghraifft, mae siarad cywir yn annog person i beidio â dweud celwydd neu or-ddweud a hefyd bod yn greulon wrth eraill drwy iaith. Does bosibl fod hyn yn ganllaw ardderchog ar gyfer rhyngweithio ag eraill? Hefyd mae'n gadarnhaol iawn, yn hyrwyddo siarad pwrpasol, ystyrlon na all ond arwain at osgoi ymddygiad anfoesol.

Eto, mae gweithredu cywir yn golygu na fydd unigolyn yn niweidio eraill mewn unrhyw ffordd trwy drais neu ladrata. Mae hyn yn cynnwys ymwybyddiaeth gyffredinol o eraill ac mae'n hyrwyddo ymddygiad moesol rhagorol y byddai pob un yn ei gydnabod yn gyffredinol ym mhob agwedd ar fywyd. Yn y bôn mae gweithredu cywir yn sicrhau ymddygiad moesol ym mhob agwedd ar fywyd; mae'n hyrwyddo goddefgarwch at eraill ac yn ysgogi eraill a'r hunan i ymddwyn yn anrhydeddus, yn heddychlon ac yn fuddiol. Mae hyn yn effeithio ar weithrediadau cymhleth karma a gall gael dylanwad cadarnhaol iawn ar fywydau unigolion.

Mae gan neges gref diniweidrwydd gysylltiad uniongyrchol â hyn. Mae egwyddor diniweidrwydd wedi'i seilio ar egwyddor ahimsa, dim trais, ac mewn Bwdhaeth mae'n hanfodol peidio â chynhyrchu karma gwael drwy niweidio eraill. At hynny, mae trais hefyd yn groes i un o egwyddorion sylfaenol Bwdhaeth, sef tosturi. Oherwydd bod egwyddor diniweidrwydd yn y Llwybr Wythblyg yn cadarnhau hyn mae'n bendant yn ganllaw moesol defnyddiol i bob Bwdhydd sy'n effeithio ar bob agwedd ar fywyd.

Yn olaf, yn sail i'r rhan ar foesoldeb, mae agweddau eraill ar y llwybr sy'n hyrwyddo meddyliau a bwriadau iach er mwyn cynhyrchu gweithredoedd cadarnhaol yn unig. Mae hyn hefyd yn ddefnyddiol iawn fel canllaw moesol ym mhob agwedd ar fywyd Bwdhydd, boed yn fynach neu'n lleygwr.

At ei gilydd, er bod y Llwybr Wythblyg yn benodol i fath arbennig o fywyd, gellid dweud fel hyn: er ei bod hi'n destun dadl a yw'r Llwybr Wythblyg yn gallu effeithio'n uniongyrchol ar bob agwedd ar fywyd Bwdhydd mewn ffordd gadarnhaol ai peidio, mae hi'n bosibl y gallai wneud hynny'n anuniongyrchol.

Y berthynas rhwng ymddygiad a Deffroad

Gellid cyflwyno dau safbwynt yma, sef, ymddygiad sy'n arwain at Ddeffroad a'r ymddygiad y gall Deffroad ei greu.

Gellid dadlau bod y syniad o ymddygiad cadarnhaol, iach neu foesol yn cadarnhau'r ddelfryd Indiaidd draddodiadol, sef bod angen i rywun fod â moesau cywir er mwyn gallu ymarfer unrhyw fath o fyfyrdod. Yn wir, mae moesau cywir, fel gellir gweld o ddadansoddi'r Llwybr Wythblyg, yn dystiolaeth allanol o ddatblygiad ysbrydol mewnol. Felly mae cysylltiad annatod rhwng ymddygiad a'r llwybr at Ddeffroad.

Yn yr un modd, ar ôl i'r profiad o Ddeffroad ddigwydd, mae'r person sydd wedi'i oleuo'n profi bod pob cyflwr wedi'i gyflyru'n dod i ben dros dro. Mae hyn yn golygu bod nibbana yn ystod bywyd yn gyflwr sy'n cau allan dukkha neu ddioddefaint ac yn disodli'r meddwl a'r corff. Mae Harvey yn disgrifio nibbana yn ystod bywyd fel 'profiad trosgynnol, diamser sy'n dinistrio ymlyniad, casineb a rhithdyb yn llwyr ... cyflwr lle mae pob ffactor personoliaeth a chysylltiadau sy'n achosi pethau yn "dod i ben"'. Felly dim ond atgyfnerthu'r berthynas rhwng ymddygiad a Deffroad y mae dinistrio casineb a rhithdyb fel hyn yn ei wneud.

Ond, gan fod yr arhat wedi profi'r anfarwol, mae'n aros o fewn ffiniau samsara ac mae'n dal i ddioddef dukkha, ond dydy effaith dukkha ar yr arhat ddim yn effeithio arno. Hefyd mae'r arhat wedi diffodd tri thân ymlyniad, a gydag iechyd meddwl cyflawn, mae'n gwneud yn siŵr nad ydy ei weithredoedd yn gallu creu canlyniadau karma. Mae hyn yn golygu bod y berthynas rhwng Deffroad ac ymddygiad, neu o leiaf effeithiau ymddygiad, wedi'i gyrru gan burdeb a datgysylltiad profiad Deffroad.

Mae storïau di-rif am gymeriad moesol perffaith y Bwdha a sut effeithiodd ei ddysgeidiaeth ar ymddygiad eraill a oedd â chyfle i newid er gwell.

Mae Bwdhaeth yn adnabyddus ledled y byd am ei hymagwedd heddychlon a goddefgar tuag at eraill. Mae'n amlwg bod Deffroad neu'r llwybr at Ddeffroad yn meithrin ymddygiad moesol cadarnhaol o bob math drwy dosturi.

Yn wir, mae caredigrwydd cariadus yn un canolbwynt i fyfyrdod. Un ddysgeidiaeth gan lwybr y bodhisattva er mwyn meithrin hyn yw ymateb i gasineb a chreulondeb drwy ddelweddu gelynion fel eich mam mewn bywyd blaenorol.

Mae cymaint o ddadleuon i gefnogi'r berthynas gadarnhaol fel ei bod hi'n anodd dadlau yn erbyn perthynas sy'n fuddiol i'r Bwdhydd ac i eraill.

Ond, er gwaethaf hyn, gellid awgrymu bod y berthynas rhwng Deffroad ac ymddygiad bob amser yn un sy'n annog rhyngweithio ag eraill, dylanwadu ar eraill, a chariad tuag at eraill.

Er enghraifft, holl bwynt Deffroad yw 'gollwng gafael', neu ddatgysylltu, ac felly weithiau mae hyn yn arwain at symud oddi wrth y gymdeithas drwy encilio lle mae ychydig iawn o ymwneud ag eraill a dim dylanwad o gwbl.

Serch hynny, byddai'r arhat hyd yn oed yn awgrymu mai ei ffordd yw ffordd tosturi a agorwyd drwy'r anhunanoldeb a ddatblygodd wrth fyfyrio. Yn sicr mae Deffroad y bodhisattva yn achosi llif o dosturi tuag at bob bod ymdeimladol.

Casgliad posibl felly fyddai bod moesoldeb, ymddwyn yn gadarnhaol tuag at eraill a'r gallu i effeithio ar fywydau eraill wedi'u cysylltu'n uniongyrchol â'r llwybr at Ddeffroad a'r profiad ei hun.

Wedi'u rhestru isod mae rhai casgliadau y byddai'n bosibl dod iddynt ar sail rhesymeg AA2 yn y testun cysylltiedig:

1. Mae ymddygiad moesol yn ganlyniad uniongyrchol i Ddeffroad.
2. Mae ymddygiad moesol yn hanfodol er mwyn dilyn y llwybr at Ddeffroad.
3. Mae ymddygiad moesol wedi'i gysylltu'n anuniongyrchol â phrofiad y Deffroad.
4. Dydy ymddygiad moesol ddim wedi'i gysylltu'n uniongyrchol â Deffroad gan fod Deffroad yn arwain at ymlyniad.
5. Ymddygiad moesol yw'r union sylfaen sy'n hanfodol ar gyfer Deffroad.

Ystyriwch bob un o'r casgliadau sy'n cael eu gwneud uchod a chasglwch dystiolaeth ac enghreifftiau i gefnogi pob dadl o'r deunydd AA1 ac AA2 a astudiwyd yn yr adran hon. Dewiswch un casgliad sy'n argyhoeddi fwyaf yn eich barn chi ac esboniwch pam mae hyn yn wir. Nawr cyferbynnwch hyn â'r casgliad gwannaf ar y rhestr, gan gyfiawnhau eich dadl gyda rhesymu clir a thystiolaeth.

Sgiliau allwyddol

Mae dadansoddi'n ymwneud â nodi materion sy'n cael eu codi gan y deunyddiau yn adran AA1, ynghyd â'r rhai a nodwyd yn adran AA2, ac mae'n cyflwyno safbwyntiau cyson a chlir, naill ai gan ysgolheigion neu safbwyntiau personol, yn barod i'w gwerthuso.

Mae hyn yn golygu ei fod yn nodi pethau allweddol i'w trafod a'r dadleuon sy'n cael eu cyflwyno gan eraill neu o safbwynt personol.

Mae gwerthuso'n ymwneud ag ystyried goblygiadau amrywiol y materion sy'n cael eu codi, yn seiliedig ar y dystiolaeth a gafwyd wrth ddadansoddi ac mae'n rhoi dadl fanwl eang gyda chasgliad clir.

Mae hyn yn golygu bod yr ateb yn pwyso a mesur y dadleuon amrywiol a gwahanol a gafodd eu dadansoddi drwy roi sylwadau ac ymateb unigol, gan ddod i gasgliad drwy broses rhesymu clir.

Datblygu sgiliau AA2

Nawr mae'n bryd ystyried y wybodaeth sydd wedi'i chyflwyno hyd yma. Hefyd mae'n bwysig ystyried sut mae'r hyn rydych chi wedi'i ddysgu hyd yma'n gallu cael ei ddefnyddio ar gyfer atebion arholiad drwy ymarfer y sgiliau sy'n gysylltiedig ag AA2.

Mae Amcan Asesu 2 (AA2) yn ymwneud â 'dadansoddi' a 'gwerthuso'. Efallai fod ystyr y termau'n amlwg ond mae'n hanfodol eich bod yn gyfarwydd â sut mae sgiliau penodol yn dangos y rhain, a hefyd, sut bydd eich perfformiad ym mhob un o'r sgiliau hyn yn cael ei fesur (gweler disgrifiddion band cyffredinol Band 5 ar gyfer AA2 UG).

Yn amlwg mae ateb yn cael ei osod mewn disgrifydd band priodol, yn ôl pa mor dda yw'r ateb, gan amrywio o ragorol, da, boddhaol, sylfaenol/cyfyngedig i gyfyngedig iawn.

▶ **Dyma eich tasg newydd:** isod mae ateb is na'r cyffredin a gafodd ei ysgrifennu'n ymateb i gwestiwn sy'n gofyn am werthuso'r Llwybr Wythblyg fel canllaw moesol. Gan ddefnyddio'r disgrifyddion band, gallwch ei gymharu â'r bandiau perthnasol a disgrifyddion y bandiau hynny. Mae'n amlwg yn ateb is na'r cyffredin ac felly byddai tua band 2. Yn y lle cyntaf, bydd yn ddefnyddiol i chi ystyried beth sydd ar goll o'r ateb a beth sy'n anghywir. Y tro hwn does dim rhestr gyda'r ateb i'ch helpu. Wrth ddadansoddi gwendidau'r ateb, gweithiwch mewn grŵp a dewiswch bum pwynt o'r rhestr er mwyn gwella'r ateb hwn a'i gryfhau. Yna ysgrifennwch eich ychwanegiadau, pob un mewn paragraff clir. Cofiwch, y ffordd rydych chi'n defnyddio'r pwyntiau yw'r ffactor pwysicaf. Defnyddiwch egwyddorion gwerthuso gan wneud yn siŵr eich bod: yn nodi'r materion yn glir; yn cyflwyno safbwyntiau eraill yn gywir, gan wneud yn siŵr eich bod yn gwneud sylwadau ar y safbwyntiau rydych yn eu cyflwyno; yn dod i farn bersonol gyffredinol. Gallwch ychwanegu rhagor o'ch awgrymiadau eich hun, ond ceisiwch drafod fel grŵp a blaenoriaethu'r pethau pwysicaf i'w hychwanegu.

Ateb

Mae'r Llwybr Wythblyg yn ganllaw da iawn i foesoldeb. Y prif argymhelliad yn yr adran ar foesoldeb yw 'peidiwch â gwneud niwed' ac mae hyn yn berthnasol dros y byd i gyd, yn enwedig y dyddiau hyn pan fydd pobl yn bomio ei gilydd. Petai pawb yn defnyddio'r rheol, yna byddai'r byd yn lle gwell ac felly mae hyn yn ddadl gref o'i blaid. Efallai nad yw llefaru mor bwysig i rai pobl gan nad yw'n gallu achosi niwed corfforol. Ond rwy'n credu bod Bwdhyddion yn gywir oherwydd eu bod nhw'n gwybod y gallwch chi niweidio pobl yn emosiynol ac effeithio ar eu bywyd fel ei bod hi'n amhosibl ei adfer. Mae pobl yn dweud bod rhan olaf yr adran ar foesoldeb ar y llwybr yn ganllaw da iawn i foesoldeb oherwydd ei fod yn sicrhau nad yw pobl yn niweidio ei gilydd wrth eu gwaith. Ond, yn erbyn y farn hon, does bosibl fod gan wlad hawl i'w hamddiffyn ei hun ac i wneud arfau? Does bosibl y gall rhywun fwyta cig os yw e eisiau? Roedd y Bwdha'n gwneud hynny.

Felly, ar yr un llaw mae dadleuon da a chryf yn cefnogi'r Llwybr Wythblyg fel canllaw moesol. Ar y llaw arall mae cwestiynau pwysig hefyd i'w gofyn amdano.

C: Y dasa sila (y deg argymhelliad) – egwyddorion moesol allweddol

Y dasa sila (y deg argymhelliad)

Mae'r prif egwyddorion moesol i Fwdhydd y tu hwnt i'r Vinaya yn yr argymhellion neu'r rheolau ymddygiad personol. Er bod rhai yn cyfeirio at yr argymhellion a'r trefnau ymddygiad hyn fel rheolau, y ffordd orau o'u deall yw fel arweiniad neu 'arferion da a argymhellir' ar gyfer bywyd mynachaidd neu 'ddyheadau hyfforddiant'. Er nad gorchmynion yw'r argymhellion hyn, maen nhw'n cael eu defnyddio fel llwon sy'n gyfrwng cymhelliant ysbrydol pwerus a phersonol iawn. Mae'r llwon hyn yn cael eu gwneud ac yn cael eu cadw'n ymarferol. Yn wahanol i orchmynion neu reolau, maen nhw'n gallu cael eu haddasu i lefelau gwahanol o ymroddiad.

I Fwdhydd lleyg mae'r **panca sila**, sef pum argymhelliad moesol. Mae pob un yn cynnwys llw personol i ymwrthod â gweithredu negyddol sy'n groes i egwyddorion Bwdhaeth. Mae pob Bwdhydd yn dilyn:

> Rwy'n ufuddhau i'r argymhelliad i ymatal rhag dinistrio creaduriaid byw.
> Rwy'n ufuddhau i'r argymhelliad i ymatal rhag cymryd yr hyn nad yw wedi'i roi.
> Rwy'n ufuddhau i'r argymhelliad i ymatal rhag camymddwyn yn rhywiol.
> Rwy'n ufuddhau i'r argymhelliad i ymatal rhag siarad yn anghywir.
> Rwy'n ufuddhau i'r argymhelliad i ymatal rhag diodydd meddwol a chyffuriau sy'n arwain at ddiofalwch.

Mae'r wyth argymhelliad yn cael eu dilyn gan leygwyr yn ystod cyfnodau o ymarfer myfyrdod dwys ac yn ystod Dyddiau Uposatha. Mae'r wyth argymhelliad wedi'u seilio ar y pum argymhelliad, gyda'r trydydd argymhelliad wedi ei estyn i wahardd pob gweithgaredd rhywiol a thri argymhelliad ychwanegol sy'n arbennig o gefnogol i ymarfer myfyrdod. Y tri arall yw:

> Rwy'n ufuddhau i'r argymhelliad i ymatal rhag bwyta ar yr adeg waharddedig (h.y. ar ôl hanner dydd).
> Rwy'n ufuddhau i'r argymhelliad i ymatal rhag dawnsio, canu, ymhel â cherddoriaeth, mynd i weld adloniant, gwisgo garlantau, defnyddio persawr, a harddu'r corff â chosmetigau.
> Rwy'n ufuddhau i'r argymhelliad i ymatal rhag gorwedd ar fan cysgu uchel/moethus.

Mae mynachod a lleianod nofis yn dilyn y rheolau hyfforddi hyn. Maen nhw'n deillio o'r wyth argymhelliad drwy rannu'r argymhelliad sy'n ymwneud ag adloniant yn ddwy ran a thrwy ychwanegu un rheol sy'n gwahardd trin arian. I leianod a mynachod, mae'r pum argymhelliad ychwanegol, ynghyd â'r pump gwreiddiol i bawb, yn cyfuno i roi'r **dala sila**. Y pump ychwanegol yw:

> Rwy'n ufuddhau i'r argymhelliad i ymatal rhag bwyta ar yr adeg waharddedig (h.y. ar ôl hanner dydd).
> Rwy'n ufuddhau i'r argymhelliad i ymatal rhag dawnsio, canu, ymhel â cherddoriaeth, mynd i weld adloniant.
> Rwy'n ufuddhau i'r argymhelliad i ymatal rhag gwisgo garlantau, defnyddio persawr, a harddu'r corff â chosmetigau.
> Rwy'n ufuddhau i'r argymhelliad i ymatal rhag gorwedd ar fan cysgu uchel/moethus.
> Rwy'n ufuddhau i'r argymhelliad i ymatal rhag derbyn aur ac arian.

Mae budd yr argymhellion wrth dywys person drwy fywyd ar lwybr Bwdhaeth yn amlwg. Yn yr adran ar foesoldeb yn y Llwybr Wythblyg mae'r rhain yn hollol gydradd â darnau eraill o ddysgeidiaeth Fwdhaidd, fel karma, ac yn mynd law yn llaw â nhw. Yn ôl Peter Harvey: 'mae ymddwyn yn foesegol yn lleihau dukkha ac yn cynyddu hapusrwydd i'r hunan ac i eraill'.

Cynnwys y fanyleb

Enghreifftiau o'r ffyrdd y mae'r dasa sila (y deg argymhelliad) yn cael eu cymhwyso o fewn y gymuned o gredinwyr: unigolion lleyg a'r sanga mynachaidd. Swyddogaethau gwahanol a chyflenwol y Sanghas lleyg a mynachaidd.

cwestiwn cyflym

3.13 Enwch ddau beth sydd ddim yn y panca sila na fyddai Bwdhydd yn eu gwneud ar Ddydd Uposatha.

Dydy dawnsio ddim yn weithgaredd sy'n cael ei argymell i rai sydd mewn mynachlog!

Termau allweddol

Dasa sila: y deg argymhelliad y mae mynachod a lleianod yn eu cymryd

Panca sila: pum argymhelliad y mae pob Bwdhydd yn eu cymryd

cwestiwn cyflym

3.14 Beth yw'r unig argymhelliad sy'n unigryw i fynach neu leian?

Dydy mynachod a lleianod ddim yn cael trin arian.

Gweithgaredd AA1

Ysgrifennwch y deg argymhelliad, ond wrth wneud hynny, rhowch god lliw iddyn nhw, yn ôl: (1) y pum argymhelliad sy'n berthnasol i bob Bwdhydd; (2) y rhai sy'n berthnasol i Fwdhyddion lleyg ar Ddyddiau Uposatha; (3) y rhai sy'n berthnasol i fynachod a lleianod yn unig.

Awgrym astudio

Mae'n bwysig nid yn unig cofio beth yw'r argymhellion ond hefyd i bwy maen nhw'n berthnasol a'r pwrpas sydd wrth wraidd yr argymhellion.

Cynnwys y fanyleb

Y cysyniad mai uchelgeisiau hyfforddi yn hytrach na gorchmynion ar gyfer y gymuned o gredinwyr yw'r argymhellion, a swyddogaeth y Sangha mynachaidd o ran ufuddhau i'r rheolau ar ran y Sangha ehangach.

Y berthynas rhwng y Sangha mynachaidd a'r lleygwyr

Mae'r term lleygwyr yn cyfeirio at y gymuned o ddilynwyr sydd heb ei hordeinio, h.y. y gymuned leyg. Mae'r Sangha mynachaidd a'r gymuned leyg bob amser wedi dibynnu ar ei gilydd. Mae'r fynachlog yn gwasanaethu'r gymuned, ac yn eu tro, mae'r lleygwyr yn ffurfio sylfaen economaidd mynachaeth drwy elusen, rhoddion tir, llafur a gwasanaeth yn y fynachlog.

O dro i dro, roedd angen mynd i'r afael â mater rhoddion tir. Er enghraifft, yn hanes Sri Lanka mae'r brenin wedi hawlio tir yn ôl bob hyn a hyn oddi wrth y Sangha oherwydd eu bod wedi ennill gormod o bŵer a dylanwad yn y byd drwy fynd yn rhy gyfoethog, a'r cyfan o roddion! Ond, yn gyffredinol, mae'r berthynas wedi bod yn un hapus, gyda chyd-ddibyniaeth barod.

Mae rhoddion y lleygwyr, y gymuned leyg leol a noddwyr cyfoethog yn bodloni anghenion y fynachlog. Gwirfoddolwyr sy'n trin arian, a'r materion gweinyddol; fel arfer lleygwyr yw'r gwirfoddolwyr hyn. Os yw'r fynachlog yn berchen ar dir, mae'r lleygwyr yn gweithio'r tir ac yn cynnig cynnyrch fel elusen.

Rhaid i eiddo lleian neu fynach fod yn syml. Mae ymbarél yn cael ei hystyried yn angenrheidiol ar gyfer tymor y glawogydd!

Gan fod Bwdhaeth wedi esblygu'n sefydliadau cymdeithasegol mwy ymarferol, mae mynachod yn aml yn cynnal defodau marwolaeth a phriodasau, yn cynnig arweiniad a chyngor, ac yn rhoi cyfarwyddyd ar agweddau mwy ymarferol a moesol Dhamma. Mae mynachod yn gallu datrys anghydfod, ac arwain ar faterion o bwys cymdeithasol.

Arwyddocâd argymhellion moesegol Bwdhaeth

Fel y trafodwyd uchod, mae Bwdhyddion yn tueddu i beidio â disgrifio gweithredoedd fel rhai da neu ddrwg ond yn hytrach fel rhai (an)fedrus neu (an)ffrwythlon, priodol neu amhriodol. Efallai bod hyn oherwydd nad oes rheolau neu 'dylid gwneud' mewn Bwdhaeth sy'n gallu pennu a yw rhywbeth yn dda neu'n ddrwg.

Mae panca sila y Bwdhyddion hefyd yn annog cyfrifoldeb moesegol personol. Mae'r syniad mai canllawiau yw'r argymhellion yn awgrymu nad ydyn nhw'n absoliwt. Yn wir, er bod Bwdhyddion yn cael eu hannog i gymryd pob llw, penderfyniad personol yn llwyr yw hyn yn seiliedig ar ddatblygiad ysbrydol a moesol unigolyn.

Mae'r argymhellion yn cael eu dehongli a'u defnyddio mewn gwahanol ffyrdd. Mae rhai Bwdhyddion yn eu cymryd yn llythrennol iawn. Er enghraifft, mae Thanissaro Bhikkhu yn rhybuddio bod newid gormod ar oblygiadau a dealltwriaeth yr argymhellion yn gosod safonau amhosibl sy'n mynd yn groes i holl sylfaen a syniad yr argymhellion. Yn gyffredinol mae Bwdhyddion yn treulio amser yn meddwl ac yn ystyried wrth ddadansoddi pob un ac wrth ystyried ei oblygiadau a'i ddefnydd ehangach.

Ar gyfer yr argymhelliad cyntaf, mae Peter Harvey yn dweud bod dim niweidio'n cynnwys y syniad fod unrhyw fath o niwed 'yn amlwg yn erbyn ysbryd yr argymhelliad', a hefyd mae'n dweud bod yr ail argymhelliad yn cwmpasu 'twyll, ffugio a honni'n anghywir fod rhywun mewn dyled'. Yn ôl Harvey, 'Mae'r trydydd argymhelliad yn ymwneud yn bennaf ag osgoi achosi niwed drwy eich ymddygiad rhywiol'. Yn ogystal, mae'r pedwerydd argymhelliad yn atal 'unrhyw fath o ddweud celwydd, dwyllo neu or-ddweud, naill ai er eich lles eich hun neu er lles rhywun arall'. Yn olaf, mae'r pumed argymhelliad mewn gwirionedd yn ymwneud â chyflyrau diofalwch. Mae hyn yn golygu y dylid osgoi unrhyw beth sy'n achosi diffyg canolbwyntio fel hyn.

Mae goblygiadau llawn yr argymhelliad hwn yn destun dadl yn aml, ond mae'n bosibl pwysleisio ei berthynas hanfodol â'r pedwar arall drwy stori am fynach o Wlad Thai a gafodd ei herio i dorri argymhelliad. Gan ei fod yn meddwl mai'r pumed fyddai'n cael yr effaith uniongyrchol leiaf, aeth yn feddw, gan dorri'r pedwar argymhelliad arall tra oedd yn y cyflwr hwn!

Sut bynnag, gellir casglu bod yr argymhellion sy'n sylfaen i ymddygiad moesol yn cael eu dilyn a'u cadw gan y Sangha mynachaidd ac mai eu bwriad yw cynnig canllaw i'r Sangha ehangach. Pa ffordd bynnag y maen nhw'n cael eu dehongli, mae'r Sangha ehangach yn gallu eu cymhwyso i sefyllfaoedd bywyd go iawn a chyfyng-gyngor moesegol.

Torri'r argymhellion

Yn ogystal â gweithrediadau egwyddorion karma, mae hefyd lefelau gwahanol o annheilyngdod (neu ddylanwad negyddol karma) sydd ynghlwm wrth dorri argymhelliad. Mae hyn yn dibynnu ar y bwriad. Felly, dydy hi ddim yn bosibl disgrifio torri argymhelliad fel gweithred wael, ond mae gweithred anfedrus yn ddisgrifiad gwell.

Mae meddylgarwch yn chwarae rôl cydwybod mewn Bwdhaeth. Hynny yw, mae person yn ymwybodol o'i weithredoedd a'r bwriad neu'r cymhelliant y tu ôl iddyn nhw. Ottappa yw'r enw ar y ddelfryd hon o ymwybyddiaeth lwyr.

Mae'r term hiri yn cael ei ddefnyddio wrth dorri argymhelliad. Mae'n golygu cywilydd yn hytrach nag euogrwydd ac mae'n adlewyrchu'r syniad o hunangyfrifoldeb. Hefyd, yn y bôn, mae'n annog hunan-barch ac ymagwedd gadarnhaol at fywyd. Byddai treulio gormod o amser yn ystyried yr hunan yn rhy faldodus, felly anogir Bwdhyddion i ddysgu oddi wrth eu camsyniadau ac i symud ymlaen. Felly dylai Bwdhydd ddatblygu o gam hiri neu hunanfaldod i gam ottappa, lle mae'n rhoi ystyriaeth lwyr i ganlyniadau.

Pwyslais ar ochr gadarnhaol yr argymhellion

Yn ôl Thanissaro Bhikkhu, mae'r argymhellion yn rhan o gwrs o therapi i feddyliau sydd wedi'u hanafu a'u nod yw gwella'r anhwylderau sydd wrth wraidd hunan-barch isel.

Mae'n gweld yr argymhellion fel rhai ymarferol. Os ydyn nhw'n mynd yn rhy gymhleth neu os yw eu dehongliad yn cael ei ehangu, maen nhw'n mynd yn anodd eu trin. O'u cadw'n syml, maen nhw'n egwyddorion ymarferol. Hefyd mae'r gweithredoedd yn eglur, ac maen nhw naill ai'n gweddu i argymhelliad neu beidio. Mae'r argymhellion yn drugarog wrth drin eraill ac wrth ystyried yr hunan. Hefyd maen nhw'n ennyn parch ac yn cael eu cyfiawnhau fel egwyddorion o'u rhan nhw eu hunain. Felly, mae'r argymhellion yn hollol gadarnhaol ac yn gosod dyhead sy'n gyraeddadwy.

Awgrym astudio

Cofiwch bob amser ei bod hi'n bwysig dangos, er eich bod chi'n deall pwrpas yr argymhellion a beth ydyn nhw, eich bod chi hefyd yn ymwybodol nad rheolau caeth yw'r argymhellion a bod angen eu hystyried yn ofalus wrth eu cymhwyso nhw i fywyd.

Ddylai Bwdhyddion ddim canolbwyntio ar euogrwydd, edifeirwch neu unrhyw fath o bryder ynghylch peidio â chadw'r argymhellion gan fod hyn yn hybu teimladau o ymlyniad wrth yr hunan.

Sgiliau allweddol

Mae gwybodaeth yn ymwneud â:

Dewis ystod o wybodaeth (drylwyr) gywir a pherthnasol sydd â chysylltiad uniongyrchol â gofynion penodol y cwestiwn.

Mae hyn yn golygu eich bod yn dewis y wybodaeth gywir sy'n berthnasol i'r cwestiwn a osodwyd NID y maes pwnc. Bydd angen i chi feddwl a chanolbwyntio ar ddewis gwybodaeth allweddol ac NID ysgrifennu popeth yr ydych chi'n ei wybod am y maes pwnc.

Mae dealltwriaeth yn ymwneud ag:

Esboniad helaeth, gan ddangos dyfnder a/neu ehangder gyda defnydd rhagorol o dystiolaeth ac enghreifftiau gan gynnwys (lle y bo'n briodol) defnydd trylwyr a chywir o destunau cysegredig, ffynonellau doethineb a geirfa arbenigol.

Mae hyn yn golygu y gallwch ddangos eich bod yn deall rhywbeth drwy egluro ac ehangu eich pwyntiau gan ddefnyddio enghreifftiau/tystiolaeth gefnogol mewn ffordd bersonol ac NID ailadrodd darnau o werslyfr (sef dysgu ar y cof).

Cymhwyso sgiliau ymhellach:

Ewch drwy'r meysydd pwnc yn yr adran hon a lluniwch rai rhestri bwled o bwyntiau allweddol o feysydd allweddol. Ar gyfer pob un, rhowch fwy o fanylion ac esboniwch fwy drwy ddefnyddio tystiolaeth ac enghreifftiau.

Datblygu sgiliau AA1

Nawr mae'n bryd ystyried y wybodaeth sydd wedi'i chyflwyno hyd yma. Hefyd mae'n bwysig ystyried sut mae'r hyn rydych chi wedi'i ddysgu hyd yma'n gallu cael ei ddefnyddio ar gyfer atebion arholiad drwy ymarfer y sgiliau sy'n gysylltiedig ag AA1.

Mae Amcan Asesu 1 (AA1) yn ymwneud â dangos gwybodaeth a dealltwriaeth. Mae ystyr y termau 'gwybodaeth' a 'dealltwriaeth' yn amlwg ond mae'n hanfodol eich bod yn gyfarwydd â sut mae sgiliau penodol yn dangos y rhain, a hefyd, sut bydd eich perfformiad ym mhob un o'r sgiliau hyn yn cael ei fesur (gweler disgrifyddion band cyffredinol Band 5 ar gyfer AA1 UG).

Yn amlwg mae ateb yn cael ei osod mewn disgrifydd band priodol, yn ôl pa mor dda yw'r ateb, gan amrywio o ragorol, da, boddhaol, sylfaenol/cyfyngedig i gyfyngedig iawn.

▶ **Dyma eich tasg newydd:** isod mae rhestr o nifer o bwyntiau bwled allweddol a gafodd eu hysgrifennu'n ymateb i gwestiwn sy'n gofyn am archwilio'r argymhellion. Yn amlwg, mae'n rhestr lawn iawn. Yn y lle cyntaf, bydd yn ddefnyddiol i chi ystyried pa rai yw'r pwyntiau pwysicaf i'w defnyddio wrth gynllunio ateb. Yn y bôn, mae'r ymarfer hwn fel ysgrifennu eich set eich hun o atebion posibl sydd wedi'u rhestru mewn cynllun marcio nodweddiadol fel cynnwys dangosol. Gweithiwch mewn grŵp a dewiswch y pwyntiau pwysicaf i'w cynnwys mewn rhestr o gynnwys dangosol ar gyfer y cwestiwn hwn. Bydd angen i chi benderfynu ar dri pheth: pa bwyntiau i'w dewis; pa bwyntiau eraill i'w cynnwys; ac yna, ym mha drefn y dylech eu rhoi mewn ateb.

Rhestr o gynnwys dangosol:

- Rwy'n ufuddhau i'r argymhelliad i ymatal rhag derbyn aur ac arian.
- Rwy'n ufuddhau i'r argymhelliad i ymatal rhag dawnsio, canu, ymhel â cherddoriaeth, mynd i weld adloniant.
- Mae rhai Bwdhyddion yn eu cymryd yn llythrennol iawn.
- Sut bynnag mae hi, gellir casglu bod yr argymhellion yn sail i ymddygiad moesol.
- Rwy'n ufuddhau i'r argymhelliad i ymatal rhag camymddwyn yn rhywiol.
- Rwy'n ufuddhau i'r argymhelliad i ymatal rhag cymryd yr hyn nad yw wedi'i roi.
- Rwy'n ufuddhau i'r argymhelliad i ymatal rhag gwisgo garlantau, defnyddio persawr, a harddu'r corff â chosmetigau.
- Yn gyffredinol mae Bwdhyddion yn treulio amser yn meddwl ac yn ystyried wrth ddadansoddi pob un.
- Mae llawer o Fwdhyddion yn ystyried goblygiadau ehangach yr argymhellion a sut maen nhw'n cael eu cymhwyso.
- Mae panca sila y Bwdhyddion hefyd yn annog cyfrifoldeb moesegol personol.
- Mae'r syniad mai canllawiau yw argymhellion yn awgrymu nad ydyn nhw'n absoliwt.
- Er bod Bwdhyddion yn cael eu hannog i gymryd pob llw, penderfyniad personol yn llwyr yw hyn yn seiliedig ar ddatblygiad ysbrydol a moesol yr unigolyn.
- Mae'r argymhellion yn cael eu dehongli a'u defnyddio mewn gwahanol ffyrdd.
- Pa ffordd bynnag y maen nhw'n cael eu dehongli, maen nhw'n gallu cael eu cymhwyso i sefyllfaoedd bywyd go iawn a chyfyng-gyngor moesegol.
- Rwy'n ufuddhau i'r argymhelliad i ymatal rhag dinistrio creaduriaid byw.
- Rwy'n ufuddhau i'r argymhelliad i ymatal rhag siarad yn anghywir.
- Rwy'n ufuddhau i'r argymhelliad i ymatal rhag diodydd meddwol a chyffuriau sy'n arwain at ddiofalwch.

Materion i'w dadansoddi a'u gwerthuso

Pwysigrwydd cymharol y dasa sila (y deg argymhelliad) fel modd o reoli'r Sangha

Y dasa sila yw'r deg argymhelliad y mae pob mynach a lleian wedi'u hordeinio'n eu cymryd er mwyn rheoli'r Sangha mynachaidd. Felly'r ddadl gyntaf yw mai i fywyd mynachaidd yn unig y mae'r deg argymhelliad yn berthnasol.

Ond, er mwyn ymateb i hyn, gellid dadlau bod hyn yn annheg oherwydd yn gyffredinol, mae pob Bwdhydd yn cymryd y pump cyntaf ac felly mae'r deg i gyd yn cynnwys hyn ac yn rheoli'r Sangha pedwarplyg sef mynachod, lleianod, dynion lleyg a menywod lleyg.

Yn ogystal, pan fydd y lleygwyr yn y lleoliad mynachaidd, er enghraifft ar Ddyddiau Uposatha, maen nhw'n cymryd tri argymhelliad ychwanegol, sydd felly'n rheoli ymddygiad ymhellach.

Serch hynny, gellid dadlau eu bod nhw'n rheoli mathau gwahanol o ymddygiad mewn lleoliadau gwahanol, ac felly mae'r pump cyntaf am ymddygiad cyffredinol yn y byd a'r pump nesaf ar gyfer lleoliad mynachaidd. O ran pwysigrwydd, felly, efallai mai'r ychwanegiadau mynachaidd a'r deg argymhelliad yw'r pwysicaf.

Ond yn groes i'r farn hon, gellid dadlau, oherwydd bod y deg argymhelliad yn cynnwys y pum argymhelliad, mai'r pum argymhelliad yw'r rhai mwyaf hanfodol wedyn. Yn wir, yr ymddygiad sydd yn y pum argymhelliad, o'u torri, a fyddai'n arwain at y 'gorchfygiadau', y parajikas, y troseddau mwyaf difrifol mewn lleoliad mynachaidd ac a fyddai'n golygu diarddel rhywun o'r gymuned fynachaidd yn y pen draw.

Dadl arall fyddai holi beth sy'n cael ei reoli? Wel, gellid dadlau bod y pum argymhelliad yn rheoli ymddygiad moesol, sy'n hanfodol ar gyfer bywyd mynachaidd; eto mae'r deg argymhelliad yn rheoli ymddygiad moesol a chrefyddol. Er bod y rhain yn hanfodol i leoliad mynachaidd, y Patimokkha sy'n gyrru rheoli ymddygiad. Mae'r Patimokkha yn Vinaya ac maen nhw wedi cael eu sefydlu yn y Canon Pali, yr ysgrythurau Bwdhaidd, felly nhw sydd bwysicaf o ran rheoli ymddygiad mewn lleoliad mynachaidd. Mae'r Patimokkha yn creu amgylchedd sy'n ffafriol i nibbana ac maen nhw'n fanwl iawn ac yn llawer mwy cynhwysfawr na'r deg argymhelliad i fynachod a lleianod.

Yn ogystal, cod disgyblaeth yw'r Patimokkha ac maen nhw'n set o reolau eglur. Ar y llaw arall, llwon yw'r argymhellion ac nid gorchmynion ac mae canolbwynt mwy personol iddyn nhw. Ond dydy hynny ddim yn golygu ei bod hi'n hawdd cymryd y llwon oherwydd maen nhw'n bwerus iawn yn seice Bwdhydd ac yn nodi bwriad eglur i ddilyn ymddygiad o'r fath. Gellid dadlau eu bod nhw'r un mor bwysig wrth reoli'r Sangha. At hynny, eto, oherwydd eu bod nhw'n cymhwyso ymddygiad moesol i'r Sangha pedwarplyg, gallai rhywun awgrymu bod hyn yn eu gwneud nhw'n bwysicach.

Yn gyffredinol, efallai mai'r ddadl orau fyddai bod effaith rheolau ac argymhellion wrth reoli'r Sangha yr un fath, a bod y ffordd y mae'r argymhellion wedi'u rhannu a natur y rheolau mynachaidd yn golygu bod pob un yn addas i'w amgylchedd ei hun, a dydy un ddim yn bwysicach na'r llall. Rhywbeth arall a fyddai'n cefnogi'r ddadl hon yw mai ysbryd yr argymhellion a'r rheolau sydd angen ei gymhwyso; mae angen atgoffa'n barhaus nad rhywbeth i'w orfodi ar rywun yw hyn ond rhywbeth sydd i'w dderbyn yn rhydd i helpu wrth geisio nibbana. Yn gyffredinol bwriad rheolau yw gwahardd ymddygiad gwael a rhybuddio rhagddo. O ran yr argymhellion a'r Patimokkha, gellid casglu mai eu bwriad yw annog a meithrin. O'u hystyried nhw fel hyn, yna byddai pawb yn gweld pa mor bwysig ydyn nhw i'r Sangha byd-eang.

Mae'r adran hon yn cwmpasu cynnwys a sgiliau AA2

Cynnwys y fanyleb

Pwysigrwydd cymharol y dasa sila (y deg argymhelliad) fel modd o reoli'r Sangha.

Gweithgaredd AA2
Dadleuon posibl

Wedi'u rhestru isod mae rhai casgliadau y byddai'n bosibl dod iddynt ar sail rhesymeg AA2 yn y testun cysylltiedig:

1. Mae'r dasa sila yn dal i fod yn hanfodol er mwyn rheoli'r Sangha mynachaidd.

2. Dydy'r dasa sila ddim yn hanfodol er mwyn rheoli'r Sangha pedwarplyg.

3. Mae'r dasa sila yn hanfodol er mwyn rheoli'r Sangha pedwarplyg oherwydd dyna pam cawson nhw eu llunio.

4. Dydy'r dasa sila ddim mor hanfodol ag y mae'r Patimokkha er mwyn rheoli'r Sangha mynachaidd.

5. Mae pob argymhelliad yn hanfodol er mwyn rheoli'r Sangha ledled y byd.

Ystyriwch bob un o'r casgliadau sy'n cael eu gwneud uchod a chasglwch dystiolaeth ac enghreifftiau i gefnogi pob dadl o'r deunydd AA1 ac AA2 a astudiwyd yn yr adran hon. Dewiswch un casgliad sy'n argyhoeddi fwyaf yn eich barn chi ac esboniwch pam mae hyn yn wir. Nawr cyferbynnwch hyn â'r casgliad gwannaf ar y rhestr, gan gyfiawnhau eich dadl gyda rhesymu clir a thystiolaeth.

Gweithgaredd AA2
Dadleuon posibl

Wedi'u rhestru isod mae rhai casgliadau y byddai'n bosibl dod iddynt ar sail rhesymeg AA2 yn y testun cysylltiedig:

1. Mae'r argymhellion a'r bywyd mynachaidd mor berthnasol heddiw ag y buon nhw erioed.

2. Mae'r argymhellion a'r bywyd mynachaidd yn berthnasol i rai ffurfiau ar Fwdhaeth yn unig.

3. Mae'r argymhellion a'r bywyd mynachaidd yn berthnasol heddiw ond mae angen iddyn nhw fod yn hyblyg.

4. Mae'r argymhellion a'r bywyd mynachaidd yn llai perthnasol heddiw.

5. Mae'r argymhellion a'r bywyd mynachaidd yn adlewyrchu dysgeidiaeth Bwdhaeth sydd heb newid, ac felly maen nhw'n berthnasol heddiw.

Ystyriwch bob un o'r casgliadau sy'n cael eu gwneud uchod a chasglwch dystiolaeth ac enghreifftiau i gefnogi pob dadl o'r deunydd AA1 ac AA2 a astudiwyd yn yr adran hon. Dewiswch un casgliad sy'n argyhoeddi fwyaf yn eich barn chi ac esboniwch pam mae hyn yn wir. Nawr cyferbynnwch hyn â'r casgliad gwannaf ar y rhestr, gan gyfiawnhau eich dadl gyda rhesymu clir a thystiolaeth.

Perthnasedd cyfoes yr argymhellion a bywyd mynachaidd

Mae'n ffaith nad oes llawer o fynachlogydd ynysig heddiw am amrywiaeth o resymau. Oherwydd bod hanes a phoblogrwydd Bwdhaeth fynachaidd wedi newid, gellid dadlau bod perthnasedd bywyd mynachaidd a'r argymhellion wedi newid hefyd. Ond, wrth ddweud hyn, y casgliad rhesymol fyddai mai'r pum argymhelliad mynachaidd yn unig sydd wedi colli eu perthnasedd cyfoes ac nid y pum argymhelliad cyntaf y mae pob Bwdhydd yn y Sangha pedwarplyg yn eu dilyn.

Mae dadleuon i awgrymu bod yr argymhellion wedi dyddio yn ein byd cyfoes ni, eu bod nhw ar gyfer mynachod a lleianod yn bennaf ac y dylen ni geisio ail-ddehongli Bwdhaeth ar gyfer yr 21ain ganrif. Yn wir, mae rhai traddodiadau mewn Bwdhaeth, yn enwedig yma yn y Gorllewin, wedi ceisio symud i ffwrdd o feddylfryd hen ddelwedd y fynachlog y tu allan i'r pentref tuag at ymagwedd Fwdhaidd fwy trefol.

Dadl arall fyddai nad yw'r argymhellion yn ddigon cynhwysfawr ar gyfer bywyd modern. Dydyn nhw ddim yn ymdrin â materion cymhleth sy'n effeithio ar y gymdeithas heddiw gan eu bod nhw'n rhy annelwig. Mae'r argymhellion fel dim niweidio fel petaen nhw'n perthyn i'r byd delfrydol, a byddai rhai'n dadlau nad oes modd cymhwyso hyn, ac o wneud hynny, na fyddan nhw'n gweithio.

Yn wir, maen nhw'n wirfoddol beth bynnag, does dim rhaid i bob Bwdhydd eu cymryd nhw a gallan nhw gyfyngu ar bobl sydd â ffordd o fyw fodern. Dydy gwahardd alcohol ddim yn gadael i rywun fod â rheolaeth a disgyblaeth bersonol.

Ond, ymateb i'r rhesymeg hon fyddai, er efallai fod y byd wedi newid, mai'r hyn sy'n bwysig yw a yw'r ddysgeidiaeth wedi newid ai peidio. 'Na' pendant yw'r ateb i hyn ac felly byddai'r ddadl hon yn awgrymu bod yr argymhellion mor berthnasol i'r byd cyfoes ag y buon nhw erioed. Mae hyd yn oed gwaith mudiadau Bwdhaidd sy'n ymgysylltu'n gymdeithasol yn cymhwyso egwyddorion yr argymhellion i'r byd ehangach ac yn eu gwneud nhw'n berthnasol i heddiw. Y peth gwych yw eu bod nhw'n hyblyg, llwon nid rheolau ydyn nhw, ac mae ymagwedd fel hon yn wirioneddol addas i gymdeithas sy'n mynd yn fwy cymhleth o hyd. Yn y bôn mae'r pum argymhelliad yn annog ymagwedd ddynol a thosturiol at fyw.

Dadl arall fyddai nad yw'r deg argymhelliad yn sicr mor berthnasol i'r Bwdhyddion hynny sy'n ymroi'n llawn, ac sy'n canolbwyntio mwy ar ddefosiwn. Efallai fod Bwdhyddion fel hyn yn dilyn y pum argymhelliad cyntaf ac eto'n gweld bod yr argymhellion mynachaidd yn amherthnasol i'w bywydau a'u ffordd o ymarfer Bwdhaeth. Yn wir, mae'r argymhelliad yn sicr yn bwysig i Fwdhyddion Theravada a lleygwyr, ond efallai nad ydyn nhw mor bwysig i draddodiadau Bwdhaidd eraill.

Hefyd mae problemau gyda'r ffaith bod y llwon yn gallu bod yn ddiamod ac yn foesegol os nad ydyn nhw'n cael eu gweld yn ysbryd y bwriad y tu ôl iddyn nhw, yn enwedig y pum argymhelliad mynachaidd. Mae hyn hefyd yn codi mater anghysondeb y pum argymhelliad cyntaf yn yr ystyr nad ydyn nhw'n ddigon cyson yn ymarferol oherwydd dehongliadau gwahanol.

At ei gilydd mae'r argymhellion yn werthfawr i'r rhai sy'n eu derbyn ac yn ufuddhau iddyn nhw. Efallai mai'r ffaith bod llawer yn dal i wneud hynny a bod mynachlogydd yn dal i weithredu sy'n awgrymu eu bod nhw'n dal i fod yn berthnasol i rai mewn bywyd cyfoes.

Datblygu sgiliau AA2

Nawr mae'n bryd ystyried y wybodaeth sydd wedi'i chyflwyno hyd yma. Hefyd mae'n bwysig ystyried sut mae'r hyn rydych chi wedi'i ddysgu hyd yma'n gallu cael ei ddefnyddio ar gyfer atebion arholiad drwy ymarfer y sgiliau sy'n gysylltiedig ag AA2.

Mae Amcan Asesu 2 (AA2) yn ymwneud â 'dadansoddi' a 'gwerthuso'. Efallai fod ystyr y termau'n amlwg ond mae'n hanfodol eich bod yn gyfarwydd â sut mae sgiliau penodol yn dangos y rhain, a hefyd, sut bydd eich perfformiad ym mhob un o'r sgiliau hyn yn cael ei fesur (gweler disgrifyddion band cyffredinol Band 5 ar gyfer AA2 UG).

Yn amlwg mae ateb yn cael ei osod mewn disgrifydd band priodol, yn ôl pa mor dda yw'r ateb, gan amrywio o ragorol, da, boddhaol, sylfaenol/cyfyngedig i gyfyngedig iawn.

▶ **Dyma eich tasg newydd:** isod mae rhestr o nifer o bwyntiau bwled allweddol a gafodd eu hysgrifennu'n ymateb i gwestiwn sy'n gofyn am werthuso perthnasedd cyfoes yr argymhellion. Yn amlwg, mae'n rhestr lawn iawn. Yn y lle cyntaf, bydd yn ddefnyddiol i chi ystyried pa rai yw'r pwyntiau pwysicaf i'w defnyddio wrth gynllunio ateb. Yn y bôn, mae'r ymarfer hwn fel ysgrifennu eich set eich hun o atebion posibl sydd wedi'u rhestru mewn cynllun marcio nodweddiadol fel cynnwys dangosol. Gweithiwch mewn grŵp a dewiswch y pwyntiau pwysicaf i'w cynnwys mewn rhestr o gynnwys dangosol ar gyfer y cwestiwn hwn. Bydd angen i chi benderfynu ar dri pheth: pa bwyntiau i'w dewis; pa bwyntiau eraill i'w hychwanegu; ac yna, ym mha drefn y dylech eu rhoi mewn ateb.

Rhestr o gynnwys dangosol:

- Ar gyfer mynachlog yn bennaf.
- Mae modd ystyried eu bod yn hen ffasiwn.
- Dydy'r argymhellion ddim yn ddigon cynhwysfawr i fywyd modern.
- Mae'r argymhellion fel 'dim anafu' fel petai'n ddelfryd.
- Mae argymhelliad 'dim anafu' yn gallu bod yn rhy amwys i'r byd cymhleth heddiw.
- Maen nhw'n bwysicach i fynachod a lleianod.
- Mae rhai Bwdhyddion yn canolbwyntio mwy ar ddefosiwn.
- Does dim rhaid i bob Bwdhydd eu cymryd nhw.
- Maen nhw'n berthnasol oherwydd eu bod nhw'n wirfoddol.
- Maen nhw'n cwmpasu sylfeini bywyd trugarog.
- Maen nhw'n cyfyngu ar berson, e.e. mae'n bosibl mwynhau alcohol yn gymedrol.
- Efallai nad ydy lleygwyr mewn traddodiadau'r tu allan i'r Theravada yn ufuddhau i argymhellion yn ffurfiol.
- Maen nhw'n sicr yn bwysig i leygwyr Theravada, ond efallai ddim i eraill.
- Er mai llwon ydyn nhw, maen nhw'n ddiamod ac yn foesegol.
- Dydyn nhw ddim yn ddigon cyson yn ymarferol oherwydd dehongliadau gwahanol.
- Mae Bwdhaeth yn bodoli mewn perthynas â diwylliant, a dydy'r argymhellion ddim yn cael eu dilyn heb gyd-destun.
- Nid byw'n gynnil neu'n foesol yn unig yw Bwdhaeth.
- Maen nhw'n hyblyg ac yn addas i'n byd cymhleth ni.

Sgiliau allweddol

Mae dadansoddi'n ymwneud â nodi materion sy'n cael eu codi gan y deunyddiau yn adran AA1, ynghyd â'r rhai a nodwyd yn adran AA2, ac mae'n cyflwyno safbwyntiau cyson a chlir, naill ai gan ysgolheigion neu safbwyntiau personol, yn barod i'w gwerthuso.

Mae hyn yn golygu ei fod yn nodi pethau allweddol i'w trafod a'r dadleuon sy'n cael eu cyflwyno gan eraill neu o safbwynt personol.

Mae gwerthuso'n ymwneud ag ystyried goblygiadau amrywiol y materion sy'n cael eu codi, yn seiliedig ar y dystiolaeth a gafwyd wrth ddadansoddi ac mae'n rhoi dadl fanwl eang gyda chasgliad clir.

Mae hyn yn golygu bod yr ateb yn pwyso a mesur y dadleuon amrywiol a gwahanol a gafodd eu dadansoddi drwy roi sylwadau ac ymateb unigol, gan ddod i gasgliad drwy broses rhesymu clir.

Cynnwys y fanyleb

Mynd am noddfa.

Dyfyniadau allweddol

Yn y traddodiad Bwdhaidd, pwrpas mynd am noddfa yw deffro o ddryswch a chysylltu'r hunan â bod yn effro. Mae mynd am noddfa'n ymwneud ag ymrwymiad a derbyn, ac ar yr un pryd, â bod yn agored ac yn rhydd. Drwy gymryd llw noddfa rydyn ni'n ein hymrwymo ein hunain i ryddid. **(Chogyam Trungpa)**

Y Bwdha, neu'r Un Goleuedig, yw'r athro sydd wedi darganfod a gwireddu cyfraith achubiaeth ac wedi'i chyhoeddi i'r byd. Y Dhamma yw cyfraith achubiaeth. Y Sangha yw cymuned y disgyblion sydd wedi gwireddu cyfraith achubiaeth neu sy'n ceisio gwneud hynny. **(Nyanatiloka)**

Termau allweddol

Sarana: noddfa; mae tair ohonyn nhw i Fwdhydd – Bwdha, Dhamma a Sangha

Tisarana: tair noddfa – Bwdha, Dhamma a Sangha

Triratna: yn llythrennol, 'y tair gem', term arall am y tair noddfa

A: Mynd am noddfa

Mynd am noddfa

Mewn Bwdhaeth, mae'r tair noddfa'n fformiwla sylfaenol y mae Bwdhyddion yn ei hailadrodd er mwyn cadarnhau eu hunaniaeth. Yn yr iaith Pali:

- Buddham saranam gacchami (Rwy'n mynd at y Bwdha am noddfa)
- Dhammam saranam gacchami (Rwy'n mynd at y Dhamma am noddfa)
- Sangham saranam gacchami (Rwy'n mynd at y Sangha am noddfa)

Sarana yw'r gair sy'n cael ei gyfieithu fel noddfa. Ond, mae angen ystyried hyn rywfaint. Mae noddfa'n gysylltiedig ag amgylchedd tawel, diogel, ymhell o berygl o ymosodiad. Ar un ystyr, mae hyn yn wir. Mae'n lle sydd ymhell o natur afiach y byd yn ei gyfanrwydd. Ond, dydy'r ddealltwriaeth hon ddim yn gwneud cyfiawnder â'r holl bwyslais y mae'r noddfeydd yn ei roi ar y cadarnhaol. A bod yn fanwl gywir, nid lleoedd i guddio ynddynt yw'r noddfeydd a dydy'r bobl sy'n 'mynd am noddfa' ddim yn ceisio dianc oddi wrth unrhyw beth. Dydy'r noddfeydd ddim yn disgrifio lle ffigurol i guddio ynddyn nhw a swatio rhag y byd y tu allan. I Fwdhydd, mae noddfa'n ganolfan ragoriaeth yn ysbrydol. Mae'n lle i gryfhau, i gael eich adeiladu o'r newydd, ac i ymadfer. Mae'n lle i gael eich puro a'ch gweddnewid. Mae'n lle i gael cymorth ac arweiniad gan fod Bwdhyddion yn dilyn llwybr ysbrydol heriol sy'n gofyn llawer. I Fwdhydd, mae'r syniad o noddfa'n gysylltiedig â thri pheth: Bwdha, Dhamma (Dharma *Sansgrit*) a Sangha. Ond gall noddfa 'ffigurol' fod yn unrhyw le. Yn ymarferol, mae hyn yn aml yn cael ei ailadrodd a'i gadarnhau gyda'i gilydd fel Sangha. Y term Pali am y tair noddfa yw **Tisarana**, ond mae'r noddfeydd hefyd yn cael eu galw'n **Triratna** (tiratna *Pali*) sy'n golygu 'y tair gem' yn llythrennol, gan eu bod mor bwysig.

'Gemau' yn aml yw'r enw ar y noddfeydd, sy'n cyfleu eu pwysigrwydd i Fwdhyddion.

Bwdha

Mae'r Bwdha yn cael ei ystyried yn athro, yr un sydd wedi deffro neu'r un goleuedig. Mae Bwdhyddion Theravada neu draddodiadol yn deall mai bod dynol yw'r Bwdha ac nid bod dwyfol. Mae ei eiriau'n cynnig arweiniad, ac mae'n cael ei barchu am yr hyn y mae wedi'i gyflawni.

Mae Bwdhyddion yn dangos defosiwn at berson y Bwdha, yn ei edmygu ac yn ei barchu, dydyn nhw ddim yn ei addoli. Mae bywyd y Bwdha yn enghraifft i eraill ei dilyn. Mae'n enghraifft o sut mae hi'n bosibl cyrraedd Goleuedigaeth o'r cyflwr dynol. Mae'r Bwdha yn batrwm sy'n ysbrydoli. Roedd y Bwdha'n arbennig gan ei fod yn unigryw yn y byd hwn. Ef yw sammasambuddha, yr un sydd wedi'i hunanoleuo'n berffaith. Y syniad o ailddarganfod y Dhamma a'r ffaith iddo ganfod Goleuedigaeth yn bersonol sy'n benodol yn gwneud i rywun fod yn Fwdha. Mae bywyd y Bwdha'n darlunio dysgeidiaeth sylfaenol Bwdhaeth. Er enghraifft:

- Sut y bu iddo ddod o hyd i'r Ffordd Ganol rhwng dau eithaf byw
- Y mewnwelediad y mae'r Pedair Golygfa yn ei gynnig i helynt y cyflwr dynol
- Y llwybr oddi wrth ddioddefaint, y Llwybr Wythblyg
- Diagnosis y Pedwar Gwirionedd Nobl
- Ffordd meddylgarwch a myfyrdod.

Gellir cysylltu hyn â'r syniad nad yw stori bywyd y Bwdha wedi'i bwriadu i fod yn gofnod ffeithiol, hanesyddol, ond yn hytrach yn hagiograffeg neu fywgraffiad crefyddol/ysbrydol, er mwyn arwain dilynwyr llwybr penodol (gweler Thema 1).

Felly mae Bwdhyddion Theravada yn gweld y Bwdha mewn ffordd resymol yn gyffredinol. Roedd yn ddynol, ond mae'n cael ei barchu am ei ddoethineb a'r esiampl a roddodd. Mae Bwdhyddion Theravada yn cymryd ei orchymyn yn llythrennol: 'gweithiwch allan eich achubiaeth eich hun yn ddyfal'. Maen nhw i fod i gael noddfa yn y Dhamma a'i brofi drostyn nhw eu hunain. Ddylai neb ddibynnu ar y Bwdha fel cyfrwng i gael achubiaeth neu Oleuedigaeth. Mae Richard Gombrich yn cyfeirio at Fwdhaeth Theravada fel soterioleg; ymchwil bersonol grefyddol yw hi, heb ffigwr fel duw.

Er gwaethaf hyn, dydy natur ddynol y Bwdha mewn Bwdhaeth Theravada ddim yn golygu nad oedd pwerau goruwchfydol yn bosibl. Yn wir, y cyfan sydd angen ei wneud yw edrych ar yr ysgrythurau Theravada er mwyn gweld athro sydd â rhai galluoedd hynod. Mae rhai pobl yn dweud mai chwedlau yw'r digwyddiadau hyn ac yn eu hanwybyddu. Efallai bydd eraill yn eu hesbonio o ran yr **abhinnas** Bwdhaidd, pwerau goruwchnaturiol sy'n cael eu datblygu drwy gyflyrau myfyrdod uwch.

Mae Bwdhaeth Mahayana yn rhoi llai o bwyslais mewn ffordd amlwg ar agweddau hanesyddol ar y Bwdha, ac yn pwysleisio ei nodweddion goruwchfydol, metaffisegol. Yn ôl Suzuki: 'nid bod dynol cyffredin sy'n cerdded mewn byd synhwyraidd yw'r Bwdha yn yr ysgrythurau Mahayana'. Mae Bwdhaeth Mahayana yn pwysleisio agwedd drosgynnol y Bwdha yn ei holl ogoniant, drwy syniad delfryd y tri chorff (Trikaya). Nid dim ond rhywun bydol oedd y Bwdha, ond roedd yn hanner ysbrydol (Nirmanakaya), hefyd mae ganddo nodweddion nefol (Sambhogakaya) a mynegiadau eithaf (Dharmakaya). Yn unol â hyn, datblygodd

Mae Bwdhaeth Theravada yn canolbwyntio ar ddynoliaeth y Bwdha.

Dyfyniadau allweddol

Dydy rhywun ddim wedi cael ei oleuo'n llwyr eto, ond mae'r hyn sy'n mynd i ddod yn Fwdha yno; felly, hadau Bwdha yw'r pethau hyn sydd yno ar hyn o bryd yn ein continwwm, a'r enw arnynt yw natur-Bwdha, neu hanfod yr Un a Aeth Ymaith Felly (Tathagatagarbha). **(Dalai Lama)**

Mae natur-Bwdha gan bob dyn. Peidiwch ag ymostwng. **(Dogen)**

cwestiwn cyflym

4.1 Pa draddodiad o Fwdhaeth sydd â'r farn fwyaf rhesymol am y Bwdha?

Term allweddol

Abhinnas: chwe 'uwch bŵer', neu wybodaeth uwchnormal (pwerau hudol, clust ddwyfol, darllen meddyliau, cof am fywydau blaenorol, llygad dwyfol a dileu'r halogiadau)

Termau allweddol

Abhidhamma Pitaka: trydedd adran neu drydedd 'fasged' y Canon Pali sy'n cynnwys trafodaeth athronyddol

Nembutsu: y term Japaneeg sy'n golygu ystyried y Bwdha neu fyfyrio arno

Dyfyniadau allweddol

Mewn gwirionedd, mae gwacter a allai gael ei gamgymryd fel cysyniad o ddiddymdra, yn gronfa o bosibiliadau diderfyn. (D. T. Suzuki)

Adnabod yr ennyd yn reddfol, felly adnabod realiti ... yw'r weithred uchaf o ddoethineb. (D. T. Suzuki)

Mae'r natur-Bwdha sy'n rhan ohonom o'r dechrau'n deg fel yr haul sy'n ymddangos o'r tu ôl i'r cymylau, neu fel drych sydd, pan gaiff ei rwbio, yn dod yn bur ac yn glir fel roedd yn wreiddiol. (Conze)

Does gan ein natur-Bwdha wirioneddol ddim ffurf. A does gan lwch cystudd ddim ffurf. Sut gall pobl ddefnyddio dŵr arferol i olchi corff na ellir ei gyffwrdd? Wnaiff e ddim gweithio ... Er mwyn golchi corff fel hyn, mae'n rhaid i chi ei weld. (Bodhidharma)

Mae rhyddid gwirioneddol yn dod pan fyddwn yn dilyn ein natur-Bwdha, daioni naturiol ein calon. (Kornfield)

y syniad am dri chorff y Bwdha. Yn nhraddodiad y Wlad Bur, mae Bwdha Amida (Amitabha) yn byw yn ei fydysawd Bwdha gogoneddus ei hun.

Mewn Bwdhaeth Zen a Tibet, mae pwyslais ar ein 'natur-Bwdha' ein hunain sydd ynon ni. Mae Bwdhaeth Zen a Hua Yen yn gweld y Bwdha fel un o Fwdhau a bydysawdau Bwdha di-rif, gyda'n bydysawd ni ar hyn o bryd yn rhan o hyn. Mae pob un wedi'i gysylltu â'i gilydd ac yn treiddio drwy ei gilydd yn ôl natur bodolaeth (sunyata), ac maen nhw'n cael eu datgelu drwy ddeall Goleuedigaeth.

Yn wir, mae Bwdhyddion y Wlad Bur yn mynd am noddfa mewn **nembutsu**. Dyma'r term Japaneeg sy'n golygu ystyried neu adfyfyrio ar y Bwdha, sy'n aml yn cynnwys yr ymadrodd fel 'teyrnged i Fwdha Amida'. Mae hyn mor bwysig mewn Bwdhaeth y Wlad Bur, yn ôl Alfred Bloom, fel ei fod 'wedi cael ei ystyried yn graidd i'r ymarfer i gyrraedd Goleuedigaeth'.

Gweithgaredd AA1

Ceisiwch feddwl am wahanol ffyrdd o esbonio'r term sarana (noddfa). Rhowch resymau dros eich dewisiadau. Bydd hyn yn eich helpu i ddatblygu dealltwriaeth bersonol o ystyr y noddfeydd i Fwdhydd.

Awgrym astudio

Ceisiwch gofio mai Bwdha, Dhamma a Sangha yw trefn y noddfeydd ond peidiwch â phoeni os ewch i banig o dan bwysau, oherwydd mae'n bosibl dadlau nad oes blaenoriaeth iddyn nhw, a'r hyn sy'n cael ei brofi yw eich dealltwriaeth chi ohonyn nhw.

Dhamma (Dharma)

Y Dhamma yn ei gyfanrwydd yw dysgeidiaeth (sasana) y Bwdha, a ddaeth wedyn yn Ganon Pali. Ond, wrth i Fwdhaeth ehangu, cafodd ysgrythurau newydd a oedd yn perthyn i Fwdhaeth Mahayana eu ffafrio neu eu hychwanegu at y ddysgeidiaeth Bali. Roedd yr ysgrythurau cynnar hyn naill ai mewn Prakrit, Sansgrit neu Tsieinëeg ac maen nhw wedi cael eu cyfieithu i nifer mawr o ieithoedd. Felly, does dim byd fel 'Canon Mahayana' o ysgrythurau sy'n cael ei gydnabod. Mae mynd am noddfa yn y Dhamma, yn benodol, yn golygu pethau gwahanol i Fwdhyddion gwahanol.

Mae'r Canon Pali o ysgrythurau'n cynnwys tair adran o'r enw pitakas (yn llythrennol, 'basgedi'):

- Y Vinaya Pitaka sy'n cynnwys y rheolau ar gyfer disgyblaeth mewn lleoliad mynachaidd (gweler isod).
- Y Sutta Pitaka, yr ysgrifeniadau sy'n disgrifio'r ddysgeidiaeth yng nghyd-destun bywyd y Bwdha.
- Abhidhamma Pitaka sy'n adran athrawiaethol ddiweddarach (y mae ei chynnwys yn amrywio yn ôl ysgolion Bwdhaeth Theravada).

Drwy gydol gweinidogaeth y Bwdha, roedd camddeall neu wrthdaro'n aml yn digwydd ymysg ei ddilynwyr. Roedd Devadatta, cefnder y Bwdha, yn beirniadu'r Bwdha o hyd ac yn aml yn arwain grwpiau hollt i ffwrdd oddi wrth ei ddilynwyr. Mae hyn yn arfer cyfarwydd mewn traddodiadau Indiaidd. Rydyn ni wedi gweld bod y Bwdha ei hun hyd yn oed wedi torri oddi wrth ei athrawon i ffurfio ei grŵp ei hun. Rhoddodd y Bwdha yn bersonol sylw i'r rhan fwyaf o'r materion a oedd yn gysylltiedig â'r gwrthdaro a'r trafod cynnar. Felly dydy hi ddim yn syndod gweld bod anghytuno'n syth ar ôl marwolaeth y Bwdha. Cafodd y rhan fwyaf o'r anghytuno eu datrys a chafodd y Canon Pali ei sefydlu a'i gofnodi, er bod hynny gannoedd o flynyddoedd ar ôl marwolaeth y Bwdha ac wedi'i seilio'n bennaf ar fersiynau a gafodd eu cadw a'u trosglwyddo'n fanwl gywir ar lafar. Felly, mae Bwdhyddion Theravada yn mynd am noddfa yn nysgeidiaeth y Bwdha fel mae hi yn y Canon Pali.

I Fwdhyddion Tibet (Vajrayana), mae noddfa yn y Dhamma (Dharma) yn canolbwyntio ar y ddysgeidiaeth sydd yn y kangyur (geiriau wedi'u cyfieithu) sy'n galw i gof ddysgeidiaeth y Bwdha yn y Sutras Mahayana (ysgrifeniadau) newydd a'r tengyur (sylwadau wedi'u cyfieithu). Hefyd maen nhw'n cynnwys amrywiad o'r Canon Pali wedi'i gyfieithu i iaith Tibet, o'r Tsieinëeg, mwy na thebyg. Felly pan fydd Bwdhyddion Tibet yn mynd am noddfa yn nysgeidiaeth y Bwdha, dyma'r ddysgeidiaeth sydd yn y Vinaya, **Sutras Perffeithder Doethineb**, **Avatamsaka**, Ratnakuta a Sutras Mahayana eraill. Mae Bwdhyddion Tibet yn cydnabod bod noddfa yn y Dhamma yn cynnwys derbyn amrywiaeth eang o ddehongliadau o ddysgeidiaeth y Bwdha.

Mewn Bwdhaeth Zen (Ch'an *Tsieinëeg*) mae cefndir athrawiaethol a thestunol cyfoethog. Cafodd ei dylanwadu gan sutras fel Sutra Lankavatara, Sutra Vimalakirti, Sutra Avatamsaka, Sutra Lotus, Sutra Platfform a hefyd gan gasgliad o ddywediadau meistri Zen a chorff o lenyddiaeth **koan**.

Dyfyniadau allweddol

Dyma sut mae llwybr Dharma. Does dim rhaid i chi wneud yr ymarferion i gyd. Mae'n ddigon os ydych chi'n cymryd un ohonyn nhw'n unig, pa un bynnag rydych chi wir yn teimlo cysylltiad ag ef, a thrwy ymarfer hwnnw'n unig, am weddill eich oes, byddwch chi'n cyrraedd Goleuedigaeth. Does dim gwahaniaeth pa ymarfer yr ydych chi'n ei ddewis; maen nhw i gyd yn ddulliau dilys i gyrraedd Goleuedigaeth – os ydych chi'n ymarfer. Yr allwedd yw ymarfer yn ddiwyd am weddill eich oes. **(Dhomang Yangthang)**

Trosglwyddo arbennig y tu hwnt i'r ysgrythurau,
Heb ei seilio ar eiriau a llythrennau.
Drwy gyfeirio'n uniongyrchol at y meddwl,
Mae'n gadael i rywun weld i mewn i'w wir natur ei hun a chyrraedd Bwdhadod. **(Bodhidharma)**

Ond, dywedir bod Zen wedi'i seilio ar drosglwyddo arbennig y tu hwnt i'r ysgrythurau nad oedd yn dibynnu ar eiriau. Yn ôl y gred hon, er bod y 'Dhamma' neu ddysgeidiaeth (sasana) y Bwdha wedi'i hadlewyrchu yn yr ysgrythurau Bwdhaidd, dydy hi ddim wedi'i chynnwys yn ei hanfod ynddyn nhw! Yn ôl Fischer, 'heb ddibynnu ar ysgrythur, dysgeidiaeth neu ddefod, mae Bwdhaeth Zen yn cael ei dilysu drwy brofiad personol ac yn cael ei throsglwyddo o'r meistri i'r disgybl, o law i law, heb yngan gair, drwy hyfforddiant anodd, personol'. Cyfeiriwyd yn aml at Fwdhaeth Zen fel Bwdhaeth nad yw'n ddeallusol. Mae sôn am fynachod Zen yn rhwygo ysgrythurau Bwdhaidd yn ddarnau er mwyn pwysleisio'r farn hon, er enghraifft Hui Neng, y patriarch Zen enwog. Felly, unwaith eto, i Fwdhyddion Zen, mae mynd am noddfa yn y Dhamma yn brofiad gwahanol yn wir.

Hiu Neng yn rhwygo ysgrythurau

Termau allweddol

Avatamsaka: yn llythrennol, Sutra 'garlant blodau', cynnyrch ysgol Hua Yen Bwdhaeth Tsieineaidd, sy'n enwog am ei dysgidiaeth am gyd-dreiddio

Kangyur: 'geiriau wedi'u cyfieithu' sy'n dwyn i gof ddysgeidiaeth y Bwdha mewn Sutras Mahayana newydd

Koan: dywediadau a phosau, weithiau rhai disynnwyr, er mwyn ysgogi Goleuedigaeth. Fel arfer dywediad wedi'i recordio gan feistr Zen. Defnyddir nhw'n bennaf mewn Zen Rinzai fel gwrthrychau myfyrdod

Sutras Perffeithder Doethineb: corff o ysgrythurau; yr enwocaf yw'r Sutras Vajracchedika (Torrwr Diemwntau) a Hrdaya (Calon)

Tengyur: sylwadau wedi'u cyfieithu ar y Sutras

cwestiwn cyflym

4.2 Beth yw canolbwynt ysgrythurau Bwdhaeth Tibet?

cwestiwn cyflym

4.3 Pam nad yw Bwdhaeth Zen yn cael ei gweld yn draddodiad deallusol?

Dyfyniadau allweddol

Meddai Yamaoka Tesshu ... wrth geisio dangos yr hyn yr oedd wedi'i gyflawni: 'Wedi'r cyfan, dydy'r meddwl, Bwdha, a bodau ymdeimladol, ddim yn bodoli. Gwacter yw gwir natur ffenomenau. Does dim sylweddoliad, dim rhithdyb, dim doethineb, dim cyffredinedd. Does dim rhoi a dim i'w dderbyn.'

Ddywedodd Dokuon, a oedd yn ysmygu'n dawel, ddim byd. Yn sydyn, rhoddodd ergyd i Yamaoka â'i bibell fambŵ. Gwnaeth hyn i'r llanc fynd yn eithaf crac. 'Os nad oes dim byd yn bodoli,' gofynnodd Dokuon, 'o ble daeth yr holl ddicter yma?' (Zen Koan)

Unwaith gofynnodd myfyriwr i Joshu: 'Os nad oes gen i unrhyw beth yn fy meddwl, beth wnaf i?' Atebodd Joshu: 'Tafla fe allan'. 'Ond os nad oes gen i unrhyw beth, sut gallaf i ei daflu allan?' gofynnodd yr holwr wedyn. 'Wel,' meddai Joshu, 'yna caria fe allan.' (Zen Koan)

Sangha

Y gymuned Fwdhaidd yw'r Sangha. Mae'r term yn cael ei ddefnyddio mewn gwahanol ffyrdd ond, o ran noddfa, mae'n cyfeirio at y gymuned Fwdhaidd yn ei hystyr ehangaf. Pwrpas y Sangha fel noddfa yw ar gyfer hyfforddiant. Gall hyn ddigwydd naill ai mewn grŵp neu mewn lleoliad mwy ffurfiol, er enghraifft, mynachlog. Nod y Sangha yw dilyn y llwybr a addysgodd y Bwdha a chael help a chymorth gan eraill. Sangha yw pobl o'r un meddylfryd yn dod ynghyd er mwyn annog ei gilydd, gyda Goleuedigaeth yn nod cyffredin i bob un.

Mae dameg enwog a adroddodd y Bwdha am eliffant a oedd yn eiddo i frenin. Roedd gan yr eliffant gymeriad eithriadol; roedd yn dawel ac yn gyfeillgar. Ond, sylwodd y brenin fod cymeriad yr eliffant yn newid. Aeth yr eliffant yn fwy pigog, roedd yn gallu bod yn ddrwg ei dymer ac yn fwy anodd. Yn y pen draw, daethon nhw o hyd i'r broblem. Roedd grŵp o droseddwyr yn cwrdd yn stabl yr eliffant. Yn amlwg roedd yr eliffant yn codi nodweddion y rhai yr oedd yn treulio amser gyda nhw. Cafodd y troseddwyr eu symud a, gydag amser, daeth yr eliffant o hyd i'w hen gymeriad unwaith eto. Mae modd cymharu'r syniad o noddfa yn y Sangha i hyn. Bydd person yn datblygu nodweddion y rhai y mae'n rhyngweithio â nhw. Felly mae'r Sangha yn lle o weithgarwch cadarnhaol, iach, gyda phobl a fydd yn helpu ac nid yn atal cynnydd ysbrydol.

Er bod arferion yn amrywio llawer mewn Bwdhaeth ac mewn Bwdhaeth fynachaidd yn benodol, byddai pob traddodiad Bwdhaidd yn cytuno ynglŷn â deall noddfa yn y Sangha yn gyffredinol, fel y mae'n cael ei ddiffinio uchod.

Dyfyniad allweddol

Mae eich ffrindiau yn y Sangha yn cynnig pwynt cyfeirio parhaus sy'n creu proses ddysgu barhaus. Maen nhw fel adlewyrchiadau mewn drych i'ch atgoffa neu i'ch rhybuddio mewn sefyllfaoedd bywyd. Dyna ystyr y math o gwmnïaeth sydd mewn Sangha. Rydyn ni i gyd yn yr un cwch; rydyn ni'n rhannu ymdeimlad o ymddiriedaeth ac ymdeimlad o gyfeillgarwch mwy, organig.
(Chogyam Trungpa)

cwestiwn cyplym

4.4 Beth yw nod y Sangha?

Mynachlog Fwdhaidd Chithurst, Gorllewin Sussex, y DU

Siantio'r noddfeydd

Yn ymarferol, y ffordd enwocaf o gymhwyso'r noddfeydd yw'r siant sy'n digwydd yn ddefodol yn rhan o'r drefn fynachaidd ffurfiol.

Buddham saranam gacchami
Rwy'n mynd at y Bwdha am noddfa.
Dhammam saranam gacchami
Rwy'n mynd at Dhamma am noddfa.
Sangham saranam gacchami
Rwy'n mynd at Sangha am noddfa.
Dutiyampi Buddham saranam gacchami
Am yr ail dro, rwy'n mynd at y Bwdha am noddfa.
Dutiyampi Dhammam saranam gacchami
Am yr ail dro, rwy'n mynd at Dhamma am noddfa.
Dutiyampi Sangham saranam gacchami
Am yr ail dro, rwy'n mynd at Sangha am noddfa.
Tatiyampi Buddham saranam gacchami
Am y trydydd tro, rwy'n mynd at y Bwdha am noddfa.
Tatiyampi Dhammam saranam gacchami
Am y trydydd tro, rwy'n mynd at Dhamma am noddfa.
Tatiyampi Sangham saranam gacchami
Am y trydydd tro, rwy'n mynd at Sangha am noddfa.

Mae'n datgan ymlyniad wrth y ffordd Fwdhaidd o fyw. Mae'n hanfodol oherwydd bod hyn yn ffordd o atgoffa Bwdhyddion, ac yn ganolbwynt i ymarfer myfyrdod, a hynny'n seicolegol. Mae'n cael ei weld fel ffordd hanfodol o baratoi'n feddyliol at fyfyrdod ac at gerdded y llwybr a addysgodd y Bwdha. O fewn Bwdhaeth ei hun fel crefydd, mae'r traddodiadau'n amrywio o ran sut mae geiriau'r siant yn cael eu defnyddio a'u deall.

Bwdhyddion sy'n byw mewn gwlad sydd wedi bod â hanes o ymwneud â Bwdhaeth yw Bwdhyddion Treftadaeth. Bwdhyddion sy'n byw mewn gwlad lle nad oes gan Fwdhaeth dreftadaeth ond lle mae wedi ei sefydlu ei hun fel crefydd newydd yw Bwdhyddion Tröedigaeth.

Gallai ystyr mynd am y tair noddfa neu eu siantio amrywio i'r rhai sy'n byw mewn gwlad Fwdhaidd, o'r rhai sy'n cael eu cyflyru i ddilyn Bwdhaeth a'r rhai sy'n dewis gwneud hynny'n rhydd. Felly, yn y modd hwn, mae 'tröedigion' treftadaeth a thröedigion Gorllewinol yn rhannu'r un ymrwymiad crefyddol. Ond, mae gwahaniaeth o ran sut mae ystyr y noddfeydd yn cael ei gymhwyso, hynny yw, sut maen nhw'n gweithio'n ymarferol. Er enghraifft, mae cylch elusen a rôl mynach pentref yn wahanol iawn i gylch elusen a rôl mynach Gorllewinol. Mae mynachod a lleygwyr yn y Gorllewin wedi gorfod addasu Bwdhaeth i'w cymdeithas fel nad yw'r cylchoedd elusen o reidrwydd yn y pentref lleol, efallai. Ac mae'r mynach sy'n cynnal seremonïau i gymuned Sangha efallai'n cwmpasu mwy o leygwyr na'r pentref sy'n union gerllaw'n unig. Mae sgyrsiau Dhamma yn digwydd yn aml mewn mynachlog mewn gwlad Fwdhaidd. Ond yn y Gorllewin mae grwpiau lloeren sy'n cwrdd oherwydd eu bod ar wasgar yn ddaearyddol. Ond dydy arwyddocâd y noddfeydd, er eu bod nhw'n fwy uniongyrchol ac amlwg i'r Bwdhydd treftadaeth, ddim yn golygu eu bod nhw'n ddyfnach. Ffordd arall o edrych ar y mater yw nad oes gan Fwdhaeth unrhyw dreftadaeth mewn gwirionedd, ond mae'n addasu i ba bynnag dreftadaeth y mae'n dod ar ei thraws. Dyma mae hanes a datblygiad Bwdhaeth wedi'i ddangos. Dyma'r rheswm am yr holl amrywiadau!

Cynnwys y fanyleb

Ystyried yr arfer siantio o fynd am noddfa dair gwaith, ac ystyr pob un (Bwdha, Dharma a Sangha) ar gyfer unigolion sydd wedi etifeddu Bwdhaeth a rhai sydd wedi cael tröedigaeth.

Bwdhyddion yn siantio'r noddfeydd yng Ngwlad Thai

cwestiwn cyflym

4.5 Beth yw Bwdhydd treftadaeth?

Cynnwys y fanyleb

Y tri math o noddfa yng nghyd-destun mathau eraill o noddfa sy'n bosibl yn y byd modern: gan gyfeirio at fateroliaeth, perthnasoedd, gwerthoedd seciwlar a chredoau gwleidyddol.

Mae hanes hir i'r berthynas rhwng y brenin a'r urdd fynachaidd Fwdhaidd yn Sri Lanka.

cwestiwn cyflym

4.6 Pam mae'n rhaid i frenhinoedd Bwdhaidd fod yn ofalus wrth gyfrannu i'r Sangha?

Felly i Fwdhyddion, mae ailadrodd y Triratna yn tanlinellu pa mor ganolog yw'r tair gem yn eu bywydau. Mae eu siantio'n trawsnewid ymrwymiad yn ddefod ystyrlon sy'n aml yn rhan o lawer o seremonïau, defosiynau a dathliadau Bwdhaidd. Mae ailadrodd yn bwysig mewn Bwdhaeth, fel rydyn ni wedi gweld o athroniaeth Indiaidd, oherwydd ei fod yn gallu newid cyflyrau meddyliol, ac, mewn Tantra Bwdhaeth Tibet yn arbennig, y byd corfforol o'n cwmpas. Mae'r noddfeydd yn cael eu hailadrodd dair gwaith yn ystod yr ymarfer siantio, ac mae dilynwyr Bwdhaidd unigol yn eu siantio ar bob cyfle.

Y tri math o noddfa yng nghyd-destun mathau eraill o noddfa sy'n bosibl yn y byd modern

Dyfyniad allweddol

Mae gennym deyrngarwch i 'hyn' a theyrngarwch i'r 'llall'. Mae cant a mil o ddewisiadau yn ein bywydau – yn enwedig o ran ein hymdeimlad o ddisgyblaeth, ein moeseg, a'n llwybr ysbrydol. Mae pobl wedi drysu yn y byd anhrefnus hwn o ran beth yw'r peth gorau i'w wneud mewn gwirionedd. Mae pob math o seiliau rhesymegol, wedi'u codi o bob math o draddodiadau ac athrawiaethau. Efallai y byddwn ni'n ceisio eu cyfuno i gyd; weithiau maen nhw'n gwrthdaro, weithiau maen nhw'n cydweithio'n gytûn. Ond rydyn ni'n dewis a dethol o hyd, a dyna'r broblem yn y bôn mewn gwirionedd.
(Chogyam Trungpa)

Mae mynd am noddfa'n ymddangos fel petai'n nodwedd ddynol. Mae gwerthoedd seciwlar cymdeithas fodern, fel y rhyddid i geisio cyfoeth a hapusrwydd, yn cael eu gweld yn werthoedd i'w cynnal a'u hyrwyddo. Efallai bydd eraill yn chwilio am gymorth ac ysbrydoliaeth mewn arwyr ac arwresau, er mai rhywbeth dros dro ac amherffaith yw hynny. Mae eraill yn cael eu gwerthoedd o grefyddau penodol neu o fframweithiau ideolegol gwleidyddol. Y broblem yw bod materoliaeth yn llygru ac yn bwydo trachwant; mae rhai mynachlogydd Bwdhaidd hyd yn oed wedi bod mewn perygl o wneud hyn weithiau. Er enghraifft, pan fydd rhoddion yn llifo'n rhwydd fel bod mynachlog yn mynd yn bwerus iawn. Yn wir, fel gwelwyd yn hanes Bwdhaeth yn Sri Lanka, roedd rhaid i fynachlogydd roi cyfoeth yn ôl i'r Brenin oherwydd eu bod nhw wedi mynd yn fwy pwerus na'r brenin! Mae perthnasoedd yn gallu bod yn anwadal ac yn gallu achosi cymaint o boen a dioddefaint drwy ymlyniad – faint o bobl sydd wedi cael eu bradychu gan rai yr oedden nhw'n ymddiried ynddyn nhw ac yn eu haddoli, gan gynnwys arweinwyr crefyddol? Mae gwerthoedd seciwlar a gwleidyddol yn dibynnu ar chwiw a phenderfyniadau unigolion, ac maen nhw'n gallu bod yn ormesol, fel rydyn ni wedi gweld yn achos helynt pobl Tibet a gwaith y Dalai Lama. I Fwdhydd, mae'r noddfeydd yn ddigyfnewid ac yn ddiogel.

> ### Gweithgaredd AA1
>
> Lluniwch siart dabl ar gyfer y tair noddfa, ac ysgrifennwch ddeg pwynt allweddol ym mhob colofn y byddech chi'n eu hystyried fel y pwyntiau pwysicaf er mwyn esbonio pob noddfa.

Awgrym astudio

Ychwanegwch ragor o eiriau allweddol at eich geirfa. Dewiswch nhw'n ofalus yn ôl yr hyn y mae angen ichi ei gofio ar gyfer atebion.

Datblygu sgiliau AA1

Nawr mae'n bryd ystyried y wybodaeth sydd wedi'i chyflwyno hyd yma. Hefyd mae'n bwysig ystyried sut mae'r hyn rydych chi wedi'i ddysgu hyd yma'n gallu cael ei ddefnyddio ar gyfer atebion arholiad drwy ymarfer y sgiliau sy'n gysylltiedig ag AA1.

Mae Amcan Asesu 1 (AA1) yn ymwneud â dangos gwybodaeth a dealltwriaeth. Mae ystyr y termau 'gwybodaeth' a 'dealltwriaeth' yn amlwg ond mae'n hanfodol eich bod yn gyfarwydd â sut mae sgiliau penodol yn dangos y rhain, a hefyd, sut bydd eich perfformiad ym mhob un o'r sgiliau hyn yn cael ei fesur (gweler disgrifyddion band cyffredinol Band 5 ar gyfer AA1 UG).

Yn amlwg mae ateb yn cael ei osod mewn disgrifydd band priodol, yn ôl pa mor dda yw'r ateb, gan amrywio o ragorol, da, boddhaol, sylfaenol/cyfyngedig i gyfyngedig iawn.

▶ Dyma eich tasg newydd: isod mae rhestr o gynnwys dangosol y gallech ei defnyddio'n ymateb i gwestiwn sy'n gofyn am archwilio pwysigrwydd y tair noddfa. Y broblem yw nad yw hi'n rhestr lawn iawn ac mae angen ei chwblhau! Bydd yn ddefnyddiol i chi weithio mewn grŵp ac ystyried beth sydd ar goll o'r rhestr. Bydd angen i chi ychwanegu o leiaf pum pwynt er mwyn gwella'r rhestr a/neu roi mwy o fanylion i bob pwynt sydd ar y rhestr yn barod. Wedyn, gweithiwch mewn grŵp i gytuno ar eich rhestr derfynol ac ysgrifennwch eich rhestr newydd o gynnwys dangosol, gan gofio egwyddorion esbonio gyda thystiolaeth a/neu enghreifftiau.

Yna, os ewch chi ati i roi'r rhestr hon yn y drefn y byddech chi'n cyflwyno'r wybodaeth mewn traethawd, bydd gennych eich cynllun eich hun ar gyfer ateb delfrydol.

Rhestr o gynnwys dangosol:

- Bwdha yw'r noddfa gyntaf.
- Dhamma yw'r ail noddfa.
- Sangha yw'r drydedd noddfa.
- Nid lle i guddio a swatio rhag ymosodiadau o'r tu allan yw noddfa. Mae noddfa'n ganolfan ragoriaeth yn ysbrydol. Mae'n lle i gryfhau, i gael eich adeiladu o'r newydd, ac i ymadfer.
- Mae Bwdhyddion yn canolbwyntio ar y Bwdha i'w harwain ac i'w hysbrydoli.
- Mae Bwdhyddion yn canolbwyntio ar y Dhamma fel cyfrwng ymarferol.
- Y Sangha sy'n creu'r amgylchedd gorau ar gyfer dilyn y llwybr.
- *Ychwanegu eich cynnwys chi*
- *Ychwanegu eich cynnwys chi*
- *Ychwanegu eich cynnwys chi*
- *Ychwanegu eich cynnwys chi*
- Ac yn y blaen

Sgiliau allweddol

Mae gwybodaeth yn ymwneud â:

Dewis ystod o wybodaeth (drylwyr) gywir a pherthnasol sydd â chysylltiad uniongyrchol â gofynion penodol y cwestiwn.

Mae hyn yn golygu eich bod yn dewis y wybodaeth gywir sy'n berthnasol i'r cwestiwn a osodwyd NID y maes pwnc. Bydd angen i chi feddwl a chanolbwyntio ar ddewis gwybodaeth allweddol ac NID ysgrifennu popeth yr ydych chi'n ei wybod am y maes pwnc.

Mae dealltwriaeth yn ymwneud ag:

Esboniad helaeth, gan ddangos dyfnder a/neu ehangder gyda defnydd rhagorol o dystiolaeth ac enghreifftiau gan gynnwys (lle y bo'n briodol) defnydd trylwyr a chywir o destunau cysegredig, ffynonellau doethineb a geirfa arbenigol.

Mae hyn yn golygu y gallwch ddangos eich bod yn deall rhywbeth drwy egluro ac ehangu eich pwyntiau gan ddefnyddio enghreifftiau/tystiolaeth gefnogol mewn ffordd bersonol ac NID ailadrodd darnau o werslyfr (sef dysgu ar y cof).

Cymhwyso sgiliau ymhellach:

Ewch drwy'r meysydd pwnc yn yr adran hon a lluniwch rai rhestri bwled o bwyntiau allweddol o feysydd allweddol. Ar gyfer pob un, rhowch fwy o fanylion ac esboniwch fwy drwy ddefnyddio tystiolaeth ac enghreifftiau.

Cynnwys y fanyleb

Perthnasedd mynd am noddfa yn y byd modern.

Gweithgaredd AA2
Dadleuon posibl

Wedi'u rhestru isod mae rhai casgliadau y byddai'n bosibl dod iddynt ar sail rhesymeg AA2 yn y testun cysylltiedig:

1. Mae'r noddfeydd yn dal i fod yn bwysig heddiw ond maen nhw wedi'u dehongli mewn amrywiaeth o ffyrdd.

2. Mae'r gwahanol ddehongliadau o'r noddfeydd yn golygu bod eu pwysigrwydd yn amrywio.

3. Mae'r noddfeydd yn hanfodol i bob Bwdhydd ond mewn ffyrdd gwahanol.

4. Cyfrwng i ganolbwyntio'n unig yw'r noddfeydd a dydyn nhw ddim yn hanfodol i Fwdhyddion heddiw.

5. Mae'r noddfeydd yn bwysig oherwydd eu bod nhw'n cyfeirio Bwdhydd mewn pethau sy'n ymwneud â materoliaeth, gwleidyddiaeth, perthnasoedd a materion seciwlar eraill.

Ystyriwch bob un o'r casgliadau sy'n cael eu gwneud uchod a chasglwch dystiolaeth ac enghreifftiau i gefnogi pob dadl o'r deunydd AA1 ac AA2 a astudiwyd yn yr adran hon. Dewiswch un casgliad sy'n argyhoeddi fwyaf yn eich barn chi ac esboniwch pam mae hyn yn wir. Nawr cyferbynnwch hyn â'r casgliad gwannaf ar y rhestr, gan gyfiawnhau eich dadl gyda rhesymu clir a thystiolaeth.

Materion i'w dadansoddi a'u gwerthuso

Perthnasedd mynd am noddfa yn y byd modern

Y ddadl gyntaf bosibl yw bod y noddfeydd yn berthnasol i bob traddodiad mewn Bwdhaeth er y gallan nhw gael eu dehongli mewn amrywiaeth o ffyrdd. Er enghraifft, mewn Bwdhaeth Theravada, nhw yw'r lle arferol ar gyfer canolbwyntio a defosiwn yn y Sangha. Yn groes i hyn, efallai bydd y Triratna yn dehongli'r syniad o'r noddfeydd mewn cyd-destun Gorllewinol. Ond bydd yn dal i ddadlau mai'r 'weithred sy'n diffinio bywyd Bwdhydd yw mynd am noddfa at y Bwdha, i'r Dharma, a'r Sangha'.

Dadl arall fyddai bod y gwahanol ddehongliadau o'r noddfeydd yn golygu bod eu pwysigrwydd yn amrywio. Yn y Jodo Shin Shu, y Bwdha yw'r noddfa bwysicaf gan fod llawer yn ystyried bod y ffordd y maen nhw'n datgan y nembutsu (teyrnged i Fwdha Amida) yn hanfodol i Oleuedigaeth. Mewn Zen, gellid dadlau mai'r athro sydd fwyaf arwyddocaol o ran helpu rhywun i gyrraedd Goleuedigaeth (satori) ac felly efallai mai'r Dhama sydd fwyaf arwyddocaol. Eto, yn y Triratna mae'n ymddangos bod y pwyslais mwyaf ar y Sangha sy'n meithrin, yn cryfhau ac yn cefnogi ei ddilynwyr.

Yn groes i'r ddadl hon fyddai'r awgrym nad yw canolbwyntio ar un agwedd benodol ar y noddfeydd yn golygu bod y ddwy arall yn amherthnasol. Ffordd benodol o ymarfer Bwdhaeth yw'r canolbwynt, yn hytrach nag awgrymu blaenoriaeth neu bwysigrwydd. Yn y pen draw mae pob un o'r tair noddfa'r un mor bwysig â'i gilydd. Mewn gwirionedd, yn y traddodiadau hyn mae'r noddfeydd yn dangos rhyngberthynas ac maen nhw'n cydweithio â'i gilydd. Mae'n amhosibl cael un elfen, neu ddwy elfen, heb effeithio ar y traddodiad penodol.

Byddai ystyried pwrpas y noddfeydd yn cefnogi'r ddadl hon. Maen nhw'n ganolbwynt sylw i Fwdhyddion. Felly byddan nhw bob amser yn berthnasol yn y byd cyfoes, pa fath bynnag o Fwdhaeth y mae person yn ei dilyn. Ond, yn yr un ffordd, gan mai canolbwynt sylw yn unig ydyn nhw, efallai nad nhw fydd y prif destun sylw, fel sy'n wir am Fwdhaeth Theravada er enghraifft; efallai mai'r cyfan y bydd Bwdhydd Gorllewinol modern eisiau ei wneud yw cefnogi'r Sangha a byw bywyd iach.

Ond, ateb i'r ddadl hon fyddai, hyd yn oed os nad yw Bwdhydd yn amlwg yn cydnabod y tair noddfa, mae hi'n fater gwahanol pan fyddwn ni'n edrych ar y dybiaeth waelodol, amlwg, sef bod Bwdhydd yn cefnogi'r Sangha. Er enghraifft, petawn i'n cefnogi'r Sangha yn ariannol yn unig, heb fynychu cyfarfodydd a gwneud dim ond byw bywyd iach, rwy'n dal i gynnal egwyddorion y noddfeydd, gan gynnwys y Bwdha a'r Dhamma; ac wrth gefnogi'r Sangha rwy'n derbyn yn uniongyrchol yr egwyddorion y mae'r Sangha wedi'i seilio arnyn nhw.

Eto, gellid awgrymu bod cefnogi'r Sangha yn anuniongyrchol fel hyn yr un mor berthnasol heddiw, yn yr ystyr y gall dreiddio i fywyd y tu allan i'r Sangha a rhoi cyfeiriad i Fwdhydd mewn pethau sy'n ymwneud â materoliaeth, gwleidyddiaeth, perthnasoedd a materion seciwlar eraill.

I gefnogi'r syniad hwn, mae nifer o enghreifftiau o Fwdhyddion lleyg sy'n cefnogi'r Sangha ac y mae pawb sy'n cwrdd â nhw'n gweld eu bod yn cydnabod y Bwdha a'i ddysgeidiaeth.

Sut bynnag mae hi, un ateb posibl fyddai derbyn bod gwahanol ffyrdd y mae'r tair noddfa'n gallu bod yn berthnasol heddiw, rhai uniongyrchol ac anuniongyrchol. Ond, byddai dadlau a yw'r perthnasedd yn 'fwy' neu'n 'llai' arwyddocaol yn tanseilio holl bwrpas y Sangha pedwarplyg.

Gwerth cymharol pob un o'r tri math o noddfa

Y ddadl gyntaf bosibl yw mai'r Bwdha yw'r noddfa bwysicaf gan mai ef yw sylfaenydd Bwdhaeth. Eicon y Bwdha yw'r symbol fwyaf amlwg o Fwdhaeth. Dyma galon pob teml a phob cartref Bwdhaidd.

I gefnogi'r ddadl hon, y Bwdha yw'r noddfa bwysicaf gan iddo sefydlu'r sasana a chafodd y ddysgeidiaeth hon ei henghreifftio drwy ei fywyd. Dywedodd y Bwdha unwaith 'fy ngweld i yw gweld Dhamma' ac anogodd ei ddilynwyr i ganfod yr un gwirioneddau ag y gwnaeth ef, iddyn nhw eu hunain. Mae ei fywyd yn gyfrwng ar gyfer dysgu ac ymarfer i Fwdhyddion heddiw.

Dadl arall fyddai bod y Dhamma a'r Sangha yn ddiystyr heb y Bwdha. Y Bwdha a ganfu'r Dhamma ar gyfer y byd hwn a sefydlu'r sasana, ac nid cyd-ddigwyddiad yw hi mai'r Bwdha sy'n dod gyntaf yn y tair noddfa.

Yn groes i'r dadleuon hyn, gallai rhywun ddadlau mai'r Dhamma yw'r noddfa bwysicaf. O ran darllen bywyd y Bwdha fel hagiograffeg, mae hyn yn sicr yn wir gan ei fod yn cyfeirio'r tu hwnt i'r ffigwr hanesyddol i'r sasana.

Er mwyn cefnogi'r ddadl hon, gallai rhywun nodi mai'r Dhamma yw'r noddfa bwysicaf i Fwdhyddion heddiw oherwydd dyma adawodd y Bwdha ar ei ôl. Mae'r Dhamma'n cael ei astudio a'i ddosbarthu dros y byd heddiw. Mae'r ddysgeidiaeth yn cael ei hadrodd a'i siantio er mwyn iddi gael ei dilyn yn fanwl gywir gan bawb sydd am gyrraedd Goleuedigaeth.

Yn wir, gellid dadlau mai'r Dhamma yw'r noddfa bwysicaf heddiw oherwydd mai dyma'r allwedd i Oleuedigaeth. Y Dhamma oedd yr ateb a ganfu Bwdha, ac mae'n rhoi'r diagnosis i brif broblemau bywyd; dyma'r ffordd i ddatrys a dileu problemau o'r fath.

Ond, ateb i'r ddadl hon fyddai mai'r Sangha yw'r noddfa fwyaf gan fod y Sangha'n cryfhau Bwdhaeth ac yn cynnal ei thraddodiadau. Mae'r Sangha'n cadw dysgeidiaeth y Bwdha ond dyma hefyd y cyfrwng ar gyfer rhannu'r Bwdha a'r Dhamma gyda'r boblogaeth leyg.

Eto, gellid dadlau na fyddai dysgeidiaeth Fwdhaidd yn goroesi heb y Sangha. Mae'r Sangha'n rhoi amgylchedd delfrydol i Fwdhyddion i ymarfer Bwdhaeth. Mae'r Sangha'n sicrhau bod Bwdhaeth yn goroesi.

Yn cefnogi'r ddadl hon fyddai'r awgrym fod y syniad o'r Sangha yn cwmpasu popeth, gan ei fod yn cynnwys y Bwdha a'r Dhamma. Ond nid yn unig hynny, mae hefyd yn rhoi cyfarwyddyd ynghylch sut dylai'r Bwdha gael ei weld a sut dylai'r Dhamma gael ei ymarfer.

Sut bynnag mae hi, un ateb posibl fyddai gweld bod y tair noddfa'n dibynnu'n llwyr ar ei gilydd ac yn cadarnhau ei gilydd. Dydyn nhw ddim i fod i gael eu gweld fel hierarchaeth yn ôl pwysigrwydd. Mae'r ffaith mai'r Bwdha sy'n cael ei nodi gyntaf yn drefniant cronolegol, yn hytrach nag yn awgrym o flaenoriaeth neu bwysigrwydd. Y drefn, yn syml ddigon, yw bod y Bwdha wedi canfod y Dhamma ac yna wedi sefydlu'r sasana ac o hynny cafodd y Sangha ei greu.

Yn ôl y ddadl hon, mae pob un o'r tair noddfa'r un mor bwysig â'i gilydd. Does dim modd ystyried bod un yn bwysicach na'r llall gan eu bod i gyd yn cyd-berthyn ac yn dibynnu ar ei gilydd. Mae'n amhosibl cael un elfen, neu ddwy elfen yn unig, heb newid Bwdhaeth fel rydyn ni'n ei hadnabod.

Cynnwys y fanyleb

Gwerth cymharol pob un o'r tri math o noddfa.

Gweithgaredd AA2
Dadleuon posibl

Wedi'u rhestru isod mae rhai casgliadau y byddai'n bosibl dod iddynt ar sail rhesymeg AA2 yn y testun cysylltiedig:

1. Y Bwdha yw'r noddfa bwysicaf.
2. Y Dhamma yw'r noddfa bwysicaf.
3. Y Sangha yw'r noddfa bwysicaf.
4. Mae pob noddfa lawn mor bwysig â'i gilydd.
5. Ni chafodd y noddfeydd erioed eu bwriadu i fod yn hierarchaeth, ac felly mae'r cwestiwn ei hun yn amherthnasol.

Ystyriwch bob un o'r casgliadau sy'n cael eu gwneud uchod a chasglwch dystiolaeth ac enghreifftiau i gefnogi pob dadl o'r deunydd AA1 ac AA2 a astudiwyd yn yr adran hon. Dewiswch un casgliad sy'n argyhoeddi fwyaf yn eich barn chi ac esboniwch pam mae hyn yn wir. Nawr cyferbynnwch hyn â'r casgliad gwannaf ar y rhestr, gan gyfiawnhau eich dadl gyda rhesymu clir a thystiolaeth.

Sgiliau allweddol

Mae dadansoddi'n ymwneud â nodi materion sy'n cael eu codi gan y deunyddiau yn adran AA1, ynghyd â'r rhai a nodyd yn adran AA2, ac mae'n cyflwyno safbwyntiau cyson a chlir, naill ai gan ysgolheigion neu safbwyntiau personol, yn barod i'w gwerthuso.

Mae hyn yn golygu ei fod yn nodi pethau allweddol i'w trafod a'r dadleuon sy'n cael eu cyflwyno gan eraill neu o safbwynt personol.

Mae gwerthuso'n ymwneud ag ystyried goblygiadau amrywiol y materion sy'n cael eu codi, yn seiliedig ar y dystiolaeth a gafwyd wrth ddadansoddi ac mae'n rhoi dadl fanwl eang gyda chasgliad clir.

Mae hyn yn golygu bod yr ateb yn pwyso a mesur y dadleuon amrywiol a gwahanol a gafodd eu dadansoddi drwy roi sylwadau ac ymateb unigol, gan ddod i gasgliad drwy broses rhesymu clir.

Datblygu sgiliau AA2

Nawr mae'n bryd ystyried y wybodaeth sydd wedi'i chyflwyno hyd yma. Hefyd mae'n bwysig ystyried sut mae'r hyn rydych chi wedi'i ddysgu hyd yma'n gallu cael ei ddefnyddio ar gyfer atebion arholiad drwy ymarfer y sgiliau sy'n gysylltiedig ag AA2.

Mae Amcan Asesu 2 (AA2) yn ymwneud â 'dadansoddi' a 'gwerthuso'. Efallai fod ystyr y termau'n amlwg ond mae'n hanfodol eich bod yn gyfarwydd â sut mae sgiliau penodol yn dangos y rhain, a hefyd, sut bydd eich perfformiad ym mhob un o'r sgiliau hyn yn cael ei fesur (gweler disgrifyddion band cyffredinol Band 5 ar gyfer AA2 UG).

Yn amlwg mae ateb yn cael ei osod mewn disgrifydd band priodol, yn ôl pa mor dda yw'r ateb, gan amrywio o ragorol, da, boddhaol, sylfaenol/cyfyngedig i gyfyngedig iawn.

▶ **Dyma eich tasg newydd:** isod mae rhestr o gynnwys dangosol y gallech ei defnyddio'n ymateb i gwestiwn sy'n gofyn am werthuso gwerth cymharol pob un o'r tair noddfa. Y broblem yw nad yw hi'n rhestr lawn iawn ac mae angen ei chwblhau! Bydd yn ddefnyddiol i chi weithio mewn grŵp ac ystyried beth sydd ar goll o'r rhestr. Bydd angen i chi ychwanegu o leiaf chwe phwynt (tri o blaid a thri yn erbyn) er mwyn gwella'r rhestr a/neu ychwanegu mwy o fanylion i bob pwynt sydd ar y rhestr yn barod. Cofiwch, y ffordd rydych chi'n defnyddio'r pwyntiau yw'r ffactor pwysicaf. Defnyddiwch egwyddorion gwerthuso gan wneud yn siŵr eich bod: yn nodi'r materion yn glir; yn cyflwyno safbwyntiau eraill yn gywir, gan wneud yn siŵr eich bod yn gwneud sylwadau ar y safbwyntiau rydych yn eu cyflwyno; yn dod i farn bersonol gyffredinol. Gallwch ychwanegu rhagor o'ch awgrymiadau eich hun, ond ceisiwch drafod fel grŵp a blaenoriaethu'r pethau pwysicaf i'w hychwanegu. Wedyn, gweithiwch mewn grŵp i gytuno ar eich rhestr derfynol ac ysgrifennwch eich rhestr newydd o gynnwys dangosol, gan gofio egwyddorion esbonio gyda thystiolaeth a/neu enghreifftiau. Yna, os ewch chi ati i roi'r rhestr hon yn y drefn y byddech chi'n cyflwyno'r wybodaeth mewn traethawd, bydd gennych chi eich cynllun eich hun ar gyfer ateb delfrydol.

Rhestr o gynnwys dangosol:

- Un ddadl bosibl fyddai bod y Bwdha'n noddfa allweddol fel rhywun sy'n ysbrydoli ac wedi cyrraedd Goleuedigaeth.
- Ond, nid 'Duw' eithaf yw'r Bwdha.
- Dadl arall yw mai'r Dhamma yw'r sasana yr oedd y Bwdha'n dweud wrth bawb am ei ddilyn. Mae'n bosibl dadlau mai hon yw'r noddfa bwysicaf.
- Mae'r Sangha yn hanfodol oherwydd, heb amgylchedd sy'n addas, dydy hi ddim yn bosibl dilyn y llwybr yn ôl y sasana. Mae'r ddadl hon yn arwain at y casgliad bod y Sangha yn cwmpasu'r Bwdha a'r Dhamma.
- *Ychwanegu eich cynnwys chi*
- *Ychwanegu eich cynnwys chi*
- *Ychwanegu eich cynnwys chi*
- *Ychwanegu eich cynnwys chi*
- Ac yn y blaen

B: Myfyrdod

Pwysigrwydd myfyrdod mewn Bwdhaeth

Mae myfyrdod yn hen arfer a oedd yn bodoli ymhell cyn cyfnod y Bwdha. Yn y bôn, mae'n ffurf ar ganolbwyntio a dadansoddi sy'n archwilio prosesau'r meddwl a'i berthynas â'r byd ffisegol.

Mae nifer o dermau'n cael eu defnyddio mewn ystyr anllythrennol i gyfeirio at fyfyrdod. Ond mewn gwirionedd, maen nhw'n fwy penodol na hyn. Er enghraifft, mae dhyana (jhana *Pali*), **samadhi** a **bhavana** i gyd wedi cael eu defnyddio i gyfeirio at fyfyrdod yn gyffredinol. Mae dhyanas yn gysylltiedig â chamau myfyrdod Bwdhaidd fel y rhai cyn Goleuedigaeth y Bwdha. Fel arfer mae samadhi yn gysylltiedig â chyflwr uwch o ymwybod myfyriol, canolbwyntio neu gyflwr o berlewyg. Yn llythrennol, ystyr bhavana yw 'datblygu' neu 'meithrin', ac mae'n aml yn gysylltiedig ag amryw o fathau penodol o fyfyrdodau Bwdhaidd. Yn ôl Gethin, ' ... dydy hi ddim yn hollol eglur i ba derm technegol Bwdhaidd y mae'r gair "myfyrdod" yn cyfateb'.

Mewn un ystyr, mae'n bosibl defnyddio'r gair bhavana i grynhoi holl arfer myfyrdod Bwdhaidd. Cyfieithiad arall ohono yw 'dod', ac mae'n awgrymu proses o ddatblygiad meddyliol a hunanymwybyddiaeth y mae person yn mynd drwyddi wrth ei ymarfer. Fel rydyn ni wedi ei weld gyda dysgeidiaeth anatta, mae gwrthod hunan metaffisegol o blaid hunan empirig cryfach yn sylfaenol i ymarfer myfyrdod Bwdhaidd. Mae'n eironig meddwl, mewn Bwdhaeth, fod gwireddu realiti anatta drwy wrthod yr hunan mewn gwirionedd yn cynhyrchu ymwybyddiaeth gryfach o'r hunan, hynny yw, hunaniaeth bersonol, a bod hynny yn y pen draw yn dod yn ffurf ar 'hunanddatblygiad'!

Felly, rhaid gwahaniaethu bhavana oddi wrth dhyana neu jhana o ran ei fod yn fwy cynhwysfawr, gan ei fod yn cynnwys yr holl amrywiaeth o arferion myfyrio mewn Bwdhaeth.

Nod myfyrdod, hynny yw, bhavana neu ddatblygiad meddyliol, yw meithrin cyflyrau meddyliol cadarnhaol er mwyn agor mynediad i'r dhyanas neu'r pedwar jhana (myfyrdodau) neu samadhi (canolbwyntiau). Drwy fyfyrdod, mae Bwdhydd yn dod yn fwy 'effro'.

Ond, mae amryw o gamau i'w dilyn ac i fynd drwyddyn nhw.

Er mwyn ymarfer a datblygu sgiliau a thechnegau myfyrdod, mae angen athro ar berson. Er ei bod hi'n bosibl dysgu myfyrdod heb athro, mae'n llawer gwell cael hyfforddwr personol, yn union fel gyda datblygiad corfforol neu wrth ddysgu offeryn cerdd. Bydd profiad personol pobl eraill yn helpu'r disgybl i ddysgu'n fwy effeithlon.

Mae tri cham i bhavana:

- Goresgyn y pum rhwystr. Y rhain yw awydd synhwyrus, casineb, diogi a syrthni, aflonyddwch a phetruster ac amheuaeth.
- Datblygu'r pedwar **Brahma Vihara**. Y rhain yw'r pedair preswylfa aruchel neu ddwyfol. Hefyd maen nhw'n cael eu galw'n bedwar cyflwr diderfyn caredigrwydd cariadus (metta), tosturi, llawenydd dros eraill (neu gydymdeimladol) a phwyll.
- Datblygu'r viharas a chael gwared ar y rhwystrau. Mae angen i'r ymarferydd ganolbwyntio ar rywbeth (naill ai ar rywbeth fel cymorth, neu ansawdd) fel **anussati** (6–10 atgof), **anapanasati** (anadlu meddylgar), **kasinas** (10 dyfais), **asubha** (10 hagrwch).

Ar ôl cyflawni hyn, mae'n arwain at ddod yn ymwybodol o bedair sylfaen meddylgarwch drwy sati. Ystyr sati yw meddylgarwch ac mae'n dod o'r gair Sansgrit smriti sy'n golygu galw i gof neu gofio. Mae hyn yn arwain at ganolbwyntio (samadhi) a hefyd at ddoethineb neu fewnwelediad (panna). Ar un ystyr, uchafbwynt myfyrdod yw mewnwelediad i wirioneddau neu realiti'r byd lle rydyn ni'n byw. Mae hyn yn arwain at nirvana, y ffordd eithaf o fynegi'r gwirioneddau, Goleuedigaeth mewn Bwdhaeth.

Mae'r adran hon yn cwmpasu cynnwys a sgiliau AA1

Cynnwys y fanyleb

Pwysigrwydd myfyrdod mewn Bwdhaeth. Sut y caiff yr arferion hyn eu defnyddio er mwyn cael mynediad at wir natur realiti, ac er mwyn meithrin rhinweddau sy'n arwain at Ddeffroad.

Termau allweddol

Anapanasati: anadlu meddylgar

Anussati: atgofion

Asubha: hagrwch

Bhavana: datblygiad meddyliol

Brahma Viharas: pedwar cyflwr aruchel neu ddwyfol

Kasina: gwrthrych i ganolbwyntio arno, fel arfer cerdyn lliw crwn

Samadhi: canolbwyntio

Mae cylchoedd lliw syml (glas, gwyrdd, melyn, coch neu wyn) wedi cael eu defnyddio fel kasinas i helpu Bwdhyddion i ganolbwyntio wrth fyfyrio.

cwestiwn cyflym

4.7 At ba fath o fyfyrdod mae bhavana yn cyfeirio?

Yn dibynnu ar gam ysbrydol person, mae amryw o lwybrau i gyrraedd hyn. Y rhain yw llwybrau offer, cymhwyso, gweld, datblygu a chwblhau. Mae llwybrau offer a chymhwyso'n arwain i ddechrau at ddatblygu llonyddwch a myfyrdod mewnwelediad i safon dderbyniol, o bosibl fel lleygwr. Fel arfer mae llwybrau gweld, datblygu a chwblhau wedi'u cysylltu â bywyd yr arhat neu'r bodhisattva, ac maen nhw'n cynrychioli camau'r mewnwelediad neu'r doethineb perffaith sydd eu hangen ar gyfer nirvana.

Yn gryno, mae'r 40 cam myfyrdod, fel nodwyd nhw gan Vasubandhu, hen fynach Bwdhaidd, yn sylfaen i arfer myfyrdod tawel (samatha) yn nhraddodiad Bwdhaeth y de. Yn ogystal, mae'r saith puredigaeth y mae eu hangen er mwyn datblygu wyth cam mewnwelediad (vipassana) yn cyfuno i wneud i fyfyrdod fod yn brofiad mwy cyfannol, sy'n ffafriol i nirvana. Mae samatha yn cael ei alw'n fyfyrdod tawel, gyda chanolbwynt neu 'ag un pwynt' i'r sylw. Mae vipassana yn fyfyrdod mewnwelediad sy'n arwain at werthfawrogi realiti mewn gwirionedd. Mae metta bhavana yn ffurf boblogaidd ar fyfyrdod o fewn arfer samatha ac mae'n canolbwyntio ar garedigrwydd cariadus.

Mae zazen yn ffurf Bwdhaeth Zen ar fyfyrdod 'eistedd yn unig'. Mae'r syniad o eistedd yn adlewyrchu arfer y mynach enwog Bodhidharma, sylfaenydd Ch'an yn China a ddatblygodd wedyn yn Fwdhaeth Zen yn Japan. Mae eistedd yn unig yn golygu disgwyl am gipolwg ar eiliad o fewnwelediad a sylweddoliad sy'n dod â Goleuedigaeth, o'r enw satori.

Yn y disgyblaethau amrywiol hyn mae nodau neu ddibenion uniongyrchol i'w cyflawni. Er enghraifft, er mwyn datblygu'r gallu i ganolbwyntio, er mwyn profi'r dhyanas ac estyn ffiniau canfyddiad ac ymwybod, er mwyn cael mewnwelediad i wirionedd uwch, neu i leihau effaith dioddefaint ac yn y blaen. Gellid defnyddio agweddau fel hyn fel rhesymau ar eu pennau eu hunain yn hytrach na rhesymau unigol o safbwynt mwy cyfannol.

Gweithgaredd AA1

Lluniwch brawf adolygu, o bosibl ar y geiriau allweddol, ar gyfer pob Thema a phob rhan yr ydych chi wedi'u hastudio. Profwch ffrind ac yna gadewch iddo/iddi eich profi chi. Cofiwch, mae'n bwysig ystyried yr hyn nad ydych chi'n ei wybod, nid faint rydych chi'n ei gael yn gywir!

Awgrym astudio

Gan eich bod chi'n dod at ddiwedd y cwrs nawr, ceisiwch weithio mewn grwpiau i'ch helpu eich gilydd i adolygu, yn hytrach na gwneud hyn ar eich pen eich hun yn unig.

Cynnwys y fanyleb

Ymwybyddiaeth o nodweddion penodol y gwahanol draddodiadau o fyfyrdod: samatha (tawelwch).

cwestiwn cyflym

4.8 Faint o wrthrychau sydd wedi'u rhestru yn Visuddhimagga Buddhaghosa?

Samatha: myfyrdod tawel

Er mwyn ymarfer samatha neu fyfyrdod tawel mae angen ymddaliad cyfforddus (eistedd, lotus, hanner lotus neu hyd yn oed ar gadair), gyda'r dwylo'n gorffwyso yn yr arffed (mudra). Mae siantio'n digwydd fel arfer er mwyn cynhesu ac i baratoi at ganolbwyntio. Mynd am noddfa yw'r ffordd draddodiadol o baratoi.

Mae ymarfer samatha yn gofyn am arsylwi trylwyr ac yn cynnwys defnyddio gwrthrychau i ganolbwyntio arnyn nhw. Fel y soniwyd uchod, mae Visuddhimagga Buddhaghosa yn sôn am 40 gwrthrych fel hyn, gan gynnwys delweddau yn y meddwl fel y Bwdha, canolbwynt corfforol fel anadlu, neu wrthrychau corfforol fel cylchoedd bach lliw, neu kasinas.

Un o'r ymarferion mwyaf poblogaidd ar gyfer samatha yw anapanasati (anadlu meddylgar) a metta bhavana (meithrin caredigrwydd cariadus). Mae eraill yn cynnwys adfyfyrio ar rinweddau'r Bwdha. Mae myfyrdod samatha yn arwain at gyflyrau datblygiad meddyliol uwch. Ond mae Bwdhyddion yn dadlau mai ar y cyd â myfyrdod vipassana yn unig mae'n bosibl cyrraedd nirvana, sef cyrraedd darfyddiad.

Canlyniad samatha ynddo'i hun yw dod yn raddol i werthfawrogi llonyddwch, canolbwyntio neu hunanfeddiant (samadhi).

Gwahanol ymddaliadau ar gyfer myfyrdod Bwdhaidd

Metta bhavana (meithrin caredigrwydd cariadus)

Enw gwreiddiol yr ymarfer hwn yw metta bhavana, sy'n dod o'r iaith Pali. Ystyr metta yw 'cariad' (mewn ystyr nad yw'n rhamantus), cyfeillgarwch, neu garedigrwydd: felly 'caredigrwydd cariadus' yn gryno. Emosiwn dros dro yw hwn, ond pan gaiff ei feithrin mae'n dod yn gyflwr meddwl iach. Y ffurf fwyaf poblogaidd ar yr ymarfer yw meithrin metta mewn pum cam, a dylai pob un ohonyn nhw bara tua phum munud i ddechreuwr.

- Y cam cyntaf yw cariad tuag at yr hunan. Mae hyn yn hanfodol gan fod rhaid gwerthfawrogi cariad tuag at yr hunan er mwyn gallu rhannu hyn ag eraill. Fel dywed y Dalai Lama, 'Allwn ni byth gael heddwch yn y byd allanol tan i ni wneud heddwch â ni ein hunain'. Mae seicoleg fodern yn cydnabod bod ymddygiad a theimladau digariad tuag at eraill yn aml yn deillio o gasineb tuag atom ni ein hunain; casineb yr ydym wedi'i 'daflunio' yw hwn, sy'n golygu ein bod ni wedi'i guddio a gwrthod cydnabod ei fod yno. Mae metta bhavana yn dechrau drwy ganolbwyntio ar deimladau o heddwch, tawelwch, a llonyddwch ac mae'n cryfhau i fod yn gariad at yr hunan drwy ysgogi'r meddwl ymhellach drwy feddyliau fel 'boed i mi fod yn iach gyda mi fy hun'.

- Wedyn mae'r ail gam yn gadael i ni estyn y canolbwynt hwn ymhellach at ffrind annwyl, gan feddwl am ei rinweddau da ac ailadrodd 'boed iddo fod yn iach, boed iddo fod yn hapus'.

- Mae'r trydydd cam yn fwy heriol oherwydd bod hyn yn golygu canolbwyntio ar rywun yr ydym yn meddwl nad ydyn ni wir yn ei hoffi. Ond rydyn ni'n ceisio dofi'r teimladau drwy ganolbwyntio ar ei ddynoliaeth a'i gynnwys yn y grŵp a ddatblygwyd hyd yma gyda'r hunan a ffrind.

- Mae'r pedwerydd cam yn helpu i ddatrys gwrthdaro ac mae'n ymwneud â theimladau o gasineb, efallai tuag at unigolyn sydd wedi achosi poen i ni neu sy'n gwneud hynny. Mae angen ateb y teimladau o gasineb â metta a meddyliau cadarnhaol am ei ddynoliaeth. Yn y traddodiad Mahayana, ffordd o helpu gyda meddyliau fel hyn oedd dychmygu bod gwrthrych eich casineb yn fam i chi mewn bywyd blaenorol.

- Mae'r cam olaf yn dod â'r pedwar canolbwynt at ei gilydd fel grŵp ond yna mae'n cynnwys pawb ynddo yn raddol, pawb yn y gymdogaeth, yn y dref, yn y wlad, ac yn olaf drwy'r byd i gyd, pob bod ymdeimladol. Mae Bwdhyddion yn aml yn disgrifio teimlad o donnau o garedigrwydd cariadus yn lledaenu allan o'r galon i bobman.

Th4 Arferion crefyddol sy'n dylanwadu ar hunaniaeth grefyddol

Dyfyniad allweddol

Mae'n amlwg, mewn damcaniaeth Fwdhaidd, fod dwy agwedd ar fyfyrdod Bwdhaidd, tawelwch (samatha) a mewnweledaid (vipassana), yn cael eu gweld gyda'i gilydd yn rhai sy'n creu'r sail i wireddu'r nod Bwdhaidd: pan fydd myfyrdod tawel a mewnweledaid yn dod at ei gilydd (yuga-naddha), gellir cael profiad o'r hyn sydd heb ei gyflyru (nirvana). (Gethin)

Cynnwys y fanyleb

Ymwybyddiaeth o nodweddion penodol y gwahanol draddodiadau o fyfyrdod: metta bhavana (caredigrwydd cariadus).

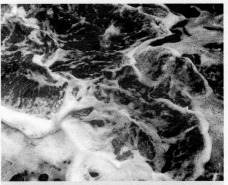
Cam olaf metta bhavana yw dychmygu bod cariad yn lledaenu at bawb fel tonnau'r môr.

cwestiwn cyflym

4.9 Pam mae'n bwysig caru eich hun mewn metta bhavana?

Dyfyniad allweddol

Boed i bob bod byw fod yn hapus ac yn ddiogel, boed iddo fod â meddylfryd hapus. Pa fodau byw bynnag sydd – gwan neu gryf, hir, tew neu ganolig, byr, bach neu fawr, gweledig neu anweledig (ysbrydion, duwiau a bodau uffern), rhai sy'n byw'n bell neu'n agos, rhai sydd wedi'u geni neu rai sy'n aros am ailenedigaeth, boed i bob bod byw, heb eithriad, fod â meddylfryd hapus. Boed i neb dwyllo un arall neu gasáu unrhyw berson mewn unrhyw le; mewn dicter neu ddrwgdeimlad boed iddyn nhw beidio â dymuno dioddefaint i'w gilydd. Yn union fel byddai mam yn amddiffyn ei hunig blentyn drwy beryglu ei bywyd ei hun, hyd yn oed felly, boed iddo feithrin calon ddiderfyn tuag at bob bod byw. Boed i'w feddyliau am garedigrwydd cariadus diderfyn dreiddio drwy'r holl fyd: uwchben, islaw ac ar draws, heb rwystr, heb unrhyw gasineb, heb unrhyw elyniaeth. (Metta Sutta, yn seiliedig ar gyfieithiad Saesneg Peter Harvey)

Cynnwys y fanyleb

Ymwybyddiaeth o nodweddion penodol y gwahanol draddodiadau o fyfyrdod: vipassana (mewnwelediad/ gweld yn eglur).

Bwdhydd Zen yn myfyrio

Cynnwys y fanyleb

Ymwybyddiaeth o nodweddion penodol y gwahanol draddodiadau o fyfyrdod: zazen (eistedd yn unig).

Dyfyniadau allweddol

Does dim gwahaniaeth sawl blwyddyn rydych chi'n eistedd yn gwneud zazen, fyddwch chi byth yn dod yn unrhyw beth arbennig. (Sawaki)

Y fynedfa i Zen yw deall eich natur hanfodol eich hun. Ond mae'n hollol amhosibl dod i ddeall ein natur hanfodol ein hunain yn eglur drwy unrhyw ddull deallusol neu athronyddol. Yr unig ffordd o'i wneud yw drwy brofi hunansylweddoliad drwy zazen. (Yamada)

cwestiwn cyplym

4.10 Beth sy'n unigryw am fyfyrdod vipassana?

Termau allweddol

Sesshin: encil Zen

Zendo: neuadd myfyrdod Bwdhaeth Zen

Vipassana: myfyrdod mewnwelediad

Mae myfyrdod mewnwelediad yn dod â lefel uwch o feddylgarwch ohono'i hun, ond yn gyffredinol nid yw ond yn cael ei ymarfer gyda samatha yn sail iddo. Mewn gwirionedd mae vipassana yn galluogi rhywun i ddiffodd tri thân trachwant, casineb a rhithdyb ac i gyrraedd nirvana. Mae'n agor y meddwl yn hytrach na chanolbwyntio ar un peth, fel sy'n digwydd gyda samatha.

Yn ystod myfyrdod vipassana, mae'r ymarferydd yn sylwi bod ffenomenau corfforol, meddyliol neu rai'n ymwneud â phrofiad yn codi ac yn mynd ymaith. Mae'r ymarfer yn cynhyrchu ymwybyddiaeth o'r nodweddion sy'n cael eu rhannu gan y ffenomenau, ac mae'n meithrin ymwybyddiaeth ddofn o dri nod bodolaeth.

Er syndod, dydy'r math hwn o fyfyrdod ddim bob amser yn cynnwys eistedd. Yr ymddaliad neu'r ymarfer mwyaf poblogaidd ar gyfer myfyrdod vipassana yw 'cerdded meddylgar', sy'n cael ei wneud yn araf iawn, yn aml mewn man agored fel cae y tu allan i fynachlog. Mae'r ymarferwr yn ffurfio 'llwybr' amlwg yn y meddwl ac yn ei ddilyn yn ôl ac ymlaen. Dyma sut gall y Bwdhydd ddatblygu vipassana drwy ei gymhwyso i brofiad bywyd.

Mae myfyrdod vipassana yn ymwneud â realiti yn hytrach na gwrthrych sefydlog penodol, ond mae angen sgiliau meddyliol uchel i'w ymarfer. Dydy hi ddim yn bosibl ei gyflawni heb feistroli disgyblaeth samatha.

Zazen: myfyrdod eistedd yn unig

Ffurf ar Fwdhaeth o Japan yw Bwdhaeth Zen a ddatblygodd o Fwdhaeth Ch'an China. Bodhidharma, y mynach o India, oedd sylfaenydd Ch'an a Zen. Felly mae dylanwad ymarfer ymddaliad Indiaidd traddodiadol ar Zen, ac mae'n helpu i roi pwyslais newydd ar zazen (myfyrdod eistedd) wrth wynebu wal.

Y gair Japaneeg am 'eistedd' yw 'za'. Mae 'zen' yn gyfieithiad o'r gair Tsieinëeg 'ch'an', sydd yn ei dro'n gyfieithiad o'r term Sansgrit 'dhyana', ac felly mae'n cyfeirio at gyflwr o ymgolli dwfn mewn myfyrdod. Felly ystyr 'zazen' yw 'eistedd wedi ymgolli', a dyma enw ymarfer myfyrdod Bwdhaeth Zen.

Mae zazen yn debyg i'r traddodiadau Indiaidd, ond mae pwyslais newydd ar Ddeffroad sydyn natur-Bwdha i Oleuedigaeth (satori). Yn ôl Zen, mae hyn yn digwydd yn sydyn iawn ac mae'n aml yn ddigymell. Mae'r broses o fyfyrio hefyd yn cynnwys gwerthfawrogi gwacter (sunyata) pob ffenomen yn ddyfnach.

Mae ymarfer zazen yn para oriau maith ac mae'n aml yn cael ei wneud mewn sesshin (encil) ond hefyd mewn zendo (neuadd fyfyrio) o dan lygad barcud uwch fynach.

Dyfyniad allweddol

Pan fydd eich ymwybod wedi aeddfedu mewn zazen gwirioneddol – pur fel dŵr clir, fel llyn mynydd tawel, heb ei symud gan unrhyw wynt – yna gall unrhyw beth fod yn gyfrwng sylweddoliad. (Basho)

Gweithgaredd AA1

Lluniwch gardiau adolygu ar gyfer y gwahanol fathau o fyfyrdod gyda ffeithiau allweddol ar gefn y cardiau gyda'r pennawd: ffordd o ymarfer, geiriau allweddol, nodau.

Awgrym astudio

Syniad da bob amser yw edrych ar unrhyw atebion enghreifftiol, cynlluniau marcio a hen gwestiynau/cwestiynau enghreifftiol wrth baratoi at yr arholiad.

Datblygu sgiliau AA1

Nawr mae'n bryd ystyried y wybodaeth sydd wedi'i chyflwyno hyd yma. Hefyd mae'n bwysig ystyried sut mae'r hyn rydych chi wedi'i ddysgu hyd yma'n gallu cael ei ddefnyddio ar gyfer atebion arholiad drwy ymarfer y sgiliau sy'n gysylltiedig ag AA1.

Mae Amcan Asesu 1 (AA1) yn ymwneud â dangos gwybodaeth a dealltwriaeth. Mae ystyr y termau 'gwybodaeth' a 'dealltwriaeth' yn amlwg ond mae'n hanfodol eich bod yn gyfarwydd â sut mae sgiliau penodol yn dangos y rhain, a hefyd, sut bydd eich perfformiad ym mhob un o'r sgiliau hyn yn cael ei fesur (gweler disgrifyddion band cyffredinol Band 5 ar gyfer AA1 UG).

Yn amlwg mae ateb yn cael ei osod mewn disgrifydd band priodol, yn ôl pa mor dda yw'r ateb, gan amrywio o ragorol, da, boddhaol, sylfaenol/cyfyngedig i gyfyngedig iawn.

Rydych chi bellach yn nesáu at ddiwedd yr adran hon o'r cwrs. O hyn allan dim ond cyfarwyddiadau fydd gan y dasg, heb enghreifftiau; ond, gan ddefnyddio'r sgiliau yr ydych wedi'u datblygu wrth gwblhau'r tasgau cynharach, dylech allu cymhwyso'r hyn rydych wedi dysgu ei wneud a chwblhau hyn yn llwyddiannus.

▶ **Dyma eich tasg newydd:** bydd rhaid i chi ysgrifennu ymateb o dan amodau wedi'u hamseru i gwestiwn sy'n gofyn am nodweddion penodol myfyrdodau samatha a vipassana. Bydd angen i chi ganolbwyntio er mwyn gwneud hyn a chymhwyso'r sgiliau yr ydych chi wedi'u datblygu hyd yma:

> **1. Dechreuwch gyda rhestr o gynnwys dangosol. Trafodwch hon fel grŵp, efallai. Does dim rhaid i'r rhestr fod mewn unrhyw drefn.**

> **2. Datblygwch y rhestr gan ddefnyddio enghreifftiau.**

> **3. Nawr ystyriwch ym mha drefn yr hoffech esbonio'r wybodaeth.**

> **4. Yna, ysgrifennwch eich cynllun, o dan amodau wedi'u hamseru, gan gofio egwyddorion esbonio gyda thystiolaeth a/neu enghreifftiau.**

Defnyddiwch y dechneg hon er mwyn adolygu pob un o'r meysydd pwnc rydych chi wedi'u hastudio. Mae techneg sylfaenol cynllunio atebion yn helpu hyd yn oed pan fydd amser yn brin ac rydych chi'n methu cwblhau pob traethawd.

Cynnwys y fanyleb

Gwerth a pherthnasedd myfyrdod i bob Bwdhydd heddiw.

Gweithgaredd AA2
Dadleuon posibl

Wedi'u rhestru isod mae rhai casgliadau y byddai'n bosibl dod iddynt ar sail rhesymeg AA2 yn y testun cysylltiedig:

1. Mae myfyrdod Bwdhaidd yn werthfawr ac yn bwysig i bob Bwdhydd heddiw.

2. Dydy myfyrdod Bwdhaidd ddim yn werthfawr ac yn bwysig i bob Bwdhydd heddiw.

3. Mae myfyrdod Bwdhaidd yn werthfawr ac yn bwysig ond mae'n bwysicach i rai Bwdhyddion.

4. Mae myfyrdod Bwdhaidd yn werthfawr i bob Bwdhydd heddiw mewn egwyddor, ond yn ymarferol mae'n fwy arwyddocaol i rai.

5. Mae myfyrdod Bwdhaidd yn fwy gwerthfawr a phwysig i'r rhai sy'n byw mewn mynachlog.

Ystyriwch bob un o'r casgliadau sy'n cael eu gwneud uchod a chasglwch dystiolaeth ac enghreifftiau i gefnogi pob dadl o'r deunydd AA1 ac AA2 a astudiwyd yn yr adran hon. Dewiswch un casgliad sy'n argyhoeddi fwyaf yn eich barn chi ac esboniwch pam mae hyn yn wir. Nawr cyferbynnwch hyn â'r casgliad gwannaf ar y rhestr, gan gyfiawnhau eich dadl gyda rhesymu clir a thystiolaeth.

Materion i'w dadansoddi a'u gwerthuso

Gwerth a pherthnasedd myfyrdod i bob Bwdhydd heddiw

Y ddadl gyntaf bosibl yw mai myfyrdod yw'r arfer pwysicaf mewn Bwdhaeth a bod pob dilynwr Bwdhaeth yn ei ymarfer ar bob lefel, o ganolbwyntio yn ddigon syml mewn defosiynau i dechnegau myfyrdod uwch. Felly mae'n werthfawr iawn ac yn hollol berthnasol o'i weld fel hyn.

I gefnogi'r ddadl hon, er bod gwahanol fathau o fyfyrdod, maen nhw i gyd yn rhannu nod cyffredin, sef Goleuedigaeth fel y wobr eithaf, ond hefyd y manteision sy'n gyffredin, sef datblygu'r gallu i ganolbwyntio a mwy o fewnwelediad i ddysgeidiaeth Bwdhaeth. Unwaith eto, o'i weld o'r safbwynt hwn, does dim modd gwadu gwerth a phwysigrwydd myfyrdod, er bod hyn yn codi'r cwestiwn a yw myfyrdod yr un mor werthfawr a pherthnasol i bob Bwdhydd heddiw.

Yn groes i'r ddadl hon, mewn Bwdhaeth, byddai'n ymddangos bod myfyrdod yn fwy gwerthfawr ac ystyrlon i'r rhai sy'n dilyn ffordd o fyw fynachaidd yn bennaf, lle mae llawer iawn o ganolbwyntio ar fyfyrdod.

Byddai traddodiadau coedwig Theravada, traddodiadau Tibet a mynachlogydd Zen yn cefnogi'r ddadl hon. Yn wir, gellid dadlau o'r enghreifftiau hyn fod llawer o Fwdhyddion yn cael eu cau allan o hyn, gan na fyddai'r rhan fwyaf o Fwdhyddion yn gallu canolbwyntio cymaint ar fyfyrdod. Efallai bydd Bwdhyddion lleyg yn canolbwyntio ar fyw bywyd iach, cynhyrchu karma da a chefnogi'r Sangha. Efallai fod eu defosiynau'n fwy sylfaenol a'u bod yn cynnwys elfennau o offrymau a chymorth yn hytrach nag ymwneud uniongyrchol. Mae Bwdhyddion fel hyn yn y mwyafrif.

Ond, ymateb i'r ddadl hon fyddai nad un sesiwn o ymarfer yw myfyrdod ond profiad gydol oes sy'n cynnwys pob lefel o ddatblygiad ysbrydol. Byddai hyd yn oed rhywun sy'n ymwneud ychydig ag agweddau ar fyfyrdod yn cytuno ei fod yn werthfawr ac yn bwysig i bob Bwdhydd heddiw.

Eto, gellid awgrymu bod dwy ffordd o weld y mater hwn. Y ffordd gyntaf yw egwyddor myfyrdod. Does dim dwywaith mai egwyddor yw hon a sefydlodd y Bwdha ac y bydd bob amser yn werthfawr ac yn berthnasol, ar ba gam bynnag o ddatblygiad ysbrydol mae person. Yn ail mae ymarfer myfyrdod, a dyma lle mae'n mynd yn fwy gwerthfawr. Yn yr achos hwn, mae'n amlwg po fwyaf y caiff ei ymarfer a'i ddatblygu, mwyaf o werth yw myfyrdod i Fwdhydd. Mae'n cynhyrchu mwy o fewnwelediad, ymwybyddiaeth gyffredinol, a meddylgarwch. Ond dydy hyn ddim o angenrheidrwydd yn golygu ei fod yn bwysicach neu fod y syniad o fyfyrdod Bwdhaidd yn un cystadleuol. Yn wir, mae un o'r parajikas yn tanlinellu'r ffaith bod ymffrostio am gyflawniad ysbrydol yn ddieithr i leoliad mynachaidd.

Dadl arall fyddai edrych y tu hwnt i Fwdhaeth er mwyn ein hatgoffa ni o'r hyn y gallai'r gwerth gwirioneddol fod i bob Bwdhydd (ac i rai nad ydyn nhw'n Fwdhyddion). Mae enghreifftiau o gwnsela, seicoleg a'r GIG ym maes iechyd meddwl wedi dangos manteision meddylgarwch a thechnegau myfyrdod ar lefel sylfaenol iawn. Mae hyn oherwydd eu bod nhw'n gwella iechyd a lles unigolyn. Yn yr un modd, bydd myfyrdod bob amser yn werthfawr ac yn bwysig i bob Bwdhydd oherwydd ei fod yn lleihau dioddefaint a straen, sef y cynsail y mae Bwdhaeth yn gweithredu ohono. Mae'n datblygu ac yn cryfhau dealltwriaeth o'r hunan ac yn gwella datblygiad ysbrydol.

Sut bynnag mae hi, un ateb posibl fyddai derbyn ei fod bob amser yn werthfawr ac yn bwysig i bob Bwdhydd, ond bod ffyrdd amrywiol o werthfawrogi hyn.

Pwysigrwydd cymharol y gwahanol draddodiadau o fyfyrdod

Y ddadl gyntaf bosibl yw bod Bwdhaeth Theravada yn cyfleu'r traddodiad o fyfyrdod a ddechreuodd Bwdha Gautama. Mae ei fywgraffiad yn dangos yn eglur y dulliau o ganolbwyntio, rhai tebyg i samatha a vipassana, sy'n rhoi mynediad at y pedwar jhana a mewnwelediad i natur realiti. Byddai Bwdhyddion Theravada yn dadlau eu bod yn cymhwyso egwyddorion y Bwdha'n ffyddlon er mwyn ceisio Goleuedigaeth.

I gefnogi'r ddadl hon, mae trefn datblygiad a dilyniant naturiol o samatha a metta tuag at y ffurf fwy datblygedig, vipassana.

Dadl arall fyddai bod y traddodiadau myfyrdod yn cyd-fynd â'i gilydd, a dydy un ddim yn fwy datblygedig na'r llall gan eu bod i gyd mewn gwirionedd yn rhan o'r un broses. Mae pob agwedd yn gysylltiedig â'r llall ac yn adeiladu'r profiad fel ei fod yn gallu torri drwy anwybodaeth. Byddai dweud bod un yn bwysicach fel dweud mai'r pedwerydd rhedwr mewn ras gyfnewid yw'r rhedwr pwysicaf – natur ras gyfnewid yw mai ymdrech tîm yw hi.

Yn groes i'r ddadl hon, y nod yw bod ar gam mwyaf datblygedig mewnwelediad. Gall mynachod a lleianod gyrraedd hyn oherwydd yr amgylchedd y mae'r fynachlog wedi'i sefydlu. Felly mae hyn yn anochel, ac oherwydd hyn gallai rhywun ddadlau mai myfyrdod mewnwelediad yw'r math pwysicaf o fyfyrdod i symud ymlaen iddo.

Pwynt sy'n cefnogi hyn yw profiad Goleuedigaeth y Bwdha a oedd yn gallu cael mynediad at y pedwar jhana. Drwy'r rhain datblygodd y canolbwyntio yr oedd arno ei angen ar gyfer Goleuedigaeth a'r gallu i weld gwir natur realiti.

Yn wir, gellid dadlau mai pwrpas myfyrdod yn gyffredinol yw profi'r un nod Goleuedigaeth â'r Bwdha. Felly ymgyrraedd at y ffurf uchaf ar fyfyrdod yw dymuniad mwyaf Bwdhyddion.

Ond, ateb i'r ddadl hon fyddai nad Bwdhaeth Theravada yw'r unig draddodiad sy'n hyrwyddo dulliau penodol o fyfyrdod. Mae Bwdhaeth Zen, gan ei bod hi'n cyd-fynd â dysgeidiaeth Bwdhaeth Hua Yen, yn gweld mai hi yw'r ffurf uchaf ar fyfyrdod. Drwy fyfyrdod eistedd yn unig gall rhywun gyrraedd Goleuedigaeth (satori) heb ddilyn y traddodiadau myfyrdod sy'n gysylltiedig â Bwdhaeth Theravada. Yn ogystal, mae honiadau gan Fwdhyddion Tibet mai eu ffurf nhw yw'r ffurf fwyaf cyflawn ar fyfyrdod.

Safbwynt arall y gellid ei awgrymu yw bod pob traddodiad yn bwysig. Wrth i Fwdhaeth ledaenu, mae egwyddorion myfyrdod wedi cael eu cymhwyso i wahanol ddiwylliannau ond hefyd i ddatblygiadau mawr yn y diwylliannau hyn.

I gefnogi'r ddadl hon, gallai rhywun ddadlau bod dulliau medrus wedi'u defnyddio er mwyn addasu myfyrdod i'r rhai sy'n ei dderbyn a'i ddefnyddio. Mae pob person yn wahanol ac roedd y Bwdha ei hun yn cydnabod hyn drwy'r gwahanol ffyrdd a addysgodd i bobl. Yn yr un ffordd gellid dadlau, gan fod pobl yn wahanol, fod ganddyn nhw anghenion gwahanol o ran eu mynegi eu hunain yn ysbrydol.

Sut bynnag mae hi, un ateb posibl fyddai bod pob ffurf ar fyfyrdod yr un mor werthfawr i'r rhai sy'n myfyrio ac mai'r un nod sydd ganddyn nhw i gyd, sef Goleuedigaeth. Wedi'r cyfan, roedd y Bwdha'n annog pobl i brofi a gweld.

Gweithgaredd AA2
Dadleuon posibl

Wedi'u rhestru isod mae rhai casgliadau y byddai'n bosibl dod iddynt ar sail rhesymeg AA2 yn y testun cysylltiedig:

1. Mae pob traddodiad myfyrdod yn bwysig.

2. Mae angen i bobl gael mynediad at y traddodiad o fyfyrdod sy'n gweddu orau iddyn nhw.

3. Pwysigrwydd myfyrdod yw mai'r nod terfynol yw Goleuedigaeth; traddodiad sy'n bwysig os dyma'r nod terfynol.

4. Traddodiadau myfyrdod Theravada samatha, metta a vipassana yw'r pwysicaf oherwydd dyma'r ffordd roedd y Bwdha'n myfyrio.

5. Mae traddodiadau myfyrdod Theravada wedi cael eu disodli.

Ystyriwch bob un o'r casgliadau sy'n cael eu gwneud uchod a chasglwch dystiolaeth ac enghreifftiau i gefnogi pob dadl o'r deunydd AA1 ac AA2 a astudiwyd yn yr adran hon. Dewiswch un casgliad sy'n argyhoeddi fwyaf yn eich barn chi ac esboniwch pam mae hyn yn wir. Nawr cyferbynnwch hyn â'r casgliad gwannaf ar y rhestr, gan gyfiawnhau eich dadl gyda rhesymu clir a thystiolaeth.

Sgiliau allweddol

Mae dadansoddi'n ymwneud â nodi materion sy'n cael eu codi gan y deunyddiau yn adran AA1, ynghyd â'r rhai a nodwyd yn adran AA2, ac mae'n cyflwyno safbwyntiau cyson a chlir, naill ai gan ysgolheigion neu safbwyntiau personol, yn barod i'w gwerthuso.

Mae hyn yn golygu ei fod yn nodi pethau allweddol i'w trafod a'r dadleuon sy'n cael eu cyflwyno gan eraill neu o safbwynt personol.

Mae gwerthuso'n ymwneud ag ystyried goblygiadau amrywiol y materion sy'n cael eu codi, yn seiliedig ar y dystiolaeth a gafwyd wrth ddadansoddi ac mae'n rhoi dadl fanwl eang gyda chasgliad clir.

Mae hyn yn golygu bod yr ateb yn pwyso a mesur y dadleuon amrywiol a gwahanol a gafodd eu dadansoddi drwy roi sylwadau ac ymateb unigol, gan ddod i gasgliad drwy broses rhesymu clir.

Datblygu sgiliau AA2

Nawr mae'n bryd ystyried y wybodaeth sydd wedi'i chyflwyno hyd yma. Hefyd mae'n bwysig ystyried sut mae'r hyn rydych chi wedi'i ddysgu hyd yma'n gallu cael ei ddefnyddio ar gyfer atebion arholiad drwy ymarfer y sgiliau sy'n gysylltiedig ag AA2.

Mae Amcan Asesu 2 (AA2) yn ymwneud â 'dadansoddi' a 'gwerthuso'. Efallai fod ystyr y termau'n amlwg ond mae'n hanfodol eich bod yn gyfarwydd â sut mae sgiliau penodol yn dangos y rhain, a hefyd, sut bydd eich perfformiad ym mhob un o'r sgiliau hyn yn cael ei fesur (gweler disgrifyddion band cyffredinol Band 5 ar gyfer AA2 UG).

Yn amlwg mae ateb yn cael ei osod mewn disgrifydd band priodol, yn ôl pa mor dda yw'r ateb, gan amrywio o ragorol, da, boddhaol, sylfaenol/cyfyngedig i gyfyngedig iawn.

Rydych chi bellach yn nesáu at ddiwedd yr adran hon o'r cwrs. O hyn allan dim ond cyfarwyddiadau fydd gan y dasg, heb enghreifftiau; ond, gan ddefnyddio'r sgiliau yr ydych wedi'u datblygu wrth gwblhau'r tasgau cynharach, dylech allu cymhwyso'r hyn rydych wedi dysgu ei wneud a chwblhau hyn yn llwyddiannus.

▶ **Dyma eich tasg newydd:** bydd rhaid i chi ysgrifennu ymateb o dan amodau wedi'u hamseru i gwestiwn sy'n gofyn am werthuso perthnasedd myfyrdod i bob Bwdhydd heddiw. Bydd angen i chi ganolbwyntio er mwyn gwneud hyn a chymhwyso'r sgiliau yr ydych chi wedi'u datblygu hyd yma:

1. **Dechreuwch gyda rhestr o gynnwys dangosol. Trafodwch hon fel grŵp, efallai. Does dim rhaid i'r rhestr fod mewn unrhyw drefn. Cofiwch, gwerthuso yw hyn, felly mae angen gwahanol ddadleuon arnoch chi. Y ffordd hawsaf yw defnyddio'r penawdau 'o blaid' ac 'yn erbyn'.**

2. **Datblygwch y rhestr gan ddefnyddio enghreifftiau.**

3. **Nawr ystyriwch ym mha drefn yr hoffech esbonio'r wybodaeth.**

4. **Yna ysgrifennwch eich cynllun, o dan amodau wedi'u hamseru, gan gofio defnyddio egwyddorion gwerthuso trwy wneud yn siŵr eich bod chi: yn nodi'r materion yn glir; yn cyflwyno safbwyntiau eraill yn gywir gan wneud yn siŵr eich bod yn gwneud sylwadau ar y safbwyntiau rydych yn eu cyflwyno; yn dod i farn bersonol gyffredinol.**

Defnyddiwch y dechneg hon er mwyn adolygu pob un o'r meysydd pwnc rydych chi wedi'u hastudio. Mae techneg sylfaenol cynllunio atebion yn helpu hyd yn oed pan fydd amser yn brin ac rydych chi'n methu cwblhau pob traethawd.

C: Swyddogaeth a phwysigrwydd dana (rhoi) a punya (teilyngdod)

Swyddogaeth a phwysigrwydd danna (rhoi)

Dyfyniad allweddol

Cydnabyddir yn gyffredinol mai rhoi yw un o'r rhinweddau dynol mwyaf sylfaenol. Mae'n rhinwedd sy'n tystio i ddyfnder dynoliaeth rhywun a'i allu i drosgynnu'r hunan. **(Bhikkhu Bodhi)**

Mae'n ddiddorol nad yw'r syniad o dana (rhoi) wedi'i gynnwys yn uniongyrchol mewn dysgeidiaeth Fwdhaidd am y Llwybr Wythblyg; ond, ddylai ei gyfraniad i gynnydd ar hyd y llwybr i Oleuedigaeth fyth gael ei anwybyddu neu ei danbrisio. Ond, dana yw'r gyntaf o dair sylfaen gweithredoedd teilwng (**punnakiriyavatthu**), y cyntaf o'r pedwar dull o roi budd i eraill (**sanghavatthu**), ac fel y cyntaf o'r deg paramita neu 'berffeithderau' i'r arhat a'r bodhisattva, felly mae'n arwyddocaol iawn.

Mae rhoi yn ei hanfod yn ffurf ar ollwng gafael ac mae'n weithred anhunanol. Pan fydd Peter Harvey yn disgrifio gweithredoedd iach (**kusala**) ac afiach (**akusala**), mae'n nodi bod gwreiddiau cymhelliant gweithredoedd afiach yn deillio o dri thân trachwant, casineb a rhithdyb. I'r gwrthwyneb, mae gweithredoedd iach yn deillio o'r rhinweddau sydd i'r gwrthwyneb i'r rhain. Mae dim trachwant yn cwmpasu 'cyflyrau o awydd bach sydyn i fod yn hael i ysgogiad cryf i ymwrthod â phleserau'r byd' ac felly mae'n cynnwys y cysyniad o dana.

Mae haelioni, yn enwedig cynnig gwisgoedd a bwyd i fynachod, yn cael ei ganmol yn fawr ym mhob gwlad Fwdhaidd ac mae'n rhinwedd sylfaenol. Dana, yn ôl Nyanatiloka, yw 'ffordd o ffrwyno trachwant ac egoistiaeth gynhenid dyn'. Serch hynny, fel gyda karma, mae angen i unrhyw weithred dda fod â bwriad iach yn sail i'r weithred allanol.

Yn wir, mae dana yn dod o dan ddysgeidiaeth karma, yn yr ystyr fod gweithredoedd iach yn dod â chanlyniadau iach ond hefyd maen nhw er budd cyffredinol i'r un sy'n gweithredu. Nid karma da, iach, cadarnhaol yw'r term y mae Bwdhyddion yn ei ddefnyddio am y canlyniad iach hwn, ond gair penodol, sef punya, sy'n golygu 'teilyngdod'. Mae dana a punya yn ddwy ochr o'r un geiniog a'r berthynas rhyngddyn nhw yw canolbwynt yr adran olaf hon.

Yn aml defnyddir y gair **caga** (haelioni) gyda'r gair dana er mwyn annog mwy na rhoi syml, arwynebol, ond ffyrdd mwy heriol o roi sy'n adlewyrchu gweithredoedd o hunanaberth. Fel hyn, mae dana yn cyd-fynd â dysgeidiaeth Fwdhaidd anatta a'r syniad o ollwng gafael; gall dana fod yn brif ffordd foesegol o ddangos anhunanoldeb.

Mae'r adran hon yn cwmpasu cynnwys a sgiliau AA1

Cynnwys y fanyleb

Swyddogaeth a phwysigrwydd dana (rhoi). Swyddogaeth a phwysigrwydd haelioni anhunanol/rhoi neu rannu amser/arian/eiddo.

Termau allweddol

Akusala: gweithredoedd afiach neu anfedrus

Caga: haelioni

Kusala: gweithredoedd iach neu fedrus

Punnakiriyavatthu: gweithredoedd teilwng

Sanghavatthu: gweithredoedd sy'n fuddiol i eraill

cwestiwn cyflym

4.11 Sut mae dana yn bwysig i'r arhat a'r bodhisattva?

Dyfyniadau allweddol

Mae'r sawl sy'n rhoi elusen yn rhoi bendith bedwarplyg: mae'n helpu i roi bywyd hir, golwg dda, hapusrwydd a chryfder. Felly, ei ran fydd bywyd hir, golwg dda, hapusrwydd a chryfder, boed ymysg bodau nefol neu ymysg dynion. **(Anguttara Nikaya)**

Mae pum bendith yn cronni i'r sawl sy'n rhoi elusen: hoffter gan lawer, cysylltiadau anrhydeddus, enw da, hunanhyder ac ailenedigaeth nefol. **(Anguttara Nikaya)**

Cylch elusen Bwdhydd

Term allweddol

Sappurisa: y person da neu ragorach (gwell)

Dyfyniadau allweddol

Mae'r ongl hon yn amlygu arfer rhoi, nid fel y weithred amlwg allanol lle caiff gwrthrych ei drosglwyddo oddi wrth rywun i eraill, ond fel y duedd fewnol i roi, tuedd sy'n cael ei chryfhau gan weithredoedd allanol rhoi ac sydd yn ei thro'n gwneud i weithredoedd o hunanaberth mwy heriol eto fod yn bosibl. **(Jootla)**

Mae'r pum rhodd hyn yn rhoddion gan berson cywir ei ffordd. Pa bump? Mae person cywir yn rhoi rhodd gydag ymdeimlad o argyhoeddiad. Mae person cywir yn rhoi rhodd yn sylwgar. Mae person cywir yn rhoi rhodd yn ei dymor. Mae person cywir yn rhoi rhodd gyda chalon lawn empathi. Mae person cywir yn rhoi rhodd heb effeithio'n andwyol ar ei hunan nag ar eraill. **(Anguttara Nikaya)**

Cynnwys y fanyleb

Swyddogaeth y gymuned Fwdhaidd o ran cefnogi pobl y tu mewn a thu allan i'r gymuned.

Haelioni yw un o rinweddau hanfodol y **sappurisa**, y person da neu uwchraddol, ynghyd â rhinweddau eraill fel ffydd, moesoldeb, dysgu a doethineb. Fel nodwyd uchod, ar y cyd â haelioni, mae gan dana gysylltiad agos â dysgeidiaeth greiddiol Bwdhaeth oherwydd ei fod yn analluogi trachwant ac yn cael gwared arno. Ond hefyd mae'n ymosod ar gasineb drwy gynnwys meddylfryd anhunanol. Mae hyn yn hwyluso'r meddwl ar gyfer yr her yn erbyn rhithdyb.

Ewyllys y rhoddwr cyn, yn ystod ac ar ôl y weithred o haelioni yw'r pwysicaf o'r tri ffactor sydd ynghlwm wrth yr arfer o roi. Mae rhoi o wirfodd yn adlewyrchu bwriad pur. Ond, mae rhoi gyda bwriad a doethineb yn uwch na rhoi heb ddoethineb, er o fwriad pur. Mae rhoi arian i elusen o wirfodd yn beth da; ond mae bod yn ymwybodol o arwyddocâd hyn yn well – i bwy mae'r arian? Sut caiff yr arian ei wario? A fyddai elusen arall yn cael mwy o fudd? Felly mae haelioni'n ychwanegu at rinwedd doethineb fel rhywbeth sy'n wirioneddol bur. Felly mae tair ffordd eglur a gwahanol o roi. Mae pob un yn dda, ond mae rhai'n well nag eraill:

- Rhoi gyda bwriad yw'r ffurf sylfaenol ar dana
- Mae rhoi'n hael gyda bwriad yn well
- Mae rhoi gyda bwriad a gyda doethineb yn well eto
- Rhoi'n hael gyda bwriad a gyda doethineb yw'r math uchaf o roi.

Yn ogystal â'r rhoddwr, mae'r un sy'n derbyn y rhodd yn arwyddocaol hefyd. Yma, purdeb yr un sy'n derbyn sy'n cyfrif. Yn gyffredinol, yn nhrefn pwysigrwydd:

1. Rhoi i arhat neu'r Sangha mynachaidd sydd orau
2. Mynach neu leian sydd ar lwybr yr arhat
3. Bwdhydd sydd wedi cymryd y pum argymhelliad
4. Pobl nad ydyn nhw'n ddatblygedig yn ysbrydol
5. Pobl anfoesol.

Y peth diddorol yn y cysyniad hwn o dana yw nad y rhoddwr sy'n rhoi'r fendith mewn gwirionedd. Os ydyn ni'n rhoi ac yn disgwyl 'diolch', rydyn ni eisiau rhyw fath o gydnabyddiaeth am ein gweithredoedd cyfiawn, a dim ond bwydo'r ego mae hyn yn ei wneud. Mae'r gwrthwyneb yn wir mewn Bwdhaeth. Yr un sy'n derbyn y rhodd sydd wedi cynnig, neu 'roi' cyfle i'r rhoddwr i wneud cynnydd ysbrydol drwy gael gwared ar ymlyniad at wrthrychau materol a synhwyraidd.

Swyddogaeth y gymuned Fwdhaidd o ran cefnogi pobl y tu mewn a thu allan i'r gymuned

Nid rhoi arian yn unig yw dana. Mae dana yn gallu bod yn faterol neu'n anfaterol. Mae sawl ffordd o roi ac mae hyn yn cael ei adlewyrchu yn y berthynas symbiotig rhwng y Sangha mynachaidd a'r gymuned leyg.

Mae'r gymuned fynachaidd yn rhoi fel hyn:

- Drwy gynnig cyfle i roi elusen
- Addysgu
- Cwnsela
- Cyflawni defodau crefyddol
- Cadw'r Dhamma drwy astudio a chyfieithu
- Dosbarthu'r Dhamma am ddim.

Mae'r gymuned leyg yn rhoi fel hyn:

- Drwy roi arian
- Rhoi bwyd
- Rhoi meddyginiaethau
- Rhoi deunyddiau fel dillad, adeiladau a thir
- Rhoi amser, fel arfer i helpu gyda thasgau domestig mewn mynachlog, ond yn y DU gall fod drwy roi lifft i fynach neu leian i gyfarfod grŵp lloeren
- Rhoi gwaith i helpu i gynnal a chadw'r fynachlog a'r tir y mae'n sefyll arno.

Dyfyniad allweddol

Pethau materol yw'r math mwyaf cyffredin o rodd. Does dim rhaid i wrthrych materol fod yn werthfawr iawn yn ariannol er mwyn iddo ddod â chanlyniadau gwych, fel mae stori Sivali a'r crwybr mêl yn ei ddangos. Os yw dyn tlawd yn rhoi rhodd i fynach, sef y cwpan o reis a oedd i fod yn unig fwyd iddo am y diwrnod, mae'r dyn yn gwneud rhodd fawr a all ddwyn llawer o ffrwyth. Ond, petai masnachwr cefnog, gan wybod ymlaen llaw fod y mynach yn dod i ofyn am elusen, yn rhoi'r un gyfran fach o reis, dim ond ychydig o ffrwyth y byddai'n ei fedi. (Jootla)

Mae cyfyngiadau'n cael eu gosod gan reolau Vinaya er mwyn gwarchod y Sangha mynachaidd rhag peryglon ymlyniad. Yn aml, mae lleygwyr yn deall y rhain ac fel arfer maen nhw'n rhoi'r pethau cywir ar yr adeg gywir er mwyn cael y teilyngdod mwyaf posibl.

Nid y Sangha yn unig a ddylai elwa; mae rhoddion i'r cyhoedd yn cynnwys rhoddion i amryw o elusennau, mudiadau lles, ac achosion lleol fel ysbyty neu lyfrgell gyhoeddus. Mae rhoi amser i gadw parc lleol yn daclus neu i drefnu gweithgareddau ieuenctid yn cael ei annog hefyd.

Felly, i Fwdhydd, mae rhoi'n cwmpasu llawer mwy na rhoi arian mewn blwch casglu'n unig. Mae'n rhan annatod o ddysgeidiaeth Bwdhaeth, ond yn bwysicaf, o'r nod eithaf, sef Goleuedigaeth. Dana yw'r cyfle i Fwdhyddion anelu at rywbeth y tu hwnt i ailenedigaeth well yn unig, sydd yn gyflwr arall o drachwant ac ymlyniad. Dyna pam mae bwriad a chymhelliant yn bwysig. Mae hyn yn gwahaniaethu rhwng y bwriad a'r awydd sy'n trachwantu, a'r bwriad a'r awydd sy'n bur a heb drachwant. Weithiau mae hyn yn cael ei gamddeall am y rheswm syml fod rhoi'n dod â theilyngdod!

Gweithgaredd AA1

Lluniadwch ddiagram cyflym sy'n amlygu'r gwahanol fathau o roi. O gwmpas y diagram, ychwanegwch mewn lliw arall y pethau pwysig i'w cofio pan fydd Bwdhydd yn perfformio dana.

Awgrym astudio

Cofiwch esbonio eich pwyntiau'n llawn mewn unrhyw ateb, gan ddefnyddio enghreifftiau eglur i gefnogi eich esboniadau a dangoswch ddealltwriaeth eglur o'r testun.

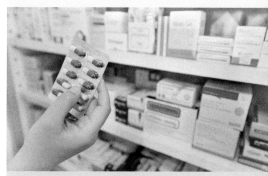

Mae rhoddion o feddyginiaethau'n aml yn cael eu cynnig fel dana.

cwestiwn cyflym

4.12 Beth yw'r ffurf leiaf teilwng ar roi?

Dyfyniadau allweddol

A beth yw trysor haelioni? Mae achos disgybl y rhai anrhydeddus, yr oedd ei ymwybyddiaeth wedi'i lanhau o staen cybydd-dod, yn byw gartref, yn hael iawn, yn barod i roi, yn ymbleseru mewn bod yn fawrfrydig, yn ymateb i ymholiadau, yn ymbleseru mewn rhoi elusen. Trysor haelioni yw'r enw ar hyn. (Anguttara Nikaya)

Dyma bum gwobr haelioni: Mae rhywun yn annwyl ac yn ddeniadol i bobl yn gyffredinol, mae pobl dda yn eich edmygu, mae enw da rhywun yn cael ei ledaenu, dydy rhywun ddim yn gwyro oddi wrth ddyletswyddau cyfiawn y penteulu, ac wrth i'r corff ddadfeilio adeg marwolaeth, mae rhywun yn ailymddangos mewn cyrchfan da, yn y bydoedd nefol. (Anguttara Nikaya)

Cynnwys y fanyleb

Swyddogaeth a phwysigrwydd punya – y cysyniad o'r teilyngdod a ddaw yn sgil gweithredoedd neu feddyliau da ac sy'n parhau trwy gydol bywyd neu mewn ailenedigaethau dilynol, ac y gellir ei drosglwyddo i unigolion eraill.

Dyfyniadau allweddol

O'r holl gysyniadau sy'n greiddiol i Fwdhaeth, teilyngdod (punna) yw'r lleiaf adnabyddus a'r un sy'n cael ei werthfawrogi leiaf yn y Gorllewin. Mae hyn efallai oherwydd bod chwilio am deilyngdod fel petai'n arfer israddol, sy'n canolbwyntio ar gael ac ar agwedd 'fyfïol', tra bod arferion Bwdhaidd uwch yn canolbwyntio ar ollwng gafael, yn enwedig ar unrhyw ymdeimlad o'r hunan. **(Bhikkhu Bodhi)**

I aralleirio seicolegydd Bwdhaidd modern, all rhywun ddim gollwng gafael yn ddoeth ar yr ymdeimlad o'r hunan tan i rywun ddatblygu ymdeimlad doeth o'r hunan. Chwilio am deilyngdod yw'r ffordd Fwdhaidd o ddatblygu ymdeimlad doeth o'r hunan. **(Bhikkhu Bodhi)**

Termau allweddol

Punnadhara: ffrydiau teilyngdod

Punya: teilyngdod

cwestiwn cyflym

4.13 Rhestrwch dair ffordd y mae mynach Bwdhaidd yn rhoi dana ar waith.

Swyddogaeth a phwysigrwydd y cysyniad o punya

Fel rydyn ni wedi'i weld wrth drafod dana, ochr arall y geiniog fel petai yw **punya** (punna *Pali*). Mae ennill teilyngdod yn aml yn cael ei weld yn ffordd o gasglu credyd i'ch hunan er mwyn cyfiawnhau rhyw fath o wobr bersonol. Ond, os ydyn ni'n meddwl yn nhermau karma, rydyn ni'n gwybod nad grym neu gyfraith bersonol yw hyn mewn Bwdhaeth, ond un sy'n amhersonol. Mae'n dod â chyfrifoldeb personol; ond, mae hynny'n rhywbeth hollol wahanol. Er enghraifft, dywedir bod arhatau, ar ôl trosgynnu pob gweithred sy'n cadarnhau bywyd ac yn cynhyrchu ailenedigaeth, 'y tu hwnt i deilyngdod ac annheilyngdod'.

Yn ôl Nyanatiloka, 'mae teilyngdod, teilwng, yn derm poblogaidd am weithred sy'n iach (kusala) o ran karma'. Y gweithredoedd mwyaf teilwng yw'r rhai a ddisgrifir yn y **punnadhara** (ffrydiau teilyngdod) ac maen nhw'n cynnwys rhoi gwisgoedd, elusen, meddyginiaeth a llety i fynach neu leian ar y llwybr i ddod yn arhat. Y deg gweithred arall y mae'n bosibl ffrydio teilyngdod amdanynt yw:

- Rhoi (dana)
- Moesoldeb (sila)
- Datblygiad meddyliol (bhavana)
- Parch
- Gwasanaeth
- Trosglwyddo teilyngdod
- Llawenhau wrth weld rhywun arall yn cael teilyngdod
- Addysgu'r Dhamma
- Gwrando ar y Dhamma
- Golwg cywir.

Mae gan faint o deilyngdod a enillir egwyddorion tebyg i rai dana, ac maen nhw'n gysylltiedig ag:

- Ansawdd cymhelliant y rhoddwr
- Purdeb ysbrydol yr un sy'n derbyn
- Y math o rodd a'i maint.

Y ffordd orau o gynhyrchu punya mewn gwirionedd yw cyflawni eich gweithredoedd yn y Sangha. Mae Dhammapada yn sôn am hyn fel 'y maes teilyngdod nad oes ei debyg yn y byd'. Ystyr hyn mewn gwirionedd yw mai'r amgylchedd yn y Sangha pedwarplyg yw'r mwyaf ffafriol i gynhyrchu a medi

Mae rhoi arian drwy flwch casglu dienw'n helpu i gadw cymhelliant yn bur.

teilyngdod. Mae'n debyg i'r egwyddorion a oedd yn sail i ddameg y Bwdha am yr eliffant. Delwedd arall sydd wedi cael ei defnyddio yw'r syniad o hau had mewn pridd ffrwythlon a fydd yn cynhyrchu'r cynhaeaf gorau.

Felly, y ffordd fwyaf uniongyrchol o gynhyrchu teilyngdod yw dana. Rydyn ni wedi gweld yn barod sut gall yr unigolyn wneud hyn, ond weithiau mae grŵp yn ei wneud. Er enghraifft, roedd gwyliau gwneud teilyngdod yn Siam yn y 19eg ganrif. Hefyd, heddiw yng Ngwlad Thai fodern, er mwyn gwella eu delwedd gyhoeddus a gwella hyder ymysg cwsmeriaid neu bleidleiswyr, mae sôn am fusnesau a gwleidyddion yn dod at ei gilydd er mwyn gwneud teilyngdod. Mae rhai'n ffurfio cymdeithasau swyddogol sy'n dod â'r gymuned gyfan at ei gilydd i wneud teilyngdod, er enghraifft yn Myanmar. Weithiau byddai pobl yn eu cynnig eu hunain neu'n noddi aelodau o'r teulu i gynnig gwasanaethau i'r temlau a'r mynachlogydd Bwdhaidd. Yn Sri Lanka, mae brenhinoedd yn aml wedi noddi'r Sangha ac weithiau maen nhw'n eu gadael eu hunain heb ddigon o bŵer a dylanwad o ganlyniad i hyn (sef pam mae doethineb wrth roi yn hanfodol).

Trosglwyddo teilyngdod

Elfen o Fwdhaeth sydd weithiau'n cael ei chamddeall yn gyffredinol yw mai nodwedd ar Fwdhaeth Mahayana yn unig yw'r syniad o drosglwyddo teilyngdod. Mae'n wir bod y bodhisattva yn rhyddhau teilyngdod diderfyn i'r dilynwr. Yn ogystal, mae ysgol Jodo Shin Shu wedi cymryd trosglwyddo teilyngdod i'r eithaf. Mae Paul Williams wedi nodi yn ei lyfr *Mahayana Buddhism*, fod rhai hyd yn oed wedi deall bod y syniad o lwybr y 'pŵer arall' yn debyg i'r syniad o achubiaeth drwy ffydd ac nid drwy weithredoedd. Ystyr llwybr y pŵer arall yw derbyn cymaint o deilyngdod fel bod y llwybr Bwdhaidd i Oleuedigaeth yn cael ei gyrraedd drwy hyn. Mae 'pŵer yr hunan' yn cael ei ildio er mwyn cynilo 'pŵer arall' Bwdha Amida (Amitabha). Byddai Bwdhyddion Shin yn deall mai ildio i ras Bwdha Amitabha mewn gwirionedd yw'r mynegiant uchaf o'r ddysgeidiaeth Fwdhaidd sy'n gysylltiedig ag anatta a sunyata.

Parivarta neu'r 'trosglwyddo' yw'r term Mahayana am drosglwyddo teilyngdod ac mae'n fudd poblogaidd iawn o arferion defosiynol drwy gydol Bwdhaeth Mahayana.

Ond mae trosglwyddo teilyngdod hefyd wedi bod yn rhan safonol o ddisgyblaeth ysbrydol Fwdhaidd o ran angladdau, gan fod teilyngdod yn cael ei drosglwyddo i berthnasau sydd wedi marw, neu i bob bod ymdeimladol. Mae hyn wedi'i gyfiawnhau drwy gyfeirio at seithfed gweithred ffrydiau teilyngdod; os ydyn nhw'n llawenhau wrth dderbyn y teilyngdod hwnnw. Mewn Bwdhaeth, gwelir bod trosglwyddo teilyngdod yn ddewis gwell na galaru. Mae hyn wedi bod yn arfer cyffredin drwy wledydd Bwdhaeth Theravada yn enwedig.

Enghraifft arall o Theravada yw mudiad Phu Mi Bun yng Ngwlad Thai. Pobl yw'r Phu Mi Bun sy'n cael eu cydnabod am iddynt gasglu teilyngdod o fywydau blaenorol ac sy'n gallu dylanwadu yn y gymdeithas yn gyffredinol.

Mae arfer arall, 'rhyddhau teilyngdod' wedi bod yn boblogaidd ar draws traddodiadau Bwdhaidd. Fel arfer mae rhyddhau teilyngdod yn ymwneud â defod rhyddhau anifeiliaid o gaethiwed, er enghraifft, rhyddhau pysgod ac adar yn ôl i fyd natur. Ond, amrywiad yn Tibet yw bod anifeiliaid yn cael eu rhyddhau o'r lladd-dy.

cwestiwn cyplym

4.14 Pam mae teilyngdod yn cael ei drosglwyddo mewn angladdau?

Gweithgaredd AA1

Ar gyfer y mathau o deilyngdod (ansawdd cymhelliant y rhoddwr, purdeb ysbrydol yr un sy'n derbyn, y math o rodd a'i maint, trosglwyddo teilyngdod), meddyliwch am enghreifftiau ymarferol eglur i'w darlunio nhw.

Avalokiteshvara yw'r bodhisattva sy'n cynrychioli tosturi'r Bwdha i gyd ac mae'n aml yn ganolbwynt defosiwn mewn Bwdhaeth.

Sgiliau allweddol

Mae gwybodaeth yn ymwneud â:

Dewis ystod o wybodaeth (drylwyr) gywir a pherthnasol sydd â chysylltiad uniongyrchol â gofynion penodol y cwestiwn.

Mae hyn yn golygu eich bod yn dewis y wybodaeth gywir sy'n berthnasol i'r cwestiwn a osodwyd NID y maes pwnc. Bydd angen i chi feddwl a chanolbwyntio ar ddewis gwybodaeth allweddol ac NID ysgrifennu popeth yr ydych chi'n ei wybod am y maes pwnc.

Mae dealltwriaeth yn ymwneud ag:

Esboniad helaeth, gan ddangos dyfnder a/neu ehangder gyda defnydd rhagorol o dystiolaeth ac enghreifftiau gan gynnwys (lle y bo'n briodol) defnydd trylwyr a chywir o destunau cysegredig, ffynonellau doethineb a geirfa arbenigol.

Mae hyn yn golygu y gallwch ddangos eich bod yn deall rhywbeth drwy egluro ac ehangu eich pwyntiau gan ddefnyddio enghreifftiau/tystiolaeth gefnogol mewn ffordd bersonol ac NID ailadrodd darnau o werslyfr (sef dysgu ar y cof).

Cymhwyso sgiliau ymhellach:

Ewch drwy'r meysydd pwnc yn yr adran hon a lluniwch rai rhestri bwled o bwyntiau allweddol o feysydd allweddol. Ar gyfer pob un, rhowch fwy o fanylion ac esboniwch fwy drwy ddefnyddio tystiolaeth ac enghreifftiau.

Datblygu sgiliau AA1

Nawr mae'n bryd ystyried y wybodaeth sydd wedi'i chyflwyno hyd yma. Hefyd mae'n bwysig ystyried sut mae'r hyn rydych chi wedi'i ddysgu hyd yma'n gallu cael ei ddefnyddio ar gyfer atebion arholiad drwy ymarfer y sgiliau sy'n gysylltiedig ag AA1.

Mae Amcan Asesu 1 (AA1) yn ymwneud â dangos gwybodaeth a dealltwriaeth. Mae ystyr y termau 'gwybodaeth' a 'dealltwriaeth' yn amlwg ond mae'n hanfodol eich bod yn gyfarwydd â sut mae sgiliau penodol yn dangos y rhain, a hefyd, sut bydd eich perfformiad ym mhob un o'r sgiliau hyn yn cael ei fesur (gweler disgrifyddion band cyffredinol Band 5 ar gyfer AA1 UG).

Yn amlwg mae ateb yn cael ei osod mewn disgrifydd band priodol, yn ôl pa mor dda yw'r ateb, gan amrywio o ragorol, da, boddhaol, sylfaenol/cyfyngedig i gyfyngedig iawn.

Rydych chi bellach yn nesáu at ddiwedd yr adran hon o'r cwrs. O hyn allan dim ond cyfarwyddiadau fydd gan y dasg, heb enghreifftiau; ond, gan ddefnyddio'r sgiliau yr ydych wedi'u datblygu wrth gwblhau'r tasgau cynharach, dylech allu cymhwyso'r hyn rydych wedi dysgu ei wneud a chwblhau hyn yn llwyddiannus.

▶ **Dyma eich tasg newydd:** bydd rhaid i chi ysgrifennu ymateb arall o dan amodau wedi'u hamseru i gwestiwn sy'n gofyn i chi archwilio rôl a phwysigrwydd haelioni a rhoi anhunanol. Bydd angen i chi wneud yr un peth â'ch tasg Datblygu sgiliau AA1 ddiwethaf ond gyda pheth datblygiad pellach. Y tro hwn mae pumed pwynt i'ch helpu i wella ansawdd eich atebion.

1. **Dechreuwch gyda rhestr o gynnwys dangosol. Trafodwch hon fel grŵp, efallai. Does dim rhaid i'r rhestr fod mewn unrhyw drefn.**

2. **Datblygwch y rhestr gan ddefnyddio enghreifftiau.**

3. **Nawr ystyriwch ym mha drefn yr hoffech esbonio'r wybodaeth.**

4. **Yna, ysgrifennwch eich cynllun, o dan amodau wedi'u hamseru, gan gofio egwyddorion esbonio gyda thystiolaeth a/neu enghreifftiau.**

5. **Defnyddiwch y disgrifyddion band i farcio eich ateb eich hun, gan ystyried y disgrifyddion yn ofalus. Yna gofynnwch i rywun arall ddarllen eich ateb ac edrychwch i weld a allan nhw eich helpu i'w wella mewn unrhyw ffordd.**

Defnyddiwch y dechneg hon er mwyn adolygu pob un o'r meysydd pwnc rydych chi wedi'u hastudio. Cyfnewidiwch a chymharwch atebion er mwyn gwella eich ateb chi.

Materion i'w dadansoddi a'u gwerthuso

Arwyddocâd arfer dana yn ei berthynas â'r cysyniad o punya

Y mater go iawn i'w drafod yma yw bod Bwdhaeth yn athroniaeth sy'n hyrwyddo gollwng gafael, ymddygiad anhunanol a chael gwared ar yr ysgogiadau sy'n arwain at ymlyniad personol. Felly, y cwestiwn yw 'os ydyn ni'n rhoi er mwyn ennill teilyngdod, on'd ydyn ni'n dal i fod ag ymlyniad?'.

Y ddadl gyntaf bosibl yw na allwn ni gael gwared ar y cysyniad o'r hunan drwy roi os ydyn ni'n mynd i ennill teilyngdod i ni ein hunain. Does bosibl mai dim ond eisiau rydw i, ac felly rydw i'n trachwantu, rhywbeth y gallaf ei gael er mwyn gwella fy nghynnydd ysbrydol.

I gefnogi'r ddadl hon, dydy llawer o bobl sy'n gwneud hyn ddim wedi cyrraedd cam arhat sy'n gallu ymddatod oddi wrth karma a theilyngdod.

Dadl arall fyddai, er bod dana a punya yn cyd-fynd â'i gilydd, hynny yw yn gyflenwol, ac ynghlwm wrth ei gilydd, dydy hyn ddim yn golygu mai proses syml yw hi o roi rhywbeth er mwyn cael gwobr bersonol. Mae'n llawer mwy cymhleth na hyn. Mae gwahanol fathau a lefelau o roi, a dydy purdeb teilyngdod sy'n cael ei gynhyrchu ar lefel dyfnach ddim yn cael ei weld fel teilyngdod sy'n cael ei gronni ond yn hytrach yn deilyngdod amhersonol sydd wedi codi. Mae'n debyg iawn i gyfraith karma yn y ffordd hon. Os ydyn ni'n meddwl yn nhermau karma, rydyn ni'n gwybod mai grym neu gyfraith amhersonol yw hyn. I gefnogi hyn, felly, gellir ei weld o'r lefel uchaf; mae hi'n bosibl gwahanu punya oddi wrth dana a'i gadw ar wahân iddo. Er enghraifft, dyma sefyllfa glasurol yr arhat.

Eto, gellid dadlau ein bod ni'n gweld y llwybr Bwdhaidd o'r safbwynt anghywir. Nid drwy ennill ac ymlyniad mae cynyddu datblygiad ysbrydol ond drwy ollwng gafael. Felly mae punya yn dod yn rhywbeth sydd ddim i'w gyflawni ond yn rhywbeth sy'n cael gwared ar drachwant, casineb a rhithdyb. Mae fel dameg y rafft; mae punya yn galluogi Bwdhydd i deithio dros yr afon ond does dim o'i angen y tu hwnt i hyn. Neu, mae fel dilyn llwybr yn y tywod sy'n cael ei ysgubo ymaith ac sy'n diflannu wrth i rywun symud ar ei hyd.

Yn wir, gellid dadlau mai dyma'r ffordd y mae punya yn cael ei gadw ar wahân i dana pan fydd rhywun yn deall sut mae punya yn gweithio; eto ar yr un pryd maen nhw'n dal i fod yn ddwy ochr yr un geiniog gan fod un yn dibynnu ar y llall.

Ond ymateb i'r ddadl hon fyddai bod punya yn dal i fod yn ganlyniad anochel i dana ac ar y lefel sylfaenol, mae dealltwriaeth syml fod dana yn dod â punya sy'n helpu'r unigolyn ar ei lwybr tuag at Oleuedigaeth. Ar yr un pryd, gallai'r farn hon gydnabod, pan fydd person yn symud ar hyd y llwybr, fod arwyddocâd punya a dana yn dod yn fwy amlwg i holl gynllun dysgeidiaeth Fwdhaidd.

Sut bynnag mae hi, un ateb posibl fyddai dadlau, er bod cysylltiad amlwg rhwng dana a punya, fod y berthynas hon yn mynd yn fwy cymhleth wrth i rywun ddod i ddeall sut mae'r ddau gysyniad yn gweithio'n ymarferol i Fwdhydd.

Mae'r adran hon yn cwmpasu cynnwys a sgiliau AA2

Cynnwys y fanyleb

Arwyddocâd arfer dana yn ei berthynas â'r cysyniad o punya.

Gweithgaredd AA2
Dadleuon posibl

Wedi'u rhestru isod mae rhai casgliadau y byddai'n bosibl dod iddynt ar sail rhesymeg AA2 yn y testun cysylltiedig:

1. Mae dana a punya yn ddwy ddysgeidiaeth gyflenwol.
2. Mae dana a punya ynghlwm wrth ei gilydd yn y bôn.
3. Mae'n bosibl gwahanu dana oddi wrth punya.
4. Dylid gwahanu dana oddi wrth punya.
5. Punya yw cynnyrch anochel dana.

Ystyriwch bob un o'r casgliadau sy'n cael eu gwneud uchod a chasglwch dystiolaeth ac enghreifftiau i gefnogi pob dadl o'r deunydd AA1 ac AA2 a astudiwyd yn yr adran hon. Dewiswch un casgliad sy'n argyhoeddi fwyaf yn eich barn chi ac esboniwch pam mae hyn yn wir. Nawr cyferbynnwch hyn â'r casgliad gwannaf ar y rhestr, gan gyfiawnhau eich dadl gyda rhesymu clir a thystiolaeth.

Cynnwys y fanyleb

Pwysigrwydd cymharol dana a punya o'u cymharu â dysgeidiaeth Fwdhaidd arall.

Gweithgaredd AA2
Dadleuon posibl

Wedi'u rhestru isod mae rhai casgliadau y byddai'n bosibl dod iddynt ar sail rhesymeg AA2 yn y testun cysylltiedig:

1. Dydy dana a punya ddim mor bwysig â phob dysgeidiaeth arall.

2. Mae dana a punya lawn cyn bwysiced â phob dysgeidiaeth arall.

3. Dysgeidiaeth i'r lleygwyr yn unig yw dana a punya.

4. Mae dana a punya yn rhan hanfodol o ddysgeidiaeth Fwdhaidd.

5. Mae dana yn bwysicach na punya ac yn debycach i ddarnau eraill o ddysgeidiaeth Fwdhaidd.

Ystyriwch bob un o'r casgliadau sy'n cael eu gwneud uchod a chasglwch dystiolaeth ac enghreifftiau i gefnogi pob dadl o'r deunydd AA1 ac AA2 a astudiwyd yn yr adran hon. Dewiswch un casgliad sy'n argyhoeddi fwyaf yn eich barn chi ac esboniwch pam mae hyn yn wir. Nawr cyferbynnwch hyn â'r casgliad gwannaf ar y rhestr, gan gyfiawnhau eich dadl gyda rhesymu clir a thystiolaeth.

Pwysigrwydd cymharol dana a punya o'u cymharu â dysgeidiaeth Fwdhaidd arall

Y broblem yma yw nad yw dana a punya wedi'u cynnwys mewn gwirionedd yn y Pedwar Gwirionedd Nobl, y Llwybr Wythblyg a dysgeidiaeth bwysig arall mewn Bwdhaeth. Ar yr wyneb, maen nhw'n ymddangos fel petaen nhw'n mynd yn groes i egwyddorion Bwdhaidd. Er enghraifft, gwneud gweithredoedd da a chasglu pwyntiau sy'n arwain at ymlyniad. Mae dadl gref i awgrymu nad ydyn nhw mor bwysig â hynny. Yn ogystal, mae'n ymddangos mai dim ond dysgeidiaeth i'r lleygwyr sydd â dealltwriaeth sylfaenol ydyn nhw.

Ond, i ateb hyn, y ddadl gyntaf bosibl yw bod haelioni wrth roi yn sicr yn gysyniad creiddiol mewn Bwdhaeth a'i fod yn cael ei weld yn rhinwedd sy'n dod â gweithredoedd cadarnhaol sy'n haeddu teilyngdod. Yn ymarferol, ystyr hyn yw bod disgwyl i leygwyr gynnig dana i'r Sangha ar ffurf nwyddau materol, bwyd ar y cylch elusen, amser a sgiliau i helpu i redeg y fynachlog. Yn wir, dyma sy'n dod â'r teilyngdod mwyaf. Yn ogystal, mae mynachod a lleianod yn rhoi addysg i'r lleygwyr, yn cynnal enciliadau, yn arwain gwyliau ac yn cynnal seremonïau.

I gefnogi'r ddadl hon, mae rhoi yn un o'r deg perffeithder ac mae rhoi perffaith yn llawer mwy cymhleth na derbyn teilyngdod yn unig. Y math o rodd, yr amser a'r cymhelliant y tu ôl iddo sy'n pennu a yw unrhyw deilyngdod yn hunangeisiol neu'n bur ac yn ffafriol i lwybr Goleuedigaeth. Mae'n rhaid perffeithio rhoi fel ei fod yn cynnwys pob bod, hyd at y pwynt lle nad oes gwahaniaeth rhwng rhoddwr a'r un sy'n derbyn. Felly, mae'n methu bod yn hunanol ac yn enghraifft o 'roi er mwyn cael' yn unig.

Dadl arall fyddai, pan fydd dana a punya yn cael eu hystyried yn fanylach, eu bod nhw'n dangos sut, yn ymarferol, mae'r Sangha Bwdhaidd yn gallu byw yn unol â'r ddysgeidiaeth Fwdhaidd greiddiol. Mewn gwirionedd gellid dadlau bod dana a punya yn dangos yn eglur sut mae'r ddysgeidiaeth hon yn ymestyn allan ac yn cymhwyso i fywyd go iawn y tu hwnt i fyfyrdod.

Yn groes i'r ddadl hon, gallai rhywun ddadlau, er bod gan dana a punya rôl bwysig, fod rhaid ystyried llawer o agweddau eraill ar Fwdhaeth. Nid yw Bwdhaeth yn ymwneud yn unig â rhoi, bod yn hael, cael teilyngdod a'i drosglwyddo i eraill. Mae Bwdhaeth yn ymwneud â cheisio Goleuedigaeth ac yn y pen draw â chael gwared ar drachwant, casineb a rhithdyb.

I gefnogi hyn, mae Bwdhaeth fynachaidd yn canolbwyntio ar foesoldeb yn sail i fyfyrdod ac nid ar sut i ymddwyn tuag at eraill yn y gymdeithas. Yn wir, gellid dadlau bod dana a punya yn ddwy ddysgeidiaeth hanfodol i'r lleygwyr ond yn llai pwysig i'r urdd fynachaidd.

Ond, ateb i'r ddadl hon fyddai rôl fawr dana a punya mewn Bwdhaeth Mahayana. Mae ffocws gwirioneddol ar dosturi mewn Mahayana ac nid ar feithrin doethineb yn unig.

Eto, gellid dadlau bod y bodhisattvas yn enghreifftiau o dana a punya o ran sut maen nhw'n cynhyrchu teilyngdod drwy anhunanoldeb ac yna'n ei ddosbarthu'n helaeth. Yn yr ystyr hwn mae'n cael ei weld yn rhan greiddiol o lwybr y bodhisattva ac felly mae'n agwedd bwysig ar ddysgeidiaeth Fwdhaidd.

Sut bynnag mae hi, un ateb posibl fyddai dweud nad yw dana a punya, ar lefel arwynebol, mor amlwg â'r ddysgeidiaeth greiddiol. Ond, ar ôl rhoi'r ddysgeidiaeth greiddiol ar waith, mae'r pwyslais ar dana a punya yn dod yn bwysicach.

Datblygu sgiliau AA2

Nawr mae'n bryd ystyried y wybodaeth sydd wedi'i chyflwyno hyd yma. Hefyd mae'n bwysig ystyried sut mae'r hyn rydych chi wedi'i ddysgu hyd yma'n gallu cael ei ddefnyddio ar gyfer atebion arholiad drwy ymarfer y sgiliau sy'n gysylltiedig ag AA2.

Mae Amcan Asesu 2 (AA2) yn ymwneud â 'dadansoddi' a 'gwerthuso'. Efallai fod ystyr y termau'n amlwg ond mae'n hanfodol eich bod yn gyfarwydd â sut mae sgiliau penodol yn dangos y rhain, a hefyd, sut bydd eich perfformiad ym mhob un o'r sgiliau hyn yn cael ei fesur (gweler disgrifyddion band cyffredinol Band 5 ar gyfer AA2 UG).

Yn amlwg mae ateb yn cael ei osod mewn disgrifydd band priodol, yn ôl pa mor dda yw'r ateb, gan amrywio o ragorol, da, boddhaol, sylfaenol/cyfyngedig i gyfyngedig iawn.

Rydych chi bellach yn nesáu at ddiwedd yr adran hon o'r cwrs. O hyn allan dim ond cyfarwyddiadau fydd gan y dasg, heb enghreifftiau; ond, gan ddefnyddio'r sgiliau yr ydych wedi'u datblygu wrth gwblhau'r tasgau cynharach, dylech allu cymhwyso'r hyn rydych wedi dysgu ei wneud a chwblhau hyn yn llwyddiannus.

▶ **Dyma eich tasg newydd:** bydd rhaid i chi ysgrifennu ymateb arall o dan amodau wedi'u hamseru i gwestiwn sy'n gofyn i chi werthuso pwysigrwydd cymharol dana a punya o'u cymharu â dysgeidiaeth Fwdhaidd arall. Bydd angen i chi wneud yr un peth â'ch tasg Datblygu sgiliau AA2 ddiwethaf ond gyda pheth datblygiad pellach. Y tro hwn mae pumed pwynt i'ch helpu i wella ansawdd eich atebion.

1. **Dechreuwch gyda rhestr o gynnwys dangosol. Trafodwch hon fel grŵp, efallai. Does dim rhaid i'r rhestr fod mewn unrhyw drefn. Cofiwch, gwerthuso yw hyn, felly mae angen gwahanol ddadleuon arnoch chi. Y ffordd hawsaf yw defnyddio'r penawdau 'o blaid' ac 'yn erbyn'.**

▼

2. **Datblygwch y rhestr gan ddefnyddio enghreifftiau.**

▼

3. **Nawr ystyriwch ym mha drefn yr hoffech esbonio'r wybodaeth.**

▼

4. **Yna ysgrifennwch eich cynllun, o dan amodau wedi'u hamseru, gan gofio defnyddio egwyddorion gwerthuso drwy wneud yn siŵr eich bod chi: yn nodi'r materion yn glir; yn cyflwyno safbwyntiau eraill yn gywir gan wneud yn siŵr eich bod yn gwneud sylwadau ar y safbwyntiau rydych yn eu cyflwyno; yn dod i farn bersonol gyffredinol.**

▼

5. **Defnyddiwch y disgrifyddion band i farcio eich ateb eich hun, gan ystyried y disgrifyddion yn ofalus. Yna gofynnwch i rywun arall ddarllen eich ateb ac edrychwch i weld a allan nhw eich helpu i'w wella mewn unrhyw ffordd.**

Defnyddiwch y dechneg hon er mwyn adolygu pob un o'r meysydd pwnc rydych chi wedi'u hastudio. Cyfnewidiwch a chymharwch atebion er mwyn gwella eich ateb chi.

Sgiliau allweddol

Mae dadansoddi'n ymwneud â nodi materion sy'n cael eu codi gan y deunyddiau yn adran AA1, ynghyd â'r rhai a nodwyd yn adran AA2, ac mae'n cyflwyno safbwyntiau cyson a chlir, naill ai gan ysgolheigion neu safbwyntiau personol, yn barod i'w gwerthuso.

Mae hyn yn golygu ei fod yn nodi pethau allweddol i'w trafod a'r dadleuon sy'n cael eu cyflwyno gan eraill neu o safbwynt personol.

Mae gwerthuso'n ymwneud ag ystyried goblygiadau amrywiol y materion sy'n cael eu codi, yn seiliedig ar y dystiolaeth a gafwyd wrth ddadansoddi ac mae'n rhoi dadl fanwl eang gyda chasgliad clir.

Mae hyn yn golygu bod yr ateb yn pwyso a mesur y dadleuon amrywiol a gwahanol a gafodd eu dadansoddi drwy roi sylwadau ac ymateb unigol, gan ddod i gasgliad drwy broses rhesymu clir.

Cwestiynau ac atebion

Thema 1

Maes cwestiwn AA1: *Effaith fywgraffyddol y Pedair Golygfa*

Ateb gwan

Pan gafodd Siddhartha ei eni, anfonwyd am wyth Brahmin i ddarogan dyfodol y tywysog ifanc. Kandanna oedd enw un ohonyn nhw ac meddai, ' ... bydd amser yn dod pan fydd yn tystio i bedwar arwydd arbennig ac o ganlyniad bydd yn ymwrthod â'r byd ac yn mynd ymaith i geisio goleuedigaeth'. **1**

Fel tywysog ifanc roedd e heb adael y palas o hyd a chafodd taith o'r palas ei threfnu. Gorchmynnodd Suddhodhana, ei dad, i bawb gael ei glirio o'r strydoedd fel na fyddai ei fab yn gweld unrhyw olygfa a fyddai'n ei boeni. **2** Ond, pan deithiodd allan o'r palas gwelodd bedair golygfa a fyddai'n gwneud iddo fod yn ymwybodol o'r dioddefaint sy'n treiddio drwy fodolaeth ar y ddaear. **3** Ar y diwrnod cyntaf, gwelodd hen ddyn; ar yr ail ddiwrnod, gwelodd ddyn sâl ar ochr y ffordd; ar y trydydd diwrnod, gwyliodd gorff yn cael ei gario drwy'r strydoedd; ac ar y pedwerydd diwrnod, gwelodd asgetig. **4** Roedd y pedair golygfa hyn yn ysgogiad i'w 'ymchwil crefyddol' ac i'w ddysgeidiaeth gan fod y dioddefaint hwn a sut i gael gwared arno yn y Pedwar Gwirionedd Nobl a'r Tri Nod. **5** Cafodd hyn effaith enfawr ar gydwybod Siddhartha ac o ganlyniad gadawodd y palas a rhoddodd y gorau i'w holl eiddo bydol er mwyn ceisio dod o hyd i ffordd o iacháu dioddefaint. **6**

Sylwadau

1 Does dim angen hyn, wir. Dim ond rhwng 15 a 18 munud sydd gyda chi yn yr arholiad felly mae angen dewis a dethol.

2 Adrodd stori'n unig yw hyn ac nid ateb y cwestiwn.

3 Mae'r syniad o'r 'dioddefaint sy'n treiddio drwy fodolaeth ar y ddaear' yn berthnasol i ganolbwynt y cwestiwn ond does dim esboniad yma o gwbl, rhan o'r stori'n unig yw hyn.

4 Dyma'r unig ran y mae angen ei galw i gof ac yna mae angen esbonio sut effeithiodd hyn ar Gautama.

5 Iawn, ond mae angen llawer mwy o ddatblygiad na hyn. Hefyd does dim trafodaeth am yr effaith a arweiniodd at ymwadu, ac am arwyddocâd hyn.

6 Nid ymwadu yw hyn; mae'n darllen fel petai ond wedi penderfynu gadael oherwydd ei fod yn teimlo'n ddiflas.

Crynodeb

Mae hwn yn ateb tebyg i ateb TGAU sy'n cynnwys rhai ffeithiau perthnasol, ond dydyn nhw ddim yn cael eu harchwilio'n ddigonol er mwyn ateb canolbwynt y cwestiwn. Er mwyn gwella ateb fel hyn, dylai fod llai o fanylion bywgraffyddol a llawer mwy o ganolbwyntio ar arwyddocâd yr ymwadu.

Maes testun AA2: *Gwerthuso arwyddocâd y ffyrdd y mae'r adroddiadau am enedigaeth Gautama yn cael eu dehongli*

Ateb boddhaol

Yn ôl Narada Thera yn *Buddhism in a Nutshell*, cafodd Gautama ei eni 'ar ddiwrnod lleuad lawn mis Mai yn ardal Shakya yn Nepal'. Mae ei enedigaeth a'r cyfnod cyn hyn wedi cael eu dehongli mewn sawl ffordd wahanol gydag amrywiaeth o ddigwyddiadau mytholegol. Mae Denise Cush yn dadlau, 'o'r sylwadau a'r chwedlau rydyn ni'n dysgu ... ar adeg ei genhedlu ddeg mis yn gynharach, fod Maya wedi breuddwydio bod eliffant gwyn wedi mynd i mewn i'w chroth'. **1** Felly mae'n aml yn cael ei weld fel cenhedlu gwyrthiol gyda'r Bwdha'n disgyn yn syth o'r nefoedd, lle'r oedd wedi byw ei fywyd olaf ond un, a mynd yn syth i groth ei fam. Ond, mae eraill wedi dadlau yn erbyn hyn gan fod fersiwn Ashvaghosa o'i fywyd yn awgrymu bod y cenhedlu'n fwy normal. Felly mae'n rhesymol i awgrymu mai myth yw'r rhan hon o'r stori, ond mae hyn yn bwysig oherwydd ei fod eisiau pwysleisio statws Bwdha Gautama. Yn ôl Cush, 'Un unigryw yn ein byd'. **2** Ond, nid dim ond y ffordd y cafodd Gautama ei eni sy'n symbolaidd; dywedir bod digwyddiadau hudol eraill wedi nodi ei enedigaeth, fel honna Harvey, 'yn ôl y Sutta, rhoddodd pedwar deva y baban ar y ddaear ... cododd yn syth, cerdded saith cam, edrych i bob cyfeiriad, a dweud mewn llais nobl mai ef oedd flaenaf yn y byd ac mai hon fyddai ei ailenedigaeth olaf'. **3**

Ond, mae'r rhan hon o hanes ei fywyd yn arwyddocaol iawn gan ei bod yn amlygu, fel awgryma Harvey, pa mor agos oedd Gautama at natur, yn debyg i ddigwyddiadau allweddol eraill yn ei fywyd: 'mae geni Gautama o dan goeden yn cyd-fynd â phatrwm digwyddiadau allweddol eraill yn ei fywyd; cael ei oleuo o dan goeden arall, rhoi ei bregeth gyntaf mewn parc anifeiliaid a marw rhwng dwy goeden ... mewn cytgord â phob ffurf ar fywyd'. **4**

Hefyd mae'r adroddiad am enedigaeth y Bwdha yn gadael i bwysigrwydd y Brahmin gael ei bwysleisio gan ei fod yn galw i gof sut gwahoddodd Suddhodhana, ei dad, wyth Brahmin i ymweld â'i fab ac i ddarogan beth fyddai ei ddyfodol. Cyhoeddodd saith o'r rhain fod dau ddewis: naill ai byddai'n dod yn ymerawdwr mawr neu byddai'n ceisio Goleuedigaeth.

Datblygodd yr wythfed Brahmin, Kandanna, y darogan hwn drwy ddweud y byddai Gautama yn ymwrthod â'r byd ac yn ceisio Goleuedigaeth ond dim ond ar ôl bod yn dyst i bedair golygfa. Hefyd fe wnaeth Asita ddarogan y byddai'n cael ei oleuo ar ôl dod yn asgetig. Mae hyn yn dangos yn effeithiol fod karma wedi gosod llwybr y Bwdha yn barod. [5]

Sylwadau

1. Gwerthuso yw'r sgìl yma ac felly mae'n bwysig nodi'n syth beth sy'n cael ei werthuso. Mae'r darn cyntaf yn berthnasol ond naratif pur yw e.

2. Mae ychydig o werthuso yma ac mae'n cael ei wneud yn dda.

3. Mae'r gwerthusiad yn cael ei ddatblygu gyda rhagor o dystiolaeth.

4. Mae cysylltiad da yn cael ei wneud â'i fywyd yn ei gyfanrwydd er nad yw hyn wedi'i werthuso'n llawn.

5. Naratif yn bennaf gyda brawddeg olaf sy'n ceisio gwerthuso.

Crynodeb

At ei gilydd, ateb canolig yw hwn sy'n cyflwyno llawer o dystiolaeth dda. Ond mae'n ei chael hi'n anodd cynnal y gwerthuso; mewn rhannau'n unig mae hynny'n digwydd. Yn aml mae myfyrwyr yn cael eu denu i nodi mwy o dystiolaeth a ffeithiau heb roi sylwadau ar yr hyn y maen nhw'n ei gynrychioli. Mae sylwadau yn rhan hanfodol o sgìl gwerthuso.

Thema 2

Maes cwestiwn AA1: *Archwilio'r cysyniad o karma*

Ateb cryf iawn

Y ffordd symlaf o esbonio karma (kamma) yw drwy gyfeirio at ei ystyr llythrennol: gweithred. Karma yw'r weithred y mae bodau dynol yn ei gwneud yng nghylch bodolaeth. Gan fod popeth mewn bywyd wedi'i gysylltu mewn rhyw ffordd, mae canlyniadau i weithredoedd. Yn syml, y syniad yw achos ac effaith. [1] Mewn comedi sefyllfa o America, 'My Name is Earl', mae'r prif gymeriad wedi'i ysbrydoli gan rywbeth y mae'n credu i fod yn rym cyfriniol o'r enw karma. Y ffordd y mae Earl yn deall hyn yw: 'Gwnewch bethau da ac mae pethau da yn digwydd i chi; gwnewch bethau drwg ac maen nhw'n dod yn ôl i'ch poeni chi'. Dydy hyn ddim yn annhebyg i ddiffiniad Bwdhaidd swyddogol, yn ôl Thera, 'Mae da yn cael da. Mae drygioni'n cael drygioni. Tebyg at ei debyg. Dyma gyfraith Karma'. [2]

Mae Earl yn penderfynu, er mwyn elwa o karma, fod rhaid iddo weithio drwy restr o'r holl bethau drwg y mae wedi'u gwneud yn ystod ei fywyd. Felly, bydd yn ail-greu cydbwysedd rhwng y da a'r drwg yn ei fywyd. Pan fydd y da'n troi'r fantol yn erbyn y drwg, mae'n rhesymu y bydd ei ansawdd bywyd yn gwella. Mewn gwirionedd, mae karma yn fwy cymhleth na hyn, ond mae canfyddiad Earl

yn fan cychwyn da. Mae gan berson berchnogaeth dros ei weithredoedd ac mae hyn yn effeithio ar ei ddyfodol. [3]

Mae karma yn cael ei ddisgrifio fel rhywbeth iach neu afiach, ffrwythlon neu anffrwythlon, yn hytrach na da neu ddrwg. Mae'r geiriau da a drwg yn tueddu i fod â mwy o werth personol yn gysylltiedig â nhw. Mae gweithred yn cael ei gweld naill ai fel un fuddiol – i'r hunan ac i eraill – neu heb fod yn fuddiol. Ond beth sy'n pennu natur y gweithredoedd? [4]

Er mai ystyr karma yn llythrennol yw gweithred, yn y pen draw, y prosesau meddwl a'r bwriadau sy'n achosi ailenedigaeth. Meddai'r Bwdha: 'Bwriad, O fynachod, yw'r hyn rwy'n ei alw'n karma'. Mae Gombrich yn dadlau bod y Bwdha wedi mewnoli'r cysyniad Indiaidd o karma, gan gymryd y syniad o weithred a'i olrhain yn ôl i'w achos. Daeth i'r casgliad fod popeth yn dechrau gyda'r meddwl neu ffurfiannau meddyliol. [5]

Mae Geiriadur Bwdhaeth Nyanatiloka yn nodi'r tri amod ar gyfer karma afiach fel lobha (trachwant), dosa (casineb) a moha (rhithdyb); y gwrthwyneb i'r rhain yw'r amodau ar gyfer karma iach. Ond, mae karma yn gweithio mewn ffordd amhersonol mewn gwirionedd, er y gall ddechrau gyda pherson a bod â chymhellion personol. [6]

Mae difrifoldeb gweithred wedi'i fesur gan ei fwriad. Mae hyn yn wahanol i'r syniad Indiaidd traddodiadol lle mae'r weithred ei hun yn cael ei gweld fel karma, er enghraifft, mewn Hindŵaeth. Yn fras, mae tri math o fwriad sy'n pennu difrifoldeb y gweithredoedd y mae karma yn eu cynhyrchu. Yn gyntaf, karma fel gweithred ddigymell sy'n cael ei gwneud pan fydd rhywun mewn cyflwr angerddol. Mae hyn yn amrywio o ran ymlyniad a dwyster, er enghraifft taro allan pan fydd rhywbeth yn gwylltio rhywun. Yn ail, mae gweithredoedd sydd wedi'u cynllunio ymlaen llaw dros gyfnod o amser, er enghraifft, er mwyn gwobrwyo rhywun am wneud rhywbeth. Yn olaf mae gweithredoedd sy'n darlunio diffyg egwyddor (ymwybyddiaeth a chymhwyso'r hyn sy'n gywir neu'n anghywir), er enghraifft, llofrudd cyfresol. [7]

Mae karma yn pennu pob gweithgaredd ac yn cael effaith ar ailenedigaeth. Mae effeithiau gweithredoedd fel hyn yn gallu dod i'r amlwg mewn gwirionedd yn ystod yr oes bresennol, yr enedigaeth nesaf neu enedigaethau diweddarach, yn dibynnu ar eu heffaith. [8]

Sylwadau

1. Cyflwyniad medrus iawn gyda diffiniad.

2. Cynigir enghraifft er mwyn gwahaniaethu rhwng dealltwriaeth syml o karma a'r hyn sy'n mynd i ddilyn yn yr ateb.

3. Enghraifft arall sy'n esbonio sut mae karma yn ymwneud â pherchnogaeth dros eich gweithredoedd a chyfrifoldeb drostyn nhw.

4. Mae hyn wedi'i gyflwyno'n ystyriol gan y farn, er bod rhywun yn gyfrifol yn bersonol, fod karma ei hun yn niwtral ac yn amhersonol fel damcaniaeth.

5 Dealltwriaeth fwy cynnil o karma wrth i ffurfiannau meddyliol gael eu cyflwyno.

6 Mae hyn yn dangos dealltwriaeth dechnegol dda o'r pwnc gyda defnydd o gyfeiriadau.

7 Mae hwn yn esboniad ac yn ddatblygiad da iawn o'r paragraff uchod ynghylch pam mae bwriad yn hanfodol i karma.

8 Ar y diwedd, gwneir cysylltiad ag ailenedigaeth, er ei fod yn fyr.

Crynodeb

Mae hwn yn ymateb aeddfed iawn, yn hynod gywir ac yn llawn esboniadau manwl. Yr arddull cryno hwn, sydd eto'n fanwl gywir, yw'r hyn sydd ei angen mewn arholiad.

Maes testun AA2: *Gwerthuso natur realistig y cysyniad o karma*

Ateb gwan

Mae karma yn ymwneud â chael eich gwobrwyo am yr hyn rydych chi'n ei wneud. 1 Mae fel ennill 'pwyntiau Browni' fel bod Bwdhydd yn gallu cael ailymgnawdoliad gwell. 2 Holl bwrpas bywyd yw cael karma da, ac mae hyn yn realistig oherwydd ei fod yn helpu person i ymddwyn yn dda a gallech chi ddadlau ei fod yn fath o reolaeth gan grefydd. 3 Does dim gwahaniaeth pwy ydych chi neu pa mor dda rydych chi eisiau bod, bydd karma yn gweld sut rydych chi go iawn. 4 Mae camsyniadau hyd yn oed yn dod â karma gwael ac mae dwyn pensil cynddrwg â dwyn o fanc. 5 I gloi, byddaf yn dadlau bod karma fel synnwyr cyffredin. 6

Sylwadau

1 Dydy hyn ddim yn wir mewn gwirionedd. Diffiniad sydd heb ei ddatblygu. Gwan iawn.

2 Ailenedigaeth ac nid ailymgnawdoliad, ond mae'r cysylltiad sylfaenol ag ailenedigaeth wedi'i wneud.

3 Yn amlwg, mae Bwdhaeth yn llawer mwy na hyn, ac mae camddealltwriaeth yma am karma fel petai'n syniad rhywun arall yn hytrach nag yn system amhersonol.

4 Mae angen esbonio'r pwynt hwn yng ngoleuni'r gosodiad uchod.

5 Dydy hyn ddim yn wir o ran pwysoli karma a safbwyntiau am fwriadau. Mae'n ddealltwriaeth arwynebol iawn.

6 Casgliad gwan iawn heb unrhyw gyfiawnhad, na chysylltiad go iawn chwaith â'r hyn sydd o'i flaen.

Crynodeb

Ateb gwan iawn yn llawn camddealltwriaeth a gwerthusiadau gwan.

Thema 3

Maes cwestiwn AA1: *Archwilio hyfforddiant triphlyg y Llwybr Wythblyg*

Ateb gwan

Y Llwybr Wythblyg Nobl yw symbol Bwdhaeth. Mae'n cynrychioli wyth dysgeidiaeth y Bwdha er mwyn cyrraedd nibbana. 1 Dangosodd y Bwdha'r llwybr cywir mewn tair ffordd – myfyrdod, ymdrech a gweithredoedd da. Mae rhannau o'r llwybr yn y categorïau hyn. 2 Golwg cywir yw pan fydd person yn ymwybodol o realiti bywyd, yn ôl fel y gwelodd y Bwdha, fel y tri nod bodolaeth. Meddwl cywir yw pan fydd person yn meddwl meddyliau pur, iach a chadarnhaol yn unig. Ymdrechu cywir yw pan fydd person yn benderfynol o lwyddo. 3 Dyna'r rhannau canolbwyntio i gyd. 4 Mae'r rhan am weithredoedd da yn cynnwys siarad, gweithredu a dim niwed. 5 Y rhan am fyfyrdod yw'r rhan bwysicaf. Mae'n cynnwys meddylgarwch a chanolbwyntio. Mae angen y rhain ar Fwdhydd er mwyn myfyrio. Y Llwybr Wythblyg yw'r safon ddelfrydol a osododd y Bwdha, y ffordd ganol rhwng eithafion. 6

Sylwadau

1 Yr olwyn yw'r symbol gydag 8 adain – mae angen egluro hyn. Dechrau lletchwith.

2 Mae'r ffordd y mae pethau wedi'u grwpio'n anghywir: doethineb, moesoldeb a myfyrdod.

3 Dydy ymdrechu'n gywir ddim yn rhan o hyn ac mae'n golygu gwneud yn siŵr nad yw meddyliau afiach yn codi.

4 Mwy o ddryswch am ymdrechu. Doethineb sydd yn y grŵp hwn ac mae ymdrech yn perthyn i fyfyrdod.

5 Argymhelliad yw dim niweidio; bywoliaeth gywir ddylai fod yma; a 'moesoldeb' yw'r rhan, nid 'gweithredoedd da'.

6 Yn rhannol gywir, yn fyr a heb ei ddatblygu.

Crynodeb

Ateb sydd â pheth syniad o gynnwys y llwybr ond yn amlwg mae peth dryswch yma. Byddai wedi bod yn well canolbwyntio ar y pethau yr oedd yr ymgeisydd yn siŵr eu bod yn gywir er mwyn osgoi'r dryswch hwn.

Maes testun AA2: *Gwerthuso pwysigrwydd moesoldeb yn y Llwybr Wythblyg*

Ateb cryf

Mae'r Llwybr Wythblyg Nobl yn rhan o'r Pedwar Gwirionedd Nobl sy'n rhoi arweiniad i'r rhai sy'n ceisio cyrraedd nibbana. Mae'n bosibl rhannu'r Llwybr Wythblyg yn dair rhan: y rhan gyntaf yw doethineb neu 'panna'; yr ail yw moesoldeb neu 'sila'; a'r trydydd yw myfyrdod neu 'samadhi'. Felly gallai rhywun ddadlau ei bod hi'n rhesymol i awgrymu bod cysylltiad i ddechrau oherwydd bod moesoldeb yn enw ar un adran. **1**

Dadl gref fyddai nodi hyn: y cysyniad Indiaidd yw mai moesoldeb yw sail pob datblygiad meddyliol gan fod yr hyn rydyn ni'n ei wneud a'r ffordd rydyn ni'n meddwl, yn siarad ac yn byw yn effeithio arnon ni drwy karma, ac y gall achosi problemau o ran dilyn y llwybr Bwdhaidd.

Yn wir, i gefnogi'r farn hon, mae doethineb yn golygu gweld pethau yn y ffordd gywir ond hefyd, gyda'r ymdrech gywir, mae'n gallu gwahaniaethu'n foesol rhwng meddyliau iach ac afiach. Mae hyn yn hanfodol gan fod ymddygiad moesol i gyd wedi'i seilio ar ein meddyliau a'n bwriadau, yn ôl Bwdhyddion. Felly mae moesoldeb yn dechrau gyda'r meddwl ac felly'n cysylltu'n uniongyrchol â gweddill y llwybr. **2**

Yn wir, myfyrdod yw cam olaf cynnydd sy'n ymwneud â meddyliau pur. Mae'n symud y tu hwnt i fyd lle cawn ein llygru gan ein gweithredoedd. Er mwyn gwneud hyn, rhaid bod rhywun wedi meistroli a rheoli proses karma sy'n cael ei phennu gan foesoldeb. **3**

Ffordd arall o weld hyn yw bod y Llwybr Wythblyg yn gyfanrwydd cydlynol gan y dylai dysgeidiaeth Fwdhaidd a phob un o'r tri hyfforddiant gael eu hymarfer ar yr un pryd. **4** Er enghraifft, mae myfyrdod yn cael ei ymarfer mewn Bwdhaeth er mwyn datblygu Golwg Cywir, felly dydy hi ddim yn gwneud synnwyr o gwbl os yw'n gweithredu ar ei ben ei hun. Pan fydd Golwg Cywir wedi'i sefydlu, mae egwyddorion tosturi, caredigrwydd cariadus, dim trais a dim niwed yn dod yn rhan o arferion Bwdhydd yn awtomatig. Felly dydy myfyrdod ddim yn gallu bodoli ar ei ben ei hun. **5**

Serch hynny, mae llawer o bobl, yn enwedig yn y Gorllewin, yn ymarfer myfyrdod er nad ydyn nhw'n Fwdhyddion. Felly dydyn nhw ddim o angenrheidrwydd yn ymarfer yr argymhellion neu'r ddau hyfforddiant arall yn y Llwybr Wythblyg. Maen nhw'n myfyrio o achos y manteision corfforol a meddyliol sy'n hysbys ac sydd wedi'u profi'n wyddonol. **6**

Nid 'eiddo' Bwdhaeth yw myfyrdod, ac mae'n cael ei ymarfer mewn crefyddau eraill, a hefyd gan bobl nad ydyn nhw'n dweud eu bod yn grefyddol o gwbl. Ond, dydy hyn ddim yn golygu nad yw moesoldeb yn berthnasol gan fod moesoldeb yn greiddiol i'r ffordd Fwdhaidd. Os yw ffurfiau eraill yn dewis osgoi meithrin moesoldeb, efallai bydd gweddill y broses yn cael ei llygru. **7**

I gloi, er y gellid dadlau y gall unrhyw un ymarfer myfyrdod Bwdhaidd, mae'n amheus ai dyma'r gwir fyfyrdod Bwdhaidd. Efallai ei fod yn ffurf ar fyfyrdod, ond, oni bai ei fod wedi'i seilio'n gadarn mewn moesoldeb, fel sy'n wir am Fwdhaeth, ac yn amlwg yn gysylltiedig â Bwdhaeth, dydy hi ddim yn bosibl dweud mai rhywbeth Bwdhaidd yw e, fel mae'r dystiolaeth yn ei awgrymu. **8**

Sylwadau

1. Rhagarweiniad da iawn gyda manylder ac esboniad technegol.
2. Mae dadl gref yn cael ei chyflwyno'n gynhwysfawr iawn.
3. Cynigir tystiolaeth ategol.
4. Mae dadl arall yn cael ei chyflwyno.
5. Mae hon wedi'i chefnogi'n dda gydag enghraifft ac esboniad eglur.
6. Cyflwynir gwrthddadl.
7. Mae'r wrthddadl hon yn cael ei hystyried a'i gwerthuso.
8. Casgliad taclus.

Crynodeb

Ateb da. Er ei fod braidd yn unochrog, y sgiliau gwerthuso sy'n dod i'r amlwg ac weithiau mae gwerthusiadau'n gallu bod fel hyn oherwydd natur y cwestiwn. Ond, mae gwrthddadl yn cael ei chyflwyno a'i gwrthod, yn eglur iawn. Defnydd da o dystiolaeth drwyddi draw er mwyn cyfiawnhau safbwynt a chasgliad eglur sy'n cysylltu â'r dystiolaeth a gyflwynwyd.

Thema 4

Maes cwestiwn AA1: *Archwilio rôl a phwysigrwydd dana*

Ateb eithaf cryf

Er nad yw dana, sy'n golygu 'rhoi' yn llythrennol, wedi'i gynnwys yn uniongyrchol yn y ddysgeidiaeth Fwdhaidd am y Llwybr Wythblyg, ddylai ei gyfraniad i gynnydd ar hyd y llwybr i Oleuedigaeth fyth gael ei anwybyddu neu'i ddanbrisio. Dana yw'r gyntaf o dair sylfaen gweithredoedd teilwng, y cyntaf o'r pedwar dull o roi budd i eraill, a'r cyntaf o'r deg paramita neu 'berffeithderau', felly mae'n arwyddocaol iawn. **1**

Mae rhoi, yn ei hanfod, yn ffurf ar ollwng gafael ac mae'n weithred anhunanol. Mae haelioni, yn enwedig cynnig gwisgoedd a bwyd i fynachod, yn cael ei ganmol yn fawr ym mhob gwlad Fwdhaidd ac mae'n rhinwedd sylfaenol. Dana, yn ôl Nyanatiloka, yw 'ffordd o ffrwyno trachwant ac egoistiaeth gynhenid dyn'. Serch hynny, fel gyda karma, mae angen i unrhyw weithred dda fod â bwriad iach yn sail i'r weithred allanol. **2**

Yn wir, mae dana yn dod o dan ddysgeidiaeth karma, yn yr ystyr fod gweithredoedd iach yn dod â chanlyniadau iach ond hefyd maen nhw er budd cyffredinol i'r un sy'n gweithredu. Nid karma da, iach, cadarnhaol yw'r term y mae Bwdhyddion yn ei ddefnyddio am y canlyniad iach hwn, ond gair penodol, sef punya, sy'n golygu 'teilyngdod'. Mae dana a punya yn ddwy ochr o'r un geiniog. [3]

Yn aml defnyddir y gair caga (haelioni) gyda'r gair dana er mwyn annog mwy na rhoi syml, arwynebol, ond ffyrdd mwy heriol o roi sy'n adlewyrchu gweithredoedd o hunanaberth. Fel hyn, mae dana yn cyd-fynd â dysgeidiaeth Fwdhaidd anatta a'r syniad o ollwng gafael; gall dana fod yn brif ffordd foesegol o ddangos anhunanoldeb. [4]

Haelioni yw un o rinweddau hanfodol y sappurisa, y person da neu uwchraddol, ynghyd â rhinweddau eraill fel ffydd, moesoldeb, dysgu a doethineb. Fel nodwyd uchod, ar y cyd â haelioni, mae gan dana gysylltiad agos â dysgeidiaeth greiddiol Bwdhaeth oherwydd ei fod yn analluogi trachwant ac yn cael gwared arno. Ond hefyd mae'n ymosod ar gasineb drwy gynnwys meddylfryd anhunanol. Mae hyn yn hwyluso'r meddwl ar gyfer yr her yn erbyn rhithdyb. [5]

Ewyllys y rhoddwr cyn, yn ystod ac ar ôl y weithred o haelioni yw'r pwysicaf o'r tri ffactor sydd ynghlwm wrth yr arfer o roi. Mae rhoi o wirfodd yn adlewyrchu bwriad pur. Ond, mae rhoi gyda bwriad a doethineb yn uwch na rhoi heb ddoethineb, er o fwriad pur. [6]

Sylwadau

1. Rhagarweiniad rhagorol, mae'n diffinio'r cysyniad ac yn sefydlu ei safle yn y ddysgeidiaeth Fwdhaidd.
2. Pwynt da iawn am ei berthynas â'r ego.
3. Mae'r cysylltiad â punya wedi'i sefydlu.
4. Cadarnhau natur anhunanol dana drwy gyfeirio at caga (haelioni).
5. Esboniad da o'r sappurisa, y person uwchraddol, a sut mae hyn yn helpu gyda thrachwant, casineb a rhithdyb.
6. Mae'r paragraff olaf yn nodi rôl bwriad, sy'n hanfodol i dana.

Crynodeb

Mae hwn yn ateb 'cyffredinol' da iawn. Mae wedi'i ysgrifennu'n eglur ac mae'n deall pwysigrwydd dana yn dda, hynny yw, beth yw dana a sut mae'n rhan o ddysgeidiaeth Fwdhaidd. Ond mae angen rhoi mwy o sylw i'r rôl y mae'n ei chwarae mewn Bwdhaeth gyda rhagor o enghreifftiau. Gallai'r naratif fod wedi bod yn fwy cryno er mwyn rhoi lle i enghreifftiau amlwg fel gwahanol fathau o roi.

Maes testun AA2: *Gwerthuso a yw punya yn ddysgeidiaeth Fwdhaidd bwysig*

Ateb gwan

Mae ennill teilyngdod yn aml yn cael ei weld yn ffordd o gasglu credyd a gwobr bersonol. Mae Bwdhyddion yn gwneud hyn mewn amrywiaeth o ffyrdd. [1] Maen nhw'n gwneud teilyngdod drwy offrymu gwisgoedd, elusen a meddyginiaeth. Bwyd yw elusen yn bennaf. Mae hyn yn golygu eu bod nhw'n cael eu gwobrwyo gan y mynachod yn gyfnewid am hyn. [2] Mae'r syniad o deilyngdod yr un fath â karma. Yn y bôn, karma da yw teilyngdod ac mae'n helpu Bwdhydd yn y cylch samsara. [3] Felly, mae punya yn bwysig iawn i ddysgeidiaeth Fwdhaidd gan mai'r un egwyddor â karma yw e ac mae'n gweithio'n debyg iawn i hyn. [4]

Sylwadau

1. Mae datganiad yn cael ei wneud ond does dim gwerthuso sy'n gysylltiedig â chanolbwynt y cwestiwn.
2. Rhoddir enghreifftiau o wneud punya ond eto does dim asesiad.
3. Mae cysylltiad gwerthusol tenau yn cael ei wneud â dysgeidiaeth karma a samsara. Gallai hyn fod wedi cael ei ehangu.
4. Dyma'r arwydd cyntaf o werthuso ac mae'n sylfaenol iawn.

Crynodeb

Ateb byr yw hwn sy'n tueddu i symud o punya i karma. Mae'n amlwg nad yw'r myfyriwr wedi cofio, neu ddeall, cymaint â hynny am punya. Weithiau, pan fydd maes sy'n gallu bod yn llai, mae'n hanfodol paratoi digon o ddeunydd i ateb cwestiwn llawn. Mae mwy o bwyntiau y gellid bod wedi'u gwneud yma, yn cysylltu â meysydd eraill o ddysgeidiaeth Fwdhaidd y tu hwnt i karma. Er enghraifft, anatta, tri lakshana, yr argymhellion a'r Llwybr Wythblyg. O ganlyniad mae hwn yn fwy o gyflwyniad AA1 na gwerthusiad AA2.

Atebion i'r cwestiynau cyflym

Thema 1

1.1 Ganwyd rhwng 490 a 450 CCC a bu farw rhwng 410 a 370 CCC.

1.2 Mohenjo-Daro a Harappa.

1.3 Y gred oedd bod y gweddïau a fyddai'n cael eu cynnig wrth berfformio'r aberth yn bodloni'r duwiau, ac felly byddai'r pwrpas sylfaenol, cynnal trefn yn y Bydysawd, yn cael ei gyflawni.

1.4 Nod ymarfer crefydd oedd symud ymlaen drwy ddefodau cymhleth a thrwy fyfyrdod i gael eich rhyddhau o'r cylch hwn o ailymgnawdoliad. Y gred oedd bod yr enaid yn uno â Brahman wedyn.

1.5 Unrhyw ddau o blith: Jainiaid, Ajivakas, Materolwyr a Sgeptigiaid.

1.6 I Williams, mae astudio Bwdhaeth yn ymwneud ag astudio syniadau Bwdhaidd yn hytrach nag astudio'r Bwdha hanesyddol; felly, mae hanes bywyd y Bwdha yn dod yn hagiograffeg (bywgraffiad crefyddol).

1.7 Drwy'r storïau a glywson nhw gan fynachod a'r paentiadau a'r cerfluniau a welson nhw mewn temlau.

1.8 Cafodd y Frenhines Maya freuddwyd fyw am gael ei chludo i'r Himalaya gan angylion a dyma'r Bwdha, ar ffurf eliffant gwyn yn cario lili'r dŵr, yn mynd o'i chwmpas ac yn mynd i mewn i'w chroth drwy ei hystlys i genhedlu ac i ddechrau'r beichiogrwydd.

1.9 Yr olygfa a gynhyrfodd y tywysog fwyaf oedd dyn duwiol crwydrol yn cerdded yn ddigyffro ac yn fodlon yn chwilio am y gwirionedd ac am ateb i broblemau bywyd.

1.10 Rhoddodd enw addas i'w fab Rahula, sy'n golygu 'hual' neu 'gaethiwed' gan fod Gautama yn teimlo wedi'i rwymo hyd yn oed yn fwy gan gyfrifoldeb newydd a oedd yn ei rwymo i'w fywyd fel yr oedd: 'Mae hual (rahula) wedi cael ei eni, mae caethiwed wedi cael ei eni,' cyhoeddodd.

1.11 Y syniad o ollwng gafael ar ymlyniadau, yn enwedig ar athrawon, a dilyn eich llwybr eich hun i gyrraedd y gwirionedd. Fel roedd y Bwdha yn annog pawb, 'profwch drosoch eich hun'.

1.12 Ymosodiad gan fyddin Mara oedd y cyntaf; Mara yn anfon ei dair merch i demtio'r Bwdha oedd yr ail; ac, yn olaf, herio'r Bwdha'n uniongyrchol am ei hawl i eistedd o dan y goeden Bodhi oedd y trydydd.

1.13 Y pedwar profiad pellach yn y pedwerydd jhana yr oedd rhai yn eu deall fel Goleuedigaeth.

1.14 Sylweddolodd y Bwdha, er mwyn i newid ddigwydd ac i'r trawsffurfio o anwybodaeth i Oleuedigaeth gael ei wneud, roedd rhaid i ni ddechrau gyda tharddiad karma o ran ffurfiannau meddyliol.

1.15 Roedd y dilynwyr yn dilyn ffordd o fyw sylfaenol iawn, er nad oedd yn rhy lym. Er i'r Bwdha deithio drwy ardal Basn Afon Ganga yn ystod ei weinidogaeth, roedd cyfnodau o'r flwyddyn pan nad oedd teithio'n ymarferol. Roedd tymor y glawogydd yn gyfnod pan fyddai'r crwydrwyr neu'r Samanas yn gorffwyso fel cymuned, mewn un lle, ac yn canolbwyntio ar fyfyrdod.

1.16 Sefydlodd y tri chyngor Bwdhaidd y Vinaya ar ffurf y Patimokkha.

1.17 O leiaf ddwywaith y mis ar ddiwrnodau lleuad newydd a lleuad lawn.

1.18 Cael eich diarddel o'r gymuned fynachaidd a cholli'r wisg.

Thema 2

2.1 Canlyniad y Pedair Golygfa oedden nhw.

2.2 Pregeth gyntaf y Bwdha a throad cyntaf olwyn Dhamma.

2.3 Straen; poen; anodd dioddef, ac ati.

2.4 Nibbana.

2.5 Y cerbyd.

2.6 Ciwb iâ sy'n toddi.

2.7 Pedwar, ffurf yw rupa.

2.8 Nac ydy, mae ailymgnawdoliad yn ymwneud ag enaid, dydy ailenedigaeth ddim.

2.9 Dynol – mwy o botensial ar gyfer Goleuedigaeth.

2.10 Mae karma yn cynnwys bwriadau ac nid gweithredoedd yn unig i Fwdhydd.

2.11 Yn syth, yn nes ymlaen yn eich bywyd, mewn bodolaeth yn y dyfodol.

2.12 Digymell, wedi'i ystyried ymlaen llaw, diegwyddor.

2.13 Tosturi (karuna).

2.14 Defnyddiodd ddulliau medrus (upaya kausalya).

2.15 Cam anagama (un sydd byth yn dychwelyd).

2.16 Cael mynediad at Oleuedigaeth lawn a chyflawn ond pan fydd pob bod arall wedi cael ei oleuo.

Thema 3

3.1 Y Pedwar Gwirionedd Nobl neu 'pedwar gwirionedd i'r nobl'.

3.2 Samudaya (codi) a tanha (chwant).

3.3 Dioddefaint corfforol, dioddefaint oherwydd newid parhaus, a dioddefaint oherwydd nad ydy pethau'n parhau.

3.4 Tri gwenwyn neu dân.

3.5 Gall achosi ymlyniad.

3.6 Mae Harvey yn cyfeirio at nibbana fel 'cyflwr o ymwybod sydd wedi'i drawsnewid yn radical'.

3.7 Dydy ei weithredoedd ddim yn creu canlyniadau karma bellach.

3.8 Mae pŵer iaith, sain a lleferydd yn arbennig o bwysig mewn athroniaeth Indiaidd ac mae'n aml yn cael ei weld fel rhywbeth sydd ar ei lefel bodolaeth ei hun, gyda'r gallu i ddylanwadu ar y byd corfforol.

3.9 Oherwydd bod angen disgyblaeth er mwyn osgoi cyflyrau meddwl afiach neu anfedrus.

3.10 Dyma'r gweithgaredd moesegol mwyaf arwyddocaol mewn Bwdhaeth. Rhoi yw'r enghraifft orau o beidio â meddwl amdanoch chi eich hun, ond am eraill.

3.11 Ahimsa – dim trais.

3.12 Unrhyw ddau o blith: puja, myfyrdod-delweddu, mantras, mudras, yantra/mandala.

3.13 Unrhyw ddau o blith: ymatal rhag dawnsio, canu, ymhel â cherddoriaeth, mynd i weld adloniant, gwisgo garlantau, defnyddio persawr, a harddu'r corff â chosmetigau. Bwyta ar ôl canol dydd. Gorwedd ar wely uchel neu foethus.

3.14 Ymatal rhag derbyn aur ac arian.

3.15 Mae mynachod yn aml yn cynnal defodau marwolaeth a phriodasau, yn cynnig arweiniad a chyngor, ac yn rhoi cyfarwyddyd ar agweddau mwy ymarferol a moesol Dhamma. Mae mynachod yn gallu datrys anghydfod, ac arwain ar faterion o bwys cymdeithasol.

3.16 Oherwydd bod euogrwydd yn hunanfaldod ac mae'n well ganddyn nhw hiri (cywilydd) sy'n annog hunangyfrifoldeb.

Thema 4

4.1 Bwdhaeth Theravada.

4.2 Kangyur a Tengyur.

4.3 Dywedir bod Zen wedi'i seilio ar drosglwyddo arbennig y tu allan i'r ysgrythurau nad oedd yn dibynnu ar eiriau.

4.4 Nod y Sangha yw dilyn y llwybr a addysgodd y Bwdha a chael help a chymorth gan eraill.

4.5 Rhywun sydd wedi'i eni a'i fagu mewn gwlad Fwdhaidd.

4.6 Oherwydd gallai cydbwysedd pŵer symud i'r fynachlog.

4.7 Unrhyw ffurf sy'n datblygu neu'n meithrin rhywbeth.

4.8 40.

4.9 Allwn ni byth gael heddwch yn y byd allanol tan i ni wneud heddwch â ni ein hunain.

4.10 Gallwch ei wneud wrth gerdded.

4.11 Dyma'r cyntaf o'r deg perffeithder (paramitas).

4.12 Rhoi i berson anfoesol.

4.13 Unrhyw dri o blith:
- Cynnig cyfle i roi elusen
- Addysgu
- Cwnsela
- Cyflawni defodau crefyddol
- Cadw'r Dhamma drwy astudio a chyfieithu
- Dosbarthu'r Dhamma am ddim.

4.14 Mewn Bwdhaeth, gwelir bod trosglwyddo teilyngdod yn ddewis gwell na galaru.

Geirfa

Abad: teitl pennaeth mynachlog

Abhidhamma Pitaka: trydedd adran neu drydedd 'fasged' y Canon Pali sy'n cynnwys trafodaeth athronyddol

Abhinnas: chwe 'uwch bŵer', neu wybodaeth uwchnormal (pwerau hudol, clust ddwyfol, darllen meddyliau, cof am fywydau blaenorol, llygad dwyfol a dileu'r halogiadau)

Ahimsa: dim trais

Ailymgnawdoliad: yr enaid yn trawsfudo i ffurf bywyd newydd ar ôl marwolaeth

Ajivakas: grŵp Samana cynnar, sydd ddim yn bodoli heddiw – tynged oedd y syniad allweddol

Akusala: gweithredoedd afiach neu anfedrus

Alara Kalama: yr athro cyntaf y chwiliodd y Bwdha amdano ar ôl iddo ymwadu

Alegoriaidd: pan fydd ystyr cudd y tu hwnt i ddealltwriaeth lythrennol o'r testun

Anagama: un sydd byth yn dychwelyd

Anagarika: rhywun digartref, ar ôl ymwadu, ac fel arfer mae'n asgetig crwydrol

Anapanasati: Anadlu meddylgar

Anatta: y sylw a'r ddysgeidiaeth Fwdhaidd nad oes 'unrhyw hunan', hynny yw, dim hanfod sylweddol y tu hwnt i'r hunan empirig

Anicca: y sylw a'r ddysgeidiaeth Fwdhaidd fod pob bodolaeth yn golygu newid

Anussati: atgofion

Arhat: 'yr un anrhydeddus neu deilwng' gan gyfeirio at un sydd wedi cyrraedd Goleuedigaeth

Ariaidd: term a ddefnyddir i ddiffinio goresgynwyr o'r Gorllewin i Ddyffryn Indus

Ashoka: Brenin Bwdhaidd sy'n teyrnasu yn India tua 100–140 mlynedd ar ôl i'r Bwdha farw

Ashrama: cyfnod mewn bywyd

Asubha: hagrwch

Asuras: ffigyrau hanner dwyfol (teyrnas y cewri, 'duwiau eiddigeddus' neu hanner duwiau)

Atman: enaid

Avatamsaka: yn llythrennol, Sutra 'garlant blodau', cynnyrch ysgol Hua Yen Bwdhaeth Tsieineaidd, sy'n enwog am ei dysgeidiaeth am gyd-dreiddio

Avyakata: mae'r cyfieithiad llythrennol yn destun dadl ond mae'n cyfeirio at rai gwestiynau damcaniaethol yr oedd y Bwdha'n gwrthod eu hateb, y cwestiynau 'heb eu hateb'

Bhakti: ymroddiad

Bhavana: datblygiad meddyliol

Bhikkhu: mynach

Bhikkhuni: lleian

Bhumis: camau ar lwybr y bodhisattva

Bhumisparsha mudra: y bod ysbrydol neu'r duwdod a heriodd Oleuedigaeth y Bwdha

Bodhi: Goleuedigaeth, Deffroad

Bodhicitta: yn llythrennol, 'ymwybod Bwdha' neu 'ymwybod deallusrwydd'

Bodhisattva: cysyniad Mahayana, sy'n golygu'n llythrennol 'bod â Goleuedigaeth yn hanfod iddo'

Brahma Viharas: pedwar cyflwr aruchel neu ddwyfol

Brahman: ysbryd cyffredinol neu ysbryd eithaf mewn Hindŵaeth

Brahmin: grŵp cymdeithasol offeiriadol

Buddha kshetra: yn llythrennol, 'ymwybod Bwdha' neu 'ymwybod deallusrwydd'

Buddhacarita: cerdd arwrol Sansgrit am fywyd y Bwdha wedi'i hysgrifennu gan Ashvaghosa

Bwdha: Siddhartha Gautama, sylfaenydd crefydd Bwdhaeth

Bwdha pratyeka: Bwdha unig (gan gyfeirio at arhat)

Bwdholeg: materion sy'n ymwneud â natur, person a statws y Bwdha

Caga: haelioni

Cakkavudha: y ddisgen a daflodd Mara fel her olaf i hawl y Bwdha i Oleuedigaeth

Cakravartin: rheolwr neu frenin lleol

Citta: term i ddisgrifio'r meddwl neu'r ymwybod

Cullavagga: y rhan o'r Vinaya sy'n ymdrin â'r drefn ar gyfer disgyblaeth ffurfiol

Cwestiynau'r Brenin Milinda: testun Bwdhaidd enwog sy'n esbonio dysgeidiaeth Fwdhaidd allweddol ar ffurf stori am frenin Groegaidd yn cwrdd â mynach Bwdhaidd

Dana: rhoi

Dasa sila: y deg argymhelliad y mae mynachod a lleianod yn eu cymryd

Devas: duwiau (teyrnas nefol)

Dhammapada: testun Pali sy'n cael ei barchu'n fawr mewn Bwdhaeth fel crynodeb o ddysgeidiaeth y Bwdha

Dharma: dysgeidiaeth Fwdhaidd, Dhamma yn yr iaith Pali

Dharma: dhamma (*Pali*) rhaid gwahaniaethu rhwng hyn a Dhamma (dysgeidiaeth neu wirionedd) – roedd yn cael ei ddefnyddio mewn Bwdhaeth gynnar i nodi 'uned' o fodolaeth

Dharma: deddf dragwyddol mewn Hindŵaeth, neu ddyletswydd gymdeithasol

Dharmakaya: corff Dharma y Bwdha

Dhyana: myfyrdod

Dosa: casineb, un o'r tri chyflwr ar gyfer karma afiach. Maen nhw'n cael eu galw'n dri 'thân', 'halogiad' neu 'wenwyn'

Dukkha: yn llythrennol, 'yr hyn sy'n anodd ei oddef' ac mae'n cyfeirio at ddioddefaint, rhwystredigaeth, anfodlonrwydd mewn bywyd

Dukkha-dukkha: dioddefaint fel profiad o boen

Dydd Uposatha: cadw seremonïau sy'n gysylltiedig â dathlu lleuad lawn, gan gynnwys adrodd y Patimokkha i gyd

Dyffryn Indus: ardal yng Ngogledd-orllewin India a Pakistan lle mae tystiolaeth archeolegol arwyddocaol wedi dod i'r golwg

Empirwyr: dydy realiti a bodolaeth ddim yn mynd y tu hwnt i'n pum synnwyr ac mae unrhyw beth y tu hwnt iddyn nhw'n cael ei wrthod oherwydd diffyg tystiolaeth

Gelong: mynach o Tibet

Ge-snen: Bwdhydd lleyg o Tibet

Gestul: deon o Tibet

Goleuedigaeth: mae hefyd yn cael ei alw'n Ddeffroad, nibbana neu nirvana. Mae'n cyfeirio at yr eiliad pan gyrhaeddodd y Bwdha y gwirionedd

Hagiograffeg: bywgraffiad crefyddol, yn hytrach na bywgraffiad hanesyddol

Harappa: hen ddinas yn Nyffryn Indus

Hiri: cywilydd sy'n parchu'r hunan, heb ymgolli mewn euogrwydd

Jainiaid: grŵp Samana cynnar; mae'n dal i fod yn grefydd heddiw – roedd dim trais yn syniad allweddol

Jataka: chwedlau Bwdhaidd, yn bennaf am fywydau blaenorol y Bwdha

Jati: isadran o varna, wedi'i seilio ar 'enedigaeth' i grŵp penodol

Jhana: un o'r pedwar cyflwr myfyrdod Bwdhaidd

Jiva: egwyddor bywyd sy'n cael ei haddysgu gan y Jainiaid

Jnana: gwybodaeth

Jodo Shinshu: ysgol Bwdhaeth Japan sydd fel arfer yn cael ei galw'n Fwdhaeth y Wlad Bur neu Fwdhaeth Shin

Kangyur: 'geiriau wedi'u cyfieithu' sy'n dwyn i gof ddysgeidiaeth y Bwdha mewn Sutras Mahayana newydd

Kapilavastu: y man lle cafodd y Bwdha ei fagu

Karma: 'gweithred' sydd â chanlyniad; mae'n cael ei hadnabod fel 'cyfraith karma' weithiau

Karuna: tosturi

Kasina: gwrthrych i ganolbwyntio arno, fel arfer cerdyn lliw crwn

Khandhaka: 227 o reolau'r gymuned Fwdhaidd o fynachod a lleianod (sydd â 331 o reolau)

Koan: dywediadau a phosau, weithiau rhai disynnwyr, er mwyn ysgogi Goleuedigaeth. Fel arfer dywediad wedi'i recordio gan feistr Zen. Defnyddir nhw'n bennaf mewn Zen Rinzai fel gwrthrychau myfyrdod

Ksanti: amynedd

Kshatriya: grŵp cymdeithasol o ryfelwyr

Kusala: gweithredoedd iach neu fedrus

Lakshana: un o'r tri nod bodolaeth yn ôl Bwdhaeth

Lama: urddo Bwdhaidd yn fynach/lleian

Lobha: trachwant, un o'r tri chyflwr ar gyfer karma afiach. Maen nhw'n cael eu galw'n dri 'thân', 'halogiad' neu 'wenwyn'

Lumbini: y man lle ganwyd y Bwdha

Magga: llwybr sy'n cyfeirio at y Llwybr Wythblyg

Mahadeva: y mynach a achosodd yr hollt cyntaf yn y Sangha

Mahasanghikas: yr un arall yn yr hollt gwreiddiol. Mae llawer yn credu bod hyn wedi dod cyn Bwdhaeth Mahayana

Mahavagga: y rhan o'r Vinaya sy'n ymdrin â threfnu

Mahayana: yn llythrennol, 'y cerbyd mawr' sy'n cwmpasu ysgolion Gogleddol Bwdhaeth yn Tibet, China a Japan a rhagor o ysgolion a thraddodiadau cysylltiedig

Majjhima Patipada: 'Llwybr Canol' neu 'Ffordd Ganol' (Pali) rhwng eithafion o bleser ac asgetigiaeth

Mandala: diagram corfforol, sydd weithiau'n cael ei dynnu'n gain gan ddefnyddio gronynnau o dywod lliw

Mantra: siant ddefosiynol Fwdhaidd

Manushyas: bodau dynol (teyrnas ddaearol)

Mara: y bod ysbrydol neu'r duwdod a heriodd Oleuedigaeth y Bwdha

Materolwyr: grŵp Samana cynnar a oedd yn gwrthod y goruwchnaturiol

Maya: Mam y Bwdha

Metta bhavana: myfyrdod sy'n meithrin caredigrwydd cariadus

Milinda: y Brenin Groegaidd yng Nghwestiynau'r Brenin Milinda

Moha: rhithdyb, un o'r tri chyflwr ar gyfer karma afiach. Maen nhw'n cael eu galw'n dri 'thân', 'halogiad' neu 'wenwyn'

Mohenjo-Daro: hen ddinas yn Nyffryn Indus

Moksha: dianc neu ryddhau o gylch genedigaeth, marwolaeth ac ailymgnawdoliad

Mudra: ystum llaw Bwdhaidd sy'n cael ei berfformio yn ystod myfyrdod a defosiwn

Mukti: dianc neu ryddhau o gylch genedigaeth, marwolaeth ac ailymgnawdoliad

Muni: dyn crefyddol / duwiol

Myth: storïau dychmygol er mwyn mynegi dysgeidiaeth

Nagasena: y mynach a fu'n dadlau â'r Brenin Milinda

Narakas: cythreuliaid (teyrnas uffern)

Nembutsu: y term Japaneeg sy'n golygu ystyried y Bwdha neu fyfyrio arno

Nidanakatha: sylwadau ar hanesion Jataka am fywydau blaenorol y Bwdha sydd hefyd yn cynnwys cyfeiriad at y mudra yn cyffwrdd â'r ddaear

Nirmanakaya: corff hanner corfforol y Bwdha

Nirodha: ei ystyr llythrennol yw 'peidio', gan gyfeirio at ddioddefaint

Nirvana: yn llythrennol, 'chwythu allan' neu 'ddiffodd' ac mae'n cyfeirio at brofiad Goleuedigaeth sy'n 'diffodd' y 'fflamau' sy'n halogi

Niyati: y syniad fod popeth wedi'i ragordeinio, tynged, ffawd

Ontolegol: gair a ddefnyddir i gyfeirio at ddadl ynghylch 'bod'

Ottappa: ymwybyddiaeth lwyr

Pabbajja: un sydd wedi 'mynd ymaith' i fywyd o ddigartrefedd

Panca sila: pum argymhelliad y mae pob Bwdhydd yn eu cymryd

Parajikas: y 'gorchfygiadau' neu ymddygiad sy'n golygu bod rhaid colli'r wisg a chael eich diarddel o'r urdd fynachaidd

Paramis: rhinweddau perffaith sy'n nodweddu Bwdha

Paramita: yn llythrennol 'perffeithder' ac mae'n disgrifio'r rhinweddau sy'n cael eu meithrin ar lwybr y bodhisattva

Parinibbana: y symud terfynol i nibbana o gylch bywyd, marwolaeth ac ailenedigaeth

Parivara: rhan olaf y testunau Vinaya

Parivarta: trosglwyddo, gan gyfeirio at deilyngdod a enillwyd

Patimokkha: 227 o reolau'r gymuned Fwdhaidd o fynachod a lleianod (sydd â 331 o reolau)

Pedair Golygfa: y pedwar peth a ysgogodd ymchwil Siddhartha am Oleuedigaeth

Prajna: doethineb

Prajna paramita: doethineb perffaith

Pranidhana: llwon y mae bodhisattva yn eu gwneud cyn cychwyn ar y llwybr

Pratityasamutpada: yr esboniad am y cylch bodolaeth sy'n cael ei alw'n 'darddiad dibynnol' neu'n 'godi wedi'i gyflyru'

Pretas: ysbrydion llwglyd (teyrnas yr ysbrydion llwglyd)

Puja: seremoni ddefosiynol Fwdhaidd

Punabhava: ailenedigaeth

Punnadhara: ffrydiau teilyngdod

Punnakiriyavatthu: gweithredoedd teilwng

Punya: teilyngdod

Rahula: mab y Bwdha

Rishi: gweledydd crefyddol sy'n gysylltiedig â'r Vedas

Rupa: elfennau corfforol, 'ffurf'

Sadhu: dyn duwiol, fel arfer crwydryn asgetig digartref ac athro

Sakadagami: un sy'n dychwelyd unwaith

Shakya: yr ardal lle ganwyd y Bwdha

Shakyamuni: term am y Bwdha, ei ystyr yw 'y dyn doeth o Shakya'

Samadhi: canolbwyntio

Samana: athronwyr ac athrawon crefyddol crwydrol, weithiau rhai asgetig ac weithiau mewn grwpiau

Samatha: myfyrdod tawel

Sambhogakaya: corff nefol y Bwdha

Sambodhi: Goleuedigaeth lawn a chyflawn

Samenera: prentisiaeth i fynach neu leian

Samma: gair Pali am 'cywir', 'priodol' ac mae'n dod cyn pob un o'r wyth elfen yn y Llwybr Wythblyg

Samma ajiva: bywoliaeth gywir

Samma ditthi: golwg cywir

Samma kammanta: gweithredu cywir

Samma samadhi: canolbwyntio cywir

Samma sankappa: meddwl cywir; meddwl neu fwriad wedi'i gyfeirio

Samma sati: meddylgarwch cywir

Samma vaca: siarad cywir

Samma vayama: ymdrechu cywir

Sammasambuddha: un sydd wedi'i hunanoleuo

Samsara: cylch bywyd, marwolaeth ac ailymgnawdoliad

Samudaya: yn llythrennol 'codi'; mae'n cyfeirio at achos penodol

Sangha: y gymuned Fwdhaidd o fynachod, lleianod a lleygwyr

Sanghavatthu: gweithredoedd sy'n fuddiol i eraill

Sankhara: 'ffurfiannau meddyliol'

Sankhara-dukkha: dioddefaint sy'n gynhenid i natur amodol bywyd

Sanna: 'canfyddiad', dehongli'r profiadau cadarnhaol neu negyddol

Sannyasin: dyn duwiol, fel arfer crwydryn asgetig digartref ac athro

Sappurisa: y person da neu ragorach (gwell)

Sarana: noddfa; mae tair ohonyn nhw i Fwdydd – Bwda, Dhamma a Sangha

Sasana: dysgeidiaeth

Sesshin: encil Zen

Sgeptigiaid: grŵp Samana cynnar a oedd yn amau popeth

Siddhartha Gautama: enw go iawn y Bwdha, Sansgrit

Siddhatta Gotama: enw go iawn y Bwdha, Pali

Sila: purdeb; term a ddefnyddir i ddisgrifio moesoldeb Bwdhaidd

Sima: ffin er mwyn sefydlu terfyn y fynachlog

Skandhas: y pum elfen sy'n gwneud unigolyn

Sotapanna: enillydd-ffrwd

Soterioleg: astudio syniadau crefyddol am achubiaeth bersonol

Sthaviravadins: un o ddwy adran y Sangha gwreiddiol; dyma fersiwn Sansgrit y Theravadins

Suddhodana: tad y Bwdha

Sujata: y llaethferch a adfywiodd Gautama

Sunnata: term Pali am 'wacter'; hefyd sunyata mewn Sansgrit

Sunyata: gwacter o bob ffenomen

Sutras: ysgrifeniadau / ysgrythurau Mahayana

Sutras Perffeithder Doethineb: corff o ysgrythurau; yr enwocaf yw'r Sutras Vajracchedika (Torrwr Diemwntau) a Hrdaya (Calon)

Sutta Pitaka: ail ran ysgrythurau'r Canon Pali sy'n cynnwys storïau a dysgeidiaeth y Bwdha

Sutta Vibhanga: rhan gyntaf y Patimokkha sydd wedi'i hanelu at unigolion

Suttas: ysgrifeniadau Bwdhaidd

Svabhava: yn llythrennol 'eich bod eich hun' gan gyfeirio at hanfod personol sylweddol parhaol

Tanha: 'syched', 'chwant' neu 'ymlyniad'

Tantra: term sy'n disgrifio'r agwedd ar grefydd, yn enwedig yn y traddodiad Indiaidd, sy'n defnyddio mantras, tantras a mudras

Tathagata: yn llythrennol, 'yr un sydd wedi mynd fel hyn' ac mae'n cyfeirio at fod sydd wedi'i oleuo

Tathagatagarbha: natur-Bwdha

Tengyur: sylwadau wedi'u cyfieithu ar y Sutras

Tiryakas: anifeiliaid (teyrnas yr anifeiliaid)

Tisarana: tair noddfa – Bwdha, Dhamma a Sangha

Trikaya: yn llythrennol, 'yr un sydd wedi mynd fel hyn' ac mae'n cyfeirio at fod sydd wedi'i oleuo

Tripitaka: Canon yr ysgrythurau Bwdhaidd

Triratna: yn llythrennol, 'y tair gem', term arall am y tair noddfa

Theravada: yn llythrennol, 'dysgeidiaeth yr henaduriaid' ac mae'n ffurfio llawer o ysgolion Bwdhaeth De-ddwyrain Asia yn Sri Lanka, Gwlad Thai, Burma a Viet Nam

Uddaka Ramaputta: yr ail athro y chwiliodd y Bwdha amdano ar ôl iddo ymwadu

Upasampada: urddo Bwdhaidd yn fynach/lleian

Upaya kausalya: dulliau medrus

Vajrayana: y Cerbyd Diemwnt sy'n cyfeirio at y ffurf Dantrig ar Fwdhaeth

Varna: system grwpiau cymdeithasol Hindŵaidd

Vedana: 'teimlad', ymwybyddiaeth o brofiadau cadarnhaol neu negyddol

Vedas: yr ysgrythurau Hindŵaidd cynharaf

Vinaya: cod disgyblaeth

Vinaya Pitaka: adran gyntaf y Canon Pali

Vinnana: yr elfen gwneud penderfyniadau

Viparinama-dukkha: dioddefaint sy'n cael ei brofi drwy newid, gan gyfeirio at natur newidiol bodolaeth

Vipassana: myfyrdod mewnwelediad

Virya: egni

Yantra: diagram defosiynol Bwdhaidd

Ymwadu/Ymwadiad: rhoi'r gorau i bopeth sy'n gysylltiedig â'r byd materol

Yoga: o'r Sansgrit 'yukta' sy'n golygu 'wedi'i gysylltu' ac mae'n cyfeirio at ffurf ar fyfyrdod mewn Hindŵaeth sy'n ceisio bod yn un â'r ysbryd cyffredinol

Zazen: myfyrdod eistedd yn unig

Zendo: neuadd myfyrdod Bwdhaeth Zen

Mynegai